David Atwood

Schwellenzeiten

DISKURS RELIGION

BEITRÄGE ZUR RELIGIONSGESCHICHTE UND RELIGIÖSEN ZEITGESCHICHTE

Herausgegeben
von

Ulrike Brunotte und Jürgen Mohn

BAND 15

ERGON VERLAG

David Atwood

Schwellenzeiten

Mythopoetische Ursprünge von Religion in der Zeitgeschichte

ERGON VERLAG

Die Druckvorstufe dieser Publikation wurde vom Schweizerischen Nationalfonds zur Förderung der wissenschaftlichen Forschung unterstützt.

SCHWEIZERISCHER NATIONALFONDS
ZUR FÖRDERUNG DER WISSENSCHAFTLICHEN FORSCHUNG

Bibliografische Information der Deutschen Nationalbibliothek
Die Deutsche Nationalbibliothek verzeichnet diese Publikation in der Deutschen Nationalbibliografie; detaillierte bibliografische Daten sind im Internet über http://dnb.d-nb.de abrufbar.

Publiziert von
Ergon – ein Verlag in der Nomos Verlagsgesellschaft, Baden-Baden 2019

Gedruckt in Deutschland auf alterungsbeständigem Papier.

Umschlaggestaltung: Jan von Hugo

www.ergon-verlag.de

ISSN 2198-2414
ISBN 978-3-95650-612-3 (Print)
ISBN 978-3-95650-613-0 (ePDF)

DOI: 10.5771/9783956506130

Vorwort

„Die Menschheit steht vor dem Abgrund der Zeit.
Sie zivilisiert die Zeit, sie begrenzt sie, und sucht ihr Bild darin:
Sie macht die Zeit zum Spiegel.
Erzählungen vom Ursprung, Chroniken und Genealogien sind Bühnen, die Narrative produzieren, Arrangements, die uns helfen die Leere und die Trennung zu ertragen, indem sie uns von der Vergangenheit trennen.
(Pierre Legendre, *Die Fabrikation des abendländischen Menschen*, S. 75)

Eine wissenshistorische Analyse von Schwellenerzählungen in der modernen Religionsgeschichte, eine Analyse von religionsgeschichtlichen Umbruchs- und Ursprungserzählungen, fordert das gängige Verständnis von Religionsgeschichte mehrfach heraus: Zum einen, weil eine wissenshistorische Analyse die Konstitution von Religionsgeschichte oder ‚religiöser' Zeitgeschichte zuallererst zu ihrem Gegenstand macht und beobachtet, wie Religionsgeschichte von nicht-religiöser Geschichte unterschieden wird. Zum anderen verwirrt eine wissenshistorische Analyse auch die Unterscheidung von Geschichte und Mythos, indem Schwellensetzungen als mythopoetische Identitätskonstruktionen innerhalb der Religionsgeschichtsschreibung beschrieben werden. Drittens wird das Positionieren von Religion in der Ordnung der modernen Gesellschaft als ein Austarieren, ein ‚Interessieren' von verschiedenen Akteur*innen sichtbar, bei der ‚Religion' als ein spezifisches und gleichzeitig konstitutives Außen von Politik, Recht und Wissenschaft überhaupt erst hergestellt wird. Das heißt, dass anhand der kontinuierlich neugezogenen Grenzen von Religion gleichzeitig die Bereiche von Politik, Recht und Wissenschaft institutionalisiert werden.

Das Buch richtet sich an alle Leser*innen, die an der Wissensgeschichte von Religion in der Moderne interessiert sind und sich auf die Konstitutions- und Trennungsgeschichte der Bereiche Religion, Politik, Recht und Wissenschaft einlassen wollen. Diese Konstitutionsgeschichte wird im Anschluss an Hans Blumenberg als *Arbeit an der Religion* beschrieben, die die Konstitution dessen, was unter ‚Religionsgeschichte' verstanden wird, zur Debatte stellt und ihre Abgrenzung, etwa gegenüber der politischen, der Philosophie- oder der Rechtsgeschichte, analysiert.

Die Analyse geht drei paradigmatischen Typen temporalisierender Schwellenerzählungen nach, die gleichzeitig drei absolute Metaphern darstellen: dem *Ende* von Religion in der Säkularisierung oder der Säkularisierung in der ‚Rückkehr der Religion'; der *Achse* in der frühen Religionsgeschichte sowie den *Nullstunden* in der neueren Religionsgeschichte, wie sie seit dem Zweiten Weltkrieg verschiedentlich verkündet wurden. Dabei entstehen durch die Positionierung von Religion in der Ordnung der Gesellschaft Stabilisierungen im Sinne prekärer Gefüge von Religion und ihrem jeweiligen konstitutiven Außen als *„boundary objects"*. ‚Religion' wird damit auf die Bedingungen der Möglichkeit ihrer steten (Neu-)Bestimmung in der Zeit zurückgeführt und gefragt, wovon sie sich nun unterscheidet oder womit sie verbunden ist, wie beispielsweise von oder mit dem Politisch-Juridischen. Dabei werden die konstitutiven Grundlagen unserer selbsternannt ‚säkularen' Gesellschaft beschrieben. Der Fokus auf temporale Ausnahmezustände, auf Schwellenerzählungen, zeigt Rekonfigurationen dieser dogmatischen Grundlagen in Zeiten, in denen (Re-)Orientierungen in radikaler Weise neu gefragt sind, etwa deshalb, weil der Ausruf einer Krise im Raum steht. Die immer wieder neu aufgeworfene Frage nach der Rolle der Religion in diesen Ausnahmezuständen gibt der Arbeit ihre religionswissenschaftliche Ausrichtung mit einem spezifischen Fokus auf die Religionswissensgeschichte.

Das vorliegende Buch ist die überarbeitete Fassung meiner im Jahr 2017 an der Universität Basel angenommen Dissertationsschrift. Ein großer Dank gebührt allen, die mir geholfen haben, diese Schwelle zu überschreiten. Allen voran danke ich sehr herzlich meinen beiden Betreuern und Mentoren, Prof. Dr. Jürgen Mohn in Basel und Prof. Dr. Sabine Maasen in München. Jürgen Mohn hat die Arbeit nicht nur betreut, sondern mir darüber hinaus in der gemeinsamen Arbeit im Fachbereich Religionswissenschaft viele weitere Themengebiete in freundschaftlicher Atmosphäre eröffnet. Sabine Maasen hat mir nicht nur mit vielen wertvollen Kommentaren und Hinweisen geholfen, den Blick zu fokussieren, sondern mich auch für ein halbes Jahr nach München ans *Munich Center for Technology in Society* eingeladen und mir damit neue Diskussionsforen und -partner*innen eröffnet. Ich danke ganz besonders dem Schweizerischen Nationalfonds SNF, der diese Forschung von 2013-2016 finanziell gefördert hat.

An beiden Orten haben viele Menschen positiven Einfluss auf diese Arbeit und die darin vertretenen Thesen genommen. In Basel waren dies u.a. die Mitglieder des Forschungskolloquiums, darunter meine Assistenz-Kollegin Dr. Anja Kirsch. Besonders danke ich den Studierenden, die im Frühjahrssemester 2013 in einer das Thema der ‚Schwellenzeiten' behandelnden Übung teilgenommen und mir dabei viele wichtige Hinweise gegeben haben. Danken möchte ich auch Prof. Dr. Dipesh Chakrabarty für seine wertvollen Kommentare, als ich im Rahmen eines Doktorandenworkshops im Herbst 2014 in Basel Teile meiner Dissertation vorstellen durfte.

Für ihre mannigfaltige Unterstützung danke ich meinen Freund*innen Kathleen Hellermann, Christopher Driscoll, Stefan Ragaz, Balz Alter, Jakub Gawlik und Monica Miller. Für die intensive Lektüre und wertvolle Hinweise in der Abschlussphase danke ich insbesondere Jonas Heller, Laura Pöhler, Anne Beutter, Tanja Hoch, Lorenz Trein und Guy Thomas. Für ihre lebenslange Unterstützung danke ich schließlich meinen Eltern Béatrice Atwood-Balzer und Richard Atwood.

Inhaltsverzeichnis

1. Schwellenbeobachtungen ... 11

1.1. Schwellenerzählungen und die Arbeit an der Religion ... 12

1.2. Aufbau und Methode des Buches ... 17

1.3. Schwellenerzählungen zwischen Mystik und Skepsis ... 21

1.4. Kaleidoskop der Schwellen ... 28

1.4.1. Schwellen im religiösen Diskurs: Übergangsriten, Kosmogonien, Konversionen ... 30

1.4.1.1. Rituelle Schwellen ... 30

1.4.1.2. Mythische und mythologische Schwellen ... 33

1.4.1.3. Konversionserzählungen ... 36

1.4.2. Schwellen an den Rändern des Religionsdiskurses: Abgrenzungsdiskurse ... 41

1.4.2.1. Schwellen der Wissensgeschichte: Revolutionen, Paradigmen, Epochenbrüche ... 44

1.4.2.2. Schwellen der Zeitgeschichte, oder: Foucault im Iran ... 50

1.4.3. Schwellen im Religionsdiskurs, rekonfiguriert: die Politik des Ursprungs ... 57

2. Schwellenanalyse und Zeittheorie: Perspektivierungen und Instrumente ... 61

2.1. Anstelle eines Forschungsstands ... 61

2.2. Schwellenforschung und die Positionierung von Religion und Mythos ... 63

2.3. Zeit – Paradoxien ihrer Ordnung ... 66

2.4. Ereignis und Religion ... 69

2.5. Temporale Positionierungstechnologien ... 72

2.6. Schwellenkritik und Schwellenanalyse in der Religionswissensgeschichte ... 77

3. *Enden*: religionswissenschaftliche, philosophische und juristische Separierungen und Amalgamierungen ... 83

3.1. Enden – zwischen Religion und Säkularisierung ... 84

3.2. Vom Ende der Religion in der Säkularisierung 86
3.2.1. Religionstheorie I: Säkularisierung als Selbstthematisierung 87
3.2.2. Säkularisierungsreden als Arbeit an der Religion 96
3.2.2.1. Säkularisierung als Arbeit der Jurisprudenz 98
3.2.2.2. Säkularisierung als Arbeit der Philosophie 103

3.3 Vom Ende der Säkularisierung in ‚*Rückkehr*', ‚*Wiederkehr*' und Postsäkularität 112
3.3.1. Das Ende der Säkularisierung in *Rückkehr* und *Wiederkehr* der Religion 114
3.3.2. Das Ende der Säkularisierung in der *Postsäkularität* 120

3.4. Mythopoesie des Endes 127
3.4.1. Die Idee der Zeitwende als Mythoskritik 131
3.4.2. Kein Ende vom Ende – apokalyptische Rekonfigurationen 133

4. *Achsenzeiten*: Historiographische Separierungen und Amalgamierungen 141

4.1. Die Politik des Ursprungs und die Arbeit an der Geschichte 142

4.2. Die Achsenzeitthese als Religionsgeschichte der Moderne 144

4.3. Karl Jaspers' These der Achsenzeit als Durchbruch und Glaubensthese 146
4.3.1 Parallelen und Achsen 147
4.3.2. Zentren und Innovationen 150
4.3.3. Dynamisierungen 154
4.3.4. Jaspers' Glaubensthese als Therapie und Kanon der Moderne 155

4.4. Aktualisierungen der Achsenzeit als Arbeiten am Mythos 158
4.4.1. Empirisierungen 158
4.4.2. Dilemmata der Kulturgeschichte 159
4.4.3. Reflexion, Religion und Politik, oder: die Doppelcodierung des Religionsdiskurses 162
4.4.4. Achsenzeit als Ausgang aus der Religion 168
4.4.5. Achsenzeit als Therapie der spirituellen Krise 170
4.4.6. Versuch einer Provinzialisierung, oder: Afrikas Absenz in der Achse 173

4.5. Geschichtsschreibung, Kanonisierung und die Therapie der Moderne 178

4.6. Von der Achse als Metapher zum Rhizom als analytischem Modell 180

5. *Nullstunden*: Zeitdiagnostische und politische Separierungen und Amalgamierungen 183

5.1. Neugründungen und die Gouvernementalität der ‚Religion' 184

5.2. Schwellen zwischen Religion und Politik 189

5.2.1. Die ‚Stunde Null' Deutschlands bei Edgar Morin 190

5.2.2 Religionskritik: Psychoanalyse und Evolutionismus 194

5.2.3. Religionstheorie II: Kapitalismuskritik, Souveränität und die Sakralisierung der Politik 196

5.2.4. Mythenkritik der nationalsozialistischen Totems und Tabus im Moment der Krise 201

5.2.5. Der Mythos des Staates bei Cassirer: Mythopoesie und Mythopoetik 210

5.3. Null-Metaphern in Politik, Literatur und Kunst 214

5.3.1. Die Religion der Verfassung: Adenauers erwünschte Amalgamierung 215

5.3.2 (Religions-)Kritik an Geschichtsdarstellungen in Literatur und Film 218

5.3.3. Aktualisierungen der ‚Stunde Null': Richard von Weizsäcker und Edgar Morin 221

5.4. Nullstunden: Positionierungen der Religion in der Moderne 229

6. Schluss: Schwellenproduktion und -beobachtung 237

6.1. Metaphern der Religion in der Moderne 239

6.2. Durchgang: Enden, Achsen, Nullstunden 241

6.2.1. Enden 242

6.2.2. Achsen 244

6.2.3. Nullstunden 246

6.3. Religionstheorie und Religionswissensgeschichte 247

6.4. Epilog: Religionspositionierungen 254

Bibliographie 257

1. Schwellenbeobachtungen

Während den Revolutionen in den arabischen Ländern ab Dezember 2010 war in europäischen Medien schnell die Rede von einem „Arabischen Frühling“[1]. Mit der Metapher des ‚Frühlings‘ wurde an demokratische Revolutionen in Europa (etwa dem „Völkerfrühling“ von 1848 oder dem „Prager Frühling“) erinnert. Die Schwellenmetapher des „Arabischen Frühlings“ verwies deshalb nicht zuletzt auf die Hoffnung der Sprechenden auf eine demokratische Revolution in den arabischen Ländern. Als aber deutlich wurde, dass diese Proteste nicht nur eine säkular-demokratische Revolution darstellten, sondern dass muslimische Akteur*innen diese maßgeblich mitprägten, änderte sich die Tonlage vieler europäischer Medien: Der „Frühling“, der zudem ethnolinguistisch als ein „arabischer“ codiert war, wurde zeitdiagnostisch in einen „Winter“ umgedeutet, wie etwa in der *Huffington Post*, die Ende 2011 fragte: *„Is the Arab Spring making way for an Islamist Winter?“*[2] Die ethnolinguistische Zuordnung wurde hier zusätzlich durch eine religiöse Kategorisierung und Bestimmung der Ereignisse ersetzt: Der „Winter“ war – anders als der „Frühling“ – kein „arabischer“ mehr, sondern fortan ein „islamistischer“.

Die Angst der Europäer*innen vor dem Islam ist keine Neuerscheinung aus den vergangenen Jahren des Kriegs gegen den Terrorismus. Vielmehr stellt der Islam, wie Edward Said bemerkte, ein „dauerhaftes Trauma“ Europas dar.[3] Dennoch zeigt der Umschwung der Metapher vom „Arabischen Frühling“ hin zum „Islamistischen Winter“ eine gegenwärtige Sorge um die Religion an: Die Zeitdiagnose des „Islamistischen Winters“ weist auf die zentrale Rolle hin, die der Religion in den politischen Ereignissen von den europäischen Medien zugewiesen wurde.[4]

---

1 Arabische Medien verwendeten in erster Linie den Begriff der „Revolution“. Die bezeichneten Länder waren Tunesien, Libyen, Algerien, Marokko, Libanon, Syrien bis hin zu den Vereinigten Arabischen Emiraten oder Saudi-Arabien. Vgl. Frank Nordhausen, Thomas Schmid (Hrsg.): *Die arabische Revolution. Demokratischer Aufbruch von Tunesien bis zum Golf*, Berlin: Ch. Links 2011.

2 Vgl. Imad Mesdoua: „Is the Arab Spring making way for an Islamist Winter?“, Huffington Post, 27.10.2011. Vgl. auch Michael J. Totten: „Arab Spring or Islamist Winter?“, World Affairs Journal, 6. Juni 2013; abgerufen am 10.10.2015.

3 Edward Said: *Orientalism*, New York: Vintage Books 1994, S. 59. Vgl. auch Mariano Barbato: „Identität und kulturelles Gedächtnis. Erinnerungsorte am Mittelmeer als Bausteine einer europäischen Nachbarschaftspolitik im Arabischen Frühling“, in: Ines-Jacqueline Werkner, Antonio Liedhegener (Hrsg.): *Europäische Religionspolitik. Religiöse Identitätsbezüge, rechtliche Regelungen und politische Ausgestaltung*, Wiesbaden: Springer VS 2013, S. 99–137.

4 Michael Hoffmann und Amaney Jamal nennen dies das *„mosque to square narrative“*. Vgl. Michael Hoffman, Amaney Jamal: „Religion in the Arab Spring: Between Two Competing Narratives“, *The Journal of Politics*, 76/ 3, July 2014, S. 593–606.

Während beide Erklärungen – die des „Arabischen Frühlings" oder des „Islamistischen Winters" – als zu simpel kritisiert wurden, geben sie als Zeitdiagnosen dennoch einen deutlichen Hinweis auf den Zusammenhang von Schwellenerzählungen und der Rolle, die in diesen Schwellenerzählungen der Religion zugesprochen wird.[5] Eine erste These zielt deshalb darauf, dass in zeitdiagnostischen Schwellenerzählungen der Positionierung von ‚Religion' eine zentrale Rolle in der Ordnung der Gesellschaft zukommt. Dabei kann Religion etwa aus Politik, Recht und Wissenschaft als ausgeschlossen beobachtet werden, wie in einigen Formen der Schwellenerzählung des „Arabischen Frühlings", in dem eine demokratisch-säkulare Revolution diagnostiziert wurde. Demgegenüber kann Religion aber auch wie im zweiten Narrativ des „Islamistischen Winters", in dem die anfängliche Euphorie erkaltet ist, als zentrale Wirkmacht in diesen Ereignissen dargestellt werden. Die Analyse geht diesen Positionierungen von Religion, ihrer Marginalisierung oder Zentralisierung anhand verschiedener Schwellenerzählungen mit der These nach, dass gerade an der diskursiven Positionierung von Religion die Bildung von sowohl epistemischen als auch politisch-juridischen Ordnungen abgelesen werden kann.

1.1. Schwellenerzählungen und die Arbeit an der Religion

Schwellenerzählungen handeln von der Behauptung eines bestimmten Wendepunktes in Geschichte oder Gegenwart, von einem temporalen Ausnahmezustand oder einem Übergangsphänomen, das zwischen Vergangenheit, Gegenwart und Zukunft deutlich trennt und gleichzeitig eine ‚natürliche' Verbindung zwischen ihnen schafft, indem die Schwellenerzählung akzentuiert, wie die ‚neue' zur ‚alten' Zeit steht. Mit der Frage nach ‚großen' Schwellenerzählungen in der Religionsgeschichte berühren Schwellenerzählungen somit das Thema der Periodisierung, indem diese als geschichtskonstitutive Mythen behandelt werden. Schwellenerzählungen diagnostizieren die Gegenwart und ihre Vergangenheit und ziehen daraus teilweise einen konkreten Therapievorschlag, der mit der Plausibilität der Schwelle begründet und legitimiert werden kann. Letzteres führt in der *Ordnung der Zeit* zu einer neuen *Politik des Ursprungs*, womit gemeint ist, dass die Schwelle einen ‚neuen' Ursprung markiert, aufgrund dessen neue Handlungsmöglichkeiten legitimiert und propagiert werden können.

Bei der Analyse von Schwellenerzählungen werden in der vorliegenden Arbeit ‚Quellen', welche bisher in der modernen Religionsgeschichte hauptsächlich als Sekundärliteratur verwendet wurden, auch als Primärtext besprochen, insofern sie religionstheoretisch ‚Religion' in die diachrone Ordnung der Gesellschaft einordnen. Dies verweist darauf, dass in der Auseinandersetzung mit

[5] Vgl. Barbato, Identität und kulturelles Gedächtnis, S. 99 f.

geschichtstheoretischen und zeitdiagnostischen Arbeiten die Trennung zwischen Primär- und Sekundärliteratur kaum möglich ist oder immer wieder neu hinsichtlich der jeweils analysierten Beobachtungsebenen hergestellt werden muss.[6] Diese je neu zu beschreibende Nähe oder Ferne zum Gegenstand wird als *Arbeit an der Religion in der Zeit* bezeichnet. Die Mehrheit der Materialien und Gesprächspartner*innen werden deshalb auch sowohl als Forschungsstand als auch als Forschungs*gegen*stand behandelt und als zwischen diesen beiden Polen oszillierend analysiert.

Die dabei verwendeten Materialien – die sogenannten Quellen[7] – stammen insbesondere aus wissenschaftlichen Disziplinen wie der Soziologie, der Religionswissenschaft, der Philosophie und der Rechtsphilosophie. Teilweise werden aber auch Politiker oder Künstler herangezogen, insofern sie einen Beitrag zur jeweiligen Metapherngeschichte geleistet haben. Die Auswahl begründet sich durch die Fokussierung auf Schwellen im Diskursfeld ‚Religion'. Damit werden die Autor*innen und Werke im Sinne von Latour und Callons Konzept des *interessement* in einen Bezug gebracht, der heterogene Perspektiven und Interessen der Akteur*innen gleichwohl zu einer generalisierenden Betrachtung von Religion kommen lässt. Unter „Interessieren" versteht Bruno Latour den Vorgang der Übersetzung, mit dem eigene Interessen zum Interesse von anderen gemacht und in einem gemeinsamen Vokabular beschrieben werden und damit eine Behauptung in einen Fakt transformiert wird.[8] Susan Leigh Star und James Griesemer haben das von Latour und Callon vorgebrachte Modell des *interessements* nuanciert und die Bedingung von Kooperation und Wissensherstellung zwischen unterschiedlichen Akteur*innen mit den beiden Aktivitäten der „Standardisierung" und der Entwicklung von „Abgrenzungsobjekten" (*boundary objects*) beschrieben.[9] Während in naturwissenschaftlichen und transdisziplinären Kontexten die Standardisierung von Methoden (etwa in der In-

---

6 Auf die Arbeit an den ‚Quellen' der Religionsgeschichte wird zu Beginn des ersten Analysekapitels nochmals rekurriert.

7 Wobei mit dem Quellenbegriff sogleich eine weitere Leitmetapher eingeführt würde, weshalb ich hier stattdessen von Materialien spreche. Vgl. Hans Blumenberg: *Quellen, Ströme, Eisberge. Beobachtungen an Metaphern*, Hrsg. von Ulrich von Bülow und Dorit Krusche, Berlin: Suhrkamp 2012.

8 Bruno Latour: *Science in Action. How to Follow Scientists and Engineers through Society*, Cambridge: Harvard University Press 1988, S. 108

9 Vgl. Susan Leigh Star und James R. Griesemer: „Institutional Ecology, ‚Translation', and Boundary Objects: Amateurs and Professionals in Berkeley's Museum of Vertebrate Zoology, 1907–39", *Social Studies of Science*, 19, 1989, S. 387–420. Am Grund dieses Modells des *interessements* stand für Bruno Latour und Michel Callon die Frage, wie heterogene Akteur*innen zu generalisiertem und geteiltem Wissen gelangen. Latour und Callon hatten das Konzept erstmals 1981 gemeinsam in einer Leviathan-Analyse eingebracht. Sowohl Michel Callon (u.a. mit John Law 1982) wie auch Bruno Latour griffen immer wieder auf das Konzept zurück, Latour zuerst in *Science in Action* (1988, vgl. besonders S. 108ff.) sowie in späteren Publikationen auch gemeinsam mit Callon. Vgl. dazu u.a. Michel Callon und Bruno Latour: „Unscrewing the big Leviathan: how actors macro-structure reality and

ventarisierung und Katalogisierung) sowie die Konstitution von Abgrenzungsobjekten (*boundary objects*) gleichermaßen wichtig sind, stellen letztere in der Wissensgeschichte das bedeutendere Element eines *interessements* dar, weil sich weniger die methodische Vielfalt auf die Arbeit an der Religion niederschlägt als vielmehr die theoretischen und auf die Abgrenzungsobjekte ausgerichteten Modelle einen standardisierenden Effekt auf das Diskursfeld Religion haben.[10]

Doch wie konstituiert sich dieses Diskursfeld ‚Religion'?[11] Welche standardisierten Modelle, Theorien und Abgrenzungsobjekte führen zu einem begrenzbaren Diskursfeld Religion? Wer begrenzt dieses und wer unterscheidet folglich zwischen Religion und Nicht-Religion, da ohne diese Grundunterscheidung keine Grenzen des ‚Religiösen' festgelegt werden können? Die gesellschaftliche Arbeit an den Grenzen der Religion wird von den verschiedensten Akteur*innen mitgetragen, sodass zu beantworten ist, wie gleichwohl generalisiertes Wissen von Religion entsteht. Die hier gegebene Antwort lautet: durch ein Interessieren, in dessen Zuge Forscher*innen und Autor*innen andere Akteur*innen in ihrem Programm, ihren Erklärungen, ihren Definitionen und Lösungsansätzen einschließen und einbinden.[12] Hier lohnt es, sich bei Thomas F. Gieryns Ausführungen zum *boundary work* in der Wissenschaft Hinweise zur Konkretisierung dieser Arbeit zu holen. Gieryn machte 1983 mit einem Beitrag zum *boundary work* in der Wissenschaft darauf Aufmerksam, dass Wissenschaftler*innen immer auch mit dem Problem der Abgrenzung beschäftigt sind, mit der Abgrenzung ‚wissenschaftlicher' von ‚pseudo-wissenschaftlichen', politischen oder religiösen Interessen u.a..[13] Die Ironie dabei sei, schrieb Gieryn 1983, dass obwohl in der Wissenschaftstheorie die Abgrenzung von Wissen-

---

how sociologists help them to do so", in Karin Knorr-Cetina, Aaron Cicourel (Hrsg.): *Advances in Social Theory and Methodology*, London: Routledge und Kegan Paul 1981, S. 277–303; Michel Callon und John Law: „On Interests and Their Transformation: Enrolement and Counter-Enrolment", *Social Studies of Science*, 12/4, S. 615–625; Bruno Latour: *Science in Action,* 1988; Madeleine Akrich, Michel Callon, Bruno Latour: „The Key to Success in innovation Part I: the Art of Interessement", International Journal of Innovation Management, Vol. 6, No. 2, June 2002, S. 187–206.

10 Wieweit die methodische Perspektive gerade für die Arbeit am Diskursfeld Religion wegweisend ist, haben kürzlich auch Monica Miller und Christopher Driscoll im Hinblick auf die problematische Distanz zum Gegenstand beschrieben: Monica Miller; Christopher Driscoll: *Method as Identity. Manufacturing Distance in the Study of Religion*, Lexington 2018.

11 Für religionswissenschaftliche Bearbeitungen des Diskursfeldes ‚Religion' vgl. u.a. Mohn, Die Religion im Diskurs; Michael Bergunder: „Was ist Religion? Kulturwissenschaftliche Überlegungen zum Gegenstand der Religionswissenschaft", *Zeitschrift für Religionswissenschaft* 19/1, 2011, S. 1–55; Frank Neubert: *Die diskursive Konstitution von Religion*, Wiesbaden: Springer 2016.

12 Vgl. Michel Callon: „Some elements of a sociology of translation: domestication of the scallops and the fishermen of St. Brieuc Bay", in: John Law (Hrsg.): *Power, action and belief: a new sociology of knowledge?*, London, Routledge 1986, S. 196–223.

13 Thomas F. Gieryn: „Boundary-Work and the Demarcation of Science from Non-Science: Strains and Interests in Professional Ideologies of Scientists", *American Sociological Review*,

schaft und Pseudowissenschaft oder ,Unwissenschaftlichkeit' als Frage im Grunde erledigt war, die Abgrenzungspraxis einen alltäglichen Bestandteil im Leben der Wissenschaftler*innen und der ihren zugehörigen Institutionen darstellt.[14] Gieryn spricht von „ideologischen Anstrengungen und Interessen"[15]. In den vier Jahrzehnten seit Gieryns Aufsatz hat sich diesbezüglich wenig geändert. Eher noch hat die Quantifizierung anhand ,wissenschaftlicher' Kriterien auf verschiedene Weise zugenommen, während die Diskussion dieser Ideologie als Nebenschauplatz der Wissenschaftssoziologie daherkommt.

Diese wissenssoziologischen Hinweise helfen aber gerade einer Religionswissenschaft, die sich dieser Fallstricke bewusst ist. Die Unterscheidung zwischen Religion und Wissenschaft, die sämtliche Wissenschaftsdisziplinen in ihrer Identität betrifft, die sich mit Religion beschäftigen, ist also kaum zu treffen – solange man sich in einer konstruktivistischen Theorieanlage und nicht etwa in einer essentialistischen befindet. Gleichwohl muss sie zwingend gezogen werden, wenn Analysen im Rahmen von wissenschaftlichen Institutionen selbst geschrieben werden und somit ihren Anspruch mit sich tragen. Die vorliegende Arbeit unternimmt deshalb immer wieder diesen Schritt zu einem Denken zweiter Ordnung, um im historiographischen Religionsdiskurs die immer mitgeführten Abgrenzungsstrategien zu untersuchen und mit den Autor*innen zu reflektieren. Anstatt also bei einer Kritik des Essentialismus stehen zu bleiben, beobachtet die vorliegende Analyse, wie diese Abgrenzungsstrategien und -praktiken aussehen und beschreibt damit *boundary work*.

Die Religionswissenschaft suggeriert teilweise, hinsichtlich des Religionsbegriffs auf die Kategorisierungsarbeit selbst verzichten zu können, es gar zu müssen, wenn sie sich denn weiterhin ,academic' oder ,wissenschaftlich' nennen will.[16] Die Kategorisierung von Religion wird so zu einer Strategie im *boundary work*. Religion sei ein europäischer Begriff mit einer zeitlich und kontextuell begrenzten Verwendungsweise, die so nicht auf die Welt angewendet werden könne.[17] Obwohl solchen Positionen hinsichtlich der „methodologischen Indifferenz" zuzustimmen ist, kann dennoch nicht davon ausgegangen werden, dass das Diskursfeld ,Religion' alleine über Zuordnungen und Abgrenzungen von und mit ,Religion'/,religiös' zu konstituieren sei. Diese Perspektive wird auch

---

46/6, Dez. 1983, S. 781–795. 1995 publizierte Gieryn eine Ergänzung: Thomas F. Gieryn: „Boundaries of Science", in: A. I. Tauber (Hrsg.): *Science and the Quest for Reality. Main Trends of the Modern World*, London: Palgrave & Macmillan.

14 Ebd., S. 781. Vgl. auch Dirk Lupnow, Veronika Lipphardt (Hrsg.:) *Pseudowissenschaft. Konzeptionen von Nichtwissenschaftlichkeit in der Wissenschaftsgeschichte*, Frankfurt a.M.: Suhrkamp 2008.

15 Wolfgang Eßbach: *Religionssoziologie. Glaubenskrieg und Revolution als Wiege neuer Religionen*, Paderborn: Wilhelm Fink 2014, insbes. 782-783.

16 Vgl. Neubert, *Die diskursive Konstitution von Religion*, S. 187.

17 Vgl. Talal Asad: *Formations of the Secular. Christianity, Islam, Modernity*, Stanford: Stanford University Press 2003.

in der nachfolgenden Analyse angewendet, insofern die Begrenzung des ‚Diskursfeldes Religion' selbst zur Arbeit an der Religion gemacht wird. Darüber hinaus greife ich aber im Verlauf der Analyse auf einen theoretischen Religions- wie auch auf einen theoretischen Mythosbegriff zurück um so der konstruktivistischen Theorieanlage Folge zu leisten. Gleichzeitig kommt der Kategorie ‚Religion' in der Analyse der Ordnungsdiskurse der Gesellschaft, die sich selbst als säkular beschreibt, unweigerlich die Position des konstitutiven Außens, des *boundary objects*, zu. Ein theoretischer Religionsbegriff hat dieses Verhältnis zum konstitutiven Außen zu reflektieren.

Ähnlich verhält es sich mit dem Mythosbegriff: Auch dieser wird als fiktives und damit konstitutives Außen von faktualer Geschichte begriffen, womit die säkulare Ordnung in ihrer historischen Selbstvergewisserung beschrieben wird. Wie genau diese Begriffe theoretisiert werden, wird später (*Religion* unter 2.2 und *Mythos* unter 1.3./2.2) näher erläutert.

Dabei werden nicht zuletzt Gegenstände der Religionsgeschichte in ihrer Geschichtlichkeit beschrieben und damit die Arbeit der Intellektuellen[18] an der Religion in der Zeit in den Blick gebracht. Auf diese Weise werden immer wieder Autor*innen sowohl als Urheber*innen von Schwellenerzählungen beobachtet als auch zugleich als (Schwellen-)Theoretiker*innen zu Rate gezogen. Die vorliegende Analyse von Schwellenzeiten versucht deshalb auf methodologischer Seite aufzuzeigen, dass die Auseinandersetzung um den Ort der Religion in Gesellschaft und Geschichte eine scharfe Unterscheidung zwischen Materialien und die sie beobachtenden Analysen verunmöglicht. In diese Paradoxie ist die Schwellenanalyse selbst verstrickt. Die die vorliegende Arbeit charakterisierende Unmöglichkeit, zwischen Primär- und Sekundärliteratur trennscharf unterscheiden zu können, rührt einerseits aus dem Fokus auf Zeitdiagnosen her, wobei Zeitdiagnosen immer verschiedene Erkenntnisinteressen mit politischen und weiteren institutionellen Interessen verbinden. Andererseits daraus, dass viele der nachfolgend behandelten Autor*innen ihre Praxis der Zeitdiagnostik mit einer Theorie der Zeitordnung selbst verbinden und damit selbst zwischen den Beobachterebenen wechseln, wie ich es im Folgenden tun werde.

Schwellenerzählungen werden dabei explizit nicht auf ihre historiographische Korrektheit überprüft – dies lässt der die Arbeit grundierende sozialkonstruktivistische Zugang nicht zu. Stattdessen wird ein Instrumentarium zur Analyse von Schwellenerzählungen eingeführt, das es erlaubt festzustellen, welche rhetorischen und narrativen Strategien angewendet werden (vgl. 2.5. *Temporale Positionierungstechnologien*), wenn eine neue Schwelle gesetzt wird. Temporales Positionieren weist damit auf die hier verwendete Perspektive hin, die

[18] Hier werden im Anschluss an Eßbach unter Intellektuellen Menschen gefasst, „die hauptberuflich, nebenberuflich oder gelegentlich geistige, d.h. immaterielle Arbeit ausführen und die sich für die Resultate ihrer Arbeit, d.h. für Schriften und Werke ein Publikum suchen." Eßbach, *Religionssoziologie*, S. 23.

nicht fragt, *wo* man in der Zeit steht, sondern *wie* man sich in ihr verortet und welche politischen Konsequenzen daraus gezogen werden.

Schwellenerzählungen können dabei in zwei *Ereignisstilisierungen* aufgeteilt werden, die nachfolgend (vgl. 1.3.) eingeführt werden: Je eindringlicher die Erzählung das betreffende Ereignis zum alles entscheidenden Bruch erklärt und damit die Imagination auf dieses nunmehr singuläre Ereignis zuschneidet, desto eher kann von einer *Ereignismystik* gesprochen werden. Demgegenüber sind gerade historiographische Studien eher *ereignisskeptisch* formuliert. Dies meint, dass sie die das singularisierte Ereignis umrahmenden Kontinuitäten (und weitere umrahmende Ereignisse) betonen, ohne darauf zu verzichten, auch Diskontinuitäten und unterschiedliche Ansätze zur Gewichtung von Ereigniszusammenhängen sichtbar zu machen.

1.2. *Aufbau und Methode des Buches*

Der zentrale Gegenstand meiner Analyse ist der Religionsdiskurs der Moderne, den ich besonders nach 1945 untersuche. Dabei gehe ich anhand dreier Leitmetaphern (*Enden, Achsen, Nullstunden*) einigen behaupteten Schwellenmomenten oder Wendezeiten[19] nach, in welchen die (Neu-)Gestaltung der Gesellschaft durch das Moment der Schwelle eine besondere Dringlichkeit erhält. Ausgangsort der Analyse ist die Thematik der Religions-Positionierung und -abgrenzung im modernen Religionsdiskurs und somit die Frage, wo Religion in der ‚(post-)säkularen' Gesellschaft ‚legitimerweise' – je nach Schwellenerzählung – auftreten könnte und wo sie von anderen Bereichen der Gesellschaft explizit zu trennen wäre (etwa von Recht, Politik oder Wissenschaft).

Die Auswahl der religionsbezogenen Schwellenzeiten orientiert sich an den drei genannten Metaphern: Im ersten Analysekapitel wird die Metapher des *Endes* im Hinblick auf das Ende von Religion in der Säkularisierung, sowie das Ende der Säkularisierung in der Erzählung der ‚Rückkehr' der Religion und der ‚postsäkularen Gesellschaft' untersucht. Das zweite Analysekapitel widmet sich der Religionsgeschichtsschreibung der *Achsen*zeit als einem modernen Schwellenmythos, an dem nicht zuletzt auch die Konstitution des Gegensatzpaares ‚Geschichte' und ‚Mythos' (als narrative Form des Religiösen) beobachtet werden kann. Schließlich untersucht das letzte Analysekapitel die Metapher der *Stunde Null* im Hinblick auf Neugründungsmythen der deutschen Nachkriegsgeschichte.

Der Blick auf ‚große Metaphern', die Hans Blumenberg ‚absolute Metaphern' nennt (vgl. 1.4.2.1.), bringt einen diskursgeschichtlichen Zugang mit

19 Vgl. Peter Segl: „Zeitenwenden – Wendezeiten. Eine Einführung", in: Peter Segl (Hrsg.): *Zeitenwenden – Wendezeiten. Von der Achsenzeit bis zum Fall der Mauer*. Dettelbach: Röll 2000, S. 1–37.

einer Archäologie der Begrifflichkeit zusammen, mit der ‚Gründer'-Tropen untersucht werden.[20] In der Metaphorologie formuliert Blumenberg eine „Metakinetik geschichtlicher Sinnhorizonte und Sichtweisen"[21], wobei unter Metakinetik die jeweiligen Leitdiskurse im Selbstverständnis einer Gesellschaft zu verstehen sind, welche die „Substruktur des Denkens" darstellen.[22] Blumenberg fokussiert also in der Metaphorologie auf von ihm als ‚absolute Metaphern' bezeichnete Metaphern, deren Eigenheit darin besteht, dass sie sich nie restlos „in die Logizität zurückholen" lassen.[23] Er beschreibt anhand der „systematischen Kristallisationen" dieser ‚absoluten Metaphern' die Modifikationen „geschichtlicher Sinnhorizonte und Sichtweisen", die in der Geschichtlichkeit dieser Metaphern sichtbar werden.[24] Die Studie ist deshalb auf drei absolute Metaphern gerichtet, welche den neueren Religionsdiskurs bis heute prägen und dabei auch massenmedial diskutiert werden. Sowohl das Ende, die Achse wie auch die Stunde Null sind zu Epochenbezeichnungen geworden, die losgelöst von ihrem Entstehungskontext auf neue Kontexte angewendet werden. Die Auswahl der Materialien verfolgt eine Linie, die bei der Metapher vom *Ende* als erstem Anfang beginnt, sich anschließend auf das Postulat eines Zentrums der Menschheitsgeschichte – auf die *Achse* – zubewegt, um schließlich in der *Stunde Null* den neuen Anfang anzuschließen. Damit wird die Schwellenstruktur auf die Struktur der Arbeit selbst übertragen: indem ein ‚altes Paradigma', eine ‚alte Epoche' oder ein früheres Zeitalter be*endet* wird, wird die Schwelle zuerst instituiert.

Aus diesem Grund beginnt die Arbeit in einem *ersten* Schritt mit der Metapher vom *Ende* im Religionsdiskurs und beschreibt das ‚Ende' der Religion in der Säkularisierungsthese genauso wie das ‚Ende' der Säkularisierung in der Rede von der ‚Rückkehr' der Religion. Dabei werden philosophische, historische und zeitdiagnostische Autor*innen, welche eine ‚Schwelle der Religion' beschreiben, an ihrem Religionsinteresse gespiegelt und nach den jeweiligen religionshistorischen Bezügen analysiert. Religion taucht also auch hier wieder doppelt auf: Einerseits ist sie Teil des behandelten Diskurses (‚Religion'); ein Teil der Analyse ist somit Religionsdiskursgeschichte. Andererseits ist der ‚spirituelle Bruch' jeder Schwellenerzählung (vgl. 2.4.) Anlass, sie auf ihren Gehalt

20 Den Archäologie-Begriff im Zusammenhang mit Blumenbergs Metaphorologie haben schon Felix Heidenreich und Anselm Haverkamp erwähnt. Vgl. Felix Heidenreich: *Mensch und Moderne bei Hans Blumenberg*. München: Fink 2005; Anselm Haverkamp, Dirk Mende (Hrsg.): *Metaphorologie. Zur Praxis von Theorie*. Frankfurt a.M.: Suhrkamp 2009. Vgl. auch: Dirk Mende: *Metapher – Zwischen Metaphysik und Archäologie. Schelling, Heidegger, Derrida, Blumenberg*. München: Wilhelm Fink 2003, S. 226.

21 Hans Blumenberg: *Paradigmen zu einer Metaphorologie*, Frankfurt a.M.: Suhrkamp 1998, S. 16.

22 Ebd.

23 Ebd., S. 10.

24 Ebd., S. 13.

an ‚religiöser Kommunikation' in der Form der Ereignismystik zu untersuchen, was die Notwendigkeit eines theoretischen Religionsbegriffs nach sich zieht.

In einem *zweiten* Schritt wird die ‚eigentliche' Schwelle – das hervorgehobene Ereignis – im Anschluss daran auf ihre mögliche Ausdehnung hin expliziert: Wie groß kann eine Schwelle werden, um die Form der Schwellenerzählung zu wahren? Diese Frage wird mit der Metapher der *Achse* illustriert. Mit der Analyse der religionsgeschichtlichen Periodisierung der Achsenzeit wird die Frage nach den gemeinsamen Werten einer universalen Menschheit ins Zentrum gestellt und ergründet, inwiefern die Konzeption einer Achsenzeit, situiert zwischen 800 und 500 v.u.Z., als Schwelle der Gesamtmenschheit einen zentralen Mythos der Nachkriegszeit repräsentiert.

Im *dritten* Schritt schließlich wird die Frage nach der Neuordnung von Welt und Gesellschaft ‚nach' der Katastrophe in den Fokus gerückt. Mit der ‚*Stunde Null* Deutschlands' beginnend, bewegt sich die Analyse entlang der Transformationen des Nullstunden-Narrativs. Auch hier wird der Fokus auf die Unterscheidung oder Separierung der Religion von ihrem konstitutiven Außen (Recht, Politik, Wissenschaft o.ä.) gelegt.

Der auf diese Weise eingeführte Blick auf religionsbezogene Schwellenerzählungen der Zeitgeschichte[25], auf religionsgeschichtlich grundierte Diagnosen, geht der ‚Zeit der Religion' in den gegenwärtigen europäischen Gesellschaftsdiskursen nach und fokussiert statt auf die historiographische Evaluation der jeweils stark gemachten Schwelle (etwa ‚1945', ‚1989' oder ‚9/11') auf die Positionierung von Religion in der Zeit. Nicht die Frage, ob eine Zäsur, eine Schwelle, korrekterweise behauptet wird, sondern die Frage, welche Handlungsanleitung damit plausibilisiert, welche Kategorien konstituiert und welche Politik des Ursprungs begründet wird, steht damit im Zentrum. Der Fokus auf den Religionsdiskurs macht Religion also genau dort zum Thema, wo gesellschaftlich darüber verhandelt wird, ob etwas ‚Religion' ist oder inwiefern etwas als religiös zu bezeichnen ist, wo also „darüber gestritten wird, ob es Religion ist oder nicht, setzen wir mit der Arbeit ein."[26]

In allen drei untersuchten Leitmetaphern und ihren verschiedenen historiographischen Explikationen kommt der Positionierung von Religion also ein zentraler Fokus zu, der mit der analytischen Differenzierung von *Separierung* (Trennung von Religion und ihrem konstitutiven Außen) und *Amalgamierung* (ihre legitime Verbindung) analysiert wird. Unter letzterem ist die diskursive Zuschreibung von Religion in Bereiche hinein verstanden, welche dieser – im säkular-liberalen Selbstverständnis – gerade nicht zugehörig sind. Es geht also

---

25 Zeitgeschichte wird, wie im deutschen Sprachgebrauch üblich, als „Geschichte der Mitlebenden" verstanden. Vgl. Zur Zeitgeschichtsforschung etwa Norbert Frei (Hrsg.): *Was heißt und zu welchem Ende studiert man Geschichte des 20. Jahrhunderts?*, Göttingen: Wallstein 2006.

26 Eßbach, *Religionssoziologie*, S. 17.

um ‚Religionisierungen', womit jene Prozesse gemeint sind, in denen (1.) religiöse Anliegen zu Anliegen der Wissenschaft erhoben werden, (2.) Domänen wie Politik, Recht oder Literatur auf der Basis solcher Religionskonzepte innerhalb des religiösen Bereichs gestaltet werden und schließlich (3.) Mischformen ‚wissenschaftlicher Religion' und ‚religiöser Wissenschaft' entstehen.[27]

Diese Positionierungen von Religion in Geschichte und Gesellschaft wird im Anschluss an Hans Blumenberg als *Arbeit an der Religion* beschrieben, da sie den Ort von Religion in der Ordnung der Gesellschaft beschreiben.[28] Gesprochen wird dabei aus der Perspektive einer wissenshistorisch und religionstheoretisch informierten *Religions-Wissens-Geschichte*, die ‚Schwellen in der Religionsgeschichte' als doppelte Positionierungsarbeit versteht: Einerseits wird die Positionierung von religionshistorischen Ereignissen in der (Zeit-)Geschichte über *temporale Positionierungstechnologien* in den verschiedenen Schwellenerzählungen als Arbeit an der Ordnung der Geschichte beobachtet. Dabei geht es auch um die Konstitution von sozialen und epistemischen Kollektiven, die sich im Sinne eines Paradigmas (Kuhn), einer Episteme (Foucault) oder eines Denkstils (Fleck) konstituieren.[29] Andererseits wird die damit vorgenommene *Arbeit an der Religion* als Positionierung von Religion, Wissen und Geschichte in der Ordnung der Gesellschaft analysiert. Die Untersuchung der Positionierungsarbeit wird sich zwischen diesen drei Kategorien situieren und ihre verschiedenen Separierungs- und Amalgamierungsstrategien beschreiben.

Daraus ergibt sich die Frage nach der (Ein-)Ordnung und Kategorisierung von ‚Religion' (und anderen Stellvertretern aus dem religiösen Diskursfeld[30]) in die historische Zeit anhand von Schwellenerzählungen, welche paradigmatische und geschichtskonstitutive Erzählungen von Ereignissen darstellen und damit kollektive und individuelle Identitätsformationen begründen. Mit anderen Worten: Eine Analyse der Positionierung von ‚Religion' im Moment eines temporalen Ausnahmezustandes – sei es eine Krise, eine Revolution oder eine Epochenschwelle – bringt eine zentrale Unterscheidungspraxis der Moderne in

---

[27] Stephanie Gripentrog, Dirk Johannsen, Jürgen Mohn, David Atwood: „Disciplining Scholars of Religion: Politics of Scientificity at the First Congresses for the Academic Study of Religion" (in Vorbereitung).

[28] Blumenberg selbst sprach von der Arbeit am Mythos als einer stetigen Neu- und Uminterpretation mythischer Erzählungen und Metaphern, die nicht zu einem Ende gebracht werden können, sondern nur die Überlieferung an die jeweilige Gegenwart anpasst. Vgl. Hans Blumenberg: *Arbeit am Mythos*, Frankfurt a.M.: Suhrkamp 2006.

[29] Vgl. Giorgio Agamben stellt Ähnlichkeiten und Unterschiede zwischen diesen drei Begriffen hervor: Agamben: „Was ist ein Paradigma?", in ders.: *Signatura rerum. Zur Methode*, Frankfurt a.M.: Suhrkamp 2009, S. 9–39. Vgl. zum „Denkstil" Ludwik Fleck: Entstehung und Entwicklung einer wissenschaftlichen Tatsache. Einführung in die Lehre vom Denkstil und Denkkollektiv, (Hrsg. von Lothar Schäfer und Thomas Schnelle), Frankfurt a.M.: Suhrkamp 1980.

[30] Vgl. zum Begriff des religiösen Diskursfeldes 1.4.4.

den Blick: eine Unterscheidungspraxis, welche ‚Religion' von verschiedenen Bereichen sowohl *separiert* als auch mit ihnen *amalgamiert.*

1.3. Schwellenerzählungen zwischen Mystik und Skepsis

Die folgenden Schwellenanalysen werden einer singularisierenden Ereignismystik tendenziell entgegenwirken und stattdessen auf Technologien der Temporalisierung fokussieren (vgl. 1.4.2.). Schwellenerzählungen werden, wie schon erwähnt, nicht hinsichtlich ihrer historischen Richtigkeit oder Rechtmäßigkeit als ‚Übergang' evaluiert und analysiert. Stattdessen steht die Konstruktionsweise von Schwellenerzählungen selbst im Fokus. Gefragt wird also nach den metaphorischen, erzählerischen und diskursiven Strategien und Überzeugungstechnologien, mit denen Schwellen gesetzt werden.

Eine Arbeit über Schwellenerzählungen – über Nullstunden, Enden, Anfänge, Zäsuren, Wendezeiten oder Zeitenwenden – kann die grundlegende Paradoxie zeittheoretischer Arbeiten dabei aber nur prozessieren und nicht davon ablenken, dass auch sie selbst eine Schwelle setzen muss, etwa die Schwelle, mit der das analysierte Material ein- und begrenzt wird. Diese Paradoxie verweist sogleich auch auf die Zirkularität und Aporie von Zeittheorien:[31] Zeit lässt sich nicht unabhängig von der Zeit selbst untersuchen, wie etwa Armin Nassehi schreibt.[32] Dies führt zu einer „konstruktivistische[n] Theorieanlage": Die beobachtende Unterscheidung und der Beobachter sind in dieser Rahmung identisch, denn „diese Identität [von beobachtender Unterscheidung und Beobachter] erzeugt den Zirkel, der jeder Differenz zugrunde liegt"[33]. Diese Selbstbezüglichkeit zwischen gesellschaftlicher Selbstbeobachtung und ihrer Zeittheorie kann nur dann als Tautologie kritisiert werden, wenn man davon ausgeht, dass es einen Ausgang aus dieser Paradoxie gibt. Dies wird aber nur durch „Axiomatisierung der ersten Unterscheidung, etwa durch das Apriori der Transzendentalphilosophie" erreicht, oder, wie Nassehi empfiehlt, indem stattdes-

[31] Bei Paul Ricœur findet sich eine Genealogie dieser Aporie des Zeitdenkens von Aristoteles, Augustinus über Kant, Husserl und Heidegger. Vgl. Paul Ricoeur: *Zeit und Erzählung. Bd. III: Die erzählte Zeit*, München: Wilhelm Fink 2007, insbes. S. 15–157. Ricœur macht darauf aufmerksam, dass „die narrative Komposition [...] eine Entgegnung auf den *aporetischen* Charakter der *Spekulation* über die Zeit darstellt." Ebd., S. 15. Mit dem Hinweis auf Nassehi wird angedeutet, dass die vorliegende Arbeit theoretische Bezüge zu Luhmanns Systemtheorie aufnimmt.

[32] Vgl. Armin Nassehi: *Die Zeit der Gesellschaft. Auf dem Weg zu einer soziologischen Theorie der Zeit*, Wiesbaden: VS 2008, S. 347. Mit dem Hinweis auf Nassehi wird angedeutet, dass die vorliegende Arbeit verschiedentlich Bezüge zu Niklas Luhmanns Systemtheorie aufnimmt.

[33] Ebd.

sen anhand einer – oder verschiedener[34] – Beobachtungen zweiter Ordnung historische Zeitsemantiken handhabbar gemacht werden.[35]

Wenn man jedoch davon ausgeht, dass „Theorie- und Weltform stets koinzidieren", dann wird Zeit nicht als eine ontologische, „vorgängige Weltform", sondern „als Resultat des Operierens in der Welt" begriffen, was den Vorteil hat, dass Zeit als empirischer Sachverhalt der Gesellschaft und ihrer Selbstvergewisserung, als temporale Selbstverortung der Gesellschaft also, beobachtbar wird.[36] Zeit ist also ein gesellschaftliches Orientierungsmittel.[37] Mit der Beobachtung des Beobachters kann die Zirkularität nicht aufgehoben werden. Jedoch kann man „*wissen*, aber nicht *sehen*, dass Beobachtungen stets Operationen sind, die für den Beobachter selbst unhintergehbar bleiben."[38] Auf das Phänomen der Schwellenerzählung angewendet heißt dies, dass die bisherige Unterscheidung nicht genügt, dass also in der Koinzidenz zwischen Theorie- und Weltform eine irritierende Differenz entsteht. Die ‚neue' Unterscheidung ist jedoch noch derart fragil und umkämpft, dass mit der Rhetorik der Schwelle, mit der Schwellensetzung – die Beschreibung von etwas als gänzlich Neuem, Erstmaligem – eine Dringlichkeit in der Reaktion auf die ‚Zeitenwende' etabliert wird. Dem ‚Faktum' des Umbruchs folgt eine Politik der *Neuheit* und *Innovation* (vgl. 1.4.2.4), die gleichzeitig eine *Politik des Ursprungs* (vgl. 1.3.3.) ist.

Aufgrund dieser erkenntnistheoretischen Entscheidung kann eine Schwelle nicht mehr losgelöst von der mit ihr eingeführten Periodisierung und der an sie anknüpfenden Geschichtspolitik beschrieben werden.[39] Periodisierung erscheint vor diesem Hintergrund als eine Politik des Ursprungs, mit der Handlungsmöglichkeiten legitimiert und Kollektive begründet und institutionalisiert werden.

Dennoch ist die Schwellenerzählung keine Einbahnstraße. Das Prozessieren der Paradoxien oszilliert in der Schwellenerzählung nämlich zwischen zwei Polen: Einerseits kann die Schwelle hervorgehoben und als Anfang einer neuen Epoche gefeiert werden, was hier als *Ereignismystik* bezeichnet wird. Damit beschreibe ich eine besondere Imagination, welche das Ereignis zum alles ent-

---

34 Die Multiplizierung des Beobachters zweiter Ordnung kann offenkundig nur durch meine Beobachtung von – wiederum – Beobachtern zweiter Ordnung geschehen. Einfacher gesagt: Indem die Metaphern ein Gespräch von Philosoph*innen, Soziolog*innen und Historiker*innen über genau diese Metaphern eröffnen, ist die Theoretisierung der Ereignisse das beobachtete Material dieser Arbeit.

35 Ebd., S. 345.

36 Ebd., S. 380.

37 Hinsichtlich der Zeit als Orientierungsmittel vgl. Norbert Elias: *Über die Zeit. Arbeiten zur Wissenssoziologie II*, Frankfurt a.M.: Suhrkamp 1988, S. 1.

38 Nassehi, *Zeit der Gesellschaft*, S. 345.

39 Damit wird natürlich keineswegs die Historiographie zur Farce erklärt. Die Frage nach den theoretischen Bedingungen einer Geschichtswissenschaft vis-à-vis einer Periodisierungspolitik wird näher unter 1.3.2.1. erläutert.

scheidenden Wendepunkt stilisiert und dabei eine „überwältigende Präsenz des ‚Anderen'"[40] markiert.[41]

Beispielhaft hierfür ist etwa der Wikiwörterbuch-Eintrag zu „Zäsur", in dem „[d]as Ende des Kalten Krieges [als] Zäsur für Ost und West" bezeichnet wird.[42] Die Bezeichnung *Ereignismystik* ist hier zutreffend, weil – *pars-pro-toto* – in dieser Erzählform ein Ereignis die Geschichte *in toto* verändert und damit eine „Einheit der Wirklichkeit" behauptet wird.[43] Der Zusammenhang von Ereignismystik und Messianismus liegt damit nahe und führt mit Jacques Derrida zur Frage nach der absoluten Überraschung in der Geschichte, wie sie etwa auch in der Frage nach der Revolution aufscheint.[44] Derrida beschreibt den Umbruch in der Geschichte und damit die Frage nach der Faktizität historischer Schwellen als dem Messianismus zugehörig, womit er aber keineswegs meint, dass dies den ‚abrahamitischen' Religionen eigentümlich ist. Das Messianische liegt vielmehr darin, dass die Unterbrechung der Geschichte als eine Entscheidung des Anderen erscheint:

> „Die Geschichte unterbrechen oder entzweien, Geschichte machen, indem man darin eine Entscheidung trifft, eine Entscheidung, die zum Kommen des anderen führen kann und die dann die dem Anschein nach untätige Gestalt einer Entscheidung des anderen annimmt: Erscheint die Entscheidung als solche, als Entscheidung, die in sich selbst – in mir ruht, kommt sie stets von einem anderen, ist sie stets Entscheidung des anderen, ohne dass ich darum von irgendeiner Verantwortung entlastet wäre. Das Messianische setzt sich der absoluten Überraschung aus."[45]

Die Frage nach dem ‚Religiösen' in der Schwellenerzählung – hier mit der spezifischen Form des Messianismus angesprochen – schwingt von Beginn an in der Konzeption der Schwelle selbst mit. Diese Doppelung wird die folgenden Einführungen zu einer Schwellentheorie stetig begleiten, um von verschiedener Seite beleuchtet zu werden und dabei den ordnungshistorischen Zugang, der in der Analyse an unterschiedliche Schwellenerzählungen im Religionsdiskurs der Moderne gelegt wird, zu verdeutlichen.

---

40 Vgl. Annette Wilke: Art. „Mystik" in: *Metzler Lexikon Religion*, Stuttgart: JB Metzler 1999, Band 2, S. 509–515, S. 509.

41 Mit dem Hinweis auf Nassehi wird angedeutet, dass wir uns an dieser Stelle in einem systemtheoretischen Reflexionsrahmen bewegen. Gleichzeitig ist dieser nicht der einzige oder maßgebliche Theoriebeitrag der vorliegenden Analyse, sondern wird zur Beschreibung von Unterscheidungen im Rahmen einer diskursgeschichtlichen Untersuchung herangezogen.

42 https://de.wiktionary.org/wiki/Z%C3%A4sur, zuletzt abgerufen am 16.8.2019.

43 Michael von Brück, R.L. Gordon, K. Herrmann, J. Dan, U. Köpf, F. Gahbauer, S.T. Katz, G. Fuchs, B. Radtke, M. Horstmann et al.: „Mystik", in: Religion in Geschichte und Gegenwart, 4. Version: http://dx.doi.org/10.1163/2405-8262_rgg4_COM_14664, zuletzt abgerufen am 16.8.2019.

44 Vgl. Jacques Derrida: „Glaube und Wissen. Die beiden Quellen der „Religion" an den Grenzen der bloßen Vernunft", in: Gianni Vattimo, Jacques Derrida: *Die Religion*, Frankfurt a.M.: Suhrkamp 2001, S. 32.

45 Ebd.

Neben der weiter zu diskutierenden Nähe der Schwellenfigur zum Messianismus wird die Ereignismystik andererseits gerade von geschichtswissenschaftlicher Seite her häufig mit dem Argument kritisiert, dass ein einzelnes Ereignis selten zur weltgeschichtlichen Zäsur jenseits allzu starker Ethnozentrismen wird, ganz zu schweigen von der fehlenden Kontextualisierung des entsprechenden Ereignisses in einer historischen Konstellation und somit in der Rahmung durch weitere Ereignisse. Der Ereignismystik steht also die Ereignisskepsis entgegen. Sie stellen die beiden Pole dar, zwischen denen Schwellenerzählungen oszillieren. Dabei kann kaum ein Diskursteilnehmer eindeutig einem der beiden Pole zugeordnet werden. Häufig sind eher beide Formen der Ereignisimagination in unterschiedlicher Ausprägung vorhanden und mit unterschiedlichen Absichten versehen. Ein dialogisches Beispiel findet sich bei Maurice Blanchot, der unter dem Titel *Über einen Epochenwechsel: die Forderung der Rückkehr*[46] ein Zwiegespräch zwischen dem Ereignismystiker und dem Ereignisskeptiker stattfinden lässt:

> „Räumen Sie die Gewissheit ein: dass wir an einem Wendepunkt stehen?
> – Wenn es eine Gewissheit ist, so stehen wir nicht an einem Wendepunkt. Die Tatsache, in dem Moment zu leben, in dem sich ein Epochenwechsel vollzieht (so es einen solchen gibt), nimmt auch das sichere Wissen in Beschlag, das ihn bestimmen möchte, indem sie die Gewissheit wie die Ungewissheit unangemessen macht. Wir können uns nie weniger konturieren als in einem solchen Moment: das vor allem ist die geheime Kraft des Wendepunkts."[47]

Während sich die beiden Blanchotschen Alter Egos im Verlauf des Zwiegesprächs nicht einig werden, deuten sie beide die Frage nach dem Epochenwechsel zur Frage nach dem „Nichtwissen der Zukunft" und dessen Aushalten um.[48] Damit macht Blanchot die besondere Ambiguität des Schwellenmoments deutlich, auf die im Folgenden immer wieder und von verschiedenen Seiten her rekurriert wird. Wir werden im Verlauf der drei Analysekapitel auf zentrale geschichtstheoretische Ordnungsweisen zurückkommen, auf denen jede Evaluation von Zäsuren in der Geschichtswissenschaft basiert. An dieser Stelle reicht vorerst der Hinweis, dass die Diskussion in der Geschichtswissenschaft hinsichtlich der Periodisierung äußerst weitreichend ist und etwa die Debatte um *Posthistoire* genauso wie diejenige um den *new historicism* und die postmoderne Geschichtsschreibung umfasst.[49] Hans-Ullrich Gumbrecht gibt jedoch zu bedenken: „[W]enn heute von ‚Posthistoire' gesprochen wird, so ist diese Rede wohl kaum noch je motiviert vom Gedanken an die *Welt nach Erfüllung der Verspre-*

46 Maurice Blanchot: *Das Unzerstörbare. Ein unendliches Gespräch über Sprache, Literatur und Existenz*, München: Hanser 1991, S. 134–145.

47 Ebd., S. 134.

48 Vgl. ebd., S. 145.

49 Vgl. etwa Christoph Conrad, Martina Kessel (Hrsg.): *Geschichte schreiben in der Postmoderne. Beiträge zur aktuellen Diskussion*, Stuttgart: Reclam 1994.

chen von Geschichtsphilosophie."[50] Auch wenn mit Odo Marquard auf die verschärfte Bedeutung der historischen Zäsursetzung in der Globalisierung hinzuweisen ist, die aufgrund des „Bedeutungsverlustes der Raumgrenze" zugenommen habe, sollen damit historische Zäsuren als geschichtswissenschaftliches Instrument nicht delegitimiert werden.[51] An dieser Stelle genügt es, auf einen graduellen Unterschied zwischen der tendenziell eher auf Diskontinuität zielenden Ereignismystik von Geschichtsphilosophie und Zeitdiagnostik und der sowohl auf Kontinuitäten wie Diskontinuitäten abzielenden Ereignisskepsis der Geschichtswissenschaft aufmerksam zu machen. Martin Sabrow beschreibt diesen Unterschied mit der Unterscheidung von „historiographischen Deutungszäsuren" und „sinnweltlichen Ordnungszäsuren" und lässt damit dem Zäsurbegriff eine fachtheoretische Rettung zukommen.[52]

Sabrow zeigt mit dieser Unterscheidung, dass die Plausibilität sinnweltlicher Ordnungszäsuren durch die „zeitgenössische Erfahrungsmacht" der Zeitgenossen begründet ist (etwa dem veränderten Handeln der ostdeutschen Wende 1989), während die Geltungstiefe historiographischer Deutungszäsuren strukturell und räumlich eingeschränkt ist (so ist etwa das Aufkommen des Internets für die Alltagsgeschichte der Deutschen prägender als der Mauerfall).[53] Der Zugang der historiographischen Deutungszäsur entspricht also der Ereignisskepsis, während die Erfahrungsmacht (etwa des 9. Novembers 1989) die Ereignismystik begünstigt.

Beide Begriffe – Ereignismystik und Ereignisskepsis – werfen möglicherweise die Frage auf, wieso hier mit religiösen Begriffen auf einer analytischen Ebene gearbeitet wird.[54] Die Antwort ist im Anliegen begründet, einen mythopoetischen Gehalt auszuweisen, der religionshistorischen Zeitdiagnosen immer dann inhärent ist, wenn sie das Moment des geschichtskonstitutiven Mythos

---

50 Hans Ulrich Gumbrecht: „Posthistoire Now", in: Hans Ulrich Gumbrecht, Ursula Link-Heer (Hrsg.): *Epochenschwellen und Epochenstrukturen im Diskurs der Literatur- und Sprachhistorie*, Frankfurt a.M.: Suhrkamp 1985, S. 17. Kursiv im Original.

51 Oder zumindest nicht stärker delegitimiert werden, als sie die Strömungen der postmodernen Geschichtstheorie oder des *new historicism* bereits delegitimiert hatten.

52 Für die Geschichtswissenschaft ist an dieser Stelle an ‚*histoire croisée*', ‚*entangled history*' oder ‚Verflechtungsgeschichte' zu erinnern, welche die beiden Pole der *Ereignismystik* und der *Ereignisskepsis* in einem multiperspektivischen und transnationalen Ansatz verbinden.

53 Vgl. Martin Sabrow: „Zäsuren in der Zeitgeschichte", Version: 1.0, in: *Docupedia-Zeitgeschichte*, 3.6.2013, URL: http://docupedia.de/zg/Zaesuren, zuletzt abgerufen am 16.8.2019, S. 10ff.

54 Die Begriffe der *Ereignismystik* und der *Ereignisskepsis* werden hier als systematische Analysekategorien gefasst. Dabei darf die religionshistorische Kontextualisierung genauso wie der vergleichende Aspekt zwar nicht außer Acht gelassen werden, jedoch kann die Komplexität der Begriffsgeschichte von ‚Mystik' und ‚Skepsis' für die hier vorgenommene metaphorische Anwendung nicht in toto berücksichtigt werden. Vgl. dazu Annette Wilke, „Mystik", S. 513.

aufnehmen und als ‚große Erzählung' orientierungsstiftend wirken und diese Zeitdiagnosen schließlich explizit mythostheoretisch erörtern.

Heuristische Präzisierungen des Mythosbegriffs werden in Auseinandersetzung mit den diskursiven Bestimmungen von Mythos – der Mythopoetik – im Lauf der weiteren Analyse nuanciert und erweitert. Gleichzeitig ist mit dem Begriff der Mythopoesis schon hier auf die geschichtskonstitutive und orientierungsstiftende Seite einer in spezifischer Weise deutenden Erzählung hingewiesen. Ein abgeschlossener Mythosbegriff kann genauso wenig wie der Religionsbegriff auf irgendeine substanzielle Weise vorweggenommen werden. Um aber die Richtung der fortlaufend fortgesetzten Arbeit am Mythos wie auch an der Religion anzudeuten, soll folgende erste Einführungsdefinition angeboten werden, die dann Schritt für Schritt ergänzt und aktualisiert wird: Unter einem Mythos werden diejenigen Erzählungen verstanden, die durch die Imagination einer paradigmatischen, d.h. bedeutsamen Geschichte, die Welt raum-zeitlich ordnen und damit Handlungsanweisungen für Individuen wie für Kollektive anbieten.

Die Wahl der ‚religiösen' Begriffe *Mystik* und *Skepsis* wird also damit begründet, dass in die Konstitution der Religionsgeschichte eine begriffliche Irritation einzuführen ist, welche gerade den Konstitutions- und damit Abgrenzungsprozess von ‚Geschichte' gegenüber dem ‚Mythos' am Beispiel der Religionsgeschichtsschreibung beschreiben will. An dieser Stelle wird die zentrale methodologische Problematik einer Religionsgeschichte sichtbar, die sich darin äußert, dass es in der Religionswissensgeschichte unmöglich ist, zwischen dem Gegenstand und seiner Interpretation zu unterscheiden, da die Interpretation erst darüber entscheidet, ob etwas zur Religionsgeschichte oder zur religiösen Geschichtsschreibung gehört oder nicht. Der Mystikbegriff wird deshalb trotz (oder eben gerade wegen) seiner Problematik als ‚religiöser' verwendet, um anzuzeigen, wie der Gegenstand zum erklärenden begrifflichen Instrument wird.

Um diese beiden Tendenzen der Ereignisstilisierung zu illustrieren, werden nachfolgend Schwellenereignisse in verschiedenen Epistemen beschrieben, an deren Beispielen ein Gespräch zwischen den Ereignismystikern und den Ereignisskeptikern entfaltet werden kann. Dieses spiegelt die Interaktionen zwischen den beiden Ereignisstilisierungen wider. Periodisierung vollzieht sich – so eine erste These – zwischen diesen beiden Tendenzen der Ereignismystik, die ein einzelnes Ereignis zur alles verändernden Schwelle stilisiert, und der Ereignisskepsis, welche etwa über eine mikrohistorische Analyse aufzeigt, dass das einzelne Ereignis für sich genommen nicht die ganze historische Transformation erklärt.

Beiden Tendenzen stelle ich eine dritte Position hinzu, welche Schwellenerzählungen als *chronopolitische* Erzählungen anhand von *temporalen Positionierungstechnologien* untersucht und dabei zwischen Schwellenkritik und Schwellentheorie oszilliert. Dabei ist Schwellenkritik hier nicht als Bewertung des Ereignisses gemeint, sondern im Sinne einer Analyse darin vorgenommener temporaler Positionierungen und der über die Schwellenerzählung konstituierten Denkkollektive.[55]

Weil Rhetoriken der Ereignismystik genauso wie diejenigen der Ereignisskepsis mit spezifischen, später am Material genauer zu definierenden Strategien arbeiten, welche die Gegenwart in einer geordneten Abfolge positionieren, kann man auch von Periodisierungs-strategien sprechen. Die Analyseinstrumente werden später unter dem Begriff der *temporalen Positionierungstechnologien* genauer eingeführt (vgl. 1.4.2.1.). Das gegenläufige Spiel zwischen Ereignismystik und Ereignisskepsis wird nachfolgend an einem interdisziplinären Kaleidoskop verschiedener Schwellenerzählungen entwickelt. Damit soll illustriert werden, dass Schwellenerzählungen nicht auf einzelne gesellschaftliche Felder, Funktionssysteme, Diskurse oder Sphären begrenzt werden können. Während das dabei entwickelte Instrument der *temporalen Positionierungsstrategien* den Anspruch hat, auf verschiedene Schwellenerzählungen anwendbar zu sein, ist das Material der späteren Detailanalyse ein spezifisches: Es geht um Schwellen in der neueren und neuesten Religionsgeschichte, um ihre Diagnose und darauffolgende Therapievorschläge. Angewendet wird diese Perspektive auf religionsbezogene Sozial- und Gesellschaftstheorien, welche eine größere Transformation beschreiben und dabei den diskursiven Zusammenhang von Religion, Geschichte, Mythos und Politik oder Recht ordnen. Letzteres führt zur Analyse der Arbeit an der Religion.

Die behandelten Theorien und Gesellschaftsdiagnosen stammen zumeist von europäischen Intellektuellen und Wissenschaftler*innen und nehmen jeweils eine europäische Diagnose der jeweils gegenwärtigen Religion vor, um davon ausgehend einen Therapievorschlag zur Behandlung der ‚kranken' Gesellschaft zu reklamieren.[56]

Die folgende Lektüre bietet deshalb hauptsächlich Enttäuschungen, wenn man von ihr eine Diagnose der Religion in der Gegenwart erwartet. Sie bietet jedoch Antworten auf die Frage, wie wir uns in der Geschichte und in spezifi-

[55] *Chronopolitik* besteht – mit Mario Kaiser und im Anschluss an Paulo Virilio und Michel Foucault – aus der „Regierung der Differenz zwischen Zukunft und Gegenwart." Kaiser weist darauf hin, dass „mit dieser Präzisierung eine Sensibilisierung für die Frage [gewonnen wird], was in der Gegenwart aus der Konstruktion und Antizipation dieser oder jener Zukunft politisch folgt." Schwellenerzählungen regeln also nichts weniger als die Differenz von Zukunft, Vergangenheit und Gegenwart und bilden gerade deswegen die zentrale Erzähltechnologie, ohne die keine Chronopolitik möglich ist. Vgl. Mario Kaiser: „Chronopolitik. Prävention und Präemption", in: *Technikfolgenabschätzung*, 23, 2014, H. 2, S. 48–66, hier S. 49. Vgl. auch: Paul Virilio: *The Lost Dimension*, New York: Columbia 1991, S. 93 und 124.

[56] Vgl. hierzu Jeffrey Alexander: *Fin de Siècle Social Theory. Relativism, Reduction and the Problem of Reason*, London/New York: Verso 1995, S. 19. Hinsichtlich der Diagnosis-Therapeutik-Metapher vgl. Jacques Derrida: Schurken. Frankfurt a.M.: Suhrkamp 2005, S. 168.

scher Weise in der Religionsgeschichte positionieren. Auf dieser Schwellenanalyse aufbauend, wird fortlaufend die Frage beantwortet, wie die Religion in der Ordnung der Zeit zu liegen kommt und schließlich, was unter der Arbeit an der Religion genau zu verstehen ist.

Das Kaleidoskop legt im Folgenden den Blick zuerst auf als ‚religiös' im alltäglichen Sinne[57] verstandene Schwellenerzählungen – etwa Schöpfungsmythen, Übergangsriten, Konversionserzählungen oder mehr (1.3.1.) – um in einem zweiten Schritt Schwellenerzählungen an den Rändern des Religionsdiskurses (1.3.2.) in den Fokus zu nehmen und über scheinbare Umwege wie Epochenschwellen, Revolutionen oder wissenschaftliche Paradigmenwechsel die spezifische Beschaffenheit von ‚religionsbezogenen' Schwellenereignissen in der Moderne zu thematisieren. An den Rändern des Religionsdiskurses bewegt sich die Analyse deshalb, weil damit die jeweilige Konstitution, Begrenzung und Hybridisierung von ‚Religion' gezeigt werden kann.

1.4. Kaleidoskop der Schwellen

Am 12. September 2001 titelten zwei deutsche Tageszeitungen: „Es wird nichts mehr so sein wie zuvor."[58] Der 11. September 2001 erscheint hier als sinnweltliche Ordnungszäsur, die alles betrifft – nichts bleibt unberührt. Diese Ereignismystik wirkte in den Feuilletons und journalistischen Zeitdiagnosen noch für Monate und Jahre nach. So sprach der Tagesspiegel schon 2002 vom „Ende einer weltumspannenden Ära"[59], andere Beobachter sprachen gar von einer „9/11-Generation".[60] Es finden sich aber nicht nur in Zeitungen und populärwissenschaftlichen Beiträgen ereignismystische Phrasierungen, sondern auch in der Religionsforschung sind Beispiele etwa darin zu finden, dass die *3rd Global Conference on World's Religions after September 11* als Konferenztitel fungiert.[61] Während jedoch mit ‚9/11' die Ereignismystik geradezu in eine Schwelleneuphorie oder -apokalyptik mündete, sind zunehmend auch gegenteilige Stimmen hörbar. So etwa ein 2002 publiziertes Sonderheft des *Journal of American*

---

[57] Etwa im Sinne Michael Bergunders „unerklärter" Religion. Vgl. Bergunder, „Was ist Religion?".

[58] Kai Diekmann: „Kriegserklärung an die Menschheit", in: *Bild* vom 12.09.2001, S. 1; Klaus Dieter-Frankenberger: „Ins Herz", in: *Frankfurter Allgemeine Zeitung* vom 12.09.2001, S. 1. Zitiert nach: Sandra Poppe: „Einleitung", in: Sandra Poppe, Thorsten Schüller, Sascha Seiler (Hrsg.): *9/11 als kulturelle Zäsur. Repräsentationen des 11. September 2001 in kulturellen Diskursen, Literatur und visuellen Medien*, Bielefeld 2009 (S. 9–17) S. 9.

[59] Hellmuth Karasek: „11. September", *Der Tagesspiegel* vom 11.09.2002. URL: http://www.tagesspiegel.de/politik/11-september/344958.html, zuletzt abgerufen am 16.8.2019.

[60] Vgl. Patrick Keller: „Die 9/11-Generation. Überlegungen anlässlich des Todes Osama bin Ladens", *Die Politische Meinung. Zeitschrift für Politik, Gesellschaft, Religion und Kultur* (Konrad-Adenauer-Stiftung), 502/2011, S. 69–72.

[61] http://worldsreligions2016.org/, zuletzt abgerufen am 16.8.2019.

History oder der 2003 von Mary Dudziak herausgegebene Sammelband *September 11 in History: A Watershed Moment?*.[62] Beide Bände legten, wie Manfred Berg schreibt, den Schwerpunkt

> „bewusst auf die Kontinuitäten, die den historischen Kontext der Anschläge bildeten – insbesondere auf das Hegemonialstreben der USA gegenüber der arabisch-islamischen Welt und die kulturelle Disposition der amerikanischen Gesellschaft, internationale Konflikte in den Kategorien von Gut und Böse zu definieren. Linke Kritiker des *American Empire* wie Michael Mann und Noam Chomsky sahen „9/11" denn auch keineswegs als historische Zäsur, sondern im Gegenteil als logische Konsequenz der imperialistischen Politik der USA."[63]

Der 11. September wird also nicht nur schwelleneuphorisch, sondern auch in ereignisskeptischer Perspektive beschrieben. Letztere könne aber genauso wie die Ereignismystik „übers Ziel hinausschießen", wie Manfred Berg mit Blick auf die Publikation *9/11. Kein Tag, der die Welt veränderte*[64] kritisiert. Eine nuancierte Ereignisskepsis hinsichtlich des Ereignisses vom 11. September findet sich bei Olivier Roy, der die vor und nach ‚9/11' bestehenden Kontinuitäten in der amerikanischen Doktrin herausstellt.[65]

Das Beispiel der Chiffre ‚9/11' wurde aber nicht nur deswegen gewählt, um das Duett von Ereignismystikern und Ereignisskeptikern zu veranschaulichen, sondern weil dabei die Frage nach dem (gegenwärtigen) Ort der Religion in der Zeit aufgeworfen wird – dies ist die zentrale Thematik der vorliegenden Arbeit insgesamt: Philosoph*innen, Kulturwissenschaftler*innen und Gesellschaftsdiagnostiker*innen verschiedenster Couleur nahmen das Ereignis vom 11. September 2001 zum Anlass, um den Ort der Religion in der Moderne neu zu bestimmen. Die Erzählungen von der ‚Rückkehr' (etwa Martin Riesebrodt), der ‚Wiederkehr' der Religion (etwa Friedrich Wilhelm Graf) oder der ‚postsäkularen' Gesellschaft (u.a. Jürgen Habermas) sind schon länger präsent,[66] werden seit dem 11. September jedoch verstärkt in aktuellen Zeitdiagnosen berücksich-

---

62 Mary Dudziak (Hrsg.): *September 11 in History: A Watershed Moment?*, Durham: Duke University Press 2003; History and September 11, Special Issue, *Journal of American History* 89, 2002.

63 Manfred Berg: „Der 11. September – eine historische Zäsur", in: *Zeithistorische Forschungen, /Studies in Contemporary History*, Online-Ausgabe 3, 2011, S. 466 f. URL: http://www.zeithistorische-forschungen.de/3-2011/id=4411, zuletzt abgerufen am16.8.2019.

64 Michael Butter, Birte Christ, Patrick Keller (Hrsg.): *9/11. Kein Tag, der die Welt veränderte*, Paderborn: Ferdinand Schöningh 2011. Manfred Berg schreibt darüber: „Die Beiträge in diesem Buch wenden sich zu Recht gegen die Übertreibungen unmittelbar nach den Anschlägen, schießen aber mit ihrer Fixierung auf Kontinuitäten übers Ziel hinaus. Die meisten Autoren skizzieren im Übrigen eher allgemeine Entwicklungen nach 2001, als explizit das Problem der Zäsur zu thematisieren." Berg, Der 11. September, S. 463.

65 Olivier Roy: *Les illusions du 11 septembre*, Paris: Éditions du Seuil et la République des Idées 2002.

66 Einer der frühen Texte, welcher diese These vorbrachte, ist Gilles Kepels *Die Rache Gottes* (1991). Zu den nach 9/11 stark rezipierten Texten gehört auch Samuel P. Huntingtons These vom „Kampf der Kulturen" (1992/3) sowie die von Peter L. Berger geäußerte Kritik

tigt (und unter 2.3.2 diskutiert). Es stellt sich jedoch zuvor die Frage nach dem Auftreten von Schwellenerzählungen. Sind Schwellenerzählungen auf Zeitdiagnosen beschränkt oder aber sind es ubiquitäre Formen gesellschaftlicher und individueller Selbstvergewisserung?

1.4.1. Schwellen im religiösen Diskurs: Übergangsriten, Kosmogonien, Konversionen

Um die Frage nach dem Zusammenhang von Schwellenerzählungen und der Konstitution von individuellen Biographien und sozialen Kollektiven aufzugreifen, gehe ich zuerst einigen ‚klassischen' Schwellenerzählungen im religiösen Diskurs nach und beschreibe von dort ausgehend die Ränder des modernen Religionsdiskurses über die Perspektive der Schwellenerzählung. Dabei schwingt eine Unterscheidung zwischen einem Religionsdiskurs als einem Diskurs über Religion (der von verschiedenen Perspektiven geführt wird) und einem ‚religiösen' Diskurs mit, wobei letzterer die Notwendigkeit einer religionstheoretischen Konzeption dessen deutlich macht, was sich als ‚religiöse Kommunikation' positioniert.[67] Letztere kann jedoch, ganz im Weberschen Sinne, nicht zu Beginn, sondern nur im Verlauf der weiteren Analyse näher präzisiert werden.

1.4.1.1. Rituelle Schwellen

Ein erwartbarer Einstieg in religionsbezogene Schwellenerzählungen findet sich in der Ritualtheorie u.a. bei Arnold van Gennep und Victor Turner. Ulrike Brunotte weist darauf hin, dass wir es schon mit der Frage nach rituellen Schwellen, etwa Initiationsritualen oder anderen „Übergangsphänomenen" (Turner) mit „unterschiedlichen Aktualitäten von Initiationsfaszination und Initiationstheorie" zu tun haben, die wiederum je unterschiedliche Interessen an der „Entdeckung" des Rituals widerspiegelten.[68] Wie bei David Chidester zu beobachten ist, stehen diese Interessen nicht zuletzt auch in einem kolonialen Feld – der von Chidester als *frontier zone* beschriebenen Zone, in der Evolutionstheorien mit einer kolonialen Faszination an der „primitiven Mentalität"

---

an seiner eigenen, früheren Säkularisierungstheorie in *The Desecularization of the World. Resurgent Religion and World Politics* (1999).

67 Jürgen Mohn: „Die Religion im Diskurs und der Diskurs der Religion(en). Diskurstheorien und die religionsaisthetische Grundlegung des Diskursfeldes Religion" in: Antonius Liedhegener, Andreas Tunger-Zanetti Stephan Wirz (Hrsg.): *Religion-Wirtschaft-Politik. Forschungszugänge zu einem aktuellen transdisziplinären Feld*, Zürich, Baden-Baden: TVZ/ Nomos 2011, S. 83–110.

68 Vgl. insbesondere Ulrike Brunotte: *Helden des Todes. Studien zur Religion, Ästhetik und Politik moderner Männlichkeit*, Würzburg: Ergon 2015, besonders S. 111–150, hier S. 114.

zusammenfielen und so die frühe Religionsforschung wesentlich mitgeprägt hat.[69]

Dabei stand das Interesse am Ritual immer schon in enger Verbindung mit dem Interesse am Mythos, was zu einer im 19. Jahrhundert beginnenden und um 1900 kulminierenden Debatte über das Verhältnis von Mythos und Ritual führte. Ihr Nährboden war eine „epistemologische Spannung zwischen dem Denken (Mythos, Symbol) und der Handlung (Ritual)“[70], welche verschiedene Priorisierungen des Einen gegenüber dem Anderen, aber auch ein sich gegenseitig ergänzendes und bedingendes Verhältnis propagierten.[71]

Übergänge und Ursprünge spielten dabei immer eine zentrale Rolle und standen auch in einer zweiten Phase der Ritualdebatte in den 1950er Jahren im Fokus.[72] Zu dieser zweiten Phase der Ritualtheoriedebatte trug der Ethnologe und Kulturwissenschaftler Victor Turner maßgeblich bei und bezog sich dabei nicht zuletzt auf Arnold van Genneps Theorie der *rite de passage*. Van Gennep beschrieb das Übergangsphänomen folgendermaßen: „Das Phänomen des Übergangs kann in vielen [...] menschlichen Handlungen zum Vorschein kommen und tritt auch in allgemeinen biologischen Abläufen, in der Anwendung physischer Energie und in kosmischen Rhythmen in Erscheinung.“[73] Van Gennep hatte 1909 als einer der ersten von einer ritualtheoretischen „Schwellenphase“ gesprochen und diese als Grenzüberschreitung beschrieben, deren Charakteristika – Unbestimmtheit und Ambiguität – als Ausdruck der Sakralität verstanden werden: Sakralität als relativ und ambivalent begriffen, „d.h. nichts Ab-

[69] Vgl. David Chidester: *Savage Systems. Colonialism and Comparative Religion in Southern Africa*, Charlottesville/London: University Press of Virginia 1996. Chidester zeigt, dass über die Beschreibung der „primitiven Religion“ eine Selbstbeschreibung der bürgerlichen, rationalen, weißen und männlichen Wissenschaftler mitgeliefert wurde. Vgl. auch David Atwood: „Primitive Religion. ‚Africa‘ as a Marker for Transformations in European History of Religion“, *Ghana Bulletin of Theology* 2016; Atwood: „The Discourse on Primal Religion: Disentangling Regimes of Truth“, *Method and Theory for the Study of Religion*, 2016, 28, S. 445–464; Atwood: „Die Religion der Anderen. Zur Diskursgeschichte der frühen Religionsforschung“ in: Andreas Heuser, Claudia Hoffmann, Tabitha Walter (Hrsg.): *Erfassen - Deuten - Urteilen. Empirische Zugänge zur Religionsforschung*. Theologischer Verlag, Zürich 2013, S. 367–382.

[70] Ulrike Brunotte: „The Myth-Ritual Debate“, in: Richard King (Hrsg.): *Religion, theory, critique. Classic and Contemporary Approaches and Methodologies*, New York: Columbia University Press, S. 351–375, hier S. 371. Übers. von DA.

[71] Während etwa Edward Burnett Tylor für die Priorität des Mythos eintrat oder aber William Robertson Smith eine solche des Rituals betonte, votierte etwa Jane Ellen Harrison früh für eine enge Verhältnisbestimmung, die Mythos und Ritual als „pari parissu“ verstand. Vgl. ebd., S. 372. Brunotte stellt neben den frühen Debattenteilnehmer*innen auch verschiedene spätere Ritualtheorien dar, die versuchen, der Dichotomie von Mythos und Ritual auszuweichen.

[72] Vgl. Brunotte, *Helden des Todes*, insbes. S. 120–125.

[73] Arnold van Gennep: *Übergangsriten* (Les rites de passage). Frankfurt a.M.: Campus 2005, S. 175.

solutes, sondern etwas, das von der jeweiligen Situation"[74] und von Zustandsveränderungen abhängt und somit in unmittelbarer Nähe zur Schwellenphase selbst steht. Da solche Zustandsveränderungen „[nicht] vor sich gehen, ohne das soziale und individuelle Leben zu stören", müsse sie durch sogenannte Übergangsriten abgeschwächt werden.[75] Übergangsriten sorgen also van Gennep zufolge für die Wiedereingliederung in die Gemeinschaft nach einem das Leben verändernden Ereignis, sei es „Geburt, soziale Pubertät, Elternschaft, Aufstieg in eine höhere Klasse, Tätigkeitsspezialisierung"[76] etc.

Turner nahm van Genneps Konzeption der Schwellenphase, der Liminalität, auf und präzisierte sie. Auch Turner sah in der Schwellenphase insbesondere von Übergangsriten eine Neueinordnung in die gesellschaftliche Struktur, welche zuerst die Loslösung von der vorherigen Gruppenidentität bedingt: „Schwellenwesen sind weder hier noch da; sie sind weder das eine noch das andere, sondern befinden sich zwischen den vom Gesetz, der Tradition, der Konvention und dem Zeremonial fixierten Positionen."[77] Damit steht die Schwellenphase für Unbestimmtheit und Ambiguität, welche (im Ritual der *Communitas*) in die neue Rolle in der gesellschaftlichen Struktur überführt.[78] Turner interessierte sich dabei sowohl für die sogenannten Stammesgesellschaften wie auch für den Initiationskomplex in modernen Gesellschaften.[79] Er wirft dabei die Frage auf, warum man „beinahe überall auf der Welt Schwellensituationen und -rollen magisch-religiöse Eigenschaften [zuschreibt]?" Den Grund sieht er darin, dass „was im Sinne traditioneller Klassifikationskriterien nicht eindeutig klassifiert [sic] werden kann, beinahe überall als ‚verunreinigend' und ‚gefährlich' betrachtet [wird]."[80] Die gefährlichen, ungünstigen oder verunreinigenden Schwellensituationen stellen somit ein Klassifikationsrisiko dar, da sie eine ambivalente Position innerhalb der Symbolsysteme einnehmen.

Unbestimmtheit und Ambiguität als Merkmal der Schwellenphase werden uns weiterhin begegnen. In ähnlicher Weise sorgen Schwellenerzählungen für die Einordnung in die Genealogie der Gesellschaft nach einem als transformativ erlebten Ereignis. Schwellenerzählungen werden damit zu Übergangsriten einer Gesellschaft, die der Unbestimmtheit und Ambiguität in der Formation ihrer Identität über das Stiften eines eigenen historischen Selbstbildes entgegen-

---

74 van Gennep, *Übergangsriten*, S. 22.

75 van Gennep unterscheidet drei Formen von Übergangsriten: Trennungsriten (*rites de séparation*), Schwellen- bzw. Umwandlungsriten (*rites de marge*) und Angliederungsriten (*rites d'agrégation*). Vgl. van Gennep, *Übergangsriten*, S. 21.

76 van Gennep, *Übergangsriten*, S. 15.

77 Victor Turner: *Das Ritual. Struktur und Anti-Struktur*, Frankfurt a.M.: Campus 2005, S. 95.

78 Walter Benjamin betont in den Passagen nicht zuletzt auch die Geschichtlichkeit der Schwellen und *rites de passage* im modernen Großstadtleben. Vgl. Menninghaus, *Schwellenkunde. Walter Benjamins Passagen des Mythos*, Frankfurt a.M.: 1986, S. 33.

79 Turner „unterschlägt" jedoch, wie Brunotte beschreibt, „[...] die Dimensionen von Macht und Geschlechterkonflikt [...]." Brunotte, *Helden des Todes*, S. 123.

80 Turner, *Das Ritual*, S. 107.

tritt. Schwellenerzählungen sind somit ähnlich den Übergangsriten zu interpretieren, insofern sie die Identität eines Kollektivs im Moment einer als besonders wahrgenommenen Ambiguität (re-)etablieren und dem Individuum darin einen Ort zuteilen.[81]

Was hier in Bezug auf Rituale gilt, ist vergleichbar mit temporalen Ausnahmezuständen (vgl. auch 3.2.2.3.), mit Schwellenereignissen. Das Transponieren des Schwellenbegriffs von den *-ritualen* zu den Schwellen*erzählungen* gründet demnach in der Ambivalenz und Unbestimmtheit der Schwellenphase, die über die Neueinordnung eine neue Epoche, einen neuen Zeitraum eröffnet, der selbst wiederum neue Handlungsprinzipien einfordert. Dabei werden – analog zu den Schwellenritualen – in der Konsolidierung und Rezeption dieser Schwellenerzählungen Identitäten stabilisiert, die das Individuum in der Erzählung eines oder mehrerer Kollektive situieren. Diese Definition von Schwellenerzählungen setzt also bei der Unbestimmtheit des ,temporalen Ausnahmezustands' an.[82] Das Theoretisieren von Mythen und Ritualen in der frühen Religionsforschung, welche die gerade referierten Ritualtheorien hervorgebracht hat, steht nicht zuletzt auch im Kontext von Kolonialismus und Imperialismus, was sich etwa in der Übertragung des Modells von Darwin auf die Kulturgeschichte äußerte.[83] Der Blick auf das Andere als identitätsbildenden Gegenpol hatte dabei nicht zuletzt auch den Effekt, die Begriffe ,Mythos' und ,Ritual' selbst als Instrumente zu konstruieren, mit denen interkulturelle Vergleiche überhaupt erst unternommen werden konnten.[84]

1.4.1.2. Mythische und mythologische Schwellen

Mit dem Mythosbegriff geht eine für den „abendländisch-wissenschaftlichen Ausgriff auf das Fremde" typische Strategie einher, die darauf abzielt, „Fremdes in das eigene Symbolsystem zu integrieren."[85] Wie vorher schon erwähnt, wer-

---

81 Diese Interpretation versucht somit auch, den Gegensatz von Ritual und Mythos nicht dichotomisch zu konzipieren, sondern Rituale als „kreative, performative Praktiken" zu bestimmen, die nicht zwingend ,geglaubt' werden müssen, die aber gleichwohl zu einer Form des inkorporierten Wissens beitragen. Vgl. Brunotte, „The Myth-Ritual Debate", S. 373.

82 Der Doppelbegriff des ,temporalen Ausnahmezustandes' wird unter 3.2.2.2. erläutert.

83 Vgl. hierzu neben David Chidester auch Bruce Lincoln: *Theorizing Myth. Narrative, Ideology, and Scholarship*, Chicago: The University of Chicago Press 1999, S. 70 f.; Vgl. auch Jürgen Mohn: *Mythostheorien. Eine religionswissenschaftliche Untersuchung zu Mythos und Interkulturalität*, München: Fink 1998.

84 Vgl. David Atwood: „contact zones. Eine Annäherung aus religionswissenschaftlicher Perspektive", *prospektiv* 8/2015, S. 5–6. Vgl. auch Friedrich H. Tenbruck: „Was war der Kulturvergleich vor dem Kulturvergleich?", *Soziale Welt* (Zwischen den Kulturen? Die Sozialwissenschaften vor dem Problem des Kulturvergleichs), Sonderband 8, 1992, S. 13–33.

85 Mohn, *Mythostheorien*, S. 237.

den heuristisch unter Mythen solche Erzählungen verstanden, welche in raumzeitlicher Hinsicht eine bedeutsame, identitätsstiftende und handlungsanleitende Geschichte einer Gemeinschaft präsentieren. Weitere Ansätze einer auf Schwellenerzählungen fokussierten Mythos- und Religionstheorie werden nachfolgend im Kapitel ‚Enden' ausformuliert und in den weiteren Materialanalysen fortlaufend expliziert.

Eine voreilige Übernahme der ‚mythischen' Aspekte von Schwellenerzählungen hätte zur Folge, dass der Mythosbegriff als Signum der Moderne, die sich selbst im Gegensatz zu ihm positioniert, aus dem Blick geriete. Die hier verwendete Perspektive versucht jedoch gerade, am temporalen Ausnahmezustand einer Schwelle die Neuordnung der Welt zu beobachten, also gerade die diskursiven Verschränkungen und Abgrenzungen von ‚Mythos' gegenüber ‚Geschichte', ‚Mythos' gegenüber ‚Europa' oder ‚Mythos' gegenüber der ‚Mythoskritik' zu beobachten. Damit situiert sich die Analyse in einer an Formalisierung interessierten Erkenntnistheorie, welche sich methodisch bei der Semiotik, Metaphorologie und Diskursanalyse bedient und ‚Mythos' – etwa im Anschluss an Roland Barthes[86] – als eine Form der Aussage versteht, welche Geschichte in Natur verwandelt und gleichzeitig diese Naturalisierung verschleiert.[87]

Unter diesem Gesichtspunkt wird die Mythologie selbst, wie sie in den letzten hundertfünfzig Jahren entstand, zu einem weiteren Mythos (oder mit Hans Blumenberg: zur fortlaufenden „Arbeit am Mythos"[88]), da sie selbst die Konstruktion des Mythos als ‚besondere', sinn- und gemeinschaftsstiftende Erzählung (etwa im Gegensatz zu wissenschaftlichen Analysen) befeuert.[89] Illustrieren lässt sich dies etwa mit dem Hinweis auf den aufklärerischen oder den psychoanalytischen Mythosbegriff, die beide in der Konsequenz den Mythos erklären und ihn reduktiv „auf ein anderes hin transzendier[en], aus etwas, das nicht selbst Mythos ist, ab[leiten]"[90].

Theorien des Mythos sind daher immer auch Theorien des fremden Mythos, was Jürgen Mohn mit Hans Blumenberg zu einer Umkehrung bringt: „Die Kritik der Mythen schafft die Mythen der Kritik."[91] Die vorliegende Arbeit geht diesen Mythen der Kritik nach, in dem die diskursiven Relationen von ‚Mythos' und ‚Religion' auf der einen Seite und von (wahrem) Wissen in seiner epistemisch-geschichtlichen Institutionalisierung auf der anderen Seite beobachtet werden. Die Arbeit an der Religion wird so sichtbar als Diskursgeschichte von

86 Vgl. zu Barthes' Mythosbegriff das zweite Kapitel (*Enden*, insbes. 2.4.).
87 Vgl. Roland Barthes: *Mythen des Alltags*, Frankfurt a.M.: Suhrkamp 1964, S. 113.
88 Blumenberg, *Arbeit am Mythos*.
89 Vgl. Jan Assmann, Aleida Assmann: Art. „Mythos" in: *Handbuch religionswissenschaftlicher Grundbegriffe*, Band IV, Stuttgart: W. Kohlhammer 1998, S. 179–200, hier S. 181.
90 Menninghaus, *Schwellenkunde*, S. 21.
91 Mohn, *Mythostheorien*, S. 239.

Metaphern im Lichte ihrer religionstheoretischen Oppositionen und Analogien.

Neben xenologischen Mythen[92] des Anderen werden Oppositionen wie die von ‚Mythos' und ‚Logos' dann zentral, wenn es sich, wie bei den nachfolgend zu behandelnden Materialien, um sogenannte geschichtskonstitutive Mythen handelt, welche „sich auf die Konstituierung der wesentlichen Momente des Geschichtsverlaufs" beziehen.[93] Diese „fundierenden Narrationen" sind gleichzeitig geschichtsreduktiv wie geschichtsproduktiv und postulieren einen paradigmatischen, vorbildlichen Geschichtsverlauf, der „als sinn- und orientierungsstiftend behauptet wird"[94]. Mit diesen mythostheoretischen Hinweisen wird vorbereitet und eingeführt, wieso ‚große' Schwellenerzählungen nachfolgend als mythopoetische Erzählungen beobachtet werden.[95] Mythopoesie bezeichnet diejenige Arbeit am Mythos, die sowohl selbst mythisch ist wie sie auch Kritik an (literarischen, politischen oder medialen) Mythen beinhalten kann.[96] Die Religionsgeschichte selbst weist also mythopoetische Aspekte auf, in denen im Sinne großer Erzählungen die Ordnung der Religion etabliert und dabei etwa Religion und Politik auf eine bestimmte Weise separiert, auf andere amalgamiert wird.

Die Aushandlung, ob eine bestimmte Religionsgeschichte, wie etwa diejenige der Achsenzeit ein ‚Mythos' oder eher ‚wissenschaftliche Geschichtsschreibung' ist, wird nicht entschieden, sondern als *Praxis der Theorie* ins Zentrum der Analyse gestellt. Weitere mythostheoretische Präzisierungen werden fortlaufend innerhalb der drei Analysekapitel (besonders unter 3.3. und 3.4., 4.1. sowie als eigene Definition unter 4.2.) sowie am Schluss (5.2.1.) unternommen, während die Frage nach der Verdoppelung von Religions- und Mythosbegriff gleich zu Beginn des ersten Analysekapitels (3. *Enden*) aufgenommen wird.

In den bisherigen Facetten des Kaleidoskops wurde ein komplexes Geflecht von Sprachpolitik, Identitätskonstruktionen und Wissensgeschichte sichtbar,

---

[92] Vgl. Munasu Duala M'bedy: *Xenologie. Die Wissenschaft vom Fremden und die Verdrängung der Humanität in der Anthropologie*, München: Albert Faber 1977.

[93] Jürgen Mohn: „Mythische Narration und ‚Politische Religion'", in: Gabriela Brahier, Dirk Johannsen (Hrsg.): *Konstruktionsgeschichten. Narrationsbezogene Ansätze in der Religionsforschung*, Würzburg: Ergon (Diskurs Religion) 2013 (S. 55–81), hier S. 59 f.

[94] Mohn, „Mythische Narration", S. 59.

[95] Das Theorem der „Auflösung der Mythologie in den Geschichtsraum", wie es Walter Benjamin formuliert hatte, wird hier als geschichtliche Aushandlungspraxis nicht vorausgesetzt, aber als *Arbeit an der Religion* im Modus ihrer geschichtsfundierenden Narrativierung sowie im Zuge der Stabilisierung ihrer epistemischen Konsolidierung beobachtet. Die Bedeutung von Walter Benjamins Passagenwerk für eine allgemeine Schwellentheorie kann hier nur angedeutet werden. Eine weiterführende Auseinandersetzung findet sich bei Menninghaus, *Schwellenkunde*. Vgl. auch: Peter Saeverin: *Zum Begriff der Schwelle*, Oldenburg: BIS 2003, insbes. S. 99–102.

[96] Vgl. etwa: Matthias Bauer, Maren Jäger: „Statt einer Einleitung", in dies. (Hrsg.): *Mythopoetik in Film und Literatur*, München: edition text & kritik 2011.snow

das von Beginn an die Frage nach dem genuin ‚religiösen' oder ‚mythischen' Gehalt der jeweiligen Schwellenerzählungen beobachtete. Ein geradezu zur Metapher gewordenes Ereignis wie ‚9/11' lässt – folgt man der Ereignismystik – die ‚gesamte' Welt in ‚neuem' Licht erscheinen, fordert aber in verschiedenen Variationen auch spezifisch dazu auf, den Ort der Religion neu zu überdenken. Im Kapitel *Enden* (vgl. 3.) werden einige derartige Erzählungen, die etwa mit der Metapher der ‚Rückkehr' oder der ‚Wiederkehr' der Religion arbeiten, näher beleuchtet.

Die Frage nach dem ‚religiösen' oder ‚mythischen' Aspekt von Schwellenerzählungen steht aber noch in anderen Kontexten: Sie ließe sich auch anhand von Kosmogonien (Schöpfungsmythen) besprechen, waren diese doch einer der ersten generischen Gegenstände der frühen akademischen Religionsforschung, die sich ab Mitte des 19. Jahrhunderts zu etablieren begann und um 1900 herum in den ersten religionswissenschaftlichen Lehrbüchern behandelt wurden.[97] In der phänomenologischen Religionsforschung wurden etwa Kosmogonien schon früh als die ‚ursprünglichsten' Schwellenerzählungen bezeichnet, da sie die chronologisch ‚erste' Schwelle besetzen, welche von der Vorzeit in die (Heils-) Geschichte überleitet. Doch nicht nur Kosmogonien sind ‚mythische' Schwellenerzählungen, insofern sie als ‚mythisch' oder ‚mythologisch beschrieben werden.[98] Die Analyse von politischen Neugründungsmythen in den Kapiteln zu den ‚Enden' und ausgeprägter in den ‚Nullstunden' werden zeigen, dass auch die politische Selbstbeschreibung sowohl explizite als auch implizite mythische und mythologische Bezüge verwendet.

1.4.1.3. Konversionserzählungen

Während Kosmogonien Ursprung und Anfang von Gemeinschaften oder Völkern beschreiben, gibt es auch auf der Ebene individueller Selbsterzählungen unter dem Genre der Bekehrungserzählungen ‚klassisch-religiöse' (im Sinne eines alltagssprachlichen Religionsverständnisses) Schwellenerzählungen: die Konversionserzählungen.

---

97 Vgl. etwa Albert Réville: *Prolégomènes de l'histoire des religions*, Paris: Fischbacher 1881, S. 144 ff. Hinsichtlich der frühen akademischen Religionsforschung im Frankreich der dritten Republik ist eine detaillierte Darstellung in Vorbereitung (erscheint voraussichtlich 2021).

98 Vgl. dazu auch Jürgen Mohn: „Kosmogonien und die Kreativität der Paradoxien. Ein religionswissenschaftlicher Essay", in: Robert H. Ziegler, Johannes F. M. Schick (Hrsg.): *Die innere Logik der Kreativität*, Würzburg: Königshausen & Neumann 2013, S. 101–131.

In der europäischen Geschichte ist die Bekehrung des Augustinus[99] neben derjenigen des Paulus geradezu ein Idealtypus oder sogar – folgt man Christian Heidrich – als Archetypus zu bezeichnen.[100] Heidrich begründet das Archetypische dieser Konversionserzählung damit, dass es „die plötzliche Kehre ist, die Umkehre aus heiterem Himmel, die uns am tiefsten anspricht und die wir als die eigentliche Bekehrung empfinden."[101] Gleichzeitig ist die historische Forschung darum bemüht zu zeigen, dass Augustinus „nie gänzlich der christlichen, der im Elternhaus erlernten Religion entfremdet" war.[102] Auch hier treffen wir also auf die beiden Zugänge zur Schwellenerzählung: Einerseits die *Ereignismystik*, die etwa von Augustinus selbst in seiner Konversionserzählung befördert worden ist und die Diskontinuität in der Erzählung betont, andererseits eine historisch-kritische Auseinandersetzung mit der behaupteten Singularität des Ereignisses, welche eher die Kontinuität in den Fokus rückt und damit *ereignisskeptisch* fokussiert ist.

Die Konversionsforschung tendierte, insbesondere nach der schwellenrhetorisch als *linguistic ‚turn'* bezeichneten Ausrichtung der sozial- und kulturwissenschaftlichen Forschung in Richtung der *Ereignisskepsis*.[103] Die in den 1970er und 80er Jahren ausgerufene ‚linguistische Wende' zentriert die wissenschaftliche Aufmerksamkeit auf sprachliche Äußerungen und fokussiert weniger, wie es zuvor im Kontext von Konversionserlebnissen unternommen wurde, auf einen ‚psychologischen' oder ‚biographischen' Wandel. Stattdessen fallen im konstruktivistisch organisierten Zugang des *linguistic turn* Konversionsakt und

---

99 Die Bekehrung des Augustinus fand ihm zufolge am 15. August 386 in einem Mailänder Garten statt und wird im achten Buch seiner *Confessiones* beschrieben. Vgl. Kurt Flasch: *Augustinus. Einführung in sein Denken*, Stuttgart: Reclam, 1980.

100 Vgl. Christian Heidrich: „Die Augustinische Bekehrung", in ders.: *Die Konvertiten. Über religiöse und politische Bekehrung*, München/Wien: Hanser 2002, S. 100–141, hier S. 112.

101 Vgl. ebd.

102 Vgl. ebd.

103 Die Konversionsforschung war bis in die 1960er Jahre stark von religionspsychologischen und religionsphänomenologischen Ansätzen geprägt. Einen Überblick verschaffen Monika Wohlrab-Sahr, Volkhard Krech und Hubert Knoblauch: „Religiöse Bekehrung in soziologischer Perspektive. Themen, Schwerpunkte und Fragestellungen der gegenwärtigen religionssoziologischen Konversionsforschung", in dies. (Hrsg.): *Religiöse Konversion. Systematische und fallorientierte Studien in soziologischer Perspektive*, Konstanz: UVK 1998, S. 7–43. Hinweise zur soziologischen Konversionsforschung finden sich u.a. auch in: David Snow und Richard Machalek: „The Sociology of Conversion", in: *Annual Review of Sociology*, 10, 1984, S. 167–190. Dies.: „The Convert as a Social Type", in: R. Collins (Hrsg.): *Sociological Theory*. San Francisco 1983, S. 259–289. Thomas Luckmann: „Grundformen der gesellschaftlichen Vermittlung des Wissens: Kommunikative Gattungen", in: *Kultur und Gesellschaft. Sonderheft 27 der Kölner Zeitschrift für Soziologie und Sozialpsychologie*, 1986, S. 191–211. Und ders.: „Kanon und Konversion", in: J. Assmann (Hrsg.): *Kanon und Zensur. Beiträge zur Archäologie der literarischen Kommunikation II*, München 1987, S. 67–78. Hinsichtlich des ‚linguistic turn' in der Konversionsforschung vgl. insbesondere Volkhard Krech: „Was ist religiöse Bekehrung? Ein Streifzug durch zehn Jahre soziologischer Konversionsforschung", in: *Handlung Kultur Interpretation. Bulletin für Psychologie und Nachbardisziplinen* 4/6, S. 131–159.

Konversionserzählung, Objekt und Kommunikation, zusammen. Die Diskontinuität wird in dieser Perspektive jedoch nicht ignoriert, sondern als Effekt der Ereignisrezeption beschrieben. So betonen etwa Peter L. Berger und Thomas Luckmann die Bedeutung der Gemeinde für die Konversion:

> „Eine Konversion als Erlebnis bedeutet nicht allzu viel. Entscheidend ist, dass man dabei bleibt, dass man das Erlebnis ernst nimmt und sich den Sinn für seine Plausibilität erhält. Hier nun kommt die Gemeinde ins Spiel. Sie liefert die unerlässliche Plausibilitätsstruktur für die neue Wirklichkeit. Mit anderen Worten: Saulus mag in der Einsamkeit seiner religiösen Ekstase Paulus geworden sein. Paulus bleiben aber konnte er nur im Kreise der christlichen Gemeinde, die ihn als Paulus anerkannte und sein »neues Sein«, von dem er nun seine Identität herleitete, bestätigte."[104]

Die Konversion braucht also Zeugen, welche die Konversion anerkennen und gleichzeitig fähig wären, diese anzuzweifeln (ähnlich wird später die Frage nach dem Zeugen der Epochenschwelle problematisiert). Mit dem *linguistic turn* wird die *Ereignismystik* zunehmend zum Stein des Anstoßes. Snow und Machalek beschreiben deshalb die Konversionserzählung als einen Wechsel des Diskursuniversums: „[…] *the displacement of a universe of discourse by another or the ascendance of a formerly peripheral universe of discourse to the status of a primary authority.*"[105] Damit wird die Konversionserzählung zum eigentlichen Konversionsakt, der den Übergang von einem alten zu einem neuen Symbolsystem überhaupt erst ermöglicht.

Vergleichbare Zugänge zur Konversionserzählung sind auch bei Thomas Luckmann oder Bernd Ulmer zu beobachten.[106] Letzterer arbeitet in seiner Studie zu Konversionserzählungen eine dreigliedrige Erzählstruktur heraus und zeigt, wie Erzählzeit und erzählte Zeit „gleichsam zur Deckung kommen".[107]

Auch Monika Wohlrab-Sahr, Hubert Knoblauch und Volkhard Krech äußern sich hinsichtlich der Bedeutung der rhetorischen Strategien einer Konversionserzählung in ähnlicher Weise. Während Wohlrab-Sahr et al. einerseits mit Snow und Machalek dafür plädieren, „die Konstruktion von Komposition von Konversionserzählungen zum Gegenstand der Analyse"[108] zu machen, kritisieren sie Snow und Machalek zugleich dafür, dass sie sich lediglich auf die rhetorischen Aspekte konzentrierten. Während die Praxis- und Erfahrungsform in den Hintergrund gerückt würde, konzentriere man sich fast ausschließlich auf

---

104 Peter L. Berger, Thomas Luckmann: *Die gesellschaftliche Konstruktion der Wirklichkeit. Eine Theorie der Wissenssoziologie*, Frankfurt a.M. 1994, S. 169.

105 Snow, Machalek: Sociology of Conversion, S. 170.

106 Vgl. auch die Übersicht bei Gesine Carl: *Übertritte von Juden zum Christentum im Spiegel von Konversionserzählungen des 17. und 18. Jahrhunderts*. Hannover: Wehrhahn 2007, S. 66.

107 Bernd Ulmer: „Konversionserzählungen als rekonstruktive Gattung. Erzählerische Mittel und Strategien bei der Rekonstruktion eines Bekehrungserlebnisses", *Zeitschrift für Soziologie*, Jg. 17, Heft 1, Februar 1988, S. 20.

108 Wohlrab-Sahr et al, Religiöse Bekehrung, S. 17 f.

die formalen Aspekte.[109] Staples und Mauss etwa kritisieren, dass das Ignorieren der Inhalte der Konversionserzählung unbefriedigend sei und empfehlen deshalb, Snows und Machaleks Modell der Konversionserzählung durch den Aspekt der Selbsttransformation zu ergänzen und damit konzeptionell Bewusstsein durch Selbstkonzept zu ersetzen.[110] Im Hinblick auf Schwellenerzählungen der jüngeren Religionsgeschichte werden die Vorschläge von Staples und Mauss aufgenommen und dementsprechend etwa eine Zäsurierung wie ‚9/11' als Positionierung der sich selbst beobachtenden Gesellschaft beschrieben.

Die erneute Ergänzung des Kaleidoskops hat illustriert, wie auch in der wissenschaftlichen Konversionsforschung ein Gespräch zwischen Ereignismystikern und Ereignisskeptikern stattfand, welches sich im Nachgang des *linguistic turn* zum Vorteil der Ereignisskeptiker entwickelt hat. Die Konversionserzählung als besondere Form der Schwellenerzählung ist somit mit ähnlichen Fragen nach der – einen Titel von Hans Blumenberg variierend – *Legitimität der Neuheit* konfrontiert, die zwischen den Polen Ereignismystik und Ereignisskepsis ausgetragen und verortet wird.

Wir treffen also Schwellenerzählungen in verschiedenen Formen innerhalb dessen an, was unter einem breiten, alltäglichen und populärwissenschaftlichen Religionsdiskurs zu fassen wäre: Mythen (Kosmogonien), Rituale, Konversionen. Man könnte aus dem bisher Gesagten bereits den (voreiligen) Schluss ziehen, dass Schwellenerzählungen ein Phänomen der religiösen Sprache sind. Doch woran macht sich die ‚Religiosität' der Schwelle fest? Und was ist ‚religiöse' Sprache? Wohlrab-Sahr, Krech und Knoblauch merken hinsichtlich der „religiösen Konversion" an, dass ihre „Formensprache" die „soziale Integration und personale Individuation" erfüllen und also die behauptete Neuheit in sämtliche Lebensbereiche zu integrieren fähig sein müsse. Ein erstes Kriterium für die ‚Religiosität' der Konversionserzählung ist hier also die Integration des Wandels in sämtliche Lebensbereiche. Neben der Reichweite wird aber auch die Versprachlichung des Wandels selbst als Kriterium gehandelt. So erhebt der Soziologe Wolfgang Eßbach ‚Erstmaligkeit' zum Kriterium für die Zurechnung zur Religionsgeschichte:

> „Erstmaligkeit hat immer schon engste Verbindungen zu religionsgeschichtlichen Erzählungen gehabt, sei es als Auftritt neuer Propheten oder Messiasse, oder überhaupt als außergewöhnliches In-Erscheinung-Treten von etwas Besonderem, Erhabenem, Katastrophischem, Extremem, Transzendentem, Numinosem, etc., dem sich irgendwelche religiösen Stimmungen beimischen. Einmaligkeit beziehen wir in dieser Religionssoziologie auf die Wahrnehmung einer so bislang nicht bekannten Situation, für deren

109 Vgl. ebd., S. 22–26.

110 Clifford L. Staples, Armand L. Mauss: „Conversion or Committment? A Reassessment of the Snow and Machalek Approach to the Study of Conversion", *Journal for the Scientific Study of Religion*, 26, 1987, 133–147, hier S. 137 f. Vgl. auch Carl, *Zwischen den Welten*, S. 71 und Wohlrab-Sahr et al, Religiöse Bekehrung, S. 20.

Bewältigung die vorhandenen gedanklichen Mittel sich als unzureichend erweisen und neue noch nicht voll verfügbar sind."[111]

Diese Verbindung von Erstmaligkeit und Religionsgeschichte käme für die vorliegende Arbeit einem Passepartout gleich – sie öffnete einer religionswissenschaftlichen Schwellenanalyse Tür und Tor, was als Imperialismus der Religions-Schwelle bezeichnet werden könnte.[112]

Wenn wir jedoch die oben eingeführte religions- und mythostheoretische Prämisse hinzuziehen, der zufolge Mythos- und Ritualtheorien nicht zuletzt auch einen Selbstverständigungsdiskurs darstellen, in dessen Folge ‚Fremdes' in das eigene Symbolsystem integriert wird, dann muss die Frage nach der ‚Religiosität' der verschiedenen Schwellenerzählungen als bereits im Diskurs getroffene Unterscheidung behandelt werden.

Die Festlegung einer Schwellenerzählung als ‚religiöse' Erzählung übernimmt die in den diesbezüglich herangezogenen Fällen implizite Religionstheorie, ohne sie immer zu explizieren. Die Beschreibung etwa des Ereignisses ‚9/11' als Zeichen einer „Rückkehr der Religion" übersieht die für diese Arbeit grundlegende epistemologische Differenzierung von Ereignis und Interpretation und ignoriert folglich den Aspekt der Selbstverständigung – die Arbeit an der Religion –, wie er ähnlich auch in der Konversionsforschung nach dem *linguistic turn* in den Blick gebracht wurde. Diese Beschreibung ignoriert also, mit Foucault gesprochen, dass die Diskurse als Praktiken zu verstehen sind, die „systematisch die Gegenstände bilden, von denen sie sprechen."[113] Mit ‚9/11' tritt also nicht ‚Religion' wieder auf. Vielmehr setzt die Schwellenerzählung, der zufolge ‚Religion mit ‚9/11' wieder zurückgekehrt' sei, einen neuen *Ursprung der Religion in der Zeitgeschichte*. Die Beschreibung von ‚9/11' als „Rückkehr der Religion" überginge somit die hier empfohlene Strategie, den Religionsdiskurs als eigenen Ordnungsdiskurs zu analysieren, in dem der Ort der Religion evaluativ-normativ festgelegt wird. Um somit nicht von vornherein der (behaupteten oder negierten) ‚Religiosität' der Schwellenerzählungen anheimzufallen, wird das Kaleidoskop der Schwellen im Folgenden auf ‚nicht-religiöse' Schwellen ausgedehnt.

Wie schon Berger (1963) und Berger und Luckmann (1991) festgestellt haben, sind „Konversionen nicht auf religiöse Symbolsysteme beschränkt [...], sondern [können] sich auch in bezug auf Weltanschauungen, Ideologien und andere ‚symbolische Wirklichkeiten' vollziehen [...]."[114] Wohlrab-Sahr, Krech und Knoblauch werfen damit auch die Frage auf, wie solche „symbolischen Wirklichkeiten" organisiert sein müssen, um in sie hinein konvertieren zu können wie in geschlossene „Diskursgemeinschaften". Sie fragen, ob vor diesem

111 Eßbach, *Religionssoziologie 1*, S. 22.
112 Saeverin, *Zum Begriff der Schwelle*, S. 21.
113 Michel Foucault: *Archäologie des Wissens*, Frankfurt a.M.: Suhrkamp 2013, S. 74.
114 Wohlrab-Sahr et al., Religiöse Bekehrung, S. 30.

Hintergrund das „Konversionsphänomen ein entscheidendes Indiz dafür" sein könne, „wie geschlossen Symbolsysteme sind und als wie unterschiedlich von anderen Weltansichten sie erfahren werden."[115] Die vorliegende Arbeit nimmt diese Anregung auf und dehnt sie auf den allgemeineren Begriff der Schwellenerzählungen aus, um sie als besondere Erzählung eines temporalen Ausnahmezustands zu definieren, mit der ein Diskurshorizontwechsel angestrebt wird. Religion wird vorerst nicht auf der Ebene der Analyse der Schwellenerzählung selbst verortet, sondern als Objekt der zu analysierenden Schwellenerzählungen, welche den Ort der ‚Religion' bestimmen und ihn so in einer neuen Diskursgemeinschaft festlegen. Dabei ist die Positionierung und Verortung von ‚Religion' Bedingung für jegliche Religionspolitik. So machen etwa viele Varianten der Schwellenerzählung ‚9/11' den Faktor ‚Religion' zu einem ausschlaggebenden Kriterium in der Diagnose – Religion wird darin (wieder) zum Problem –, was anschließend eine spezifische Politik einforderbar und legitimierbar macht. Um die rhetorischen Strategien dieser Verortung in einem neuen Diskurshorizont durch eine Schwellenerzählung allgemein bestimmen zu können, ist es sinnvoll, sich abseits der ‚offensichtlich' religiösen Schwellenerzählungen umzusehen. Gibt es Schwellenerzählungen, welche vergleichbare Konstruktionsbedingungen aufweisen und ähnliche Funktionen übernehmen, dabei aber mit der Religionsgeschichte in keiner Verbindung stehen?

1.4.2. *Schwellen an den Rändern des Religionsdiskurses: Abgrenzungsdiskurse*

Wie eingangs erwähnt, fokussieren die Analysen von Schwellenerzählungen im Religionsdiskurs auf die Positionierung von ‚Religion' in Zeit und Gesellschaft. Diese Perspektive schließt an eine religionstheoretischen Sichtweise an, die etwa Steffen Führding charakterisiert hat: „Nicht das Wesen von Religion steht im Vordergrund, sondern die Mechanismen und rhetorischen und diskursiven Strategien, die es ermöglichen von etwas als Religion oder Nichtreligion zu sprechen."[116] Aus diesem Grund lohnt es sich, nicht nur auf die Ränder der Schwelle – ihre Bruchstellen – zu achten, sondern auch auf die Ränder des Religionsdiskurses. Dabei wird sich zeigen, dass die Auseinandersetzung um ‚Religion' in der Moderne in hohem Maße ein Abgrenzungsdiskurs ist, der ‚Religion' als konstitutives Außen des Juridisch-Politischen und/oder der Wissenschaft sichtbar macht. Im Fall der Geschichte wird das konstitutive Außen, das *boundary object*[117], im ‚Mythos' sichtbar, weshalb die systematische Leistung dieser Arbeit sowohl mythosdifferenzierende als auch religionsdifferenzierende Positionen im Blick hat.

---

115 Ebd.

116 Steffen Führding: *Jenseits von Religion. Zur sozio-rhetorischen „Wende" in der Religionswissenschaft*, Bielefeld: transcript 2015, S. 234.

117 Star, Griesemer, „Institutional Ecology", S. 413.

Die damit eingeführte Perspektive auf den Religionsdiskurs, die in der Religionswissenschaft bisher von verschiedenen Autor*innen im Anschluss an Michel Foucault, teilweise auch an Ernesto Laclau und Chantal Mouffe aufgenommen wurde, hat neuerdings sowohl systematische Einführungen wie diskursgeschichtliche Anwendungen erfahren.[118]

In den nachfolgenden Schwellenanalysen werden gerade die verschiedenen konstitutiven Außen des Religionsdiskurses aufgezeigt, die jeweils von den Autor*innen der ‚Religion' entgegengesetzt worden sind. Indem etwa Religion und Wissenschaft oder Politik diskursiv deutlich voneinander getrennt werden – indem sie sich gegenseitig als konstitutives Außen mitbezeichnen – wird die Identität innerhalb des Diskurses gefestigt. Damit wird mit Chantal Mouffe und Ernesto Laclau auf die „Praxis der Artikulation" hingewiesen, in deren Rahmen diese Differenzen überhaupt erst ausgehandelt und stabilisiert werden: Um eine semantische Stabilität einer bestimmten Äquivalenzkette zu erzeugen, muss der Diskurs ein radikal Anderes erzeugen, durch dessen Ausgrenzung Identität stabilisiert und in manchen Fällen eine diskursive Hegemonie erreicht wird. In ihrem gemeinsam und im Anschluss an Antonio Gramsci verfassten Werk *Hegemony and Socialist Strategy* von 1985 zeigen Mouffe und Laclau auf, wie kulturelle Hegemonie über die Stabilisierung des konstitutiven Außen herbeigeführt werden. Die Stabilisierung des Diskurses und seines konstitutiven Außen läuft dabei über die Produktion von sogenannten ‚leeren Signifikanten', womit Begriffe wie Zivilisation, Moderne und Freiheit gemeint sind, „da diese durch ihre Unbestimmtheit prädestiniert sind, eine ‚imaginäre Einheit' des Diskurses zu liefern."[119] Leere Signifikanten sind in dieser Sprache Knotenpunkte eines Diskurses, welche durch einen Überschuss an Bedeutungen und zugleich durch einen Mangel an Signifikation gekennzeichnet sind.[120] Neben ‚Religion' oder ‚Mythos' erscheint als Konkretisierung in dieser Analyse immer auch die

---

118 Vgl. zur Beschreibung neuerer diskurstheoretischer Ansätze u.a. die diskurstheoretische Anwendung von Adrian Hermann: *Unterscheidungen der Religion. Analysen zum globalen Religionsdiskurs und dem Problem der Differenzierung von ‚Religion' in buddhistischen Kontexten des 19. und frühen 20. Jahrhunderts*, Göttingen: V&R 2015; Stephanie Gripentrog: *Anormalität und Religion. Zur Entstehung der Psychologie im Kontext der europäischen Religionsgeschichte des 19. und frühen 20 Jahrhunderts*, Würzburg: Ergon 2016. Vgl. zur Arbeit mit Laclau und Mouffe insbesondere Bergunder, „Was ist Religion?; Neubert, *Die diskursive Konstitution von Religion*; Führding, *Jenseits von Religion*; ders., „Der schmale Pfad: Überlegungen zu einer diskurstheoretischen Konzeptionalisierung von Säkularität" in: Steffen Führding, Peter Antes (Hrsg.): *Säkularität in religionswissenschaftlicher Perspektive*, Göttingen: V&R unipress 2013, S. 71–86. Ferner zur Diskurstheorie in der Religionswissenschaft Jürgen Mohn, „Die Religion im Diskurs" (Vgl. Fußnote 63) sowie zum (post-)kolonialen Diskurs der Religionssoziologie auch Anna Daniel: *Die Grenzen des Religionsbegriffs. Eine postkoloniale Konfrontation des religionssoziologischen Diskurses*, Bielefeld: transcript 2016.

119 Vgl. Daniel, *Grenzen des Religionsbegriffs*, S. 30.

120 Vgl. Ernesto Laclau: „Was haben leere Signifikanten mit Politik zu tun?" in ders.: *Emanzipation und Differenz*, Wien: Turia und Kant, S. 65–78.

‚säkulare' Gegenwelt zum Religiösen oder Mythischen als Konkretisierung eines leeren Signifikanten, der durch seinen Überschuss an Bedeutung wenig aussagekräftig ist und doch gerade deswegen zum Knotenpunkt des Diskurses und damit zur Bestimmungsfläche von zentralen Institutionen wie der des Rechtsstaats und einer rechtsstaatlichen Religionspolitik wird.

Mouffe und Laclau fokussierten in ihrer Analyse im Besonderen auf hegemoniale Strategien. Die Bedeutung des konstitutiven Außen kann aber auch allgemeiner auf Interessen angewendet werden, was Michel Callon, John Law, Bruno Latour und im Anschluss daran besonders auch Susan Star und John Griesemer gezeigt haben und was heute als Akteur-Netzwerk-Theorie bekannt ist.[121] Dabei werden ‚Interessen' nicht als Ausdruck von Machtrelationen gefasst, sondern als „Versuche, die kontingenten Formen sozialer Ordnung auf der Seite der Akteure selbst zu definieren und ihnen Geltung zu verschaffen."[122] Bei Law, Callon, Latour und Star/Griesemer kommt hinzu, dass die verschiedenen Interessen ein „faszinierendes Phänomen" zeigen: „das Funktionieren gemischter Ökonomien von Informationen mit verschiedenen Werten und nur teilweise überlappenden Währungen"[123]. Dies gilt für sämtliche Akteur*innen, die an einer bestimmten Wissensproduktion beteiligt sind. Während Star und Griesemer auf wissensproduktive Institutionen wie ein Museum fokussieren, gilt ihre Erkenntnis auch für nicht an einem Ort oder einer Institution versammelte Akteure, so den Religionsdiskurs: *Boundary objects*, Abgrenzungsobjekte, „fungieren als Anker oder Brücken, wie vorläufig auch immer".[124] Latour bestimmt das Funktionieren dieser Informationsökonomien als verschiedene Übersetzungsleistungen. Er setzt dabei beim lateinischen „inter-esse" an als dem, was zwischen den Akteur*innen und ihren Zielen steht – eine Selektion, mit der der/die Akteur*in nur das sichtbar macht, was ihm/ihr hilft, seine/ihre Ziele gegenüber seinen/ihren Gegenparten zu erreichen.[125] Latour beschreibt aber keinesfalls ein simples Manipulieren: „the easiest means to enrol people in the construction of facts is to let oneself be enrolled by them! By pushing their explicit interests, you will also further yours."[126] Neben der Selektion besteht das ‚Interessieren' aus weiteren Übersetzungsleistungen, etwa dem Versprechen eines gewinnbringenden Umwegs, indem neue Ziele erfunden oder ersetzt werden oder in dem ein/e Akteur*in sich unersetzbar macht.[127]

---

121 Vgl. Fußnote 9. Zur Akteur-Netzwerk-Theorie vgl. insbes. Bruno Latour: „On Actor-network Theory. A few Clarifications", *Soziale Welt*, 47, 1996, 4, S. 369–382.

122 Michel Callon, John Law: „On Interests and their Transformation: Enrolment and Counter-Enrolment", *Social Studies of Science*, 12, 1982, S. 615–625. Übers. von DA.

123 Star, Griesemer, „Institutional Ecology", S. 413. Übers. jeweils von DA.

124 Ebd., S. 414.

125 Latour, *Science in Action*, S. 108.

126 Ebd., S. 110.

127 Vgl. ebd., S. 111–120.

Diese Strategien werden nun im Hinblick auf Schwellen der Wissensgeschichte und der politischen Zeitgeschichte untersucht und dabei zweifach beobachtet: Einerseits wird aus der Erzählperspektive die schwellenerzählerische Oszillation zwischen Ereignismystik und Ereignisskepsis beobachtet. Die Akteur*innen treten sowohl als Schwellentheoretiker*innen als auch als Schwellenerzähler*innen in Erscheinung und lösen damit die Grenze zwischen Primär- und Sekundärliteratur in einer Religionswissensgeschichte auf. Dies wird nachfolgend (1.3.2.2.) mit Foucault und der iranischen Revolution von 1979 deutlich gemacht. Andererseits wird der Fokus auf der inhaltlichen Ebene auf die Abgrenzung von Religion und ihren verschiedenen konstitutiven Außen gerichtet – auf das Positionieren von Religion in der Ordnung der Gesellschaft als ein von unterschiedlichen Akteur*innen vorgenommenes ‚Interessieren'. Religion wird gegen ihr konstitutives Außen positioniert, durch ihre Distanz von Wissenschaft, von Recht und Politik, stabilisiert, genau wie diese sich selbst umgekehrt durch die Ferne zur Religion stabilisieren; oder aber durch eine vorübergehende Nähe zur Religion zum Objekt einer Gesellschafts- oder Wissenschaftskritik machen. Die folgende Ausführung geht deshalb Schwellen in der Wissenschaftsgeschichte nach, die trotz ihrer rein wissenschaftsinternen Fragestellung die Frage nach der Position von Religion aufwerfen.

1.4.2.1. Schwellen der Wissensgeschichte: Revolutionen, Paradigmen, Epochenbrüche

Revolutionen und ‚Durchbrüche' in der Wissenschaft sind das Ziel jedes Wissenschaftlers und jeder Wissenschaftlerin – so zumindest lassen sich die Reformpläne des Schweizerischen Nationalfonds lesen, der insbesondere ‚breakthrough research' unterstützen möchte.[128] Gute Forschung soll also, so die Pointe, zu einem Durchbruch in der Forschung führen. Man mag dies hehre Ziel als Ankündigungsrhetorik, als Wissenschaftspolitik oder als Ereignismystik *ex ante* bezeichnen. Gleichwohl zeigt sich hier eine die Wissenschaftsschwelle bejahende Rhetorik, die sofort die Frage nach sich zieht, wie sich Schwellen in der Wissenschaft ereignen. Wie kommt es zu einer Revolution in der Wissenschaft? Gibt es diese überhaupt oder verändert sich Wissenschaft eher langsam denn in ‚Durchbrüchen'? Diese Frage kann hier keinesfalls in ihrer theoretischen Komplexität und ihrer wissenschaftshistorischen Genealogie geklärt werden, was einen Überblick über die Debatte mindestens seit Francis Bacon über Vertreter des Logischen Positivismus, Thomas S. Kuhns Paradigmentheorie und schließ-

[128] Gemeint ist damit Forschung, die ein „hohes Potential für eine Veränderung oder Ersetzung eines Paradigmas" aufweist. Vgl.: http://www.snf.ch/en/researchinFocus/faq/Pages/faq-funding-schemes-innovation-sinergia-what-constitutes-breakthrough-research.aspx (zuletzt abgerufen am 16.8.2019). Übersetzung DA.

lich deren Weiterentwicklung und Kritik bei Autoren wie Imre Lakatos, Larry Laudan oder Wolfgang Stegmüller notwendig machen würde.[129]

Um die Frage nach den Schwellen in der Wissenschaft exemplarisch zu beantworten, lohnt sich ein Blick auf die Physik: Die Übernahme der Kosmologie durch Physik und Chemie im 19. und 20. Jahrhundert hat die Frage nach Anfang und Ende – nach der ersten und letzten Schwelle – nicht abgeschafft, sondern verschiedentlich transformiert. Die Naturwissenschaft hat damit die Hoheit über die Interpretation der allerersten Schwelle – des Beginns des Universums und der Erde. Eine maßgebliche Transformation der physikalischen Kosmologie liegt im 20. Jahrhundert in der allgemeinen Relativitätstheorie Albert Einsteins. Diese legte im sogenannten „Wunderjahr"[130], der ‚Schwelle' 1905, den Grundstein für die im Nachgang entwickelten Urknall-Modelle und wurde deshalb von vielen als eine ‚wissenschaftliche Revolution' beschrieben. Damit ist die Schwellenerzählung im Bereich der Wissenschaft angekommen. Dies behauptete zumindest die London Times am 7. November 1919 mit Bezug zur allgemeinen und speziellen Relativitätstheorie und schrieb: *„Revolution in Science, New Theory of the Universe, Newtonian Ideas Overthrown."*[131] Ähnlich hielt sich auch Max Planck in seiner Revolutionsrhetorik wenig zurück, zumindest nicht, was Einsteins Relativitätstheorie betraf:

> „This new way of thinking about time makes extraordinary demands on the physicist's ability to abstract, and on his imaginative faculty. It well surpasses in daring everything that has been achieved in speculative scientific research, even in the theory of knowledge [...]. This revolution in the physical Weltanschauung brought about by the relativity principle, is to be compared in scope and depth only with that caused by the introduction of the Copernican system of the world."[132]

In einer an die Ereignismystik erinnernden Rhetorik wird hier eine Revolution der „Weltanschauung" beschrieben, deren Reichweite mit einem Vergleich illustriert wird: Vergleichbar sei die durch die Relativitätstheorie ausgelöste Revolution nur mit der Einführung des kopernikanischen Weltbildes.

Das Vergleichen von Schwellen ist eine rhetorische Strategie der temporalen Verortung, eine erste temporale Positionierungstechnologie (vgl. 1.4.2.) illus-

---

129 Vgl. etwa die Übersicht von Jean-François Braunstein: *L'histoire des Sciences. Méthodes, styles et controverses*, Paris: J. Vrin: 2008.

130 Vgl. etwa: Josef Honerkamp: Das Wunderjahr Albert Einsteins, digital veröffentlichter Vortrag: www.physikemeriti.uni-freiburg.de/josef-honerkamp/Alte%20Vortraege/Wunderjahr (zuletzt abgerufen am 12.8.2019.

131 The Times of London, 7.11.1919: „Revolution in Science, New Theory of the Universe, Newtonian Ideas Overthrown", http://www.amnh.org/exhibitions/einstein/einstein-s-revolution, zuletzt abgerufen am 16.8.2019). Vgl. Auch Bernard Cohen: Revolution in Science, Harvard University Press 1987, S. 441.

132 Hier zitiert nach Cohen, *Revolution in Science*, S. 444.

trierend, die ich *Parallelisierung* nenne.[133] Schwellen werden meistens mit einer einzigen anderen Schwelle verglichen, um deren Reichweite zu verdeutlichen. Max Planck parallelisiert also Einsteins Relativitätstheorie mit der kopernikanischen Revolution, um die Reichweite und die ‚Legitimität der Neuheit' zu verdeutlichen.[134]

Stehen wir hier vor einer wissenschaftlichen Schwelle? Stellen die kopernikanischen oder die Einsteinschen Erneuerungen ‚Revolutionen' dar, weil sie die Kosmologie und somit das wissenschaftliche Weltbild in seinen Grundfesten erschüttern und verändern, wie es Wohlrab-Sahr, Krech und Knoblauch als Kriterien für die religiöse Konversion angeben? Und falls ja, können diese Revolutionen an einem einzelnen Ereignis festgemacht werden, etwa am ‚Wunderjahr' 1905? Dafür sprechen etwa Leopold Infeld, Max Planck und teilweise auch Einstein selbst. Infeld beschreibt die Einsteinsche Revolution in der Physik als die berühmteste in einer Reihe von verschiedenen Revolutionen:

> „a sudden clarification of our concepts, the forming of a new picture, an unexpected resolution of contradictions and difficulties. There have been many revolutions in science, but the Einstein revolution became the most famous. Among its results is one that for years to come will form an important factor in shaping life and death on our planet."[135]

In diesem Zitat wird sichtbar, wie eine Schwelle – in diesem Fall die Einsteinsche ‚Revolution' – sowohl ein epistemisches Kollektiv und einen Denkstil („a clarification of *our* concepts", Hervorh. DA), eine neue Sichtweise auf die Welt sowie eine sich daran orientierende Politik formt. Bernard Cohen weist aber darauf hin, dass Einsteins Verständnis von Revolutionen in der Wissenschaft nicht seine eigene Relativitätstheorie bezeichnet, sondern eine längere Phase wissenschaftlicher Erneuerung miteinbezieht: Einstein bezog sich auf die konzeptionellen Veränderungen durch die Physiker Maxwell, Faraday und Hertz im Zeitraum von 1830 bis 1890. Damit wird deutlich, dass eine wissenschaftliche Revolution in der Einsteinschen Konzeption nicht in Form von plötzlichen und dramatischen politischen Ereignissen auftritt, sondern eine langandauernde Erneuerung einer Fachdisziplin bezeichnet. Einstein selbst verwendete deshalb den Evolutionsbegriff zur Beschreibung wissenschaftshistorischer Verän-

133 Mit Hans Blumenberg ließe sich die hier Parallelisierung genannte Form der Verknüpfung als *Präfiguration* bezeichnen. Vgl. Hans Blumenberg: *Präfiguration. Arbeit am politischen Mythos*, Berlin: Suhrkamp 2014.

134 Die Herausarbeitung von Blumenbergs Beiträgen zu einer Schwellentheorie erfolgt hauptsächlich unter 2.2.2. (*Säkularisierungsreden als Arbeit an der Religion*).

135 Leopold Infeld: *Albert Einstein, His Work and its Influence on Our World*, New York/London: Scribner 1950, S. 22. Infeld beschreibt dort die allgemeine und die spezielle Relativitätstheorie als „the First Einstein Revolution" und „the Second Einstein Revolution".

derungen, etwa in der mit Infeld gemeinsam verfassten Publikation *The Evolution of Physics* (1938).[136]

Auch hier zeigt sich wieder die Ambivalenz zwischen der Ereignismystik, welche die Diskontinuität eines Einzelereignisses betont, und der Ereignisskepsis, welche auf Kontinuitäten und längere Transformationen fokussiert. Welche Form der Beschreibung sich durchsetzt, entscheidet sich an der Frage nach der Machart des (wissenschaftlichen) Fortschrittes. Nicht die Frage, ob Einsteins Relativitätstheorie wirklich eine Revolution darstellt, entscheidet über die Form der Erzählung. Die Erzählform verdeutlicht vielmehr, welche wissenschaftspolitische Legitimation durch historiographische Ereignisstilisierung geschaffen werden kann. Der Streit um Begriffe wie Revolution oder Evolution ist also ein Effekt der Schwellenrhetorik und damit auch der Ereignispolitik.

Die Wissenschaftsgeschichte selbst kennt den Streit um den Begriff der wissenschaftlichen Revolution schon länger.[137] Insbesondere die historische Epistemologie hat produktive Vorschläge in die Diskussion eingebracht, die seit den 1930er Jahren an Profil gewinnen und etwa durch die Paradigmentheorie von Thomas Kuhn befördert wurden.[138] Es gibt also in der Wissenschaftstheorie eine schwellentheoretische Diskussion um die Frage nach wissenschaftlichen Revolutionen. Ihre nachträgliche Bewertung ist offensichtlich nur fallspezifisch zu rekonstruieren und zu beantworten, selbst dann aber würde kaum ein/e Historiker*in jegliche darin inhärente *Politik des Ursprungs* bestreiten und stattdessen eine (naive) Objektivität einfordern.

Während jedoch die Frage nach der Legitimität einer wissenschaftlichen Revolution mit dem Hinweis auf die jeweilige Fallanalyse ausgeklammert werden kann, steht eine andere Frage im Raum: Sind wir hier nun gänzlich abseits der Religionsgeschichte oder befinden wir uns gar immer noch mitten in ihr? Ersteres behauptet offensichtlich die wissenschaftliche Selbstdarstellung und stärkt damit die Dichotomie von Religion und Wissenschaft. Letzteres würde etwa durch die These von Eßbach bestärkt, wonach „Erstmaligkeit" ein Kriterium für die religionsgeschichtliche Beschreibung wissenschaftlicher Revolutionen

136 Vgl. Albert Einstein, Leopold Infeld: *Die Evolution der Physik*. Hamburg: Rowohlt 1995.

137 Vgl. etwa die Übersicht von Paul Hoyningen-Huene: *Reconstructing Scientific Revolutions: Thomas S. Kuhn's Philosophy of Science*, Chicago: University of Chicago Press 1993. In jüngster Zeit sind Versuche unternommen worden, die Paradigmentheorie von Kuhn in flexiblere Modelle zu überführen. Vgl. etwa Lorraine Daston, Peter Galison: *Objektivität*. Frankfurt a.M.: Suhrkamp 2007. Vgl. auch die Einführung von Hans-Jörg Rheinberger: *Historische Epistemologie. Zur Einführung*, Hamburg: Junius 2007.

138 In Frankreich etwa begann sich die Wissenschaftsgeschichte unter Gaston Bachelard und Georges Canguilhem in den 1940er Jahren zu formieren. In Deutschland, Polen und benachbarten Ländern ist besonders Ludwik Fleck (Mitte der 1920er Jahre) zu nennen, dessen Ideen später eine der Grundlagen von Thomas S. Kuhns Paradigmentheorie lieferten. Zentral für die Übermittlung dieser Ideen in die Vereinigten Staaten war Alexandre Koyré, der in den USA Lehrer sowohl von Bernard Cohen als auch von Thomas Kuhn wurde. Vgl. Rheinberger, *Historische Epistemologie*, S. 80.

wäre. Dafür spricht aber auch der Wissenschaftstheoretiker Thomas Kuhn, der den Paradigmenwechsel mit Konversionen vergleicht und damit die Frage nach der Durchlässigkeit von Religions- und Wissenschaftsgeschichte stellt: „Die Übertragung der Bindung von einem Paradigma auf ein anderes ist eine Konversion, die nicht erzwungen werden kann.“[139] ‚Religionisiert' Kuhn damit also Wissenschaft beziehungsweise ihre Form der Entwicklung, indem er zur Erklärung eines wissenschaftlichen Paradigmas einen ‚religiösen' Begriff herbeizieht?

Um diese Frage zu beantworten, lohnt sich ein Blick auf seine Paradigmentheorie, die sich auf die Loslösung eines alten Paradigmas und die Wiedereingliederung in ein Neues bezieht. Üblicherweise läuft der Wissenschaftsbetrieb im Modus der Normalwissenschaft, was Kuhn auch als „Puzzlespiel“ beschreibt. Ein Paradigma ist dann offen genug für viele neue Fragen und überzeugt genügend Anhänger*innen aus der jeweiligen Disziplin. Wenn jedoch Probleme auftauchen, welche das Paradigma nicht gänzlich zu lösen vermag, werden diese als Anomalien wahrgenommen. Hierauf kann sich das Problem zu einer konstatierten Krisensituation steigern und schließlich in eine Loslösung vom Paradigma – in eine Revolution – münden. Kuhn bringt in seiner Theorie ‚wissenschaftlicher Revolutionen‘ also erkenntnistheoretische mit soziologischen und psychologischen Elementen zusammen. Wieso er jedoch eine religiöse Semantik einführt und über die Analogie mit der Konversion die sozialpsychologische Schwierigkeit begründet, die in der Überführung in ein neues Paradigma liegt, ist aus Kuhns Text selbst nicht ersichtlich. So analysiert er die Entscheidung zwischen zwei wissenschaftlichen Paradigmen, welche ein/e Wissenschaftler*in treffen muss, mit religiösem Vokabular:

> „Derjenige, der ein neues Paradigma in einem frühen Stadium annimmt, muss das oft entgegen den durch Problemlösungen gelieferten Beweisen tun. Das heißt, er muss den Glauben haben, dass das neue Paradigma mit den vielen großen Problemen, mit denen es konfrontiert ist, fertig werden kann, wobei er nur weiß, dass das alte Paradigma bei einigen versagt hat. Eine Entscheidung dieser Art kann nur aufgrund eines Glaubens getroffen werden. […] Mehr und mehr Wissenschaftler werden dann bekehrt werden […].“[140]

Sind somit – zumindest was die Erzählstruktur und die Strategien temporaler Positionierung angeht – keine Unterschiede zwischen religiöser und wissenschaftlicher Positionierung in der Zeit zu erkennen? Die Frage ist falsch gestellt, resp. sie lebt von einem wissenschaftstheoretischen Essentialismus: Positionierungen in der Zeit sind nicht per se ‚religiös', ‚wissenschaftlich' oder ‚politisch'. Mit der Erzählung von temporalen Ausnahmezuständen werden die kategorialen Einordnungen erst etabliert. Es sind also die Erzählungen selbst, die eine Festsetzung in der historischen Zeit und in einer bestimmten Gesellschaft mit

---

[139] Vgl. Thomas S. Kuhn: *Die Struktur wissenschaftlicher Revolutionen*, Frankfurt a.M.: Suhrkamp, 1967, S. 162.

[140] Kuhn, *Struktur*, S. 168 f.

sich bringen und somit den jeweiligen Diskurs festigen und stabilisieren. Die Kategorien selbst sind Teil der Positionierung. Die Selbstthematisierung der Schwellenerzählung legt die Zuordnung fest, also die Kategorisierung als ‚religiös' (Konversion), als ‚wissenschaftlich' (Paradigmenwechsel) oder als ‚historisch' (Epochenbruch).[141] Die kategoriale Einordnung der neuen Weltordnung in ‚Religion' oder ‚Wissenschaft' ist somit Teil der Schwellenerzählung selbst. Sie zu entscheiden hieße, den historiographischen Ball aufzunehmen und die Schwellenereignisse sowie ihre Rezeption auf ihre Reichweite zu überprüfen, was in der vorliegenden Arbeit nicht gemacht wird.

Was jedoch im Hinblick auf Kuhns Schwellennarrativ herausgestellt werden kann, ist seine besondere Schwellenrhetorik: Seine Wissenschaftstheorie – wie viele Theoretiker eines wissenschaftlichen Fortschrittes – gründet auf einem Diskontinuitätspostulat, welches zwar wissenschaftsintern argumentiert, jedoch vor allem in den Externalisierungen eines Denkkollektivs (um den entsprechenden Begriff von Ludwik Fleck aufzunehmen) zu liegen scheint.[142] Kuhns Paradigmentheorie ist also auch eine Theorie wissenschaftlicher Schwellenerzählungen, ihrer Rezeptionen und der damit einhergehenden Konstitution sozialer Kollektive und Episteme.

Um wissenshistorische Schwellenkonstruktionen unter anderen Vorzeichen als den wissenschaftlichen oder religiösen zu beobachten, wenden wir uns ein letztes Mal einem neuen Schwellendiskurs zu: den Epochenbrüchen in der Geschichtswissenschaft und in der politischen Zeitgeschichte. Auch hier kann wieder nur illustrierend und keineswegs theoretisch oder auch historisch-rekonstruktiv erschöpfend vorausgegriffen werden. Angesetzt werden muss jedoch zwingend mit der Frage nach Kontinuität und Diskontinuität im Übergang von den jüdisch-christlichen Weltalterlehren zur geschichtswissenschaftlichen Periodisierung, eine Frage, welche in dieser Arbeit immer wieder eingeholt wird (vgl. besonders 2.2.2. und 2.4.2.).

Martin Sabrow schreibt diesbezüglich, dass die jüdisch-christlichen Weltalterlehren zwar ein erstes Orientierungsinstrument geliefert hätten, „aber erst das Periodensystem des Humanismus schuf mit seiner Trias von Altertum, Mittelalter und Neuzeit die Voraussetzung für eine Gliederung der historischen Zeitenfolge"[143]. Sabrow macht auch auf die begriffsgeschichtlichen Verschiebungen aufmerksam, die unsere zeitgenössische Verwendungsweise der Epochenschwelle überhaupt erst möglich machte. So konnten sich etwa die Begriffe der Zäsur, der Epochenschwelle, -wende oder des -einschnitts erst nach einer

141 Zu ergänzen wäre etwa auch die ökonomische Krise als Schwellenerzählung mit spezifischer Eigendynamik, welche die Prognostik einer Schwellenerzählung im Sinne einer selbsterfüllenden Prophezeiung offenbart, da die Selbstbeschreibung als krisenhaft die zukünftige Handlung vorwegnimmt.

142 Vgl. auch Rheinberger, *Historische Epistemologie*, S. 88.

143 Sabrow, „Zäsuren in der Zeitgeschichte", S. 3.

Verschiebung des Epochenbegriffs entwickeln, die diesen von der Bezeichnung eines Momentes des Stillstands zu einem Bewegungsbegriff machte, der eher auf die Enden, auf das ‚Vorher' und das ‚Nachher' abzielte.[144] Dies ist jedoch keine neue Erkenntnis – schon Gustav Droysen hielt Ende des 19. Jahrhunderts fest, dass Epochenbegriffe und historische Zäsuren nur „Betrachtungsformen sind, die der denkende Geist dem empirischen Vorhandenen gibt"[145]. Ähnlich beschrieb Foucault, dass „die Humanwissenschaften (und dazu kann man in diesem Fall die Geschichte selbst zählen) nie etwas anderes [täten], als eine kulturelle Episode zu einer anderen in Beziehung zu setzen (die, auf die sie als auf ihren Gegenstand angewendet werden, und die, in denen sie sich hinsichtlich ihrer Existenz, ihrer Seinsweise, ihrer Methoden und ihrer Begriffe verwurzeln)"[146]. Foucault macht hier deutlich auf die beiden Geschichtsebenen aufmerksam, die in diesem Spiel notwendig sind.

Oder wie es Karlheinz Stierle formulierte: Zäsuren können nichts als „Anschauungsformen des geschichtlichen Sinns" sein.[147] Sabrow selbst schreibt in geradezu abschließender Weise: „Spätestens seit 1989/90 ist die Auffassung geschichtswissenschaftlich allgemein anerkannt: Zäsuren gelten selten umfassend, sondern meist nur sektoral."[148] In der Geschichtswissenschaft hat also die Ereignisskepsis vor der Ereignismystik den Zuschlag erhalten. Dies hält jedoch die historisch arbeitenden Zeitdiagnostiker*innen nicht davon ab, Zäsursetzungen in ihren Gegenwartsdiagnosen vorzunehmen und damit der Ereignismystik ihre bekannte Rolle in den Feuilletons und populärwissenschaftlichen Organen zuzuteilen. Um die Frage nach der Ordnungstätigkeit von Intellektuellen und Wissenschaftler*innen genauer zu beobachten, werden im Folgenden zwei letzte Schwellenerzählungen aufgenommen: die Revolution sowie die Epochenschwelle.

1.4.2.2. Schwellen der Zeitgeschichte, oder: Foucault im Iran

Vor mehreren Jahren hat wiederum eine ‚Revolution' den Nahen und Mittleren Osten geprägt und – dies steht zur Disposition – teilweise neugestaltet. Eine Grundregel der Revolution wurde berücksichtigt: Sie begann mit einer Euphorie, die sich (teilweise) in Ernüchterung niederschlug. Es handelt sich dabei aber (noch) nicht um den in westlichen Medien sogenannten ‚Arabischen Früh-

[144] Ebd., S. 4.

[145] Johann Gustav Droysen: *Historik*, Stuttgart: Frommann-Holzboog 1997, S. 371.

[146] Michel Foucault: *Die Ordnung der Dinge. Eine Archäologie der Humanwissenschaften*, Frankfurt a.M.: Suhrkamp 1974, S. 444 f.

[147] Zitiert nach Sabrow, „Zäsuren in der Zeitgeschichte", S. 4. Dieser zitierte nach: Wilfried Barner: „Zum Problem der Epochenillusion", in: Reinhart Herzog, Reinhart Koselleck (Hrsg.): *Epochenschwelle und Eochenbewusstsein*, München 1987, S. 517–529, hier S. 522.

[148] Sabrow, „Zäsuren in der Zeitgeschichte", S. 6.

ling' – auf diese Metapher werden wir noch zu sprechen kommen. Vielmehr ist damit ein als neu gewertetes Auftauchen einer politisierten Religion gemeint – oder wie es Foucault nannte, der „politischen Spiritualität"[149] –, auf der weltpolitischen Bühne im Iran 1978/79.[150] Gilles Kepel nahm diese „Revolution" zum Anlass, eine „Rache Gottes" – so der Titel seines Buches – an der Säkularisierungsthese zu behaupten. Später bezeichnete er die iranische Revolution als stärkstes Symbol der 1970er Jahre: „*La victoire de la révolution islamique en Iran a été le symbole le plus frappant du basculement de la décennie 1970.*"[151]

Michel Foucault, der die iranische Revolution auch vor Ort verfolgte und für die Zeitungen *Corriere della Sera*, für *Le Monde* und *Le Nouvel Observateur* berichtete, positionierte sich als einer der wenigen westlichen Intellektuellen „enthusiastisch und unkritisch", wie Janet Afary und Kevin Anderson in ihrer Foucaults Iran-Texten gewidmeten Analyse schreiben.[152] Die englische Rezeption dieser Artikel blieb lange aus, einerseits aus sprachlichen Gründen, andererseits auch weil viele Autor*innen diese Artikel als politischen Fehler bezeichnet haben. Insbesondere in Frankreich und Deutschland wurde Foucault für seine Iran-Berichte stark kritisiert.[153] Erst in letzter Zeit mehren sich diejenigen Rezeptionen, welche Foucaults Bemühen betonen, Revolutionsgeschichte jenseits

149 Vgl. etwa Michel Foucault: „Wovon träumen die Iraner?", in ders.: *Schriften*, Band 3, Frankfurt a.M.: Suhrkamp 2003, Nr. 245, S. 862–870, hier S. 870. Vgl. auch: Thomas Lemke: „'Die verrückteste Form der Revolte' – Michel Foucault und die iranische Revolution", *1999. Zeitschrift für Sozialgeschichte des 20. und 21. Jahrhunderts*, 17 (2), 2002, S. 73–89.
http://www.thomaslemkeweb.de/publikationen/Iran%20II.pdf (zuletzt abgerufen am 16.8.2019).

150 Michel Foucault ist keineswegs der einzige, der die Revolution im Iran als eine primär religionshistorische Transformation beschreibt (siehe unten 2.3.1). Eine eingehendere Analyse der Metapher der ‚Rückkehr der Religion' wird im ersten Kapitel *Enden* unternommen.

151 Gilles Kepel: *Jihad. Expansion et déclin de l'islamisme*, Paris: Gallimard 2000, S. 191.

152 Janet Afary, Kevin B. Anderson: *Foucault and the Iranian Revolution. Gender and the Seductions of Islamism*, University of Chicago Press 2010. Dieser Band versammelt erstmals fast alle Schriften Foucaults über den Iran sowie sämtliche darauf reagierenden Kritiken in englischer Übersetzung. Darin nicht enthalten ist ein Interview mit Foucault über die Iran-Episode und die Verbindung zu Foucaults Lektüre von Ernst Blochs „Das Prinzip Hoffnung". Vgl. http://fares-sassine.blogspot.ch/2014/08/entretien-inedit-avec-michel-foucault.html (zuletzt abgerufen am 16.8.2019). In diesem Interview weist Foucault darauf hin, dass das in Frankreich kaum rezipierte Werk Blochs sich der für ihn zentralen Frage nach der „kollektiven Wahrnehmung der Geschichte" widmet.

153 Vgl. Michel Foucault: „Michel Foucault und der Iran" (262), *Schriften 3*, (S. 952–953) S. 952. Besonders stark waren etwa die Vorwürfe von Pierre Debray-Ritzen sowie von Claudie und Jacques Broyelle, zwei ehemaligen Maoisten, welche von 1970–75 für die chinesische Regierung arbeiteten.

binärer Unterscheidungen und die islamische Revolution als Form der Aufklärung zu beschreiben.[154]

Hinsichtlich der religionsbezogenen Schwellenerzählungen ist Foucaults Iran-Episode jedoch von mehrfachem Interesse. Einerseits ist die Ereigniseuphorie zum Zeitpunkt von Khomeinis Machtergreifung spürbar und wird von Foucault angesprochen. So beginnt er einen Artikel im *Corriere della Sera* mit: „Teheran. Am 11. Februar 1979 kam es im Iran zur Revolution. [...] Die Geschichte hat an den Fuß der Seite das rote Siegel gesetzt, das die Echtheit der Revolution bestätigt. Die Religion hat ihre Rolle beim Heben des Vorhangs gespielt."[155] Auf den ersten Blick wird damit eine Ereignismystik bemüht und gleichzeitig auch die Rolle der Religion ins Zentrum gerückt. Ist Foucault somit ein ereignismystischer Vertreter der Wiederkehr-der-Religion-These? Keineswegs, denn gleich darauf hinterfragt er diese – „in den Zeitungen von morgen und in den Geschichtsbüchern der Zukunft" sicherlich anzutreffende Periodisierung: „Ist das so sicher?"[156] Im November 1978, während seiner zweiten Reise in den Iran, war Foucault noch wesentlich vorsichtiger gegenüber dem Revolutionsbegriff: „Das ist keine Revolution im wörtlichen Sinne, sondern der Versuch, aufzustehen und sich aufzurichten. Es ist eine Erhebung von Menschen mit bloßen Händen."[157] Dies zeigt schon den Fokus von Foucaults „Ideenreportagen"[158], welche auf die „Geburt der Ideen" zielen, ihre „explosive Kraft [...] erleben" möchten und davon ausgehen, dass „dies nicht in den Büchern, in denen sie vorgestellt werden, sondern in den Ereignissen, in denen sich ihre Kraft zeigt, und in den Kämpfen, die für oder gegen sie geführt werden" erlebbar ist.[159] Mit einem solchen Zitat lässt sich gleichwohl nach einer Ereignismystik in Foucaults Analysen fragen. Gleichzeitig ist die Rezeption von Foucaults Iran-Episode zumeist kritischer und unterstellt Foucault eine Euphorie gegenüber der Entstehung des „islamischen Staates", die bei ihm selten so eindeutig festzustellen ist.[160] So kritisiert er etwa die französische Vorstellung, wonach die Definition des islamischen Staates ungenau sei: „Mir scheint dagegen, [die Definitionen des islamischen Staates] sind von einer Klarheit, die uns

---

154 Vgl. insbesondere die jüngste Publikation von Behrooz Ghamari-Tabrizi: *Foucault in Iran. Islamic Revolution after the Enlightenment*, Minneapolis: University of Minnesota Press 2016, vgl. insbes. S. 159 ff.

155 Michel Foucault: „Pulverfass Islam" (261), in: *Schriften 3*, S. 949–952, S. 949.

156 Ebd.

157 Michel Foucault: „Das mythische Oberhaupt der Revolte im Iran", *Schriften 3*, S. 894–897, S. 897.

158 Die Iran-Reportagen von Foucault sind im Kontext der Ideenreportagen zu verorten, welche sich der Bedeutung von Alltagsideen widmeten. Vgl. Michel Foucault: „Die ‚Ideenreportagen'", in: *Schriften 3*, S. 885–886. Vgl. auch Lemke, Foucault und die iranische Revolution, S. 1.

159 Foucault, „Die ‚Ideenreportagen'", S. 886.

160 Vgl. Foucault, „Michel Foucault und der Iran", S. 952. Besonders stark waren etwa die Vorwürfe von Pierre Debray-Ritzen sowie von Claudie und Jacques Broyelle.

sehr bekannt vorkommt, auch wenn mir das kein besonderes Vertrauen einflößt. ‚Das sind die Grundformeln der bürgerlichen oder revolutionären Demokratie', habe ich meinem Gesprächspartner gesagt."[161] Deutlicher wird er später im selben Artikel: „Ich fühle mich nicht recht wohl, wenn man vom islamischen Staat als ‚Idee' oder auch als ‚Ideal' spricht. Aber als ‚politischer Wille' hat er mich beeindruckt."[162] Gleichzeitig ist für ihn bereits die Idee des Staates ein Moment für Wachsamkeit, wie er Mehdi Bazargan schrieb, dem damalig provisorischen Premierminister des Irans: „*Concerning the expression ‚Islamic government', why cast immediate suspicion on the adjective ‚islamic'? The word ‚government' suffices, in itself, to awaken vigilance. No adjective – whether democratic, socialist, liberal, or people's – frees it from its obligations.*"[163] Foucault zeigte sich also beeindruckt davon, was er „politische Spiritualität" nannte, ohne dass damit – entgegen vielen Rezeptionen – sogleich eine Billigung der Theokratie einherging.[164]

Die Iran-Episode steht aber auch im Kontext seines Erfahrungsbegriffs, den er in großer Nähe zur Grenzerfahrung[165] sieht und sich dabei eng auf Bataille bezieht.[166] Damit ist eine im Kontext der Hegelianismus- und Existenzialismuskritik unter Foucaults Zeitgenossen stattfindende Neukonzeption von Erfahrung angedeutet, in deren Zuge Foucault Erfahrungen untersucht, „in denen das Subjekt sich auflösen, das Verhältnis zu sich zerbrechen, seine Identität verlieren könnte"[167]. Batailles Fokus auf die Grenzerfahrung bot sich hier auch deshalb an, weil Bataille diese in seiner Begründung der Souveränität in religionisierter Form, also der Religion oder dem Religionsdiskurs zugehörig, positionierte.[168]

Neben der „politischen Spiritualität" als einer Kombination von Ethik und Politik fokussierte Foucault auf den „kollektiven Willen", den er im Fall des islamisch-schiitischen Glaubens zu sehen meint. Er bezeichnet damit aber – wie sowohl Thomas Lemke als auch Behrooz Ghamari-Tabrizi festhalten – nicht

---

161 Foucault, „Wovon träumen die Iraner?", S. 876.

162 Ebd., S. 869.

163 Zitiert nach Ghamari-Tabrizi, *Foucault in Iran*, S. 159.

164 Ebd., S. 161.

165 Michel Foucault: *Der Mensch ist ein Erfahrungstier. Gespräch mit Ducio Trombadori*, Frankfurt a.M.: Suhrkamp 1996, S. 27.

166 Ebd., S. 37.

167 Ebd.

168 Dies ist insbesondere in Batailles Schrift *La Souveraineté* zu finden, wo er den souveränen Menschen als den vor-religiösen Menschen beschreibt. Vgl. Georges Bataille: *La Souveraineté*, Paris: ligne 2012; vgl. auch: Michel Surya: *Georges Bataille, la mort à l'œuvre*, Paris: Gallimard 2012. Kay Waechter weist darauf hin, dass Georges Bataille hier in gewisser Nähe zu Carl Schmitt für eine Suspensionstheorie argumentierte, was später u.a. von Derrida aufgenommen wurde. Vgl. Kay Waechter: *Studien zum Gedanken der Einheit des Staates. Über die rechtsphilosophische Auflösung der Einheit des Subjekts*, Berlin: Duncker & Humblot 1994, S. 72f. Vgl. auch Jacques Derrida: *Gesetzeskraft. Der mystische Grund der Autorität*, Frankfurt a.M.: Suhrkamp 1991.

einen „Rückfall zu archaischen Werten, sondern die Artikulation einer neuen politischen Rationalität". Der Islam wird in dieser Betrachtung nicht zum „Ausdruck grundlegender Antagonismen, sondern [ist] im Gegenteil das ,Vokabular, in dem der Kampf ausgetragen und gelebt wird'."[169] Religionisierung erscheint hier also als Islamisierung, aber nicht im Sinne einer religiösen Konversion, sondern in ebenjener Form, die im Islam das Vokabular einer neuen „politischen Rationalität" findet und somit Aufklärung im Sinne Foucaults verkörpert, als sie eine kritische Einstellung in der Gegenwart bezeichnet.[170]

Khomeini komme dabei, so Foucault im November 1978, in der Gestaltung dieses kollektiven Willens einer „nahezu mythischen Gestalt" gleich[171] und sei der „Fixpunkt eines gemeinschaftlichen Willens."[172] Dies sei jedoch gerade aufgrund seiner dreifachen Abwesenheit möglich – „Khomeini *ist nicht da*", „Khomeini *sagt nichts*" und „Khomeini *ist kein Politiker*".[173] Dass Foucault den Mythos als „Notwendigkeit" beschreibt, ist – darauf weist Lemke hin – auch aus seinen Erfahrungen als Hochschullehrer im Tunesien der 1960er Jahre zu erklären. Dort konnte er eine ähnliche Opferbereitschaft in den politischen Kämpfen beobachten: „Das war es, was ich in Tunesien gesehen habe, den Beweis für die Notwendigkeit des Mythos, einer Spiritualität, die Unerträglichkeit bestimmter Situationen, die Kapitalismus, Kolonialismus und Neokolonialismus hervorrufen."[174] Foucault setzt damit die Bedeutungsfähigkeit eines politischen Ereignisses in den Bereich von Mythos und Spiritualität. Er geht in einem späteren Interview auf genau diese Ambivalenz der Revolution ein, welche nicht zuletzt eine „religiöse Idee" ist: „[...] *cette perception de l'Histoire [la perception que la réalité des choses n'est pas définitivement instaurée et établie mais [...] nous donne accès [...] à un monde meilleur] est à la fois un point de départ de l'idée même de Révolution et d'autre part, une idée d'origine religieuse.*"[175] Foucaults Analysen politischer Revolutionen sind vor diesem Hintergrund also immer auch religionshistorische Analysen. Zudem zeigt sich an diesem Beispiel erneut, dass Periodisierungen nicht nur Mythos und Religion thematisieren, sondern sich selbst entlang dieser kategorischen Linien konstituieren. Die ,Politik der Zeit' – ein Diskurs, der in den letzten Jahren verstärkt Aufmerksamkeit erhielt – ist, so Kathleen Davis, gerade durch die Verbindung von Geschichte mit dem Sakra-

---

169 Lemke, Foucault und die iranische Revolution, S. 7. Vgl. auch Ghamari-Tabrizi, *Foucault in Iran*, S. 168 f. Vgl. Michel Foucault: „Was ist Aufklärung?" in: Eva Erdmann, Rainer Forst, Axel Honneth (Hrsg.): *Ethos der Moderne. Foucaults Kritik der Aufklärung*, Frankfurt/New York: Campus 1990, S. 35 –54, hier S. 36.

170 Vgl. Ghamari-Tabrizi, *Foucault in Iran*, S. 169.

171 Foucault, „Das mythische Oberhaupt", S. 896.

172 Ebd., S. 897.

173 Ebd., Hervorhebungen im Original.

174 Foucault, *Erfahrungstier*, S. 93.

175 Vgl. http://fares-sassine.blogspot.ch/2014/08/entretien-inedit-avec-michel-foucault.html (zuletzt abgerufen am 16.8.201), S. 2.

len („*relation of history with the sacred*") als ihre jeweilige „konzeptuelle Grenze" geprägt.[176] Der Mythos wird zum Mittel, mit dem Ereignisse zu Erfahrungen werden.

Roland Barthes ergänzt diese Theoretisierung mit der Bestimmung des Mythos als einer verdeckten Naturalisierung, deren „eigentliches Prinzip" darin besteht, dass der Mythos „Geschichte in Natur verwandelt".[177] Wir kommen wieder auf Bestimmungen des Mythos zurück, an dieser Stelle reicht es vorerst, auf den Konstruktionsprozess hinzuweisen, mit dem Ereignisse mythopoetisch zu (‚natürlichen') Erfahrungen gemacht werden.

Während in Foucaults Iran-Analysen teilweise ereignismystische Anteile hinsichtlich der Bewertung eines Aufstandes der Iraner zu finden sind, sind die ereignisskeptischen sowie die hier als dritte Form eingebrachte ereignistheoretische Schwellenanalyse in Foucaults Werk um einiges ausgeprägter.[178] In seinen Vorlesungen zur Regierung des Selbst etwa nahm Foucault eine Beschreibung der Revolution vor, die sich an Kant orientierte:

> „Es ist jedoch nicht die Revolution an sich, so Kant, die die Bedeutungsfunktion erfüllt. Was sie erfüllt und was das Ereignis konstituiert, das einen Erinnerungs-, Hinweis- und Prognosewert hat, ist nicht das revolutionäre Drama selbst, nicht die revolutionären Heldentaten, nicht die revolutionäre Gebärde. Was diese Bedeutungsfunktion ausübt, ist die Art und Weise, wie die Revolution als Schauspiel erscheint, die Art und Weise, wie sie rings herum von den Zuschauern aufgenommen wird, die nicht an ihr teilnehmen, die sie aber betrachten, die dabei sind und die sich zum Guten oder Schlechten von ihr mitreißen lassen. […] Die Revolution und was sich in ihr ereignet, ist also nicht von Bedeutung. Mehr noch, die Veranstaltung der Revolution sollte besser unterlassen werden."[179]

Stattdessen sei die Revolution, darin folgt Foucault Kant, ein Zeichen eines Enthusiasmus für die Auffassung, sich erstens selbst eine politische Verfassung geben zu können, die zweitens jeden Angriffskrieg vermeidet.[180] Die Revolution ist also ein Ereignis,

---

176 Kathleen Davis: „Introduction", in dies.: *Periodization and Sovereignty. How Ideas of Feudalism and Secularization Govern the Politics of Time*, Philadelphia: University of Pennsylvania Press 2008, S. 1.

177 Roland Barthes: *Mythen des Alltags*, Frankfurt a.M.: Suhrkamp 1964, S. 113.

178 Dieter Thomä, Vincent Kaufmann und Ulrich Schmid beschreiben Foucault in einer Übersicht über sein Werk als „Schwellenwesen", vgl.: Dieter Thomä, Vincent Kaufmann, Ulrich Schmid: *Der Einfall des Lebens. Theorie als geheime Autobiographie*, München: Hanser 2015, S. 250–266.

179 Michel Foucault: *Die Regierung des Selbst und der anderen. Vorlesungen am Collège de France 1982/83*, Frankfurt a.M.: Suhrkamp 2012, S. 36 f. Hinsichtlich der Theatralität von Religionsdebatten vgl. auch David Atwood: „Die Theatralität der Religion – Religionspolitische Symboldebatten als zivilreligiöse Schauspiele", in: Anne Kühler, Mirjam Olah, Lenke Wettlaufer (Hrsg.): *Quae Caesaris Caesari, quae Dei Deo?* Bezüge von Recht und Religion im Wandel. Symposium anlässlich des 60. Geburtstages von Felix Hafner, (Zürich/St. Gallen: Dike, 2018), S. 107–140.

180 Foucault, *Regierung des Selbst*, S. 36.

„dessen Inhalt selbst unwichtig ist, dessen Existenz in der Vergangenheit jedoch ein dauerndes Wirkungsvermögen begründet und für die zukünftige Geschichte die Garantie des Nichtvergessens und der Kontinuität einer Bewegung in Richtung des Fortschritts gibt“[181].

Dahinter steht Lemke zufolge die „Befürchtung, dass die Charakterisierung als Revolution die Ereignisse weniger beschreibt als ihnen einen ‚Sinn' verleiht, das heißt sie einordnet, systematisiert und bewertet anhand eines Schemas, das den Ereignissen selbst äußerlich bleibt“[182]. Damit wird also auch in Foucaults Iran-Episode eine Ereignisskepsis sichtbar, die in der Rezeption gegenüber seiner Euphorie der iranischen Revolte häufig übersehen wurde. In seinen ereignistheoretischen Überlegungen wird Periodisierung zu einem Sinnsystem chronologischer Machart, zur Ordnung der Zeit.

Sind nun aber vor diesem Hintergrund Periodisierungen und Epochenbildungen als gänzlich ‚unwissenschaftlich' abzulehnen? In diese Richtung fragt etwa der Soziologe Jeffrey Alexander, der zur Periodisierungstätigkeit von Intellektuellen wichtige Impulse gegeben hat. So schreibt er mit einer Umformulierung eines bekannten Zitats von Marx:

„Intellectuals must interpret the world, not simply change or even explain it. To do so in a meaningful, reassuring, or inspiring manner means that intellectuals must make distinctions. They must do so especially in regard to phases of history. If intellectuals are to define the ‚meaning' of their ‚time', they must identify a time that preceded the present, offer a morally compelling account of why it was superseded, and tell their audiences whether or not such a transformation will be repeated vis-à-vis the world they live in. This is, of course, merely to say that intellectuals produce historical narratives about their own time.“[183]

Heißt dies nun für Alexander, dass damit sämtliche Gegenwartsdiagnosen von Intellektuellen unter den Ideologieverdacht fallen?[184] Keinesfalls, denn er sieht in den von ihm besprochenen Modernisierungstheorien durchaus „bedeutende Aspekte der Wahrheit in diesen Modellen“[185]. Niklas Luhmann, der Epochenbildungen als notwendige Selbstsimplifikationen begreift, erläutert diese Problematik in ähnlicher Weise:

„Die Zäsur, und mit ihr die Neuheitsqualität, ist so gut wie immer übertrieben; aber eben das ist ein Erfordernis ihrer Funktion im Kontext von Selbstsimplifikationen. [...] Man könnte demnach Geschichtsverlaufsdarstellungen und Epocheneinteilungen als eine Art Volksglauben der Intellektuellen abtun, der sich bei näherem Zusehen im Nebel auflöst. Damit wäre jedoch das Faktum des weitreichenden morphogenetischen

---

181 Ebd., S. 38.

182 Lemke, *Foucault und die iranische Revolution*, S. 11.

183 Alexander, *Fin de Siècle Social Theory*, S. 13.

184 Alexander verwendete den Ideologiebegriff im Sinne der Dominanz der normativ-evaluativen Seite einer Aussage.

185 Alexander, *Fin de Siècle Social Theory*, S. 11.

Strukturwandels übersehen, der Geschichtserfahrung als Differenzerfahrung aufzwingt […].[186]

Was meint Luhmann mit der Notwendigkeit einer „Geschichtserfahrung als Differenzerfahrung"? Die Differenzerfahrung ist Teil der Selbstbeschreibung der Gesellschaft, die sich selbst beobachtet und beschreibt und damit notwendigerweise vereinfacht: „Selbstbeschreibung erfordert immer Selbstsimplifikation, denn kein System kann eine vollständige Beschreibung seiner selbst in sich selbst herstellen."[187] Damit wird auch deutlich, dass es nicht möglich ist, der Selbstsimplifikation durch Detailtreue gegenzusteuern. Epochenmodelle gehören damit „mit in die Selbstbeschreibung eines Gesellschaftssystems" und können eben deshalb „auf Realitätsbezug nicht verzichten, [müssen] ihn aber hochstilisieren […], damit er für Prozesse der Selbstverständigung in der gegenwärtigen Gesellschaft etwas besagt."[188] Luhmann weist auch darauf hin, dass diese Einsichten nicht neu sind, dass sie aber „unter Etiketten wie Subjektivismus, Historismus, Relativismus, Gegenwartsbezug aller Geschichtsschreibung falsch abgeheftet worden" sind. Diese Arbeit nimmt Luhmanns Hoffnung auf, dass „Formen des Umgangs mit eigener Komplexität"[189] dieser spezifischen Selbstbeschreibungen genauer analysiert werden und dabei von der Frage gelöst werden können, ob nun eine bestimmte Epochengrenze oder Schwelle ‚korrekt' ist oder nicht. Periodisierung und Epocheneinteilungen werden dabei als notwendige Selbstsimplifikationen beschrieben deren „Codes, Narrative und Erklärungen"[190], deren Strategien und Technologien der temporalen Positionierung *en détail* analysiert werden können.

1.4.3. Schwellen im Religionsdiskurs, rekonfiguriert: die Politik des Ursprungs

Nun ließe sich diese Perspektive als methodologisch anspruchsvoll, aber praktisch gänzlich ohne Auswirkungen kritisieren, etwa mit dem Argument, dass – wenn die Selbstsimplifikation eine Notwendigkeit darstellt – sich deren Analyse erübrigt, denn das Spiel laufe ja sowieso weiter. Gleichzeitig sind die Konsequenzen einer religionsbezogenen *Politik des Ursprungs* gerade gegenwärtig verschiedentlich zu beobachten. Nachdem am 13. November 2015 Angriffe auf verschiedene Orte in Paris stattfanden, für die der sogenannte ‚Islamische Staat' die Verantwortung übernahm, sprachen Kommentator*innen und Journalist*innen bald davon, dass nun auch Frankreich ‚seinen 9/11' habe – eben den

[186] Niklas Luhmann: „Das Problem der Epochenbildung und die Evolutionstheorie", in: Hans Gumbrecht et al: *Epochenschwellen und Epochenstrukturen im Diskurs der Literatur- und Sprachtheorie,* Frankfurt a.M.: Suhrkamp 1985, S. 11–34, hier S. 25 f.

[187] Ebd.

[188] Ebd., S. 26.

[189] Ebd.

[190] Vgl. Alexander, *Fin de Siècle Social Theory*, S. 10–19.

‚13/11'. Ähnlich geschah dies schon nach dem Anschlag auf die Satirezeitung Charlie Hebdo.[191] So titelte etwa die linksliberale Tageszeitung *Le Monde* am 8. Januar 2015 (erstmals in ihrer Geschichte in Majuskeln): „LE 11-SEPTEMBRE FRANÇAIS".[192] Hier wird sichtbar, wie ‚9/11' zu einer Metapher wurde, die für als vergleichbar betrachtete Katastrophen verwendet werden kann.[193] Dass sie dabei die ‚Chronopolitik' des sogenannten ‚Islamischen Staates' gleich selbst übernahmen, war ihnen offenbar nicht bewusst. Der IS selbst hat in seinem Propaganda-Organ *Dabiq*[194] eine derartige Beurteilung vorgenommen und die ‚Produktion' neuer Ereignisse (i.e. Attentate) als Instrument bezeichnet, die „graue Zone" zwischen dem IS und den Ungläubigen zu zerstören – *„the extinction of the grayzone"* – wie der Titel besagt. Diese „Zerstörung der grauen Zone" sollte es für Europäer*innen und europäische Muslim*innen verunmöglichen, in einer gemeinsamen „grauen Zone" der „Heuchelei" (so die Autor*innen des Dabiq) zu leben.[195] Stattdessen würden solche Ereignisse dazu führen, *„to bring further division to the world and destroy the grayzone everywhere"*[196]. Dabei wird interessanterweise nicht in erster Linie auf die Attentate von Al-Qaida und anderer jihadistischer Gruppierungen hingewiesen, sondern insbesondere auf eine Aussage George W. Bushs von 2001: *„Either you are with us or you are with the terrorists."* Zeitdiagnostiker*innen und Politiker*innen wären in diesem Sinne gut beraten, die Chronopolitik ihrer politischen Gegner genau zu beobachten, um diese nicht ganz deren Willen entsprechend zu übernehmen.

In diesem Sinne wird die Rekonfiguration der *Politik des Ursprungs* im modernen Religionsdiskurs in den Blick gebracht. Es handelt sich bei der vorliegenden Analyse von Schwellenerzählungen also um eine wissenspolitische Rekonfiguration von sozialen Kollektiven, Wissensgemeinschaften und um ihre jeweilige chronopolitische Setzung eines Ursprungs, vor dessen Hintergrund ‚Religion' in Gesellschaft und Politik verortet wird und dabei epistemische Gemeinschaften stiftet.

---

191 Vgl. die Kritik an den Massenprotesten von Emmanuel Todd: *Wer ist Charlie? Die Anschläge von Paris und die Verlogenheit des Westens*, München: C.H. Beck 2015.

192 Diese Parallelisierung wurde auch nach den Attentaten auf die Zeitungsredaktion von Charlie Hebdo bemüht. Vgl. Le Monde (Xavier de la Porte): „Charlie Hebdo. Faut-il vraiment parler du »11 septembre français?«: https://www.nouvelobs.com/rue89/rue89-nos-vies-connectees/20150110.RUE7389/charlie-hebdo-faut-il-vraiment-parler-de-11-septembre-francais (zuletzt abgerufen am 11.9.2019).

193 Susanne Kirchhoff: „Krieg mit Metaphern: Über die symbolische Deutung der Terroranschläge im Mediendiskurs", in: Thomas Jäger (Hrsg.): *Die Welt nach 9/11. Auswirkungen des Terrorismus auf Staatenwelt und Gesellschaft*, Sonderheft der Zeitschrift für Außen- und Sicherheitspolitik. 2/2011. Heidelberg: Springer VS 2011, S. 968–988.

194 http://www.clarionproject.org/news/islamic-state-isis-isil-propaganda-magazine-dabiq# (zuletzt abgerufen am 17.8.2019).

195 „The Extinction of the Grayzone", in: *Dabiq*, Issue 7, Rabi' al-Akhir 1436/February 2015, S. 54–66.

196 Ebd. S. 58.

Doch worin besteht die hier erwähnte Chronopolitik? Was hier als spezifische temporale Positionierung (vgl. 1.4.2.) beschrieben werden kann, ist eine Parallelisierung eines Ereignisses mit seinem scheinbar ,natürlichen' Vorläufer oder Nachfolger. Die Pariser Attacken wurden zu Frankreichs ,9/11' gemacht – damit sind in der Konsequenz auch ähnliche Folgehandlungen legitimiert, so etwa die Ausrufung des Kriegsrechts, die Ankündigung von Rückschlägen oder die Verschärfung der Einschränkung von Bürgerrechten. Gleichzeitig deutet sich damit eine mögliche Unterscheidung in der Schwellentypologie an: Wenn zwischen größeren und kleineren Schwellenereignissen unterschieden werden soll – und dies macht jede Periodisierung –, dann ist die Frage nach der Parallelisierung möglicherweise ein erster Anfang. Denn wenn Frankreich oder andere europäische Länder ihr jeweils eigenes ,9/11' haben können, dann ist letzteres schon zum großen Ereignis geworden, welches ,wiederholt' werden kann und somit die Konsequenzen des ersten, nun präfigurierten Ereignisses in verschiedenen Ländern und Zeiten ,wiederholt'.

Bevor aber der ,Islamische Staat' angefangen hat, eine eindeutige Ereignispolitik zu betreiben, hat Europa ein paar Jahre zuvor in islamischen Ländern eine Ereigniseuphorie prognostiziert, deren Interpretation in Europa jedoch schnell vom ,Arabischen Frühling' in den ,Arabischen Herbst' oder ,Winter' umkippte.[197] Dabei wird in der europäischen Rahmung des ,Arabischen Frühlings', speziell in seinen Präfigurationen, sichtbar, welche Chronopolitik – welche Regierung der Differenz von Gegenwart und Zukunft – das (europäische) Narrativ des Frühlings bereitstellt: *„Arab Spring Like 1848 Revolutions in Europe"* betitelt etwa das Think-Tank Brookings im Januar 2014 ein Interview mit einem ihrer Berater.[198]

Andere Beobachter parallelisierten den ,Arabischen Frühling' dagegen mit den panarabischen Emanzipationsbewegungen nach dem Zweiten Weltkrieg[199] oder mit der Schwelle ,1989'.[200] Dabei stellt gerade die Rolle der Religion den diskursiven Drehpunkt dar, an dem die Metaphorik vom ,Frühling' in den ,Herbst' oder gar in den ,Winter' umschlägt. Dahinter steht jedoch, so ist zu vermuten, ein europäisch-säkulares Narrativ, welches in der Deutung der ,Revolution' (so eine gebräuchliche arabische Selbstbeschreibung für diese Ereignisse) die Rolle des Islam als der Vergangenheit angehörig zu marginalisieren versucht. Dies zumindest deuten erste Analysen der Vorgänge an, die insbesondere die Rolle der Religion hervorheben:

---

197 Vgl. etwa Totten, „Arab Spring or Islamist Winter?".

198 https://www.brookings.edu/blog/brookings-now/2014/01/02/arab-spring-like-1848-revolutions-in-europe (zuletzt abgerufen am 16.8.2019).

199 Vgl. Frank Nordhausen; Thomas Schmid: „Die Rebellion des jugendlichen Mittelstandes" in: dies. (Hrsg.): *Die arabische Revolution*, Berlin: Links 2011, S. 10–14.

200 Michel Zantovsky: „1989 and 2011: Compare and Contrast", *World Affairs*, Jul/August 2011, S. 13–24.

„the results presented in this article suggest that religion should not be discarded as a motivator for protest behavior in the Arab world. The next phase of Arab politics may involve moves towards democracy, but it is unlikely to involve a move away from religion. Thus, the traditional temptation to associate democracy with secularization – particularly common in the West – is likely to be misleading in the Arab world.“[201]

Anstatt sich also hier auf die „politische Spiritualität“ (Foucault) zu fokussieren und den Islam als politische Kraft mit zu berücksichtigen – was den politischen Verhältnissen in vielen nordafrikanischen Staaten angemessener gewesen wäre –, wurde eine Ereignismystik und -euphorie entfaltet, deren Narrativ auf die Demokratisierung der arabischen Länder zielt und gleichzeitig eine Debatte über die Rolle der Religion anstieß. Dass man diese Euphorie vom ‚Frühling' zum ‚Winter' abkühlte, tut der darin auftretenden Chronopolitik keinen Abbruch, sondern stabilisiert im Gegenteil die diskursive Verstrebung von Säkularismus und Demokratie. An diesem Beispiel zeigte sich ein weiteres Mal, wie die Ereignismystik über deutliche Veränderungen hinweg dennoch die gleiche chronopolitische Erzählung stabilisieren kann – je nach den Folgen der einzelnen Ereignisse wird die Diskontinuität (die Revolution) von ihren Kindern gefressen und in eine Kontinuität eingebunden, deren Zukunft damit geschlossen wird.

[201] Michael Hoffman and Amaney Jamal: „Religion in the Arab Spring: Between Two Competing Narratives“, *The Journal of Politics*, 76/3, 2014, S. 593–606, hier S. 605.

2. Schwellenanalyse und Zeittheorie: Perspektivierungen und Instrumente

Die vorliegende Analyse stellt sich, wie vorhin deutlich gemacht, nicht die Aufgabe, spezifische, also historisch-konkret zuordenbare Schwellenereignisse auf ihre ‚wirkliche' Schwellenhaftigkeit zu überprüfen. Dies bleibt im Sinne von Sabrows „historiographischen Deutungszäsuren"[202] ein Teil der Selbstbeobachtung der Gesellschaft und fließt als eine Form des Umgangs mit Schwellenerzählungen in diese Arbeit ein, ist aber nicht ihr primäres Ziel. Systemtheoretisch gesprochen operiert die Analyse auf der Ebene einer Beobachtung zweiter Ordnung, indem sie religionshistorische Schwellenerzählungen und die dabei vollzogenen Diagnosen und Unterscheidungen erster Ordnung beobachtet. Die in den folgenden Kapiteln vorgenommene Schwellenanalyse zeigt auf, mit welchen rhetorischen und diskursiven Strategien und Technologien[203] Schwellenerzählungen konstruiert werden und wie mit ihnen eine Politik des Ursprungs begründet wird. Die oben beschriebene methodische Mischung ergibt sich aus der spezifischen Aufgabenstellung, welche eine zweifache Ordnungspraxis verbindet: einerseits die zeittheoretische Analyse temporaler Positionierungen, andererseits die religionstheoretische Positionierung, über die die Grenzen der Religion diskursiv bestimmt werden.

2.1. Anstelle eines Forschungsstands

Die religionswissenschaftliche Forschung hat sich verschiedentlich mit Zeitvorstellungen in den verschiedensten Religionen beschäftigt. Neben den frühen phänomenologischen Arbeiten von Mircea Eliade haben sich verschiedene Religionswissenschaftler*innen sowohl mit Zeitvorstellungen in einzelnen Religionstraditionen als auch mit Zeitvergleichen beschäftigt.[204] Dabei stehen oft be-

---

202 Vgl. Sabrow, „Zäsuren in der Zeitgeschichte", S. 10 f.

203 Zum Begriff der Technologien vgl. hier nachfolgend in 2.3.1.

204 Vgl. u.a. Hermann Reuter: Die Zeit. Eine religionswissenschaftliche Untersuchung, (unveröffentlichte Diss.); Samuel George F. Brandon: *Time, History and Deity*, New York: Barnes & Noble 1965; Carsten Colpe: „Die Zeit in drei asiatischen Hochkulturen (Babylon - Iran - Indien)", in: Anton Peisl, Armin Mohler (Hrsg.): *Die Zeit*, (Schriften der Carl Friedrich von Siemens Stiftung 6), München/Wien: Oldenbourg 1983, S. 225–256; Hubert Cancik: „Die Rechtfertigung Gottes durch den ‚Fortschritt der Zeiten': Zur Differenz jüdisch-christlicher und hellenisch-römischer Zeit- und Geschichtsvorstellungen", in: Peisl, Mohler, *Die Zeit*, S. 257–288; Heinz Werner Weßler: *Zeit und Geschichte im Visnupurâna: Formen ihrer Wahrnehmung und ihrer eschatologischen Bezüge, anhand der Textgestalt dargestellt*, (Studia Religiosa Helvetica), Bern u.a.: Peter Lang 1995; Ursula Baatz: „Zeit im Buddhismus", in: Erhard Chvojka, Andreas Schwarcz, Klaus Thien (Hrsg.): *Zeit und Geschichte: Kulturgeschichtliche Perspektiven*, (Veröffentlichungen des Instituts für Österreichische Geschichtsforschung 36), Wien/München: Oldenbourg 2002, S. 154–

stimmte religionsgeschichtliche Zeitvorstellungen im Zentrum, wie sie beispielsweise von Jörg Rüpke hinsichtlich der römischen Zeitvorstellungen dargelegt wurden.[205] Rüpkes Beiträge zum Thema der Zeit sind jedoch vielfältig. So beschäftigte er sich sowohl mit der Zeitvorstellung religiöser Akteure oder mit der religionsgeschichtlichen Entwicklung von Kalendern und zeigte deren unterschiedliche Bedeutungen für die kollektive Zeitordnung.[206] Der neueste und den größten Bogen umspannende Überblick über Zeitordnungen in unterschiedlichen Religionsgeschichten findet sich bei Otto, Rau und Rüpke.[207] Verschiedene Beiträge widmen sich darin etwa der Historiographie verschiedener Religionen, der Historisierung einzelner Religionen in der Geschichtsschreibung oder gehen unterschiedlichen Formen von Gedächtnisproduktion nach.[208]

Das vorliegende Buch schließt an diese Arbeiten insofern an, als die Religionshistoriographie und die darin vorgenommen Religionspositionierungen zum Gegenstand der Analyse gemacht werden. Allerdings unternehme ich eine Analyse der Zuordnung zur Religionsgeschichte in der Zeitgeschichte, was mit wenigen Ausnahmen nur selten im Fokus steht.[209] Eine für diese spezifische Zugangsweise erforderliche Perspektivierung ist weder in der Religionswissenschaft noch in angrenzenden Disziplinen aufzufinden. Aus diesem Grund sind die nun dargelegte Perspektivierung und die entwickelten Instrumentarien aus einer die Disziplinen übergreifenden Konstruktionsarbeit entstanden, welche sich auf die Zeitkonstruktion in spezifischen Ordnungsdiskursen anwenden lässt.

Relevante Forschungsbeiträge zur Frage nach Schwellenerzählungen in der Religions- und oder Wissensgeschichte (hier ist die Grenze noch offen zu halten) sind auch in Nachbardisziplinen zu erwarten und werden folglich aufge-

---

161. Jörg Rüpke: *Kalender und Öffentlichkeit. Die Geschichte der Repräsentation und religiösen Qualifikation von Zeit in Rom*, Berlin: de Gruyter 1995.

205 Jörg Rüpke: „Zeitliche Strukturen religiöser Aktivitäten: Historische und gegenwärtige Perspektiven“, *Zeitschrift für Religionswissenschaft* 4, 1996, S. 3–18.

206 Jörg Rüpke: *Zeit und Fest. Eine Kulturgeschichte des Kalenders*, München: Beck 2006, in ders.: *Kalender und Öffentlichkeit: Die Geschichte der Repräsentation und religiösen Qualifikation von Zeit in Rom* (Religionsgeschichtliche Versuche und Vorarbeiten 40), Berlin: de Gruyter 1995.

207 Bernd Christian Otto, Susanne Rau, Jörg Rüpke (Hrsg.): *History and Religion. Narrating a Religious Past*, Berlin/Boston: De Gruyter 2015; Lorenz Trein: „Die Zeit der Gegenwart“, *Zeitschrift für Religionswissenschaft*, 24 (1), 2016, S. 1–16.

208 Vgl. in ebd. u.a. Jörg Rüpke: „Construing ‚religion‘ by doing historiography: The historicisation of religion in the Roman Republic“, S. 46–62; Martin Mulsow: „Impartiality, individualization, and the historiography of religion: Tobias Pfanner on the rituals of the Ancient Church“, S. 257–268; Franziska Metzger: „Conflicting historiographical claims in religiously plural societies“, S. 287–306.

209 Vgl. etwa Philipp Hetmanczyk: „Religion and economic development. On the role of religion in the historiography of political economy in twentieth century China“, in: Otto, Rau und Rüpke: *History and Religion*, S. 307–323.

griffen, zuvorderst in der Geschichte (Sabrow, Koselleck, u.a.), in Philosophie und Kulturwissenschaft (u.a. Canetti, Arendt, Agamben, Derrida u.a.) oder in der Soziologie (Alexander, Luhmann, Nassehi, u.a.). Diese Beiträge werden im Folgenden punktuell eingearbeitet und kommentiert.

2.2. *Schwellenforschung und die Positionierung von Religion und Mythos*

Im Fokus steht eine Analyse von religionsbezogenen Zeitsemantiken, die den Ort der Religion in der Gesellschaft über die zeitliche und inhaltliche Positionierung festschreiben. Diese Perspektivierung basiert auf einer konstruktivistischen Epistemologie, die Periodisierung als Ordnung der Zeit und der Dinge bestimmt. Damit wird Periodisierung nicht – in Form einer aufklärerischen Kritik – als problematisch und überholt kritisiert, sondern als in einer Theorie der Zeit der Gesellschaft immer paradoxaler oder tautologischer Positionierungsprozess. Periodisierung kann nicht ‚überwunden' werden, sondern ist Teil jeder temporalen Positionierung.

Diese Paradoxie gilt in ähnlicher Weise auch für ‚Religion': Die Zusammenhänge zwischen Schwellenerzählungen und dem, was unter ‚Religion' verstanden wird, sind nicht nur unterschiedlich gestaltet, sondern auf verschiedenen Ebenen der Beobachtung und Religionsverständnisse angesiedelt. Verallgemeinernd sämtliche Schwellenerzählungen *als* religiöse Kommunikation zu beschreiben, fände zwar eine funktionalistische Begründung darin, dass Schwellenerzählungen analoge Funktionen übernehmen wie etwa Kosmogonien: Sie erzählen von einem fundierenden Ursprung, von dem aus die heutige Lebenswelt her zu erklären ist. An dieser Stelle stellt sich in der Religionswissenschaft die Frage nach Aufgabe oder Theoretisierung und damit Verdoppelung des Religionsbegriffs. Eine Aufgabe läge dann vor, wenn man sich dafür entschiede, ‚Religion' ausschließlich als Kategorie der Weltbeschreibung zu behandeln, die im Diskurs eine spezifische Rolle übernimmt, sie aber nicht mehr selbst als theoretischen Begriff zu verwenden, der inhaltlich oder formal zu bestimmen wäre. Diese Position wird etwa – ich komme im ersten Analysekapitel (2. *Enden*) darauf zurück – von der kritischen Religionswissenschaft geprägt.[210]

Die Verdoppelung besteht demgegenüber in der Unterscheidung von ‚Religion' als historischer Kategorie (und entsprechend als Analysegegenstand) auf der einen Seite und als Beschreibungskategorie (zum Zweck der theoretischen Ex-

210 Insbesondere Talal Asad. Vgl. Ferner dazu auch kommentierend Russell McCutcheon, William B. Arnal: *The Sacred is the Profane. The Political Nature of „Religion"*, Oxford/New York: Oxford University Press 2013. Ein Überblick über die Rolle der Kritik in der Religionswissenschaft gibt Sarah Jahn: „Nun sag, wie hältst Du's mit der ‚Öffentlichkeit'? Überlegungen zur Positionsbestimmung von Religionswissenschaft in der Öffentlichkeit", *Zeitschrift für Religionswissenschaft* 2017, 25 (1), S. 132–158.

plikation) auf der anderen, im Sinne etwa der Identifikation von „religiöser Kommunikation“, wie sie Niklas Luhmann vorgenommen hat. Ich werde im Kapitel *Enden* (2.) anhand der Thematisierung der – in dieser Arbeit geradezu omnipräsenten – Säkularisierungstheorie näher aufzeigen, wie und in welchen Situationen der hier verwendete zweite und analytische Religionsbegriff gebildet und inwiefern damit für die Möglichkeit, eher noch für die Unumgänglichkeit eines doppelten Religionsbegriffs argumentiert wird.[211] Der doppelte Religionsbegriff wird in der Arbeit zweimal religionstheoretisch grundiert: neben der Theoretisierung mit Niklas Luhmanns systemtheoretischem Blick wird später (unter 5.2.3.) auch Giorgio Agambens eher rechtstheoretisch informierte Religionstheorie dazu verwendet, den doppelten Religionsbegriff theoretisch fruchtbar zu machen.

Unumgänglich ist der analytische Religionsbegriff deshalb, weil nur dadurch eine Differenzierung des Religionsdiskurses gelingen kann, in der sich zwischen religiösen und nicht-religiösen (etwa feuilletonistischen, wissenschaftlichen oder philosophischen) Religionsdiskursen unterscheiden lässt.

Das Kaleidoskop hat gezeigt, dass Schwellenerzählungen auch jenseits dessen zu finden sind, was alltagssprachlich mit Religion in Verbindung gebracht wird bzw. was sogar im konstitutiven Außen der Religion auftritt: in der Wissenschaft, im Recht, in der Politik. Die Positionierung von Religion und Mythos in Zeit und Gesellschaft bildet als diskursive Bewegung das Zentrum der Analyse. Dabei liegt die Bandbreite, mit der das Verhältnis von Mythos und etwa Geschichte (als in dieser Arbeit zentralem konstitutiven Außen) präzisiert werden kann, zwischen *Separierungs-* und *Amalgamierungs*rhetoriken.[212] *Separierungen* meinen hier die deutliche Trennung von Mythos und Geschichte, während *Amalgamierungen* in der Fusion der beiden Kategorien zu finden sind. Als letztere ist etwa Michel de Certeaus Diktum zu verstehen, demzufolge die Geschichte heute „ohne Zweifel unser Mythos“ ist.[213]

Die Frage nach dem mythischen Gehalt in der Geschichtsschreibung gründet einerseits in der Konzentration der untersuchten Materialien auf Gesellschaftsdiagnosen und ‚große Erzählungen‘, welche als *pars-pro-toto*-Generalisierungen stärker ereignismystisch orientiert sind als es die entsprechende (und nachfolgende) Historiographie wäre. Sie stehen dabei in großer Nähe zu einer Konzeption von ‚Mythos‘, wie sie von Jan und Aleida Assmann als „neue Mythen“ beschrieben worden sind:

211 Vgl. Mohn, „Die Religion im Diskurs“, S. 86 f.

212 In den beiden Kapiteln Achsenzeiten und Nullstunden werden die Strategien der *Separierung* und *Amalgamierung* als zentrale Ordnungsbewegungen des modernen Religionsdiskurses ausgewiesen. An dieser Stelle kann illustrierend vorangestellt werden, dass etwa die Unterscheidung von säkular-öffentlichem und privat-religiösem Raum auf einer Separierungsbewegung beruht.

213 Michel de Certeau: *Das Schreiben der Geschichte*, Frankfurt/New York: Campus, 1991, S. 34.

„Gemeint sind die großen Entwürfe der Welt-, Geschichts- und Naturdeutung, die durch ihr holistisches Pathos die Grenzen des auf Reduktion und schrittweises Vorgehen angelegten wissenschaftlichen Diskurses überschreiten (z.B. HEGELs Weltgeist, NIETZSCHEs Ewige Wiederkehr, BACHOFENs Mutterwelten, SPENGLERs Untergänge und erfundene Urgeschichten, SCHILLERs Werdender Gott, bis hin zu WEBERs Weltentzauberung und JASPERS' Achsenzeit).“[214]

Damit wird deutlich, wie weit Religionsgeschichte, Zeitdiagnose, Philosophie(-geschichte) und die Arbeit am Mythos zusammenhängen. Dies berührt ein zentrales Problem der Religionswissenschaft, aber auch aller anderen mit Religion befassten Disziplinen: der Diskurs über Religion ist potentiell selbst ein religiöser Diskurs. Während von den hier aufgezählten Beispielen nur die *Achsenzeit* (vgl. 4.) sowie die Rezeption der Entzauberungsthese in einigen Säkularisierungsthesen (vgl. 3.2.) genauer untersucht werden, behandelt die Diskussion der „großen Erzählung“ den mythopoetischen Gehalt der besagten Erzählungen, weshalb die Analyse die gegenseitige Konstitution von Mythos und Geschichte nachzeichnet.

Religionsgeschichte wird dabei auch insofern zur ‚religiösen' oder ‚mythischen' Geschichte, als sie die Kriterien für Religion wie für Mythos bestimmt, aufweist und/oder sich gegen sie wendet – genauso wie für deren jeweiligen Negativwert, wird er nun im ‚Säkularen', in der religiösen Indifferenz, in der Rigidität strenger Wissenschaftlichkeit oder in der offenen Nicht-Religion lokalisiert. Schwellen *in* der Religionsgeschichte unterliegen deshalb einem kategorialen Zugriff, der Religionsgeschichte erst zu einer Kategorie macht, welche als mehr oder weniger kohärent einen spezifischen Aspekt ‚der' Geschichte abdeckt und schließlich in der historischen Zeit positioniert werden kann. Die Frage nach der Religion in der religionsbezogenen Geschichtsschreibung überschneidet sich dabei mit derjenigen nach dem Gehalt an mythischen Erzählstrukturen, an Mythos.

Der Fokus auf temporale Positionierungstechnologien, der sogleich näher erläutert wird, versucht dabei, die Identifikation des Mythos in Schwellenerzählungen nicht als Frage nach seiner Substanz, sondern als solche nach den darin verwendeten erzählerischen Strategien aufzugreifen. Damit die Einordnung der schwellentheoretischen Perspektive gelingt, müssen im Folgenden jedoch noch einige systematische Beobachtungen zur ‚Zeit', zur ‚Schwellenanalyse' sowie zur ‚Schwellenkritik' vorausgeschickt werden.

---

214 Aleida und Jan Assmann: Art. „Mythos“, in: Hubert Cancik, Burkart Gladigow, Karl-Heinz Kohl (Hrsg.): *Handbuch religionswissenschaftlicher Grundbegriffe*, Band 3, Stuttgart: Kohlhammer 1998, S. 179–200, S. 181.

2.3. *Zeit – Paradoxien ihrer Ordnung*

Von einer Arbeit über ,Schwellen*zeiten*' ist zu erwarten, dass ,Zeit' bestimmt wird – und sei es auch nur heuristisch. Mit dieser berechtigten Forderung tritt jedoch zugleich auch das Grundparadox jeder Arbeit über die Zeit auf.[215] Die damit einhergehende „zirkuläre oder tautologische Verfassung des Denkens der Zeit“[216] (vgl. 1.2.) führt dazu, dass mit Argumentationszirkeln begonnen – und schließlich auch geschlossen werden muss: „Wer von Zeit redet, darf sich vor Argumentationszirkeln nicht fürchten, ja muss womöglich Theorieanlagen bevorzugen, die den erkenntnistheoretischen Zirkel und die Probleme tautologischer und paradoxer Formulierungen konzeptionell einbinden“.[217] Für eine derartige Suchbewegung lassen sich verschiedene Wege beschreiten, wie Armin Nassehi aufzeigt. So wäre es etwa möglich, sich für eine Zeittheorie zu entscheiden und diese am Material zu ,testen'. Als weitere Option käme in Frage, verschiedene Zeittheorien im Vergleich zu lesen und für die Aufgabe brauchbare Versatzstücke in einem Theorie-Amalgam zu verbinden. Eine dritte mögliche Option geht „vom Gegenstand aus“ und leitet von ihm ausgehend theoretische Vorschläge zur Konzeptionalisierung ab. Meine hier dargelegte Vorgehensweise ist der dritten Option am nächsten, indem ich eine abduktive Vorgehensweise wähle. Damit ist gemeint, dass in einer Kombination von deduktivem und induktivem Vorgehen eine „erklärende Hypothese“ gebildet wird, bei der vom Einzelnen im Licht einer (noch unbestätigten) Regel auf einen Fall geschlossen wird.[218] Konkret bedeutet das, dass die Bestimmung einer ,religionshistorischen Schwelle‘ als doppelte Positionierungspraxis analysiert wird, die ihre jeweils eigenen Bestimmungskriterien mitreflektiert und -produziert.

An dieser Stelle wird keine bestimmte Zeittheorie vorangestellt, wohl aber sollen kurz die erkenntnistheoretischen Grundierungen umrissen werden.[219] Als Einstieg in hier vertretene Zeittheorie(n) kann die Feststellung von Norbert Elias herangezogen werden, der zufolge Zeit ein Orientierungsmittel darstellt.[220] Eine Schwellenanalyse schließt an Elias insofern an, als die Hypothese einer spezifischen Fähigkeit „zur Verknüpfung von Ereignissen“ nicht haltbar ist, sondern dass diese spezifischen Synthesen Ergebnis langfristiger Lernprozes-

---

215 Nassehi, *Die Zeit der Gesellschaft*, S. 40.

216 Ebd.

217 Ebd., S. 43.

218 Vgl. zur abduktiven Vorgehensweise Charles Sanders Peirce: *Schriften zum Pragmatismus und Pragmatizismus*, Frankfurt a.M.: Suhrkamp 1976.

219 Am Ende der Arbeit wird dann auf die theoretischen Bedingungen einer Theorie der Zeit eingegangen und danach gefragt, worin die Gemeinsamkeit der unterschiedlichen modernen religionsbezogenen Zeitsemantiken besteht, was also danach, was die ,Zeit der Religion‘ ist (vgl. 5.3).

220 Elias, *Über die Zeit*, S. 2.

se sind.[221] Dies umfasst auch die Rahmung von Schwellenerzählungen. Es wird also nicht davon ausgegangen, dass Schwellenerzählungen Bestand jeder Ordnung der Zeit sein müssen, sondern dass Schwellen ein angelerntes Formular temporaler Positionierungen sind, deren Plausibilität aber nicht auf einzelne Diskurse zu begrenzen ist. In diesem Sinne gibt es auch keine objektiven Epochenräume oder Zeiträume, was ähnlich Siegfried Kracauer festhielt: „Der typische Zeitraum, jene Phase des geschichtlichen Prozesses, ist eine Mischung aus unvereinbaren Elementen."[222] Kracauer geht mit verschiedenen Geschichtsphilosophen (Marx, Curtius, Schapiro, Aaron, Mandelbaum, Dilthey) durch die Heterogenisierungen des „Zeitraums", welche diese Denker mitgetragen haben. Häufig scheint die Geschichtsphilosophie trotz der Tendenz zur Heterogenisierung immer noch durch eine Fortschrittsidee getragen zu sein, was etwa Walter Benjamin kritisiert.[223] Benjamin zufolge gibt es demnach keine Zeiträume, ebenso wenig wie es einen „Fluss der Zeit" gibt.[224] Mit Proust weist Kracauer dagegen auf etwas anderes hin: „Was allerdings besteht, ist eine diskontinuierliche, nicht kausale Abfolge von Situationen oder Welten oder Zeiträumen, die in Prousts eigenem Fall als Projektionen oder Gegenpole des jeweiligen Ichs zu denken sind [...]."[225] Was Kracauer hier für Prousts *À la recherche du temps perdu* beschreibt, lässt sich auf Schwellen insofern übertragen, als sie Projektionen der eigenen Gesellschaft, des eigenen Ichs und der eigenen Episteme in Vergangenheit und Zukunft darstellen.

Einig sind sich die bisher erwähnten Denker darin, dass die Ordnung der Zeit eine zentrale Position in der Ordnung der Dinge einnimmt. Die Ordnung der Zeit ist von wesentlicher Bedeutung für „alle größeren politischen Formationen", wie Elias Canetti festhält: „Man könnte sagen, dass die Ordnung der Zeit das vornehmste Attribut aller Herrschaft sei. Eine neu entstandene Macht, die sich behaupten will, muss an eine Neuordnung der Zeit gehen. Es ist, als beginne mit ihr die Zeit; wichtiger noch ist jeder neuen Macht, dass sie nicht *vergeht*."[226] Canetti weist auf die vielfältigen und verschieden großspurigen Zeit-Neubenennungen hin, so etwa das „Tausendjährige Reich" Hitlers, der Julianische Kalender oder unsere aktuelle Zeitrechnung, zu der Canetti schreibt: „Die großartigste Wirkung auf die Rechnung der Zeit hat Christus gehabt; er hat darin Gott selbst übertroffen, von dessen Schöpfung der Welt die Juden die Zeit

221 Ebd., S. 3.

222 Siegfried Kracauer: *Geschichte. Von den letzten Dingen*, Frankfurt a.M.: Suhrkamp 2009, S. 163.

223 Vgl. Walter Benjamin: „Geschichtsphilosophische Thesen", in ders.: *Schriften*, Bd. 1.2, Frankfurt a.M.: Suhrkamp 1974, S. 494–506, S. 502.

224 Kracauer, *Geschichte*, S. 177.

225 Ebd.

226 Elias Canetti: *Masse und Macht*, München/Wien: Carl Hanser 1960, S. 471. Kursiv im Original.

herrechnen."[227] Diese Wirkung wurde Hannah Arendt zufolge in der Moderne durch die Idee der politischen Revolution erneuert, wobei Arendt nicht nur auf den Zusammenhang von Kalender und Revolution hinweist, sondern mit der politischen Revolution im 18. Jahrhundert die politische Moderne selbst beginnen lässt. Der Grund hierfür liege darin, dass Revolutionen die einzigen Ereignisse seien, welche in der Geschichte einen Neubeginn setzten.

> „Revolutionen haben immer eine Tendenz, die Zeitrechnung mit zu revolutionieren und das Jahr auf den Revolutionsbeginn festzulegen. In diesen Versuchen spricht sich unter anderem auch aus, dass man es gleichsam unmöglich findet, durch das Fortgehen des Kalenders den revolutionären Zeithiatus einzuebnen und so der Geschichte chronologisch einzuverleiben, was sich eigentlich außerhalb der geschichtlichen Zeit zugetragen hatte."[228]

Bei Arendt liegt der Anfang also außerhalb der Geschichte und dennoch in ihr, wobei Heller auf den Zusammenhang von Unterbrechung als Ausnahme und Zustand hinweist.[229] Für Canetti ist jedoch auch deutlich, dass die Benennung der Zeit nur einen Teil ausmacht und „die *Ordnung* der Zeit selbst"[230] im Sinne ihrer Periodisierung eine „überwältigende Bedeutung" erfährt, da sie „größere Einheiten von Menschen zusammen[fasst], die weit zerstreut leben und sich nicht mehr von Angesicht zu Angesicht gewahren können"[231]. Die Zeit habe in der Moderne, so Nassehi, „eine erstaunliche semantische Karriere hinter sich" und sei damit zu einem „exponierten Kampfplatz" geworden.[232] Nassehi meint damit, dass sich die Konzeption von ‚Zeit' seit der Frühmoderne von einer „chiliastischen und millenaristischen Verheißung" zu einem Symbol „für die allein technische Bewältigung der Gleichzeitigkeit von Verschiedenem und der Synchronisation von voneinander Unabhängigem" gewandelt habe. Unter der „normativen Prämisse", Einheit sei besser als Differenz, könne gefolgert werden, dass sich die „säkularisierte Geschichte als Kampfplatz für die Restituierung von Einheit geradezu an[biete]"[233]. Diese Einheitsbildung werden wir im Folgenden anhand der temporalen Ausnahmezustände beobachten, die in der Schwellenerzählung auf ein neues Zentrum, eine neue Einheit, fokussiert werden.

Vor diesem ersten zeittheoretischen Hintergrund wird es deshalb notwendig, die Schwelle selbst und ihre Analyse in den Fokus zu nehmen.

---

227 Ebd., S. 472.

228 Hannah Arendt: *Vita activa oder Vom tätigen Leben*, München/Zürich: Piper 1981, S. 264 f.

229 Vgl. Jonas Heller: *Mensch und Maßnahme. Die Dialektik von Ausnahmezustand und Menschenrechten als Gegenstand und Methode der Rechtskritik*, Weilerswist: Velbrück 2016. Hier zitiert nach der unveröffentlichten Dissertation, S. 90.

230 Canetti, *Masse und Macht*, S. 472. Kursiv im Original.

231 Ebd., S. 473.

232 Nassehi, *Zeit der Gesellschaft*, S. 335.

233 Ebd.

2.4. *Ereignis und Religion*

Die Figur der Schwelle ist zwar an vielen Stellen im akademischen und öffentlichen Diskurs präsent, wird jedoch selten in einer analytischen Gesamtschau beschrieben. Eine Ausnahme stellt etwa Peter Saeverin dar, der eine philosophische Bestandsaufnahme des Schwellenbegriffs unternimmt und den unterschiedlichen Ausführungen die Gemeinsamkeit des Übergangs entgegenstellt.[234] Er stellt der sprachgebräuchlichen Unschärfe eine Phänomenologie der Schwelle entgegen, die er an fünf Kriterien illustriert: Eigenständigkeit des Schwellenübergangsmomentes (1), eine übergangsimmanente Dynamik (2), zwei Ebenen des Übergangs (3), horizontale und vertikale Übergänge (4) sowie die Relevanz der räumlichen Lage (5). Er sieht in der Gefahr, überall Schwellen zu erblicken, einen „Imperialismus der Schwelle"[235]. Um dem entgegenzuwirken entwickelt Saeverin eine Typologie der Schwellenphänomene.

Die Schwellenanalyse geht einen anderen Weg und weist mit der Politik des Ursprungs darauf hin, dass mit der (diskursiven oder realpolitischen, in jedem Fall ereignisproduktiven) Setzung einer Schwelle eine Politik institutionalisiert und legitimiert wird. Mit dem Fokus auf dieser Setzung ist auf die schon erwähnte epistemologische Positionierung der Arbeit als eine konstruktivistisch-wissenshistorische hingewiesen. Im Anschluss an Mary Douglas werden wissenschaftliche, philosophische und historiographische Schwellensetzungen als Narrative behandelt, in denen die Verortung in der Zeit mit der Verortung der Kategorien zusammenfällt.[236]

Von einer Schwellenzeit zu sprechen bedeutet dabei immer auch, vom Ereignis zu sprechen. Damit kommt jedoch eine Thematik ins Spiel, deren Komplexität kaum umfassend nachgezeichnet werden kann. Ich werde im Verlauf der Analyse immer wieder auf spezifische Aspekte in der Machart des Ereignisses zurückkommen und etwa auf seine „intrinsische Unentscheidbarkeit"[237], seine Realität oder auf die Intuition des Augenblicks[238] hinweisen. Bevor ich aber die Re-Konstruktion des Ereignisses in der Form der (Religions-)Geschichtsschreibung nachzeichne, welche die Perspektive dieser Arbeit eröffnet, müssen zwei ereignistheoretische Bemerkungen vorangestellt werden.

---

234 Vgl. Peter F. Saeverin: *Zum Begriff der Schwelle. Philosophische Untersuchung von Übergängen*, Oldenburg: 2003, S. 18.

235 Ebd., S. 21.

236 Mary Douglas: *Wie Institutionen denken*, Frankfurt a.M.: Suhrkamp 1991. Douglas geht in ihren Überlegungen von Durkheim und Mauss einerseits und Ludwik Fleck andererseits aus und verbindet beide Argumentationen und fragt nach der Bedeutung der Sozialisation als Basis jeglicher Kategorienbildung. Bei Douglas taucht – ähnlich wie bei Barthes – eine Kritik an den diesen Prozessen inhärenten Naturalisierungen auf.

237 Vgl. Alain Badiou: *Das Sein und das Ereignis*, Zürich/Berlin: diaphanes 2016, S. 229.

238 Gaston Bachelard: *L'intuition de l'instant*, Paris: Stock 1992 (*1931*), bes. S. 10 f.

Mit Alain Badiou kann erstens auf das Ereignis als überzähligem Term der Überschreitung hingewiesen werden, über den das Wissen nicht entscheiden kann. Die ,Wirklichkeit' des Ereignisses wird damit nach hinten gestellt. Stattdessen stellt sich zweitens und in Anlehnung an Jacques Derrida die für die vorliegende Analyse ausschlaggebende Frage, ob die Art, vom Ereignis zu sprechen, nicht eher ein Machen des Ereignisses ist, das sich als performatives Sprechen äußere: „Was dieses Sprechen angeht, das gerade da das Ereignis macht, wo es vorgibt, es einfach nur auszusagen, zu beschreiben oder mitzuteilen, öffnet sich uns ein riesiges Feld für die kritische Analyse. Ein ,Machen' des Ereignisses substituiert sich in aller Heimlichkeit seiner Mitteilung."[239] Derrida zeigt damit, dass es sich beim Sprechen vom Ereignis um „ein Sprechen [handelt], das das Ereignis jenseits des Wissens hervorbringt"[240]. Diese Position aufnehmend sollen die Schwellenerzählungen als spezifische Weisen der Ereignisproduktion ausgewiesen werden.

Derrida geht allerdings nicht so weit wie etwa Jean Baudrillard, demzufolge der Golfkrieg nicht stattgefunden habe.[241] Die Produktion und Interpretation des Ereignisses sind also nicht ausschließlich ein mediales „Simulakrum", sondern „das Ereignis, das sich schlussendlich nicht auf die mediale Aneignung oder Verarbeitung reduzieren lässt, besteht darin, dass es tausende von Toten gab. Das sind jedes Mal singuläre Ereignisse, die keine Mitteilung von Wissen, keine Information reduzieren oder neutralisieren kann"[242]. Liegt nun in Derridas Konzeption des Ereignisses ein Widerspruch vor? Bei näherer Betrachtung zeigt sich in diesem scheinbaren Widerspruch zwischen der Faktizität des Ereignisses (der Toten) und der Fiktionalität seiner Interpretation die „unmögliche Möglichkeit, vom Ereignis zu sprechen". Die „unmögliche Möglichkeit, vom Ereignis zu sprechen" wird also in der Divergenz von faktualem Ereignis und seiner fiktionalen Interpretationsoffenheit sichtbar.

Die „unmögliche Möglichkeit, vom Ereignis zu sprechen" lässt sich aber genauer explizieren mit Derridas Hinweis, dass es sich beim offensichtlich dem Ereignis nachgeordneten Sprechen vom Ereignis um ein dem Wissen exogenes Produkt handelt. Das Sprechen vom Ereignis ist „ein Sprechen, das das Ereignis jenseits des Wissens hervorbringt"[243]. Weil es damit möglich ist, auf die Frage, ob man vom Ereignis sprechen könne, sowohl mit „Ja" als auch mit „Nein", mit „möglich" als auch mit „unmöglich" zu antworten, ist dies für Derrida Anlass, „den ganzen Wert der Möglichkeit, der die philosophische Tradition des

239 Jacques Derrida: *Eine gewisse unmögliche Möglichkeit, vom Ereignis zu sprechen*, Berlin: Merve 2003, S. 24.

240 Ebd., S. 26.

241 Vgl. Jean Baudrillard: *La guerre du Golfe n'a pas eu lieu*, Paris: Galilée 1991.

242 Derrida, *Eine gewisse unmögliche Möglichkeit*, S. 58.

243 Ebd., S. 26.

Abendlandes kennzeichnet, neu zu denken“[244]. Während diese Überlegungen keine systematische Gesamtschau erfahren, versucht Derrida dennoch, am Beispiel des Sprechens vom Ereignis, die Paradoxie des „Un-Möglichen [zu zeigen], das nicht nur unmöglich, nicht nur das Gegenteil des Möglichen ist, sondern gleichermaßen die Bedingung oder die Chance des Möglichen“[245]. Der scheinbare Widerspruch hat sich also in eine Paradoxie aufgelöst, die die Ambivalenz zwischen der Interpretation des Ereignisses (des ihm exogenen Ereigniswissens) und dem Erfahrungsaspekt verbindet.

Gerade in diesem Zugriff kommt aber auch die Frage nach der *Religion in der Zeit* zur Sprache. Bei Derrida ist nämlich auch die Frage angelegt, inwiefern das Sprechen vom Ereignis ein messianisches Moment beinhaltet. Das überführt die Theoretisierung des Ereignisses in den Bereich der jüdisch-christlichen Religionsgeschichte und -theorie und ruft damit nicht zuletzt nach einer religionswissenschaftlichen Betrachtung. Derrida ist mit Maurice Blanchot und Emmanuel Lévinas einig, dass das Ereignis die Ankunft des Allerhöchsten ist, insofern es unvorhersehbar und zwingend überraschend sein muss – Qualitäten einer Schwelle, die schon aus einer anderen Perspektiven besprochen wurden (vgl. 1.2.). Auch vor diesem Hintergrund spricht Derrida von der unmöglichen Möglichkeit, vom Ereignis zu sprechen. Sowohl das Ereignis als auch der Messias kommen aus der Vertikalität, aus der Unvorhersehbarkeit, wobei Derrida hier keine eindeutige Zuordnung zur Religion vornimmt, sondern den Zusammenhang von Ereignis und Messianismus über den ‚Glauben‘ beschreibt:

> „Man kann den Diskurs, den ich über die Vertikalität, über die absolute Ankunft halte, nicht halten, ohne dass der Akt des Glaubens schon begonnen hätte – wobei der Akt des Glaubens nicht unbedingt mit der Religion, mit dieser oder jener Religion identisch ist –, ohne einen gewissen Raum des Glaubens, jenseits des Wissens. Ich würde es also akzeptieren, dass man hier von Glauben spricht.“[246]

Derrida ist also ambivalent, was die ‚Religiosität‘ des Schwellenereignisses angeht. Er siedelt den Diskurs über das Ereignis jenseits des Wissens und im Bereich des Glaubens an – der Begriff der Vertikalität hat bei ihm „nicht mehr notwendig die religiöse oder theologische Bedeutung, die zum Allerhöchsten emporhebt“[247] –, er trennt diesen Diskurs jedoch von der jüdisch-christlichen Figur des Messianismus. Hier wird deutlich, wie die beiden Perspektiven einer Schwellenanalyse der Religionsgeschichte – die *Ordnung der Zeit* über die Analyse der Schwellenerzählungen und die *Arbeit an der Religion* – in der Schwellentheorie zusammenfallen, was dazu führt, dass einige Autor*innen die Frage nach der Religiosität der Schwellenerzählung selbst stellen. So diskutiert etwa Michel de Certeau die Frage nach der Diskontinuität, die er explizit im Bereich

---

244 Ebd., S. 40.
245 Ebd.
246 Ebd., S. 60.
247 Ebd.

der Spiritualität verortet: „Der Bruch ist eine Konstante der Spiritualität, [...manifest in der] *Überraschung*, die den Bruch charakterisiert.“[248] Hier stellt sich wiederum die Frage nach dem Verhältnis von religiöser Sprechweise und Schwellenerzählungen, auf die wir später zurückkommen werden. Diese von de Certeau herausgestellte Bedeutung der Überraschung wird auch von Blanchot beschrieben: „Frage: Gestehen Sie die Tatsache zu, dass wir uns an einem Wendepunkt befinden? Antwort: Wenn es eine Tatsache ist, ist es kein Wendepunkt.“[249] Hier wird sichtbar, dass Tatsächlichkeit insofern problematisch ist, als ihre jeweiligen Interpretationsmöglichkeiten durch den Wendepunkt verändert werden.

Slavoj Žižek macht in diesem Zusammenhang deutlich, dass sich durch Ereignisse nicht nur die Dinge ändern: „Was sich ändert, ist eben jener Parameter, an dem wir die Tatsache der Veränderung messen, d.h. ein Wendepunkt verändert das gesamte Feld, innerhalb dessen Tatsachen erscheinen.“[250] Wir finden also in der Konzeption des Ereignisses ein Paradoxon vor, welches die zentrale Bestimmung von Ereignissen als Überraschung festschreibt, deren Aussprechen – das Machen des Ereignisses – Faktuales und Fiktionales, Mögliches und Unmögliches, Tatsächliches und Erfundenes verbindet.

Zusammenfassend kann unter einer Schwellenerzählung eine Form der Zeitverortung verstanden werden, welche ein (behauptet) überraschendes und singuläres Ereignis zum Wendepunkt ‚macht‘, es ausspricht und darauf aufbauend eine Politik des Ursprungs gründet, welche weltanschaulich fundierend und politisch handlungsleitend wirken kann.

2.5. Temporale Positionierungstechnologien

Vor diesem Hintergrund stellt sich nun die Frage, wie diese verschiedenen Formen von Schwellenerzählungen analysiert werden können. Die hier gewählte Vorgehensweise schlägt eine Analyse *temporaler Positionierungstechnologien* vor. Was damit genau gemeint ist, welche Reichweite, welches Ziel und welcher Anspruch damit einhergehen, wird auf den nächsten Seiten erläutert und als Instrumentarium für die nachfolgenden Schwellenanalysen bereitgelegt.

---

248 Michel de Certeau: *GlaubensSchwachheit*, Stuttgart: Kohlhammer 2009, S. 51, kursiv im Original.

249 Blanchot, *Epochenwechsel*, S. 134. Ähnlich schreibt Blumenberg: „Es gibt keine Zeugen von Epochenumbrüchen. Die Epochenwende ist ein unmerklicher Limes, an kein prägnantes Datum oder Ereignis evident gebunden. Aber in einer differentiellen Betrachtung markiert sich eine Schwelle, die als entweder noch nicht erreicht oder schon überschrittene ermittelt werden kann.“ *Die Legitimität der Neuzeit*, Frankfurt a.M.: Suhrkamp 1996, S. 545.

250 Slavoj Žižek: *Was ist ein Ereignis?*, Frankfurt a.M.: Fischer 2014, S. 177.

Michel de Certeau warnt in *Das Schreiben der Geschichte* vor der „Fiktion einer das Ganze vereinheitlichenden Metasprache“[251]. Diese Warnung soll berücksichtigt werden, gerade dann, wenn es sich um die Erarbeitung einer Bauanleitung für eine spezifische Erzählweise – in diesem Falle der Schwellenerzählung – handelt. Das zu entwickelnde Instrument der *temporalen Positionierungstechnologien*, welches der Arbeit als methodische Ausgangslage dient, erhebt deshalb auch nicht den Anspruch einer alle Schwellenerzählungen in ihrer Gesamtheit erklärenden Analytik, sondern bietet lediglich einige Instrumente zur Analyse spezifischer Formationsregeln von Schwellenerzählungen an. Damit werden die nachfolgend erläuterten Positionierungstechnologien als Typologie sichtbar,[252] die ein flexibel handzuhabendes Werkzeug anbieten.

Im Rückgriff auf die wissenssoziologische Diskursgeschichte, die Semiotik und die Metaphorologie analysiere ich die „formale Struktur“[253] von Schwellenerzählungen. Zuerst steht jedoch die Klärung einiger Begrifflichkeiten an, die in die Bezeichnung der *temporalen Positionierungstechnologien*[254] münden.

Im Anschluss an den erweiterten Technologiebegriff, der in den Kulturwissenschaften seit einigen Jahren stark gemacht wird, werden neben den genuin materiellen Technologien auch Selbsttechnologien sowie sozialitätsstiftende Verfahren als Technologien (etwa Regierungstechnologien) bestimmt, die spezifische Formen von Gemeinschaftsbildung umfassen. Dabei ist im Anschluss an Sabine Maasen auf der Metaphorizität des Technologiebegriffs zu bestehen. Maasen macht auf eine Unterscheidung von Aristoteles aufmerksam, der zwischen Technik „als einem Ensemble bestimmter Vermögen (Fertigkeiten), Handlungsschemata und technischen Fixierungen (Produkten)“ und Technologie als einer Zusammensetzung von Fertigkeiten (gr. *technè*) und Rationalität (*logos*) differenziert.[255] Die Fokussierung auf ‚Technologien' bringt damit die Aufmerksamkeit gegenüber den Rationalitäten hinter den Legitimations-, Durchsetzungs- und Befähigungsstrategien mit sich. Obwohl in den *governementality studies* meistens von Techniken gesprochen wird, hält Maasen am Technologiebegriff fest. Dies gründet darin, dass die damit einhergehende Me-

---

251 de Certeau, *Schreiben der Geschichte*, S. 9.

252 Eßbach weist in seiner Religionssoziologie auf den Zusammenhang von Theologie und Biologie hin, aus der die Typologie hervorgegangen sei. Vgl. *Religionssoziologie 1*, S. 16. Vgl. auch: Jörg Robert: „Grenzen der Menschheit. Menschenwissen und Mythologie im Zeitalter der Aufklärung (Voltaire, Linné, Goethe)“, in: Jochen Achilles, Roland Borgards, Brigitte Burrichter (Hrsg.): *Liminale Anthropologien. Zwischenzeiten, Schwellenphänomene, Zwischenräume in Literatur und Philosophie*, Würzburg: Königshausen & Neumann 2012, S. 105–130.

253 Reiner Keller: *Diskursforschung. Eine Einführung für SozialwissenschaftlerInnen*, 4. Auflage, Wiesbaden: VS 2011, S. 100.

254 Sämtliche Analysebegriffe werden im Folgenden jeweils bei ihrer ersten Nennung kursiv geschrieben, danach aber ohne Kursivierung verwendet.

255 Sabine Maasen: „Metaphor or More? Die Technologien des Regierens in den Governementality Studies“, unpublizierter Vortrag, gehalten in Hamburg am 3.6.2007.

taphorizität das scheinbar Selbstverständliche von Regierungstechnologien aufhebt und gegenüber der Literalisierung eine Irritation einführt. Temporale Positionierungstechnologien zu untersuchen hat als kritischen Impuls die Analyse der jeweils in ein Narrativ miteingebundenen Legitimations- und Durchsetzungsstrategien zum Ziel: die Politik des Ursprungs. Schwellenerzählungen werden somit als Erzählungen verstanden, welche ein ‚neues' Weltbild, eine ‚neue' Orientierung durch ein ‚ursprungstiftendes' Ereignis begründen und damit spezielle Konfliktlösungsmuster anbieten, welche eine besondere Dringlichkeit entfalten, da sie im Moment einer (postulierten) gesellschaftspolitischen Krise oder eines Umbruchs geäußert werden.

Temporale Positionierungstechnologien müssen nicht bewusst verwendet werden – eher sind sie Teil der unbewussten Grammatologie der Kultur. Methodologisch gesprochen sind die temporalen Positionierungstechnologien das *tertium* der vergleichenden Analyse, um daran inhaltliche Differenzerzeugungen sichtbar zu machen.[256] Der Gewinn einer solchen Perspektive liegt darin, dass die Aufmerksamkeit für die Frage, ‚wo' wir in der Zeit stehen, in die Frage transformiert werden kann, ‚wie' wir in der Zeit stehen. Die (hier noch abstrakt-formale) Antwort lautet: mit unterschiedlichen temporalen Positionierungen.

Die einzelnen temporalen Positionierungstechnologien dieser Analyse – *Zentrierung*, *Parallelisierung* und *Dynamisierung* – werden am Material eingeführt. Hier reicht eine kurze Darstellung: Mit der *Zentrierung* ist die formale Zuspitzung und Adressierung der Erzählung um eine formierte Identität (ein Ereignis; einen Wert; einen Plot) gemeint, um die die weiteren Motive angesiedelt werden – mit dem Ergebnis einer Ereignismystik. Diese kann in der historischen Zeit paradigmatisch verortet werden, indem auf einen sogenannten Wendepunkt verwiesen wird, an dem sich das Zentrum besonders gut zeigen lässt. Das Zentrum fokussiert jeweils die Geschichte, vergleichbar mit der ‚pars-pro-toto'-Technologie, die Osrecki als stilbildend für Zeitdiagnosen herausgestellt hat,[257] bevorzugt zum Zeitpunkt einer Krise.[258]

Als *Parallelisierung* wird sodann das inhaltliche Aufeinanderbeziehen zweier historisch (d.h. zeitlich) oder räumlich entfernten (jeweils postulierten) Epochenbrüchen, Abschnitten oder Positionen bezeichnet. Diese Positionierungs-

[256] Vgl. zur Diskussion des *tertium comparationis* in der Religionswissenschaft etwa Oliver Freiberger: „Der Vergleich als Methode und konstitutiver Ansatz in der Religionswissenschaft", in: Stefan Kurth, Karsten Lehmann (Hrsg.): *Religionen erforschen. Kulturwissenschaftliche Methoden in der Religionswissenschaft*, Wiesbaden: VS Verlag: 2011, S. 200.

[257] Fran Osrecki: *Die Diagnosegesellschaft. Zeitdiagnostik zwischen Soziologie und medialer Popularität*, Bielefeld: transcript 2001, S. 193.

[258] Vgl. illustrierend etwa Kai Diekmann: „Kriegserklärung an die Menschheit", in: Bild vom 12.09.2001, S. 1; Klaus Dieter-Frankenberger: „Ins Herz", in: Frankfurter Allgemeine Zeitung vom 12.09.2001, S. 1. Zitiert nach: Sandra Poppe: „Einleitung", in: Poppe et al.: *9/11 als kulturelle Zäsur*, S. 9. Vgl. auch: New York Times, 12.9.2001, S. 26.

technologie könnte geradezu als Grundeigenschaft von Zeit überhaupt betrachtet werden. Folgt man Norbert Elias, so verweist der Ausdruck ‚Zeit' „auf dieses ‚In-Beziehung-Setzen' von Positionen oder Abschnitten zweier oder mehrerer kontinuierlich bewegter Geschehensabläufe"[259]. Die Parallelisierung greift dieses ‚In-Beziehung-Setzen' auf und fokussiert es auf die zwischen zwei (oder mehreren) Positionen geschaffene Beziehung – die ‚Parallele'. Dabei wird in der temporalen Parallelisierung die erste Schwelle als Ort der ‚Werte' angesehen, die für die zeitgenössische Schwelle als ‚Therapie' vorgeschlagen wird. Die Parallelisierung ist vor diesem Hintergrund eine Entscheidungshilfe, denn indem zwei Ereignisse ‚parallelisiert', d.h. inhaltlich aufeinander bezogen und in bestimmten – meist grundsätzlichen – Aspekten als gleichwertig angesehen werden, lässt sich daraus ein Handlungsprinzip ableiten: „was schon einmal getan worden ist, bedarf unter der Voraussetzung der Konstanz der Bedingungen nicht erneuter Überlegung, Verwirrung, Ratlosigkeit, es ist durch das Paradigma vorentschieden."[260] Indem also eine historische Parallele als ‚natürliche' Vergleichsbasis erscheint, kann daraus eine Handlungslegitimation abgeleitet werden. Es handelt sich dabei also um eine Strategie der legitimierenden Plausibilisierung, die sich der Beweisführung durch die Wiederholung der Geschichte, eher jedoch gewisser Geschichtsabläufe annimmt.

Als *Dynamisierungstechnologien* werden drittens die erzählerischen *Crescendi* und *Decrescendi* einer Schwellenerzählung bezeichnet, also diejenigen Parameter, die einer Erzählung ihre Dynamik verschafften, welche sich in Stufen, Übergängen, Akzenten oder Koloraturen äußern können. Dabei sind hier nicht in erster Linie Beschleunigungstendenzen gemeint (vgl. Nassehi, Rosa), sondern die stilistischen Parameter, welche der Geschichte ihre individuelle Prägung geben. Es geht also auch hier um die formale Struktur in erzählerischer wie in evaluativ-normativer Hinsicht.

Dynamisierungen werden besonders durch Momente der Kontinuierung sowie der Diskontinuierung ermöglicht. Kontinuierungen sind narrative Bezugnahmen auf temporal auseinanderliegende Ereignisse, Positionen oder Abschnitte. Parallelisierungen und Kontinuierungen unterscheiden sich folglich nur dadurch, dass erstere eine Gleichung von zwei ‚ähnlichen' Ereignissen darstellen, während Kontinuierungen die Gegenwart in einen zeitlichen Zusammenhang stellen, an dessen Ende ein parallelisierter Ursprung stehen kann, aber nicht zwingend stehen muss. Die Diskontinuität stellt eine der grundlegendsten Positionierungstechnologien von Schwellenerzählungen dar und weist die für die Diskursgeschichte charakteristische Eigenschaft auf, dass Dis-

[259] Elias, *Über die Zeit*, S. xvii.
[260] Blumenberg, *Präfiguration*, S. 9.

kontinuität „zugleich als Instrument und Gegenstand der Untersuchung" sichtbar wird.[261]

Durch Diskontinuierung wird zum einen sichergestellt, dass die Innovation – das Ereignis – ‚authentisch' ist. Zum anderen markiert sie die ‚liminale Phase' in der Erzählung, aufgrund derer die Unterscheidbarkeit von Vorher und Nachher überhaupt erst möglich erscheint.

Dynamisierungstechnologien können weiter differenziert werden, indem *Ausrichtung*, *Innovation* oder *Bewertung* der Erzählung beschrieben werden. Die *Ausrichtung* der Erzählung bestimmt, ob es sich bei der Geschichte um eine auf die Zukunft oder auf die Vergangenheit ausgerichtete handelt.

Die *Innovation* gilt als Hauptmerkmal von Schwellenerzählungen und ist vermutlich die einzige Positionierungstechnologie, die das Genre der Schwellenerzählung durchzieht. Dennoch gibt es Unterschiede dahingehend, ob es sich bei der Schwelle – beim zentralen, zum Bruch führenden Ereignis der Erzählung – um eine absolute Neuheit handelt, die nur auf Diskontinuität hinweist, oder ob es sich dabei um eine Neuauflage (Parallelisierung, Präfiguration) handelt, die als Vorgeschichte der zeitgenössischen Innovation wichtig ist für die Erzählung. Benoît Godin weist auf die Bedeutung von Narrativen für die Gestaltung von Innovationsparadigmen hin und geht dieser im Hinblick auf ihre Rolle in der Politikberatung nach.[262] Innovation wird dabei als narrative Rahmung (*framework*) und „rhetorische Einheit" sichtbar gemacht, die unterschiedliche Kollektiv- und Denkstilbildungen im Forschungs- und Innovationsprozess begründen und dabei zum „sozialen Faktum" werden.[263] Diese Konzeption, die auch an das oben erwähnte *boundary work* von Gieryn erinnert[264], wird hier auf den Religionsdiskurs übertragen.

Die Hauptkategorien der im Folgenden zur Analyse verwendeten Instrumente sind also Zentrierung und Parallelisierung in unterschiedlichen Konstellationen und unterschiedlich dynamisierten Formen. Bevor ich die Analyse verschiedener Schwellenerzählungen beginne, ist eine letzte methodologische Vorbemerkung notwendig. Es drängt sich ein Kommentar zur Frage nach der Schwellenkritik in der Schwellenanalyse auf: inwiefern wird mit einer kulturwissenschaftlichen und wissenssoziologischen Analysetätigkeit auch Gesellschaftskritik betrieben? Wie mehrfach angezeigt wurde, stellt sich mit der damit implizierten Frage nach der Beobachterposition auch die Frage nach der

261 Michel Foucault: *Archäologie des Wissens*, S. 18. Vgl. auch Barbara Birkhan: *Foucaults ethnologischer Blick. Kulturwissenschaft als Kritik der Moderne*, Bielefeld: transcript 2012, S. 117.

262 Benoît Godin: *The Making of Science, Technology and Innovation Policy: Conceptual Frameworks as Narratives, 1945-2005*, Montreal: Centre Urbanisation Culture Société de l'Institut national de la recherche scientifique 2009.

263 Ebd., S. 63 f.

264 Gieryn, „Boundary-Work and the Demarcation of Science from Non-Science", 1983.

Religionshaftigkeit oder der Mythopoetik einer Schwellenerzählung, die als religionsgeschichtliche Schwelle thematisiert wird.

2.6. *Schwellenkritik und Schwellenanalyse in der Religionswissensgeschichte*

Soziologie und Gesellschaftskritik sind untrennbar miteinander verbunden. Nicht nur die immer wieder referierten und reinterpretierten Klassiker von Weber, Durkheim, Simmel oder Tönnies haben einen „Urimpuls der Klage über die je aktuellen sozialen Verhältnisse" zum Ausgangspunkt ihrer Auseinandersetzung gemacht.[265] Die „massiven Veränderungen der Lebensbedingungen", die je nach Ausgestaltung zu verschiedenen gesellschaftstheoretischen Reflexionen führten, haben längst nicht nur in der Soziologie zu ‚soziologischer Aufklärung' und ‚kritischer Theorie' geführt. Über die Soziologie hinaus wird in verschiedenen kultur- und geisteswissenschaftlichen Fächerkulturen Gesellschaftskritik praktiziert. Eine Praxis ist sie ebenfalls.[266] Gesellschaftsdiagnose und -kritik sind immer auch Teil des Schreibens der Geschichte und somit auch mitverantwortlich für das „Machen von Geschichte". Michel de Certeau, der das Schreiben der Geschichte als Praxis beschrieb, rückt dieses Schreiben selbst an den Rand der Mythosphäre. Damit ist gemeint, dass er die Geschichtsschreibung in konstitutiver Abgrenzung und gleichzeitig in funktionaler Nachfolge der Mythologie sieht: „Nach und nach hat die Geschichtsschreibung alle Mythen früherer Zeit durch eine bezeichnende Praxis ersetzt."[267] Dieser Sukzessionsthese stellt Michel de Certeau jedoch die Kontinuität des (neuzeitlich transformierten) Mythos entgegen, der sich in der Geschichtsschreibung selbst äußert: „Die Geschichte ist ohne Zweifel unser Mythos. Sie verbindet das ‚Denkbare' und den Ursprung in Übereinstimmung mit der Art und Weise, in der eine Gesellschaft sich selbst versteht."[268] Diese Frage nach der Mythoproduktivität von Geschichtsschreibung wird in dieser Arbeit kontinuierlich zur Sprache kommen, da sie den Status und die Positionierung des hier geführten Diskurses selbst betrifft. Sie tritt deshalb aber nicht nur auf der Ebene des behandelten Diskurses auf, sondern zwingt auch mich zur Positionierung innerhalb eines Kontinuums zwischen (je selbstbezeichnetem) Mythos und Geschichte. Immer wieder wird dabei sichtbar, wie der Mythos in der modernen Geschichtsforschung zum konstitutiven Außen wird, welches ihre Wissenschaftlichkeit *ex negativo* bestimmt und garantiert, oder aber

265 Vgl. Hartmut Rosa: „Kritik der Zeitverhältnisse. Beschleunigung und Entfremdung als Schlüsselbegriffe der Sozialkritik", in: Rahel Jäggi, Tilo Wesche (Hrsg.): *Was ist Kritik?*, Frankfurt a.M.: Suhrkamp 2009, S. 23–54, S. 23.

266 Vgl. Judith Butler: „Was ist Kritik? Ein Essay über Foucaults Tugend", in: Jäggi, Wesche, *Was ist Kritik?*, S. 221–246, S. 222.

267 de Certeau, *Schreiben der Geschichte*, S. 16.

268 Ebd., S. 34.

gerade durch den engen Zusammenhang zwischen Mythos und Geschichte charakterisiert wird. Dies tritt insbesondere dort auf, wo der geschichtsphilosophische Gehalt einer Zeitdiagnose deutlich zutage tritt. So bezieht sich Hans Blumenberg insbesondere auf das geschichtsphilosophische Moment im Schreiben der Geschichte, welches für ihn in den Bereich des Mythos gehört: „Freilich, darin dass die Geschichtsphilosophie mythisch ist, liegt eine ihrer Bedenklichkeiten, die ich aufdecken möchte: der Überschuss ihres Anspruchs, auf Fragen zu antworten, die sie selbst unbesehen übernommen, wenn nicht erst erzeugt hat – von der theologischen Dogmatik."[269]

Das „Problem einer Philosophie der Mythologie" wird in verwandter Weise auch von Ernst Cassirer in seiner Mythostheorie als paradoxe Selbstaushandlung der modernen Welt beschrieben. Dieser schreibt die Geschichte des Mythos als Abgrenzungsgeschichte von Philosophie (und später Wissenschaft): „In der Tat lässt sich die gesamte Geschichte der wissenschaftlichen Philosophie als ein einziger fortlaufender Kampf um diese Absonderung und Loslösung betrachten."[270] Sowohl Blumenberg als auch Cassirer teilen die Kritik an einer Kategorisierung des Mythos als unlogisch und primitiv. Allerdings geht Cassirer in seiner Auseinandersetzung mit dem Kontinuum zwischen Mythos und Logos nicht so weit wie Hans Blumenberg, was Blumenbergs ambivalente Haltung gegenüber Cassirer begründet.[271] Cassirer sieht in der christlichen Dogmatik und ihrer Fortführung von Platons Mythenkritik eine Überwindung des Mythos als eine „Epoche, der die Geschichtsphilosophie Vorläufigkeit verordnen muss"[272]. Wie Barash festhält, interpretiert Cassirer den Aufstieg der monotheistischen Religionen als „Bestätigung und Überbietung von Platons Vermächtnis" in dem Sinne, als dieser die Abgrenzung der Philosophie vom Mythos zwar im Blick hat, sie aber durch die freie Wahl des Menschen auch überwinden kann. Obwohl in Cassirers Mythostheorie die Paradoxie der kontinuierlichen Abgrenzung vom Mythos als zentrale These auftritt, kritisiert Blumenberg gerade dessen allzu positive Interpretation von Platons Überwindung des Mythos in der individuellen und autonomen Freiheit.[273]

---

269 Blumenberg: „Notiz zur Diskussion um ‚Wirklichkeitsbegriff und Wirkungspotenzial des Mythos'", in: Blumenberg, Taubes: *Briefwechsel*, S. 255.

270 Ernst Cassirer: *Philosophie der symbolischen Formen, Zweiter Teil: Das mythische Denken*, Hamburg: Felix Meiner 2012, S. IX.

271 Blumenberg äußerte sich in einer Preisrede zu Ernst Cassirer: „Was bei Cassirer zu lernen bleibt, steckt gerade in dem, was ihm nicht gelungen ist [...]." In: „Ernst Cassirers gedenkend bei Entgegennahme des Kuno-Fischer-Preises der Universität Heidelberg, 1974", *Wirklichkeiten, in denen wir leben: Aufsätze und eine Rede*, Stuttgart: Reclam 1981, S. 168. Vgl. zu den Unterschieden zwischen Cassirer und Blumenberg insbesondere die Untersuchung ihrer jeweiligen Interpretationen des platonischen Er-Mythos von Jeffrey Andrew Barash: „Myth in History, Philosophy of History as Myth: on the ambivalence of Hans Blumenberg's interpretation of Ernst Cassirer's Theory of Myth", *History and Theory*, 50, 2011, S. 328–340.

272 Blumenberg, *Arbeit am Mythos*, S. 186.

Diese Kritik setzt sich allgemein in der Gestaltung der Mythostheorie fort: Während Cassirer am Ursprung des Mythos interessiert ist, priorisiert Blumenberg demgegenüber die Rezeption des Mythos, eben die „Arbeit am Mythos". Die vorliegende Analyse schließt unter anderem darin an Blumenberg an, als ‚mythopoetische Ursprünge der Religion in der Zeitgeschichte' und somit in ihren zeitgeschichtlichen Rezeptionsformen beobachtet werden. Cassirers Ambivalenz und seine mythoskritischen Positionen werden später hinsichtlich seines Spätwerks *The Myth of the State* aufgegriffen (vgl. 5.2.5). Mit diesen Ausführungen ist von zwei philosophischen Blickpunkten auf die Ununterscheidbarkeit von Geschichte und Mythos hingewiesen. Während die Philosophie dieser Problematik immer wieder Beachtung schenkt, finden sich vermehrt auch in Religionswissenschaft und Religionssoziologie Auseinandersetzungen mit (dem) Mythos in der Moderne.[274]

Eine neue religionssoziologische Auseinandersetzung mit dem Thema des Kontinuums zwischen Mythos und Geschichte findet sich aber bei Wolfgang Eßbach, der „die Religion der Geschichte", die Geschichtsreligion, als Teil der Wissenschaftsreligion, neben anderen Formen moderner Religion (u.a. Nationalreligion, Kunstreligion, Bekenntnisreligion und Rationalreligion) wiederum im Zentrum europäischer Selbstbeschreibung verortet.[275]

Aus dem Grunde dieser mehrfachen semantischen und theoretischen Verstrebung und gegenseitigen Konstitution können hier also noch keine eindeutigen und abschließenden Definitionen von ‚Mythos' und/oder ‚Geschichte' vorgelegt werden. Die bisher genannten Thesen zum Mythos (etwa die gerade erwähnten von de Certeau, Barthes, Eßbach, Cassirer oder Blumenberg) thematisieren gerade diese Verstrebungen. Stattdessen wird durch die verschiedenen Materialanalysen gerade dieses gegenseitige Konstituieren beobachtet und der Geschichts-Mythos-Diskurs als moderner Ordnungsdiskurs ausgewiesen, der die damit tangierten epistemischen Ordnungen (Mythos, Geschichte) konsolidiert.

Eine (vorläufig) letzte systematische Frage: Wieso ist das hier vorgelegte Thema Teil der Religionsgeschichte? Wird hier überhaupt Religionsgeschichte betrieben? Oder sind wir nur noch im Bereich der Wissenstransformation, die sich allenfalls am Rande mit dem Religionsdiskurs beschäftigt? Zwei Hinweise sollen als erste Antworten auf diese Frage dienen. Zum einen ergänzt Barash in

---

273 Vgl. Barash, vgl. Blumenberg: „Wirklichkeitsbegriff und Wirkungspotenzial des Mythos", S. 362.

274 Ausnahmen finden sich in der Religionswissenschaft etwa bei Steffen Dietzsch und Carlos Marroquin: „Der Mythos als Institution und Erkenntnisproblem", *Zeitschrift für Religionswissenschaft*, 7, 1999, S. 25–34; Carlos Marroquin: „Bemerkungen zu einem Thema der Mythosforschung bei Georges Dumézil und Roger Caillois", *Zeitschrift für Religionswissenschaft* 6, 1998, S. 197–206. Umfangreiche Forschungsliteratur findet sich im Kontext nationalsozialistischer Mythen (vgl. Yvonne Karow, Julian Strube, Christoph Auffarth).

275 Vgl. Eßbach, *Religionssoziologie 1*, S. 743.

Auseinandersetzung mit Blumenbergs und Cassirers Mythostheorien die „Umständlichkeit“ in der Unterscheidung von Mythos und Geschichte durch diejenige von Mythos und Religion, indem er mit Blumenberg gegen Cassirer für die Fortführung der Mythologie im Christentum argumentiert: „*[...] if it is possible to distinguish between religion and myth, this is because the theology of the early Christians evoked an eschatological principle, with its expectation that the end of the world was immediately at hand, which was directed against the ambiguity and sinuosity of mythical forms of explanation.*“[276] Dabei wird eine zusätzliche religionsgeschichtliche Schicht in der Kategorisierungsarbeit der beiden Begriffe ‚Religion‘ und ‚Mythos‘ sichtbar, die noch heute Religion als dem Mythos entgegengesetzt begreift.

Zum anderen lohnt sich hier ein Blick auf das schon eingeführte Konzept des Diskursfeldes ‚Religion’.[277] Im Anschluss an Pierre Bourdieu wird damit ein Aushandlungsprozess verstanden, innerhalb dessen verschiedene Akteure ihren Einfluss – ihre ‚Interessen‘ – auf den Diskurs geltend machen. Doch wie genau konstituiert sich das ‚Diskursfeld Religion’? Dabei ist zwischen einem expliziten und einem impliziten Diskursfeld Religion zu unterscheiden.[278] Im expliziten Diskursfeld steht der Religionsbegriff zur Verfügung, während ‚religiöse’ Diskurse (im Rückgriff auf einen theoretischen Religionsbegriff) auch ohne den Religionsdiskurs verhandelt werden können. So wird etwa der Mythosbegriff als ‚religiöses’ Genre der Geschichtsschreibung im Diskursfeld ‚Religion’ positioniert, ohne dass der Nexus von Religion und Mythos immer explizit gemacht werden müsste. Gerade die Frage nach den kategorialen Verbindungen oder aber der Inkommensurabilität zwischen Religion und säkularer Ordnung (Politik, Recht) oder zwischen Mythos und Geschichte stehen im Folgenden im Fokus der Analyse.

Es wird also eine Religionsgeschichte zweiter Ordnung im Sinne einer *Religions-Wissens-Geschichte* geschrieben. Gemeint ist damit, dass die Religionsgeschichtsschreibung zum Objekt der hier vorliegenden Studie wird. Die Religionsdiskursgeschichte – dies ist die hier vorgenommene Nuancierung – erlaubt keine klare Trennung zwischen Diskurstheorie und Religionstheorie. Sie trennt einerseits nicht zwischen der akademischen, der zeitdiagnostischen und der feuilletonistischen Partizipation am Religionsdiskurs und kann sich infolgedessen auch selbst nicht herausnehmen. Andererseits steht der Unterscheidung von Diskurstheorie und Religionstheorie eine Zirkularität entgegen, die Timothy Fitzgerald als das Verstricktsein in die eigene Arbeit beschreibt: „*Inevitably enough I am entangled in this narrative [of religion,* DA*], or in some of its tropes, and one problem of any such attempt at a critical deconstruction is that the writer inadver-*

[276] Barash, „Myth in History“, S. 335.

[277] Vgl. Bourdieu: *Was heißt sprechen. Die Ökonomie des sprachlichen Tausches*. Wien: nap 1990. Vgl. auch ders.: *Religion. Schriften zur Kultursoziologie 5*, Konstanz: UVK 2009.

[278] Vgl. Mohn, „Die Religion im Diskurs“.

tently reconstructs the story that is being questioned."[279] Adrian Hermann unterscheidet das Verhältnis von Diskurstheorie und Religionstheorie folgendermaßen: „Während die Religionstheorie also Differenzen postuliert, versucht die Diskurstheorie, diskursive Differenzierungen und Unterscheidungen zu rekonstruieren."[280] Im Rahmen dieser religionstheoretischen Perspektive, für die häufig auf Friedrich Tenbruck verwiesen wird,[281] muss auch Burkard Gladigows Konzeption der „Europäischen Religionsgeschichte" als Differenzierungs- und Pluralisierungsgeschichte erwähnt werden.[282] Gladigow sieht gerade die Ausdifferenzierung von ‚Religion' als zentrales Moment europäischer Identitätskonstruktionen. Hier kann diese Perspektive mit den vorherigen Aussagen zum Verhältnis von Mythos und Geschichte ergänzt werden: Sowohl die Ausdifferenzierung und Unterscheidung von ‚Religion' als auch die des ‚Mythos' verweisen auf Ordnungsprozeduren in der europäischen Selbstbeschreibung.

Die Arbeit geht deshalb in einer genealogischen Suchbewegung verschiedenen Metaphern nach, um die herum maßgebliche Schwellenerzählungen der Religionsgeschichte angesiedelt werden. Der Fokus auf die Leitmetaphern – oder wie es Blumenberg formulierte –, auf „absolute Metaphern" beschreibt dabei „Grundbestände der philosophischen Sprache", an denen wesentliche Orientierungsmodelle ausgerichtet sind.[283] Dabei sind „absolute Metaphern" dadurch gekennzeichnet, dass sie „sich nicht ins Eigentliche, in die Logizität zurückholen lassen"[284]. Blumenberg verweist dabei stets auf die Nähe von Mythos zu absoluter Metapher und schreibt, dass der Unterschied „nur ein genetischer" sei: „der Mythos trägt die Sanktion seiner uralt-unergründbaren Herkunft, seiner göttlichen oder inspirativen Verbürgtheit, während die Metapher durchaus als Fiktion auftreten darf und sich nur dadurch auszuweisen hat, dass sie eine Möglichkeit des Verstehens ablesbar macht."[285] Die Konstitution der modernen Religionsgeschichte soll nun im Folgenden an den drei Metaphern vom *Ende*, der *Achse* und der *Stunde Null* sichtbar gemacht werden.

---

279 Vgl. Timothy Fitzgerald: *Discourse on Civility and Barbarity. A Critical History of Religion and Related Categories*, New York: Oxford University Press, S. 15.

280 Hermann, *Unterscheidung der Religion*, S. 71. Vgl. auch Mohn, „Die Religion im Diskurs".

281 Friedrich H. Tenbruck: „Religion im Maelstrom der Reflexion", *Kölner Zeitschrift für Soziologie und Sozialpsychologie, Sonderheft Religion und Kultur*, Hrsg. von Jörg Bergmann, Alois Hahn, Thomas Luckmann, 1993, S. 31–67.

282 Vgl. Burkhard Gladigow: „Religionsgeschichte des Gegenstandes – Gegenstände der Religionsgeschichte", in: Hartmut Zinser (Hrsg.): *Religionswissenschaft. Eine Einführung*, Berlin: Reimer 1988, S. 6–37; vgl. auch die an Gladigows Konzept orientierten Sammelbände von Hans G. Kippenberg, Jörg Rüpke, Kocku von Stuckrad (Hrsg.): *Europäische Religionsgeschichte. Ein mehrfacher Pluralismus*. Göttingen: Vandenhoeck & Ruprecht 2009, 2 Bände.

283 Vgl. Blumenberg, *Metaphorologie*, S. 10.

284 Ebd. S. 10.

285 Ebd.

3. *Enden*: religionswissenschaftliche, philosophische und juristische Separierungen und Amalgamierungen

Mindestens seit Hegel wird anstatt über das Einbrechen der Apokalypse über das *Ende der Geschichte* debattiert, sei es in skeptischer Form wie bei Immanuel Kant[286], in optimistisch-zustimmender Weise wie später beim Linkshegelianer Alexandre Kojève[287], beim Liberalen Francis Fukuyama[288] oder in gänzlich pessimistischer Weise wie bei Oswald Spengler.

In der religiösen Zeitgeschichte stelle ich zwei Anwendungen der katachrestischen Metapher des ‚Endes' heraus: das Ende der Religion in der Säkularisierung und das Ende der Säkularisierung in der Rückkehr oder der Wiederkehr der Religion. Dabei rekurriere ich einerseits auf rechtstheoretische und philosophische (Arbeit der Jurisprudenz [3.2.2.1.] und der Philosophie [3.2.2.2.]) sowie auf religionssoziologische, philosophische und politische Autor*innen [3.3.]. Andererseits werden Säkularisierungsreden als Selbstthematisierung in den Blick gebracht, die damit gleichzeitig ihre eigenen Episteme stabilisieren, aus denen heraus diese Selbstthematisierung unternommen wird. Dabei wird der ‚religiöse Diskurs' wiederholt als konstitutives Außen ausgewiesen, anhand dessen sich Wissensregime stabilisieren.

In narrativer Hinsicht wird die Schwelle also im ersten Analysekapitel von ihrem Vorher, ihrem Ende als *ex negativo* beschriebener Anfang beobachtet. Erzählungen vom Ende in der Religionsgeschichte werden dabei mit Beispielen aus der Soziologie, der Philosophie, der Rechtsphilosophie und der Jurisprudenz illustriert. Während sich in der Metapher vom Ende unterschiedliche temporale Positionierungstechnologien zeigen, führt die Analyse zur Differenzierung und Präzisierung dessen, was unter der Arbeit an der Religion zu verstehen ist.

286 Immanuel Kant: „Von einem neuerdings erhobenen vornehmen Ton in der Philosophie", in: *Schriften zur Metaphysik und Logik 2. Werkausgabe 2*, Wilhelm Weischedel (Hrsg.), Frankfurt a.M.: Suhrkamp 1977, S. 377–397. Einen Überblick über das „Ende der Geschichte" geben u.a. Martin Meyer: *Ende der Geschichte*, München/Wien: Hanser 1993 und Perry Anderson: *Zum Ende der Geschichte*, Berlin: Rotbuch 1993.

287 Alexandre Kojève: *Hegel. Eine Vergegenwärtigung seines Denkens. Kommentar zur Phänomenologie des Geistes*, Iring Fetscher (Hrsg.), Frankfurt a.M.: Suhrkamp 1975.

288 Francis Fukuyama: *The End of History and the Last Man*, New York: The Free Press 1992.

3.1. Enden – zwischen Religion und Säkularisierung

Diagnosen der Religion werden im 21. Jahrhundert gerne auf jenes „angeblich zentrale, auf einen ominösen ‚11. September 2001' datierte ‚Ereignis'"[289] zurückgeführt. Im Hinblick auf seine zäsurierende Ordnungskraft wurde der „Wendepunkt 11. September 2001" geradezu euphorisch aufgenommen.[290] Slavoj Žižek hatte schon Ende 2001 darauf hingewiesen, dass der Satz „Nach dem 11. September wird nichts mehr so sein wie vorher [...] nie näher bestimmt" wird.[291] Genau diese Unterbestimmtheit von behaupteten Schwellenereignissen wie ‚9/11' ist es jedoch, die im Folgenden beobachtet wird. Solcherart postulierte Schwellenereignisse stellen zeitliche Ausnahmezustände dar, die in der Schwellenerzählung instituiert und so zu konstitutiven Momenten der Zeiterfahrung werden.

Die in der Hinführung gemachten zeittheoretischen Vorbemerkungen zur Zeit der Gesellschaft (vgl. 1.4.1.) stehen, nun mit Cornelius Castoriadis gesprochen, auf dem Grunde einer Trivialität: „Es muss so etwas wie eine gemeinsame oder kollektive Festlegung der Zeit gesellschaftlich instituiert werden."[292] Castoriadis negiert in seiner politischen Philosophie des Imaginären zwar keineswegs die Irreversibilität des Ereignisses, weist jedoch auch darauf hin, dass „die gesellschaftlich-geschichtliche Bearbeitung diese primäre natürliche Schicht [...] nicht ‚absolut' respektieren muss"[293]. Wie wir in der Schwellenbeobachtung gesehen haben, ist das Sprechen vom Ereignis ein Machen desselben, insofern darunter die diskursive Produktion des Ereignisses verstanden wird (vgl. insbesondere 2.4). Aus dieser – nach Derrida – „unmöglichen Möglichkeit, vom Ereignis zu sprechen" gewinnen wir jedoch auch Erkenntnisse über Schwellenereignisse und ihre gesellschaftliche Instituierung – die Schwellenerzählung: Schwellenereignisse sind gleichzeitig inhaltlich unter- wie formal überbestimmt, d.h. sie oszillieren zwischen der Bedeutung ihrer Schwellenhaftigkeit, ihrem ereignismystischen Potential, demzufolge „nichts mehr so sein wird wie vorher" und der inhaltlichen Unterbestimmtheit, die offen lässt, *was* „nie mehr so sein wird wie vorher".

Um die Thematik zeitgenössischer Religionsdiagnosen im Anschluss an ‚9/11' und die Konsequenzen der jeweiligen Politik des Ursprungs zu erhellen,

---

289 Jacques Derrida: *Schurken*, Frankfurt a.M.: Suhrkamp 2005, S. 10.

290 Vgl. etwa zeitnah publizierte Titel wie *Wendepunkt 11. September 2001. Terror, Islam und Demokratie* (Hrsg. von Hilmar Hoffmann und Wilfried F. Schoeller), Köln: Dumont 2001; Klaus Theweleit: *Der Knall. 11. September, das Verschwinden der Realität und ein Kriegsmodell*, Frankfurt a.M./Basel: Stroemfeld.

291 Vgl. Slavoj Žižek: „Willkommen in der Wüste des Realen" in: *Wendepunkt 11. September 2001. Terror, Islam, Demokratie*, S. 131–139, S. 138.

292 Cornelius Castoriadis: *Gesellschaft als imaginäre Institution. Entwurf einer politischen Philosophie*, Frankfurt a.M.: Suhrkamp 1990, S. 347.

293 Ebd., S. 344.

muss zuerst der religionshistoriographische und religionssoziologische Rahmen skizziert werden, vor dessen Hintergrund ‚Schwellen' der religiösen Zeitgeschichte behauptet werden.

In den Jahren vor und nach den Ereignissen vom September 2001 werden vermehrt Diagnosen gestellt, welche die ‚Rückkehr' (Martin Riesebrodt[294], Gilles Kepel[295]) oder ‚Wiederkehr' der Religion oder der Götter (F. W. Graf), der Religionskonflikte (Samuel P. Huntington), die Postsäkularität (Jürgen Habermas[296], Hans-Joachim Höhn[297]) oder die Desäkularisierung (Peter L. Berger[298]) in den Vordergrund stellen, oder aber gerade ein „neoreligiöses Zeitalter" beschreiben, wie dies Cicero-Herausgeber Wolfram Weimer unternommen hat.[299] Die Konsequenzen der verschiedenen Metaphorisierungen und Erzählweisen sind vielfältig, teilen aber die Gemeinsamkeit, dass sich daran Fragen nach der „identitätsstiftenden Kraft des Religiösen"[300] sowie nach einem ‚Identitätskern', ‚Leitbild' oder ‚Leitkultur' entzünden, deren Antworten sich offenbar im Programm der Religion zu vollziehen scheinen.[301] Es stellt sich offensichtlich in den derart aufgeworfenen Diagnosen der gegenwärtigen Gesellschaft die Frage, was sie in ihrem *Zentrum* trägt, welchen ‚Kern' ihr ‚Wesen' ausmacht?

Mit den Mitteln der temporalen Positionierungstechnologien (vgl. 2.5) kann nun gefragt werden, welches Zentrum – je nach Autor*in – die Geschicke der gegenwärtigen Gesellschaft dominiert, dominiert hat oder sich anschickt zu dominieren? Ist es die säkulare Ordnung – oder doch wieder die Religion? Wie ist dieses Zentrum konstituiert und wo steht es im Hinblick auf die Schwelle?

Fragen, die sich die zu beobachtenden Autor*innen stellen, lauten dabei: Stehen wir vor dem neuen Zentrum der Religion und damit nach dem alten der Säkularisierung? Oder sollte man sich vor einer derartigen Ereignismystik in Acht nehmen und mit sozialwissenschaftlichen Argumenten und Statistiken darauf hinweisen, dass die Religiosität der westeuropäischen Bevölkerungen statistisch keine derartigen Ausschläge aufwiesen, aufgrund derer sich diese reli-

294 Martin Riesebrodt: *Rückkehr der Religion. Fundamentalismus und der ‚Kampf der Kulturen'*, München: C.H. Beck 2000.

295 Gilles Kepel hat seine Rückkehr-These nicht an ‚9/11', sondern an der iranischen Revolution 1979 festgemacht. Vgl. Gilles Kepel: *Die Rache Gottes. Radikale Moslems, Christen und Juden auf dem Vormarsch*, München: Piper 1991. Eine ähnliche, wenn auch weiter auf die globale Geschichte fokussierende Zeitdiagnose findet sich bei Frank Bösch: *Zeitenwende 1979. Als die Welt von heute begann*, München: C.H. Beck 2019.

296 Vgl. insbes. Jürgen Habermas: *Glauben und Wissen*, Frankfurt a.M.: Suhrkamp 2001.

297 Vgl. Hans-Joachim Höhn: *Postsäkular. Gesellschaft im Umbruch – Religion im Wandel*, Paderborn: Schöningh 2007.

298 Peter L. Berger: *The Desecularization of the World. Resurgent Religion and World Politics*, Washington D.C.: Ethics and Public Policy Center 1999.

299 Wolfram Weimer: *Credo. Warum die Rückkehr der Religion gut ist*, München: Deutsche Verlags-Anstalt, 2006, S. 7.

300 Ebd., S. 27.

301 Vgl. auch: Lars Koch: „Nach 9/11: Die postsäkulare Gesellschaft und ihre neokonservativen Widersacher", in: Poppe et al, *9/11 als kulturelle Zäsur*, S. 39–60.

gionsevokative Ereignismystik begründen ließe? Dies sind Fragen des Gegenstands, die in dieser Arbeit nicht beantwortet werden. Stattdessen werden diese Fragen (und ihre verschiedenen Antworten) selbst zum Gegenstand der Analyse: indem ‚Religion' in der Ordnung der Gesellschaft positioniert (dies ist die *Arbeit an der Religion*) und zeitlich festgeschrieben wird (als *Ordnung der Zeit*), soll gezeigt werden, inwiefern der moderne Religionsdiskurs selbst ein Ordnungsdiskurs ist, in dem der Einordnung und Setzung der Kategorie ‚Religion' ein besondere Rolle im – selbstverstanden – säkularen Staat zukommt.

Wie groß auch immer die Skepsis gegenüber neuen ‚großen Erzählungen' von ‚Rückkehr', ‚Wiederkehr' oder ‚Postsäkularität' ist, so ist der kleinste gemeinsame Nenner der genannten Beispiele doch die Diagnose vom Ende der Säkularisierung als Meistererzählung der Moderne, oder wie es Rodney Stark polemisch zugespitzt hatte: *Secularization R.I.P.*.[302] Festgestellt wird also ein *Ende vom Ende der Religion* – ein Ende der Säkularisierungstheorie.[303] Indem die Meistererzählung der Säkularisierung scheinbar an ihre Leistungsgrenze gekommen ist oder zumindest in pluralen Konzeptionen aufgehoben wird,[304] wird Religion erneut zum Thema gemacht und je nach Perspektive sogar zum Prüfstand heutiger Gesellschaften erklärt. Bevor wir uns aber mit der These der ‚Rückkehr' der Religion als zeitgenössischer Schwellenerzählung beschäftigen, müssen wir zuerst klären, welche Sinn- und Aussagehorizonte hinter der Säkularisierungstheorie stehen, was also mit der Aussage gemeint ist, dass wir in einer ‚säkularen Zeit' leben, bevor geklärt werden kann, was es heißt, wenn dies nun gerade nicht mehr der Fall sein soll. Bevor also die Abgesänge auf die Säkularisierungstheorie betrachtet werden können, müssen ihre vorherigen *Laudationes* kontextualisiert werden. Was also ist mit der Säkularisierungstheorie als Selbstthematisierung gemeint?

3.2. Vom Ende der Religion in der Säkularisierung

Während einige inhaltliche Aspekte dessen, was gemeinhin unter ‚Säkularisierung' verstanden wird, benannt werden können (etwa Gütertrennung und Enteignung kirchlicher Güter in der Säkularisation, Differenzierung der Gesellschaftsbereiche, Entzauberung, Privatisierung oder Verweltlichung der Religion), muss besonders gefragt werden, für wen sie was bedeutet. Gerade für die

302 Rodney Stark: „Secularization R.I.P.", *Sociology of Religion*, Vol. 60/3, 1999, S. 249–273.

303 Überblickende Artikel zum Thema finden sich hier: Philip S. Gorski, Ates Altinordu: „After Secularization?", *Annual Review of Sociology*, 34, 2008, S. 55–85. Vgl. auch: Catherine Bell: „Paradigms behind (and before) the modern concept of religion", *History and Theory*, 45, 2006, S. 27–46.

304 Vgl. Multiple Secularities: http://www.multiple-secularities.de/index_en.html (zuletzt abgerufen am 16.8.2019). Vgl. auch die Einrichtung eines Studiengangs „secular studies" (Pitzer College 2013) oder die Gründung der Zeitschrift *Secularism and nonreligion*, vgl. http://www.secularismandnonreligion.org/about/ (zuletzt abgerufen am 16.8.2019).

Geistes-, Sozial- und Kulturwissenschaften ist sie nämlich kein von ihr selbst losgelöst zu betrachtendes Phänomen: „Für die Soziologie ist, seit Comtes Zeiten, Säkularisierung ein Thema, mit dem sie sich selbst mitmeint [...].“[305] Obwohl Luhmann hier allerdings einen Anachronismus in Kauf nimmt, indem er den (späteren) Säkularisierungsbegriff mit dem Fortschrittsbegriff und Comtes ‚positiver Religion' gleichsetzt, gibt die These doch einen Hinweis darauf, was im Folgenden unter dem Aspekt der Selbstthematisierung beschrieben wird.

Gefragt wird damit, ob also in einem Zentrum der Säkularisierungstheorie die Sozial- und Geisteswissenschaften stehen, die sich immerzu selbst thematisieren? Derart umfassend ist ihre Bedeutung für die Gesellschaftsgeschichte allerdings nicht, dennoch gehören die Sozial- und Geisteswissenschaften in die epistemische Kultur hinein, innerhalb deren sich die Säkularisierungstheorie generalisiert hat und die Güte einer allgemeinen Gesellschaftsdiagnose erhielt. Die epistemische Kultur des Säkularisierungsparadigmas muss folglich differenziert und die Veränderungen dieser Signatur analysiert werden. Dabei wird das Augenmerk auf die Frage nach der Säkularisierung als Selbstthematisierung der Religionsforschung gerichtet und Eckpunkte der Wissensgeschichte des Säkularisierungsparadigmas beschrieben. Zeitlich wird der Diskurs auf die ‚Zeitgeschichte‘, genauer auf die Zeit nach dem Zweiten Weltkrieg eingegrenzt. Dieser historische Horizont wird dabei von der Frage nach dem Aspekt der Selbstthematisierung umgrenzt, der anschließend dazu führt, Säkularisierungsreden als Arbeit an der Religion in der Moderne zu analysieren.

3.2.1. Religionstheorie I: Säkularisierung als Selbstthematisierung

Gerade für die Religionswissenschaft ist der Aspekt der Selbstthematisierung zentral, zumindest wenn man dem heute klassischen Ansatz von Friedrich Tenbruck folgt, demzufolge die Religionswissenschaft(en) „mit ihren Erkenntnissen [...] nicht nur zum persönlichen Bildungsgut, sondern zum allgemeinen Kulturbestand und sozialen Vokabular geworden [ist und] fortwährend das Verständnis der Religion, damit das Verhältnis zur Religion und somit die Religion selbst verändert [hat]“[306]. Dabei behauptet Tenbruck nicht, dass die Religionswissenschaft(en) alleine für diesen Wandel verantwortlich wäre, sondern er nimmt die verwissenschaftlichte Religionsforschung als Teil der „stetige[n] Verbreitung der Bildung“ zum Anlass, den Anteil der Religionswissenschaft am

305 Niklas Luhmann: *Die Religion der Gesellschaft*, Frankfurt a.M.: Suhrkamp 2002, S. 278.

306 Friedrich H. Tenbruck: „Die Religion im Maelstrom der Reflexion“, *Religion und Kultur. Kölner Zeitschrift für Soziologie und Sozialpsychologie*, 1993, S. 31–67, S. 32 f. Im Kontext der nordamerikanischen Religionswissenschaft wird eine ähnliche Position insbesondere von Jonathan Z. Smith und anschließend an ihn u.a. von Russell McCutcheon, William Arnal oder Bruce Lincoln vertreten. Ich werde später auf die bei McCutcheon als *critical study of religion* bezeichnete Forschungsperspektive zurückkommen.

„gesellschaftlichen Wandel und aus der Entwicklung der Moderne" zu beleuchten.[307] Im Hintergrund stehen dabei nicht zuletzt die im Zuge von Kolonialismus und Imperialismus erweiterte Perspektive auf Kulturbegegnungen.[308] Der in diesem Kontext entwickelten Mythologie kommt hier – wie im Einleitungskapitel hervorgehoben – als Mythos des Fremden eine primäre und konstitutiv-weltanschauliche Ordnungsfunktion zu. Denn indem Religionsforschung im Kontext von Kulturbegegnungen steht, wird die

> „eigene Religion [...] nun im Blick auf andere erlebt, sie wird zum Sonderfall einer weltweiten Erscheinung, ihr Recht verlagert sich schrittweise von ihrer Besonderheit auf ihre Teilhabe an der Allgemeinheit; der ‚objektive' Religionsbegriff der Wissenschaft setzt sich immer breiter durch, ablesbar an den wissenschaftlichen Definitionen, die in Umlauf kommen und auf immer höhere Ebenen der Allgemeinheit rücken, etwa von der „Gottesverehrung" über das „Numinose", das „Außeralltägliche" oder die „Grenzsituation" bis zu den „Funktionen" und der „Kontingenzbewältigung"."[309]

Diese „Doppelrolle der Religionswissenschaft" als Beobachterin und Co-Produzentin von Wissen über Religion bedeutet also, dass sie die „Lage und den Wandel der Religion nurmehr begreifen und erklären kann, wenn sie ihren eigenen Einfluss darauf einberechnet"[310]. Aber nicht nur Religionswissenschaftler*innen nehmen im Religionsdiskurs eine Doppelrolle ein. Die Arbeit am modernen Religionsdiskurs – die Arbeit an der Religion – besteht, dies kann hier vorerst als Hypothese formuliert werden, gerade darin, dass es fraglich geworden ist, inwieweit zwischen Beobachterin und Co-Produzentin zu unterscheiden ist. Die Arbeit an der Religion wird somit als Selbstbeschreibung des epistemischen Ortes der Religionsbeobachtung sichtbar. Es geht somit nicht nur um die Selbstbeschreibung der Religionswissenschaft, sondern um die am Religionsdiskurs beteiligten Wissenschaften. Die Eingrenzung der ‚Quellen' erfolgt somit nicht entlang von Disziplingrenzen, sondern entlang der Perspektivierung durch die in der vorliegenden Arbeit ausschlaggebenden religionsbezogenen Schwellenerzählungen und -metaphern. Daraus ergibt sich ein diskursgeschichtliches Programm, das nach Interferenzen von Religions- und Wissenschaftsgeschichte fragt, was in der Einleitung mit Verweis auf die Religionswissensgeschichte angesprochen wurde (vgl. 1.1). An Beispielen weiterer Akteure wie etwa der Juristen wird auf die Frage nach der vielfältigen Arbeit an der Religion zurückzukommen sein.

Dieses durch die Doppelrolle der Kultur- und Religionswissenschaft als Beobachterin und Co-Produzentin verursachte Wechselspiel versucht die vorlie-

---

[307] Tenbruck, „Die Religion im Maelstrom", S. 34.

[308] Zur Verbindung von Tenbrucks Thesen und der Frage nach Kulturkontakten vgl. auch David Atwood: „contact zones. Eine Annäherung aus religionswissenschaftlicher Perspektive", *prospektiv. Theologisches und Religionswissenschaftliches aus Basel. Magazinbeilage zur Reformierten Presse*, 8/2015, S. 5–6.

[309] Tenbruck, „Die Religion im Maelstrom", S. 35.

[310] Ebd.

gende Arbeit aufzunehmen, indem sie keine eindeutige Trennlinie zwischen den verschiedenen Daten und Materialien – der Primärliteratur – und den an ihnen entworfenen Perspektiven – etwa mithilfe der sogenannten Sekundärliteratur – verlaufen lässt, sondern alle ‚Quellen' und Materialien werden sowohl als Objekt der Analyse als auch als Teil der Objektivierung betrachtet, was die Unterscheidung wiederum voraussetzt. Damit ist nicht gemeint, dass die Quellen nicht zugeordnet werden können – ich verwende sie explizit auf beiden Ebenen, der Ebene der Materialien als Primärliteratur als auch, insofern die jeweiligen Autor*innen sich selbst dazu zählen, als Theoretiker*innen der Schwellenerzählung, die sich mit ähnlichen Fragen ähnlichem Material zuwenden wie ich und dadurch auf der Beschreibungsebene (als Sekundärliteratur) auftauchen. Das Kriterium für Sekundärliteratur ist also die selbstbeschriebene Zuordnung zu einer Beobachterebene zweiter Ordnung.[311]

Eine Folge dieser Bestimmung von Religionsgeschichte als diachroner Ordnung des Religionsdiskurses ist also, dass die Trennung von ‚Quellen' (Primärliteratur) und Sekundärliteratur re-formuliert werden muss (vgl. 1.1.). Denn wenn die Auswahl der ‚Quellen' die Rahmung der ‚Religionsgeschichte' bedingt, so lebt die Religionsgeschichte offensichtlich von einem spezifischen Ordnungsruf. Wer aber ruft hier? Blumenberg hat darauf hingewiesen, dass dieser Ordnungsruf „zu den Quellen" selbst „eine Metapher [ist] und der Inbegriff einer nur rhetorisch möglichen Zumutung"[312]. Wenn also die Frage nach den Schwellenerzählungen im modernen Religionsdiskurs die spezifischere Metapher „zu den *religionsgeschichtlichen* Quellen" voraussetzt, dann liegt in ebendiesem Ordnungsruf die Arbeit an der Religion dessen, als Frage danach, was als ‚religionsgeschichtlich', als ‚religiös' (oder ‚pseudoreligiös') gilt – und was nicht.

Mit dem bisher zur Säkularisierung Vorgebrachten soll gleichwohl nicht gesagt werden, dass die Säkularisierungstheorie nur das Werk von Gelehrten gewesen sei.[313] So zeigt etwa Manuel Borutta auf, dass eine Genealogie der Säkularisierungstheorie in die Kulturkämpfe des 19. Jahrhunderts führt:

> „In den Kulturkämpfen der zweiten Hälfte des 19. Jahrhunderts suchten liberale Politiker ihr säkularistisches Politikverständnis auf legislativem und administrativem Wege umzusetzen und Politik und Religion – etwa im Bildungswesen oder im Kanzelparagraphen – zu trennen. Sie provozierten damit indes nur neue Vermischungen von Politik und Religion in Gestalt politischer Geistlicher und Laien, die den staatlichen Versuch einer Definition des Religiösen als anmaßend empfanden, sich organisierten und die politische Vorherrschaft der Liberalen untergruben. Die Liberalen fielen ihrem Säkularisierungsglauben somit letztlich selbst zum Opfer. Da sie über kein alternatives Narrativ zur Beschreibung der Religion in der Moderne verfügten, waren sie außer-

---

311 Vgl. David Atwood: „The Discourse on Primal Religion" (Vgl. Fußnote 65).

312 Hans Blumenberg: *Quellen, Ströme, Eisberge*, Berlin: Suhrkamp 2012, S. 10.

313 Vgl. hierzu die Position von Russell McCutcheon, etwa in: „The Category ‚Religion' in Recent Publications: Twenty Years Later, *Numen* 62, 2015, S. 119–141, insbes. S. 122f.

stande, die soziale Dynamik und die politische Bedeutung von Religion zu erfassen."[314]

Die Frage nach dem Ort der Religion zielt also auf nichts Geringeres als das Selbstverständnis demokratisch-liberaler Rechtsordnungen, was später eingehender unter dem Aspekt der Gouvernementalität der Religion diskutiert wird (vgl. Nullstunden, 5.1.). Es geht in der Säkularisierungsdebatte also um die Qualifizierung der Moderne und eines ihrer Hauptprodukte: der liberal-demokratischen Rechtsordnung. Der Ort der Religion wird dabei durch Strategien identifiziert, die als Separierungs- und Amalgamierungsrhetoriken beschrieben werden können (vgl. die Einführung in 1.2.). Die Sprachpolitik in der Kategorisierung von Religion und Politik ist deshalb auch kein innerakademisches Theoriespiel, sondern wird zum Drehpunkt in der Selbstbeschreibung der westlichen Moderne:

> „Von einer Selbstbeschreibung progressiver, bürgerlich-männlicher Eliten wurde [die Erzählung der Säkularisierung] nach 1900 zur Selbstbeschreibung der westlichen Moderne, zum Definitionsmerkmal moderner westlicher Gesellschaften. Als wissenschaftliche Theorie wurde die große Erzählung von der Säkularisierung durch die Religionssoziologie institutionalisiert, wo sie noch immer viele Anhänger hat. […] Indem die Säkularisierungstheorie mit den Sozialwissenschaften letztlich auch die historische Kulturkampf-Forschung prägte, verwischte sie ihre Spuren."[315]

Die Geistes- und Sozialwissenschaften verwischen damit ihre kulturkämpferischen Spuren, mit denen „sie sich selbst gemeint" haben:

> „Die kulturkämpferische Dimension der Definition des Politischen als Nichtreligiöses (und des Religiösen als Nichtpolitisches) ist von der historischen Politikforschung bisher zu wenig beachtet worden, auch aufgrund eines säkularistischen Bias."[316]

Borutta folgert daraus, dass erst der „Plausibilitätsverlust der Säkularisierungstheorie den normativen Charakter dieses genuin liberalen Religionsbegriffs" wieder sichtbar gemacht hätte. Wir stehen mit dem Säkularisierungsdiskurs auf dem Boden weltanschaulicher Kämpfe, welche – etwa in der Trennung von Religion und Politik – teilweise schon „kulturkämpferische Dimensionen" aufweisen, die etwa von liberaler Seite nicht primär gegen die Religion, sondern für ein bestimmtes – politisch instituierbares –Religionsverständnis kämpften.[317] Der französische Rechtshistoriker und Psychoanalytiker Pierre Legendre be-

---

[314] Manuel Borutta: „Genealogie der Säkularisierungstheorie. Zur Historisierung einer großen Erzählung der Moderne", in: *Geschichte und Gesellschaft*, 36, 2010, (S. 347–376), S. 375.

[315] Ebd.

[316] Ebd., S. 376.

[317] Die Religionswissenschaft ist demnach gar nicht in der Lage, die Verfassung der modernen Religion zu beschreiben, „so lange sie an der Fiktion [festhält], die Religion bestehe und entwickle sich unabhängig von ihren Aussagen und Befunden über die Religion." Tenbruck, „Die Religion im Maelstrom", S. 35. Systemtheoretisch könnte hier von einem *re-entry* der Unterscheidung in sich selbst gesprochen werden, was heißt, dass in

schreibt die „Hypothek“ der Säkularisierung folgendermaßen: „Sie ist nach wie vor ein auf paradoxe Weise religiöses Konzept, das der Steuerung der internen Organisation der absoluten Referenz bei den Bewohnern des Abendlandes dient.“[318] Damit fokussiert die Analyse auf das, was Legendre die Dogmatik der Gesellschaft nennt, die sich in den Bildern findet, die eine Gesellschaft von sich macht.[319]

Die Aufgabe, die institutionellen Grundlagen der Gesellschaft zu beschreiben, „gestaltet sich umso beschwerlicher, als durch die Medienpropaganda die schematischen Konzepte zwangsläufig neu aufleben und die bewährten Diskursbequemlichkeiten wachgehalten werden“[320]. Gemeint sind damit die Unterscheidungen von Säkularität und Religiosität wie auch die Unterscheidung von Staat und Recht. Damit hat Legendre zufolge eine „Fragmentierung des normativen Diskurses in unseren Gesellschaften“ Einzug gehalten, die in Religionsfragen bis heute anhalten und eine Analyse der spezifisch religiösen Unterscheidungen und Normativitäten vor große Schwierigkeiten stellen.[321]

Säkularität als Konzept wird in diesem Zuge selbst zum staatlichen Instrument der Trennung, wie Schirin Amir-Moazami beschreibt: „Säkularität als staatliches Instrument der Trennung und Kooperation von Staat und Kirche“[322], deren damit verbundene Grenzziehungen „weder unschuldig noch statisch, sondern voraussetzungsreich, dynamisch und nie herrschaftsfrei“ sind.[323] Säkularität wird damit als historische Herstellung von verschiedenen Trennungen und Amalgamierungen von Sphären oder Gesellschaftsbereichen sichtbar, deren Konstitution in der Abgrenzung von Religion überhaupt erst als eine säkulare bestimmt wird und damit die Ordnung der Gesellschaft in religiöse und nicht-religiöse Bereiche trennt und diese hierarchisiert.

Vor diesem Hintergrund wird die hier vertretene Perspektive deutlicher in ihrem Versuch, Religionsgeschichtsschreibung als Ordnungsgeschichte zu beschreiben und die darin verwendeten, transformierten und umbesetzten Kate-

---

der beschriebenen Operation Wissenschaft ‚wissenschaftlich' definiert und gegenüber dem (‚religiös' oder ‚säkular') als Religion beschriebenen Bereich abgegrenzt wird. Damit zeigt sich, wie ein *re-entry* auf jeder Seite der Unterscheidung religiös-nichtreligiös auftreten kann. Vgl. auch David Atwood: „The Discourse on Primitive Religion. Disentangling Regimes of Truth“, *Method and Theory in the Study of Religion*, 28:4–5, 2016, S. 445–464.

318 Pierre Legendre: *Das politische Begehren Gottes. Studie über die Montagen des Staates und des Rechts*, Wien: Turia & Kant 2012, S. 51.

319 Vgl. etwa Pierre Legendre: *Über die Gesellschaft als Text. Grundzüge einer dogmatischen Anthropologie*, Wien: Turia & Kant 2001.

320 Legendre, *Das politische Begehren Gottes*, S. 495.

321 Ebd.

322 Vgl. Schirin Amir-Moazami: „Die ‚muslimische' Frage in Europa. Politische Aporien der Anerkennung unter liberal-säkularen Bedingungen“, in: Philipp Hubmann, Martin Gronau, Marie-Luisa Frick (Hrsg.): *Politische Aporien. Akteure und Praktiken des Dilemmas*, Wien-Berlin: Turia & Kann 2016, S. 111–136, S. 127.

323 Ebd.

gorien, Beschreibungsweisen und Unterscheidungen selbst zum Gegenstand zu machen.[324] In der Konsequenz heißt dies, dass wenn die Religion im Modus der Wissenschaftlichkeit beschrieben wird, dabei sowohl ,Religion' als auch ,Wissenschaftlichkeit' gefestigt, konstituiert und etabliert werden.[325] Die unterschiedlichen Ansprüche können sich über den Säkularisierungsbegriff gegenseitig festigen und instituieren.[326]

Die theoretische Position dieser Arbeit, die in dieser These zum Ausdruck kommt, lässt sich demnach auf die Formel bringen, dass die Rede über die Religion – in Anlehnung an Blumenberg – *Arbeit an der Religion* ist, die auch religiöse Rede sein kann, in jedem Fall aber eine epistemische Ordnungsleistung darstellt. Indem der Säkularisierungsdiskurs ,Religion', ,Wissenschaftlichkeit' und ,Säkularität' getrennt positioniert, ordnet er Religion in die Zeitgeschichte ein und verweist sie auf ihren (legitimen oder illegitimen) Ort – auf den *Ursprung der Religion in der Zeitgeschichte*.

Diese These selbst aber behauptet offensichtlich, ,Religion' – oder zumindest ,religiöse Kommunikation' – über ein *re-entry* beschreiben zu können. Kann die Arbeit an der Religion also näher qualifiziert werden, um damit einen theoretischen Religionsbegriff zu konstruieren? Und was soll damit sichtbar gemacht werden? Vorausgeschickt werden kann hier, dass die Religionskategorisierungen unter der Voraussetzung eines Ununterscheidbaren (vgl. Agamben, 5.2.3.) oder wie im Folgenden, unter der eines Unbeobachtbaren und somit unter der Voraussetzung einer Realitätsverdoppelung auftritt.

Wieso aber ist diese Unterscheidung überhaupt notwendig – wenn die Arbeit an der Religion im Diskurs beobachtet werden kann, ohne hierfür auf einen theoretischen Religionsbegriff zurückzugreifen? Zuerst ist auf eine Differenzierung im Religionsdiskurs hinzuweisen, die zwischen einem nicht-religiösen und einem religiösen Religionsdiskurs unterscheidet.[327] Letzteres zieht die in der Hinführung angesprochene Verdoppelung des Religionsbegriffs nach sich. Wie also sieht dieser theoretische Religionsbegriff – als Analyseinstrument – aus und wofür wird er benötigt? Hierfür wende ich mich in heuristischer Absicht zuerst einigen religionstheoretischen Bemerkungen Niklas Luhmanns zu,

---

324 Auf die systemstabilisierende Funktion der Säkularisierungsrede hat auch Steffen Führding hingewiesen. Vgl. Steffen Führding: „Der schmale Pfad: Überlegungen zu einer diskurstheoretischen Konzeptionalisierung von Säkularität", in: Führding, Steffen; Peter Antes (Hrsg.): *Säkularität in religionswissenschaftlicher Perspektive*, Göttingen: V&R unipress, S. 71–86.

325 Vgl. Fußnote 32.

326 Der Aspekt der Institutionalisierung wird hier im Anschluss an Pierre Legendre verwendet, der damit insbesondere die Institutionalisierung der Sprache auf der öffentlichen Bühne bezeichnet. Vgl. Pierre Legendre: *Über die Gesellschaft als Text. Grundzüge einer dogmatischen Anthropologie*, Wien: Turia & Kant 2012, bes. S. 35 f.

327 Vgl. Mohn: „Die Religion im Diskurs und der Diskurs der Religion(en)" (vgl. Fußnote 63); Vgl. auch Atwood: „The Discourse on Primal Religion" (vgl. Fußnote 65).

die aber für verschiedene Religionstheorien zutreffen, insofern Luhmann Religion als die Bestimmung des Unbeobachtbaren beschreibt.[328]

Mit diesem grundlegenden Paradox tritt eine Form der Realitätsverdoppelung auf, die eigentlich in allen sozialen Systemen gegeben ist, die aber besonders die verschiedenen Religionsdefinitionen in der Wissenschaftsgeschichte des späten 19. und 20. Jahrhunderts bestimmt.[329] Diese Bestimmung des Unbeobachtbaren konnte sich in Dichotomien wie ‚heilig vs. profan', ‚immanent vs. transzendent' oder ‚beobachtbar vs. unbeobachtbar' äußern, immer aber stellt sie „etwas für Beobachtung bereit […], was nicht unter diese Kategorie fällt"[330]. Damit wird die Aufgabe prekär, Religionen zu beschreiben, insofern diese auf der Proklamation von Religion als ebendieser Bestimmung des Unbeobachtbaren beruhen, wie Luhmann an anderer Stelle schreibt:

> „Wenn eines gewiss ist, dann dies: Nie kann eine Paradoxie (und habe sie die Form einer Tautologie) sinnverlustlos in eine Identität umgewandelt werden. […] Will man eine Paradoxie in anschlussfähige Identitäten auflösen, bedarf es dazu einer Unterscheidung."[331]

Eine im Religionsdiskurs zentrale Unterscheidung, welche diese Paradoxie in eine Identität auflöst, ist Luhmann zufolge die Unterscheidung ‚religiös' – ‚säkular'. Wir können uns hier sowohl auf die Selbstbeobachtung der Religion stützen („wir nehmen hin, was sich als Religion beschreibt"[332]) als auch auf die Beobachtung durch ihr selbsterklärtes Gegenüber – die Säkularität. Trotz der zeitgenössischen Plausibilitätsverluste der Säkularisierungstheorie hat sie über mehrere Jahrzehnte hinweg „anschlussfähige Identitäten" angeboten – deren Qualifizierung als ‚religiös' oder ‚säkular' nun zur Debatte steht.

Wie genau die Leitunterscheidung der Religion in der Moderne nun aussieht – wie also ihre Codierung lautet – lässt sich demnach, folgt man diesem Paradox, nicht anders als paradoxal klären und zwar mit einer Paradoxie, welche das Unbeobachtbare bestimmbar macht und damit in eine Identität überführt. Gleichzeitig steht dabei die These von Luhmann im Hintergrund, der zufolge die semantische Ausarbeitung eines religionsspezifischen Codes im Zusammenhang mit der gesellschaftlichen Ausdifferenzierung eines Funktionssystems Religion steht: „Religion ist, was als Religion beobachtet werden kann; und dies auf der Ebene einer Beobachtung zweiter Ordnung."[333] Damit aber zeigt sich in

---

328 Dieses Unbeobachtbare kann in unterschiedlichen Formen auftreten, als Geheimnisvolles (Luhmann, S. 60), als Mysterium, als Unterscheidung zwischen Realität und Imagination „(die gleichwohl kein Irrtum sein soll)" oder auch in der Unterscheidung von Immanenz und Transzendenz (S. 77ff). Immer aber beschreibt es eine unbeobachtbare Seite der Realität und prozessiert dabei offensichtlich ein Paradox.

329 Vgl. Luhmann, *Religion der Gesellschaft*, S. 59 ff.

330 Ebd., S. 60.

331 Ebd., S. 55.

332 Ebd., S. 58.

333 Ebd., S. 308.

Luhmanns Arbeit an der Religion eine, wie Eßbach hervorhebt, „Sehnsucht nach letztinstanzlichen Unterscheidungen", die sich in der Definition des Religionssystems durch die Leitunterscheidung ‚immanent/transzendent' äußere.[334] Ungeachtet dieser Sehnsucht ist damit eine besondere Beobachtungsperspektive eingeführt: Peter Fuchs verwies in der Diskussion der „Beobachtung des Unbeobachtbaren" darauf, dass „der Beobachter, der noch über das Unbeobachtbare redet [...], ein Sonderbeobachter [ist]. Er kann dann all den anderen sagen, dass etwas existiert, was sich nicht beschreiben lässt"[335]. Damit ergebe sich für diesen Beobachter eine „eigentümliche Würde", wobei man von der Soziologie nicht behaupten könne, „solche Würde brauchen zu müssen"[336]. Fuchs geht dieser Figur zuerst im Hinblick auf mystische Konzepte nach und fragt, ob diese (un-)bestimmte Beobachtungsweise selbst eine „mystische" sei. Diese Gleichung ist aber zu einfach, da „Alles Bestimmen (jede Signifikation) sozusagen auf der Gegenseite Unbestimmtheit aus[wirft]"[337]. Weil Unterscheidungsgebrauch das Absolute ausschließe, sei das Unbeobachtbare direkt an Beobachtung geknüpft und „ist nicht selbst: mystisch. Sie ist, wenn ich so sagen darf, ein ordentliches Phänomen"[338]. Dass dieses Paradox der Religionsbeschreibung sich genauso auf die Beschreibung von und besonders in der Fokussierung auf Schwellen anwenden lässt, bräuchte nicht näher erläutert zu werden. Was kann denn eine Arbeit über Schwellen anderes sehen als Schwellenerzählungen? Eine Schwelle ist demnach, „was sich als Schwelle beobachtet" – auch hier auf der Ebene einer Beobachtung zweiter Ordnung. Die Reifikationsfalle kulturwissenschaftlicher Beschreibungsmodi erfährt zwar eine besondere Brisanz am Beispiel des staatsrechtlich und identitätspolitisch relevanten Religionsbegriffs, lässt sich jedoch auch verallgemeinern. Damit ist implizit wiederum die Frage nach der der vorliegenden Arbeit selbst innewohnenden Politik des Ursprungs aufgeworfen, welche im Motiv dieser Arbeit selbst liegt. Diese Reproduktionsfalle des eigenen Blicks ist nicht nur in der Religions- und Kulturwissenschaft ein zentrales Thema. Sie äußert sich etwa – ähnlich wie von Tenbruck angesprochen – im Vorwurf der ‚Erfindung' der Religionsgeschichte durch die Wissenschaft. Dieser Ideologievorwurf an die kultur- und religionswissenschaftliche Forschung wurde in der Religionswissenschaft u.a. von Daniel Dubuisson, Timothy Fitzgerald oder Russell McCutcheon vorgebracht.[339] Letzterer will mit der „Aufdeckung" dieser den je selbst (mit-)konstruierten Kategorien

334 Vgl. Eßbach, *Religionssoziologie 1*, S. 17.

335 Peter Fuchs: „Vom Unbeobachtbaren" in: *Beobachtungen des Unbeobachtbaren. Konzepte radikaler Theoriebildung in den Geisteswissenschaften*, Weilerswist: Velbrück 2000, S. 39–71, hier S. 39.

336 Ebd., S. 39.

337 Ebd., S. 70.

338 Ebd., S. 71.

339 Vgl. Daniel Dubuisson: *L'Occident et la religion*, Bruxelles: éditions complexes 1998; Timothy Fitzgerald: *The Ideology of Religious Studies*, New York: OUP 2000. Dubuisson

inhärenten Blindheit das sprachpolitische Spiel unterbrechen. In dem von McCutcheon und William B. Arnal veröffentlichten *The Sacred is the Profane* (2013) schreiben die beiden:

> „Our position [...] is that (1) the concept of religion is a survival, in the technical, anthropological sense and has thus outlasted its shelf–life; that we would be better served setting aside not simply the word, but the very idea that it makes good academic sense to clump together, for description, analysis, or especially explanation, those diverse acts, institutions, objects, and claims that we normally call ‚religious'."[340]

Ich lehne mich hier zwar an diese Perspektive an, indem ich die im Religionsdiskurs und in der Religionsgeschichte auftretenden Naturalisierungen historisiere und auf ihre rhetorischen Strategien hin analysiere.[341] Gleichzeitig weiche ich von McCutcheons und Arnals Position darin ab, dass ich nicht davon ausgehe, dass das Sprachspiel durch die Aufgabe des Religionsbegriffs zu beenden wäre.[342] Während ich mit McCutcheon und Arnal die Kategorie der Religion als eine begrenzte („*bounded category*")[343] konzipiere, verstehe ich gerade diese Begrenzung selbst als ebenjene Arbeit an der Religion, die nicht-religiös, aber eben auch religiös vorgenommen werden kann. Die ‚religiöse' Arbeit an der Religion nimmt hier deutlichen Bezug auf Luhmanns Bestimmung von religiöser Kommunikation, die die Paradoxie der Beobachtung des Unbeobachtbaren prozessiert und in Identität (etwa in die Kontingenzformel ‚Gott') auflöst.

Die Kategorie der Religion für beendet zu erklären, führte vor diesem Hintergrund zur Pointe, dass diese Strategie selbst als eine religiöse zu beschreiben ist, insofern sie versucht, die Gegensätze der Unterscheidung zusammenzuführen – dabei fast schon dem cusanischen Prinzip der *coincidentia oppositorum* entsprechend.[344] Die Option des Verzichts auf den Religionsbegriff steht jedoch aus der hier angelegten epistemischen Perspektive nicht zur Wahl, da die von Tenbruck, Borutta und anderen eingeschlagene Doppelung des Religionsdiskurses von Beschreibung und Produktion unhintergehbar bleibt.

---

möchte die Kategorie der Religion durch die Beschreibung von *kosmographischen Formationen* ersetzen. Teilweise wird diese Kritik auch mit Talal Asad verbunden (*Genealogies of Religion, Discipline and Reasons of Power in Christianity and Islam*, 1993), wobei dieser mit seiner Kategorienkritik eher auf die christlich geprägte Begriffspolitik in der Auseinandersetzung mit dem Islam zielt als auf die Auflösung der Kategorie selbst.

340 McCutcheon, Arnal, *The Sacred is the Profane. The Political Nature of „Religion"*, S. xiii.

341 Hier zeigt sich der semiotisch-kulturwissenschaftliche Zugang, der etwa im Anschluss an Barthes die Zeichen des Mythos herausdestilliert und seine Naturalisierung historisiert.

342 Vgl. auch Willi Braun, Russell T. McCutcheon: *Reading J. Z. Smith. Interview and Essay*, New York: OUP 2018, S. 50.

343 Ebd., S. xi.

344 Ein Grund für die Kritik am Religionsbegriff bei McCutcheon und Arnal ist deren Bezugnahme auf ältere und im europäischen Diskurs mittlerweile weniger präsente Religionskonzeptionen, die insbesondere auf die Religionsphänomenologie abzielen und damit auf die mit Mircea Eliade und seinen Jahren in Chicago verbundene Forschungsgeschichte Nordamerikas verweisen.

Luhmann geht nicht davon aus, dass in der modernen Gesellschaft Religion an Bedeutung verloren habe, sondern er lenkt die „Aufmerksamkeit auf die Frage […], mit welchen semantischen Formen und mit welcher Disposition über Inklusion oder Exklusion von Mitgliedern die Religion auf die Voraussetzung einer säkularisierten Gesellschaft reagiert"[345]. Religion tritt also auf in der Rede über ‚Religion' – in ihrer diskursiven Abgrenzung von Nicht-Religion, Säkularität oder religiöser Indifferenz.

Mit dieser Beobachterperspektive, welche die „Schranken einer zweiwertigen Logik" sprengt, ergeben sich zusätzliche Möglichkeiten der Beschreibung.[346] Die zweiwertigen Logiken werden in der Analyse durch Positionierungstechnologien als Auseinandersetzungen um die ‚richtige' Religionspolitik sichtbar gemacht. Vor diesem Hintergrund wird die Rede von der Säkularisierung also selbst zur Arbeit an der Religion – sei sie nun religiös, wissenschaftlich, publizistisch oder juristisch vorgetragen. Mit Bourdieu gesprochen kann hier auf die Herstellung von Klassifikationssystemen hingewiesen werden, die als Kampf zwischen verschiedenen Diskursteilnehmern und ihren unterschiedlichen Interessen sichtbar werden: „Um diese Klassifizierungen wird zwischen den Akteuren gerungen. Mit anderen Worten: Es gibt einen Klassifikationskampf, einen Kampf um Klassifikationen."[347] Säkularisierungsreden werden somit im Folgenden als Klassifikationskämpfe beobachtet, welche die Ordnung der Gesellschaft – etwa im Fokus der Codierung ‚religiös'/‚säkular' – herstellt und versucht zu stabilisieren.

3.2.2. Säkularisierungsreden als Arbeit an der Religion

Säkularisierung als Selbstthematisierung und Identitätsdiskurs zu beschreiben, ermöglicht einen Blick darauf, was Jean-François Bayart als „operationale Akte der Identifikation" bezeichnet.[348] So wie Bayart nicht von Identitäten, sondern von „Operationen der Identifikation" spricht, soll hier nicht vom Ereignis, sondern von Strategien der Identifikation eines Ereignisses gesprochen werden – hierauf zielt die Analytik durch temporale Positionierungstechnologien (vgl. 2.5.).

Anfänglich als Terminus zur Bezeichnung der enteigneten kirchlichen Güter verwendet, wurde, wie eben erwähnt, die definitorische Reichweite des Säkularisierungsbegriffs, seine Identität verbreitert. Eßbach beschreibt die Konsequenzen dieser Verbreiterung: „Über eine Beschreibung von Prozessen hinausge-

345 Luhmann, *Religion der Gesellschaft*, S. 284 f.

346 Ebd., S. 284.

347 Pierre Bourdieu: „Das Paradox des Soziologen", in ders.: *Soziologische Fragen*, Frankfurt a.M.: Suhrkamp, S. 83–90.

348 Vgl. bezüglich Akten operationaler Identifikation Jean-François Bayart: *L'illusion identitaire*. Paris: Fayard 1996, S. 98.

hend wird Säkularisierung im wissenschaftsreligiösen Positivismus und Materialismus des 19. Jahrhunderts ein positives Programm."[349] Ihr ‚Ursprung' – die Schwelle zur säkularen Gesellschaft – kann in verschiedenen historischen Momenten und Ereignissen gefunden werden.

Der Rechtswissenschaftler Ernst-Wolfgang Böckenförde argumentierte etwa dafür, die postreformatorischen Religionskonflikte als Ursachen für die Herausbildung eines säkularen Rechtssystems anzusehen.[350] Andere Autor*innen argumentieren für die Dechristianisierung oder Entkirchlichung Europas, für die ‚Entzauberung' der Welt (Weber), den „Niedergang von Glaubensformen und religiösen Praktiken", die Privatisierung der Religion oder die Differenzierung der religiösen Sphäre (letztere drei werden etwa prominent von José Casanova vorgebracht[351]) oder für die Verwissenschaftlichung der Rationalitäten. Im Verlauf des Kapitels werden verschiedene Variationen vorgebracht und auf ihre jeweilige Arbeit an der Religion hin analysiert.

Welcher Ursprung auch gefunden wird: immer gibt die Instituierung des Ursprungs einen Hinweis darauf, welches inhaltliche Zentrum das entsprechende Säkularisierungsnarrativ aufweist, welche Politik also durch den in Anspruch genommenen Ursprung begründet wird. Säkularisierung kann an den Religionskonflikten und deren religionsrechtlichen Konsequenzen, an der Dechristianisierung oder Entkirchlichung der Religion oder etwa auch an der Verwissenschaftlichung der Rationalitäten festgemacht werden. In jedem Fall hat die Entscheidung für einen dieser Ursprünge Konsequenzen für die Rahmung der jeweiligen Säkularisierungstheorie und damit für das aktivierte Gesellschafts- und Weltbild – oder in anderer Reihenfolge: die Wahl des Säkularisierungsnarrativs führt auf einen Ursprung (oder auch mehrere mögliche Ursprünge) zurück, der die Erzählung zentriert und in der Geschichte positioniert.

Je nach Rahmung dieses Zentrums stellt sich Säkularisierung als gefährdet, stabil, einzigartig oder universalisierbar dar – die Qualifizierung des Ursprungs verweist also auf den jeweiligen Erzähler und das argumentative Zentrum seiner Version der Säkularisierungsgeschichte. Somit ist die Wahl des Ursprungs nicht vorgeordnet, sondern Ursprungswahl und daraus abgeleitete Handlungsanleitung gehen Hand in Hand im Sinne einer „gegenstrebigen Fügung".[352]

Wie auch immer Ursprungswahl und daraus abgeleitete Konsequenz jeweils aussehen – heute werden die Zweifel größer, „ob sich die unter ‚Säkularisierung' subsumierten Phänomene sinnvoll zu einem Gesamtprozess bündeln und

---

349 Eßbach, *Religionssoziologie 1*, S. 135.

350 Ernst-Wolfgang Böckenförde: *Recht, Staat, Freiheit. Studien zur Rechtsphilosophie, Staatstheorie und Verfassungsgeschichte*, Frankfurt a.M.: Suhrkamp 2006, S. 92–114.

351 José Casanova: „Rethinking Secularization: A Global Comparative Strategy", *The Hedgehog Review*, Spring/Summer, 2006. https://www.uef.fi/documents/661547/931509/03_Casanova_Secularization.pdf/c30fd487-a56c-4478-9eb3-5d336626bc0 b (zuletzt abgerufen am 10.9.2019).

352 Vgl. Jacob Taubes: *Ad Carl Schmitt. Gegenstrebige Fügung*, Berlin: Merve 1987.

sich in die Großkategorien ‚Modernisierung, Modernität, Moderne' einfügen lassen [...]"[353]. Die Säkularisierungsthese als *pars-pro-toto*-Diagnose unserer Gegenwart hat also Risse bekommen. Ein inhaltliches Zentrum, auf das der Säkularisierungsdiskurs zu vereinigen wäre, ist nicht in Sicht – ihre Identität verflüchtigt sich.

Als Konsequenz werden verschiedene Versuche unternommen, diese Kategorie zu pluralisieren und zu empirisieren, um sie gleichwohl als Analysekategorie verwenden zu können. Während diese religionssoziologische Arbeit hier nicht in der angemessenen Form kommentiert werden kann, bleibt der schwellenhafte Aspekt der ‚säkularen' Selbstthematisierung trotz der Empirisierung insofern enthalten, als die Ursachendarlegung die Schwelleneuphorie zwar gebremst hat, gleichzeitig die Zäsurhaftigkeit des Ereignisses – besser: sein ereignismystisches Potenzial – die Forschungsfrage aber weiterhin als interessant erscheinen lässt. Illustrieren lässt sich dies etwa damit, dass heute die kritische Frage wenig überraschend ist, ob „wirklich alles anders" war nach ‚9/11'. Gleichzeitig basiert diese Frage auf der grundsätzlichen Plausibilität der Ereignismystik, die ‚9/11' als Ereignis voraussetzt und sich letztlich auf seine ‚eigentliche' Reichweite konzentriert.

Diese Bewegung – die man vereinfacht als die häufig auf Kontinuität und Diskontinuität gleichermaßen abzielende Arbeit der Historiker*innen bezeichnen könnte – werden wir am historiographischen Beispiel der Achsenzeit *en détail* analysieren (vgl. Kapitel 4). An dieser Stelle bleibt vorerst noch genauer zu klären, wie die Selbstthematisierung im Säkularisierungsparadigma genauer zu beschreiben ist, welcher Art also die darin vorgenommene Identifikation ist.

3.2.2.1. Säkularisierung als Arbeit der Jurisprudenz

Wolfgang Eßbach bezeichnet ‚Säkularisierung' in seiner Religionssoziologie als „Arbeit der Juristen"[354] und präzisiert, dass es sich dabei nicht nur wie etwa von Martin Riesebrodt vorgeschlagen um eine „Emanzipation gesellschaftlicher Institutionen von religiöser Kontrolle"[355] handelt, sondern darum, dass „die Form des Rechtes, die zuvor im Kirchenrecht auf der Basis des römischen Rechts mittelalterlich ausgebildet war, mit der Glaubensspaltung Organon der Konfessionsstaaten [wird]"[356]. Die Rechtsgelehrten werden in diesem Prozess zu den Architekten des religionsrechtlichen Raums, oder mit anderen Worten: Säkularisierungsreden gehören zur *Arbeit* der Juristen *an der Religion* im Recht. Diese

353 Eßbach, *Religionssoziologie 1*, S. 135.

354 Ebd., S. 131.

355 Martin Riesebrodt: *Cultus und Heilsversprechen. Eine Theorie der Religion*, München: C.H. Beck 2007, zitiert nach Eßbach, *Religionssoziologie 1*, S. 136.

356 Ebd.

Beobachtung wurde auch im Zusammenhang mit Pierre Legendre diskutiert, in dessen Werk gerade der systematische Zusammenhang von Recht und Religion eine prominente Rolle einnimmt (vgl. oben unter 3.2.1.).

Ist, wenn Jurist*innen Religion im Recht bestimmen, dies aber immer eine religiöse Handlung und in religiöser Sprache beschrieben? Dagegen spräche, dass Rechtsgelehrte und Gerichte keineswegs ein selbsterklärt ‚religiöses' Interesse an der Positionierung von ‚Religion' im Recht haben müssen. Ihr Interesse liegt – zumindest im säkularen Rechtsstaat – auf Seiten des wiederum selbsterklärt ‚säkularen Rechtsstaates' und operiert folglich mit der entsprechenden Codierung Recht/Unrecht.[357] Obwohl das liberale Rechtssystem nach eigener Vorgabe kein Interesse an der Korrektheit der jeweiligen religiösen Codierung haben darf (wie beispielsweise ‚Glaube – ‚Unglaube'/‚Aberglaube', ‚religiös – säkular' etc.), wird diese Unterscheidung dennoch innerhalb des Rechtssystems getroffen – es sei denn, unter Religion wird auch im Rechtssystem nur das begriffen, „was sich selbst als Religion beschreibt"[358]. Davon ist jedoch zumindest der deutsche Sprachraum ausgenommen.[359]

Sobald jedoch das Rechtssystem in seiner Beschreibung von Religion eine substanzielle Qualifizierung vornimmt (und dabei die Beobachterebene zweiter Ordnung verlässt und nicht mehr Kommunikation, sondern Welt beschreibt), überträgt sich die religiöse Codierung ins Rechtssystem, da dadurch die Paradoxie von beobachtbar/unbeobachtbar in eine Identität überführt wird.[360] Hier

---

357 Niklas Luhmann: *Das Recht der Gesellschaft*, Frankfurt a.M.: Suhrkamp 1993, S. 165–213.

358 Luhmann, *Religion der Gesellschaft*, S. 58. Auch diese Möglichkeit wäre ein Aufschub der Problematik, da auch Selbstbeschreibungen innerhalb einer religiösen Tradition variieren können. Dieses kann etwa am Beispiel der Gemeinschaft der Alevit*innen beobachtet werden, die sich zuweilen unterschiedlich als Kultur und/oder als Religion beschreiben, in wenigen Teilen des deutschsprachigen Raumes aber als Religion anerkannt sind (etwa in Basel seit dem 17.10.2012 oder in Deutschland in einigen Ländern im Rahmen des Religionsunterrichts); eine Anerkennung als ‚Kultur' ist bisher in keinem Rechtswesen vorgesehen. Vgl. Martin Sökefeld: „Einleitung: Aleviten in Deutschland – von takiye zur alevitischen Bewegung", in: ders.: *Aleviten in Deutschland. Identitätsprozesse einer Religionsgemeinschaft in der Diaspora*, Bielefeld: transcript 2008, S. 7–36.

359 Die Anerkennungen von Religionsgemeinschaften werden in der Schweiz, Deutschland und Österreich sehr verschieden gehandhabt, ebenso wie es auch zwischen den Bundes- und Verfassungsgerichtsentscheiden unterschiedliche Antworten hinsichtlich der Selbstbeschreibung gibt, die aber etwa im Falle von ‚Sekten' an ihre Grenzen kommen. Gleichzeitig gibt es eine Übereinkunft darin, dass – anders als etwa in England – nicht die Selbstbeschreibung als Religion ausreicht, sondern dass es hierzu rechtsstaatlich festgelegte Kriterien geben muss. Vgl. Adrian Loretan, Quirin Weber, Alexander H. E. Morawa (Hrsg.): *Freiheit und Religion. Die Anerkennung weiterer Religionsgemeinschaften in der Schweiz*, ReligionsRecht im Dialog, 17, Wien: LIT 2014, insbes. S. 81 ff. Die Kriterien für Anerkennungen der jeweiligen Entscheidungsinstanz werden hier systemtheoretisch als Programme gefasst.

360 Vgl. David Atwood, Anne Kühler: „Ambivalenzen im Verhältnis von Recht und Religion infolge der Verrechtlichung des Religiösen – Anmerkungen zu einer interdisziplinären Diskussion", in: Kühler, Anne, Jürgen Mohn, Felix Hafner (Hrsg.): *Interdependenzen von Recht und Religion*, Würzburg: Ergon 2014, S. 73–92.

fügt sich also die für die Codierung des Rechtssystems (aber auch anderer Funktionssysteme) maßgebliche Eigenheit an, aufgrund derer „die Werte Recht und Unrecht nicht selber Kriterien für die Feststellung von Recht und Unrecht sind“[361]. Dies basiert auf der logischen Struktur jeder Paradoxie, dass sie sich nicht selbst bezeichnen kann. Die Unterscheidung von ‚Religion' und ‚Nicht-Religion' (oder ‚Sekte'[362] o.ä.m.) kann also nicht selbst wieder auf ihre Recht- oder Unrechtmäßigkeit hin überprüft werden. Das Rechtssystem (wie andere Funktionssysteme auch) nimmt daher Zuflucht zu einer von Luhmann als Programm bezeichneten Zusatzsemantik, mit der etwa angegeben werden kann, ob die Codierung Recht/Unrecht nun richtig oder falsch ist.[363] ‚Religion' im Rechtssystem wird also nicht mehr über die Codierung Recht/Unrecht bestimmt, sondern über eine Zusatzsemantik, mit der „ein codiertes System [...] die Suche nach weiteren Gesichtspunkten [erzeugt]“[364]. Sie nimmt daher Bezug zu Kriterien, die sich außerhalb der Recht/Unrecht-Codierung bewegen. Die Programme, die im Rechtssystem angewendet werden, sind vielfältig und nicht generalisierbar. So werden im Hinblick auf die Anerkennung von Religionen im Rahmen des Rechtsstaates Programme verwendet, die beispielsweise mit Kategorien der Tradition, der ‚Leitkultur', dem ‚jüdisch-christlichen Abendland' oder einer anderen externen Legitimationsquelle argumentieren. An dieser Stelle fließen also religiöse Argumentationen in die rechtsstaatliche Zusatzsemantik, ihr Programm, ein.[365] Sobald die Bestimmung des Unbestimmbaren inhaltlich gefüllt wird, lässt sich somit nach der nun explizit religiösen Arbeit der Jurist*innen fragen, die einen Schritt über die juristische Arbeit an der Religion hinausgeht. Hiermit werden die Kriterien für einen theoretischen Religionsbegriff illustriert, der insofern theoretisch ist, als er die an ‚Religion‘ geknüpfte Unterscheidung (etwa von Wissenschaft, Recht oder Politik) zu formalisieren sowie zu systematisieren versucht. Später wird die Thematik der Ununterscheidbarkeit von Religion und dem Juridisch-Politischen unter Aufgriff von religionstheoretischen Argumenten Giorgio Agambens aufgegriffen (vgl. 5.2.3.).

Können Säkularisierungsreden aber auch hinreichend durch die juristische Bearbeitung des Religionsbegriffs als Arbeit der Jurist*innen beschrieben werden? Dies meint Eßbachs Hervorhebung der Jurist*innen als Arbeiter*innen an

---

361 Luhmann, *Recht der Gesellschaft*, S. 189.

362 Zum Sektenbegriff vgl. Hubert Seiwert: „Einleitung: das Sektenproblem. Öffentliche Meinung, Wissenschaftler und der Staat“ in: Massimo Introvigne: *Schluss mit den Sekten! Die Kontroverse über „Sekten“ und neue religiöse Bewegungen in Europa*, Hubert Seiwert (Hrsg), Marburg: diagonal 1999, S. 9–38.

363 Luhmann, *Recht der Gesellschaft*, S. 190.

364 Ebd.

365 Diese Argumentation von Böckenförde nimmt Elemente von Hegels Staatstheorie auf, insofern als dieser durch die „Sphäre des absoluten Geistes“ in der Form von Religion, Kunst und Philosophie begrenzt werden kann.

der Religion keinesfalls, sondern er sieht in ihrer Arbeit eine für die Konstitution des selbsternannten ‚säkularen' Rechtsstaates zentrale Tätigkeit.

Wenn die Arbeit an der Religion (sei sie nun religiös, wissenschaftlich, philosophisch oder juristisch) nun aber die Arbeit aller Diskursteilnehmer*innen ist, müssen wir damit Säkularisierungsreden als religiöse Kommunikation beschreiben? Steht, wie Jonas Heller fragt, „das Säkularisat noch in der Verfügungsgewalt des Religiösen"?[366]. Dies gälte dann, wenn die Beschreibung von Religion nicht mehr in der systemeigenen Codierung (Recht/Unrecht) abläuft, sondern wenn hierzu ein Programm, eine Zusatzsemantik einfließt, deren eigene Codierung insofern religiös ist, als sie (ein behauptet) Unbeobachtbares als beobachtbar kommuniziert.

Damit ist die zweite Frage aufgegriffen: Wie steht es um die Schwellensetzung in der Arbeit der Juristen? Stellt ‚Säkularisierung' eine (möglicherweise konstitutive) Schwelle in der religionsrechtlichen Geschichte dar oder ist stattdessen von einer Kontinuität auszugehen? Ist der im Zuge der Konfessionalisierung entstandene neue Rechtszustand, der mit Eßbach als integrative Strategie beschrieben wird (was meint, „dass die staatlichen Strukturen im Wesentlichen gegen den Konflikt zwischen Konfessionen aufgebaut wurden" und nicht etwa gegen oder mit der Religion[367]), also eine Neuheit, eine Diskontinuität? Oder aber stehen wir hier vor einer Kontinuität, die durch die Behauptung der ‚Neuzeit' verschleiert wird? In diese Argumentation kann beispielsweise Carl Schmitts berühmtes Diktum eingeordnet werden, demzufolge „[a]lle prägnanten Begriffe der modernen Staatslehre säkularisierte theologische Begriffe [sind]"[368]. Jacob Taubes beschrieb den von Schmitt gebrauchten Säkularisierungsbegriff pointiert: „Säkularisierung ist bei Schmitt also kein positiver Begriff. Im Gegenteil, das ist für ihn der Teufel."[369] Über diese Einordnung hinaus ist einiges zu Schmitts Säkularisierungsbegriff hinsichtlich der damit einhergehenden Periodisierung nachzutragen. Zum einen ist mit Agamben darauf hinzuweisen, dass Schmitts Säkularisierungsbegriff dem von Max Weber entgegengestellt zu sein scheint: Während Weber unter der Säkularisierung einen Prozess der zunehmenden Enttheologisierung der Welt verstand, „zeigte sie für Schmitt, dass die Theologie in der Neuzeit weiterhin auf eminente Weise präsent und wirksam ist"[370]. Schmitt operiert in seiner autoritären Staatstheorie al-

366 Jonas Heller: „Säkularisierung und die Souveränität der Moderne. Ein Kommentar zur Agamben-Lektüre Jürgen Mohns", in: Kühler, Mohn, Hafner (Hrsg.), *Interdependenzen von Recht und Religion*, S. 187–196, S. 191.

367 Eßbach, *Religionssoziologie 1*, S. 137.

368 Carl Schmitt: *Politische Theologie. Vier Kapitel zur Lehre von der Souveränität*, Berlin: Duncker & Humblot 2009, S. 43.

369 Jacob Taubes: *Die politische Theologie des Paulus*, Hrsg. von Aleida und Jan Assmann, München: Wilhelm Fink 1993, S. 92.

370 Giorgio Agamben: *Herrschaft und Herrlichkeit. Zur theologischen Genealogie von Ökonomie und Regierung*, Berlin: Suhrkamp 2010, S. 17.

so mit einer bestimmten strategischen Beziehung zwischen Staatslehre, Moderne und Theologie,[371] die er mit einer negativen Anthropologie verbindet. Zum anderen wird hier offenkundig eine Kontinuität der Substanz behauptet, die zwischen den „theologischen Begriffen" und den „Begriffen der modernen Staatslehre" keinen Bruch, sondern eine Analogie, wenn nicht sogar eine Parallele sieht. Schmitt erkennt die Legitimität der ‚neuzeitlichen Schwelle' der Säkularisierung also nicht als Neuheit an. Wie aber begründet er dann die Kontinuität zwischen Vormoderne und Neuzeit? Hier muss das bei Schmitt zentrale Konzept des Ausnahmezustands eingeführt werden, der nicht nur als rechtstheoretischer Fixpunkt eine breite Rezeption erfahren hat, sondern zum Zentrum seiner Säkularisierungskritik wurde: „Der Ausnahmezustand hat für die Jurisprudenz eine analoge Bedeutung wie das Wunder für die Theologie."[372] Wenn man sich nun mit dem anderen bekannten Zitat Schmitts die Zentralität des Ausnahmezustands für die Theorie der Souveränität vor Augen führt („Souverän ist, wer über den Ausnahmezustand herrscht."[373]), wird sichtbar, dass Schmitts Souveränitätstheorie auf dem Argument einer Kontinuität zwischen dem Wunder in der Theologie und dem Ausnahmezustand in der modernen Staatslehre basiert und somit eine religionshistorische Kontinuität von der christlichen Theologie hin zur (früh)neuzeitlichen Staatsrechtslehre sieht, wobei die „Entscheidung" zum Schlüsselwort des damaligen „radikalen Denkstils" wird.[374] Aleida Assmann bezeichnete damit verschiedene „fundamentalistische Operationen" wie „die Aufgipfelung von Werten zu absoluten Werten, die Konstruktion von Zwangsalternativen mit ihrer Betonung der Entscheidung oder die Rückführung von Komplexität auf letzte Eindeutigkeiten".[375]

Säkularisierung stellt somit bei Schmitt keine legitime Neuheit dar. Gleichzeitig legt auch Schmitt eine Zäsur in der Geschichte der modernen Staatslehre fest, die er aber in der Konzeption des für seine Souveränitätstheorie zentralen Ausnahmezustands als „Notfall" sieht. Folglich kommt die Zäsur der Moderne beim französischen Rechtsgelehrten Jean Bodin zu liegen: „[Bodin…] ist mit seiner Lehre von den „vraies remarques de souveraineté" […] der Anfang der modernen Staatslehre."[376] Schmitt behauptet also eine substanzielle Kontinuität zwischen dem Wunder in der Theologie und dem Ausnahmezustand in der

---

371 Vgl. Jan Assmann: *Achsenzeit. Eine Archäologie der Moderne*, München: C.H. Beck 2018, S. 276.

372 Schmitt, *Politische Theologie*, S. 43.

373 Ebd., S. 13.

374 Hier zitiert nach Otto Gerhard Oexle: *Geschichtswissenschaft im Zeichen des Historismus. Studien zu Problemgeschichten der Moderne*, Göttingen: V&R 1996, S. 203.

375 Aleida Assmann: *Arbeit am nationalen Gedächtnis. Eine kurze Geschichte der deutschen Bildungsidee*, Frankfurt a.M.: Campus 1993, S. 102. Vgl. auch Aleida und Jan Assmann: „Kultur und Konflikt. Aspekte einer Theorie des unkommunikativen Handelns", in: Jan Assmann, Dietrich Harth (Hrsg.): *Kultur und Konflikt*, Frankfurt a.M.: Suhrkamp 1990, S. 11–48, hier S. 25 ff.

376 Ebd., S. 15.

modernen Rechtslehre, wobei er zugleich einen Ursprung der modernen Staatslehre in Bodins Neufassung der Souveränität sieht. Während also eine theologisch-religiöse Kontinuität Säkularisierung delegitimiert, wird Bodins Souveränitätslehre als ‚moderner' Ursprung der Staatslehre zum Bruch stilisiert.[377] Wie häufig gehen also Ereignismystik und -skepsis Hand in Hand und behaupten legitime und illegitime Zentren und Zäsuren.

Mit der Frage nach Kontinuität und Diskontinuität im jeweiligen Säkularisierungsnarrativ wird also deren zentrale Eigenschaft, ihr inhaltliches Zentrum, erkennbar gemacht. Auch hier gilt wieder, dass zwischen Ursprungswahl und Säkularisierungsvariante keine kausale Linearität besteht, sondern dass diese gemeinsam ‚verstrebt' werden. Wenn dem Recht (in) der Säkularisierungsdebatte eine besondere Rolle zukommt, ist die Arbeit an der Religion dennoch nicht ausschließlich diejenige der Jurist*innen, auch wenn dem Ort der Religion im Recht eine besondere Rolle zukommt. Aber auch Geschichtsproduzent*innen sind hier an der Schwellendebatte um den (rechtlichen, politischen oder ökonomischen) Ort der Religion in der Moderne mitbeteiligt, indem sie Ursprünge und Zentren legitimieren oder kritisieren. Diesen Aspekt werden wir nun genauer betrachten und dabei die von Schmitt aufgeworfene Frage nach der Kontinuität zwischen Vormoderne und Neuzeit (etwa in den rechtsstaatlichen Begriffen) aufnehmen.

3.2.2.2. Säkularisierung als Arbeit der Philosophie

Die Frage nach der Arbeit an der Religion wird im Folgenden mit Hans Blumenbergs Bemerkungen zum Säkularisierungsbegriff ergänzt, der sich in seinem Werk an zentraler Stelle damit befasst hatte und mit bekannten Gegenpositionen in einen Austausch tritt, darunter Carl Schmitt und Karl Löwith.

Obschon Blumenberg in der Debatte über den Säkularisierungsbegriff eine autoritative Position zukommen könnte, spielen seine Argumentationen „in der aktuellen Diskussion über Religion und das Säkulare keine substanzielle Rolle […]", wie Daniel Weidner festhält.[378] Blumenbergs Überlegungen zur Säkularisierung aufzunehmen, ist dennoch lohnenswert, weil er zwischen einem deskriptiven und einem evaluativ-normativen Säkularisierungsbegriff unterscheidet. In der deskriptiven Version versteht Blumenberg unter ‚Säkularisierung' zuerst den „quantitativen Schwund von Merkmalen sakraler und kirchli-

377 Dass Bodin durchaus eine wichtige Rolle in der Erarbeitung einer Souveränitätstheorie zukommt, ist vielfach bestätigt, ohne dass ihm dadurch immer die einzige Funktion des ‚Epochemachers' zugeschrieben wird. Vgl. etwa Peter C. Mayer-Tasch: *Jean Bodin. Eine Einführung in sein Leben, sein Werk und seine Wirkung*, Stuttgart: Steiner 2011.

378 Daniel Weidner: Art. „Säkularisierung" in: *Blumenberg lesen. Ein Glossar* (Hrsg. von Robert Buch und Daniel Weidner), Berlin: Suhrkamp 2014, S. 245–259, hier S. 245.

cher Herkunft“[379]. Gegen diesen deskriptiven Gebrauch hat Blumenberg noch nichts einzuwenden, jedoch gegen die darüber hinausgehende Behauptung eines ‚Mehrs', welches Blumenberg etwa in der Behauptung der ‚Verweltlichung' vorfindet. Wenn „B das säkularisierte A“ sein soll, wird eine Deszendenz, ein Substanzwandel behauptet, der in der Beschreibung als ‚Verweltlichung' eine theologische Sprache vorausnimmt (die entweltlichte und transzendente Vorzeit), die theoretisch jedoch nicht verfügbar ist.[380]

Hans Blumenberg nimmt das Diktum Schmitts zu Beginn seiner *Legitimität der Neuzeit* auf und kritisiert insbesondere die von Schmitt behauptete Substanzidentität: „Für die politische Theorie ist geltend gemacht und oft nachgesprochen worden, dass *alle prägnanten Begriffe der modernen Staatslehre [...] säkularisierte theologische Begriffe seien*.“[381] Hans Blumenberg kritisiert daran insbesondere die Vorstellung, dass „die Substanz in ihren Metamorphosen“ identifiziert werden könne.[382] In der *Legitimität der Neuzeit* ist ein Hauptargument die Kritik an einer Behauptung der identischen Substanz in verschiedenen Erscheinungsformen: „Apriorische Behauptungen darüber, ob es in der Geschichte substantielle Konstanten gibt oder nicht, lassen sich nicht aufstellen [...].“[383] Die Frage nach Kontinuität oder Diskontinuität in der Säkularisierungstheorie erscheint somit nicht mehr als Frage nach der Ähnlichkeit oder Verschiedenheit der Substanz, sondern als Akt der Legitimierung.

Gegen eine Kontinuität der Substanz argumentierte Blumenberg, dass in dieser die Grundlage für sämtliche Postulate geschichtlicher Wiederholungen liegt: „Nur wo die Kategorie der Substanz das Geschichtsverständnis beherrscht, gibt es Wiederholungen, Überlagerungen und Dissoziationen, aber auch Verkleidungen und Enthüllungen.“[384] Für Blumenberg ist dieser substantialistische Zugang ein Hauptproblem der Säkularisierungstheorie:

> „Von Säkularisierung zu sprechen, würde unter substantialistischen Voraussetzungen dorthin verlagern, wo die geschichtsbeständige Größe einmal ‚entsäkularisiert' worden war, bevor sie der nachmaligen Säkularisierung überhaupt ausgesetzt sein konnte. An dieser Überlegung wird klar, dass die theologische Rede von der Säkularisierung das Konstantenproblem nur deshalb vermeiden kann, weil sie einen absoluten und transzendenten Ursprung der betroffenen Gehalte als fraglos voraussetzt.“[385]

Die „theologische Rede von der Säkularisierung“ setzt also einen Ursprung, sie setzt damit in der Beschreibung durch temporale Positionierungstechnologien

379 Blumenberg, *Legitimität der Neuzeit*, S. 18.
380 Vgl. ebd., S. 12–13.
381 Ebd., S. 21. Kursiv im Original.
382 Ebd., S. 22.
383 Ebd., S. 37.
384 Ebd., S. 17.
385 Ebd., S. 38.

einen innovativen Ursprung – ein absolutes Zentrum, bei dem die Analyse ansetzen kann.

Hier klingt auch die Debatte zwischen Hans Blumenberg und Karl Löwith an, welche sich an dieser Frage nach der Legitimität der (neuzeitlichen) Schwelle entzündet und somit – im Jargon der temporalen Positionierungstechnologien – zwischen der Betonung der Kontinuität und derjenigen der Diskontinuität oszilliert. Löwith beschrieb 1949 in *Weltgeschichte und Heilsgeschehen*[386] die Säkularisierung und insbesondere die darin verortete Idee des Fortschritts, wie sie im 19. Jahrhundert generalisiert wurde als eine Transformation der christlichen Eschatologie. Er sah die Kontinuität der Eschatologie – auf die seine Analyse abzielte – in der Fortführung durch die Geschichtsphilosophie und unterstellte dieser deshalb, wie Wallace festhält, ein „falsches Bewusstsein [ihrer] selbst"[387].

Dem entgegnete Blumenberg wiederum, dass Säkularisierung immer dann zu einer „Kategorie geschichtlichen Unrechts" verkomme, wenn sie eine Identität in der Substanz behaupte: „Es ist ein formaler, aber gerade darum manifester Unterschied, dass eine Eschatologie von einem in die Geschichte einbrechenden, dieser selbst transzendenten und heterogenen Ereignis spricht, während die Fortschrittsidee von einer jeden Gegenwart präsenten Struktur auf eine der Geschichte immanente Zukunft extrapoliert."[388] Blumenberg bestimmt den Unterschied – die Diskontinuität – zwischen Eschatologie und Fortschrittsidee über die Machart (oder Gemachtheit) des Ereignisses: „Die Fortschrittsidee ist eben nicht eine bloße Schwächeform des Gerichts oder der Revolution, sondern die ständige Selbstrechtfertigung der Gegenwart durch die Zukunft, die sie sich gibt, vor der Vergangenheit, mit der sie sich vergleicht."[389]

Blumenberg sieht die Selbständigkeit der Neuzeit stattdessen besonders in der „Idee der Methode" als „Herstellung einer Disposition des Subjekts", die zu einer „Genealogie der Fortschrittsidee" führt. Zwischen Blumenberg auf der einen und Löwith und Schmitt auf der anderen Seite entspannte sich eine fruchtbare Debatte um die ‚Legitimität' des Bruchs und die Qualität der Neuheit – somit um die Wahl der richtigen temporalen Positionierung: Ist Säkularisierung nun Kontinuität, „Fortsetzung des Christentums mit anderen Mitteln"[390], wie Blumenberg kritisch beobachtete, und verdeckt sie damit den Blick auf die Eigenständigkeit und *Legitimität der Neuzeit*? Blumenberg entwickelt zur differenzierteren Unterscheidung dieser Transformationen das Theorem der ‚Umbesetzung'. Dieses meint, „dass differente Aussagen als Ant-

---

386 Karl Löwith: *Weltgeschichte und Heilsgeschehen. Die theologischen Voraussetzungen der Geschichtsphilosophie*, Stuttgart: W. Kohlhammer 1947.

387 Robert M. Wallace: „Secularization and Modernity: The Löwith-Blumenberg Debate", *New German Critique* 22, 1981, S. 63–79, S. 67.

388 Blumenberg, *Legitimität der Neuzeit*, S. 39.

389 Ebd., S. 41.

390 Ebd., S. 16., ähnlich S. 108.

worten auf identische Fragen verstanden werden können"[391]. Ihr theoretisches Gegenstück ist die Umsetzung, welche er als ‚authentische' Diskontinuität charakterisiert. Die Säkularisierungsthese als Substanzbehauptung lässt sich aber, so Blumenberg, gerade nicht als „Umsetzung authentisch theologischer Gehalte in ihre säkulare Selbstentfremdung, sondern als Umbesetzung vakant gewordener Positionen von Antworten, deren zugehörige Fragen nicht eliminiert werden konnten" bestimmen.[392]

Die Bestimmung von ‚Säkularisierung' und ‚Neuzeit' umkreist also die Fragen nach dem Verhältnis von Innovation und Tradition, von Kontinuität und Diskontinuität in Wissenschaft und Historiographie. Das Theorem der Umbesetzung ist dabei laut Herbert Kopp-Oberstebrink eines der wenigen Theoriestücke aus Blumenbergs Œuvre, welches eine breite Rezeption erfahren hat. Kopp-Oberstebrink sieht den Grund dafür darin, dass das Konzept der Umbesetzung

> „als eines der wenigen historiographischen Modelle [erscheint...], die im Bereich der intellektuellen oder Theoriegeschichte die Integration von Diskontinuitäten und Brüchen in geschichtliche Erzählungen und Darstellungen bei gleichzeitiger Aufrechterhaltung linear-narrativer Strukturen erlauben."[393]

Diese theoretische Perspektivierung, die sich nicht nur im Theorem der Umbesetzung, sondern auch in der Kritik an der Substanzmetaphysik der Geschichtsphilosophie wiederfindet, bietet ein weiteres theoretisches Fundament dieser Arbeit. Die Abkehr von einem Substanzfokus hin zur Bestimmung von Funktionen, Strategien und Positionen im Diskurs, ermöglicht nicht zuletzt die Beschreibung temporaler Positionierungstechnologien. Säkularisierung wird vor diesem Hintergrund zu einem Diskurs über Kontinuität und Diskontinuität in der Neuzeit, oder wie es Blumenberg formuliert, zur Frage nach der *Legitimität* der Neuzeit. Während jedoch Säkularisierung aufgrund ihres substanzmetaphysischen Gehaltes zu einer „Kategorie historischen Unrechts" wird, erhält bei Blumenberg die ‚Neuzeit' eine Selbständigkeit, die zwar keinesfalls absolut gesetzt ist, aber sich gegen die bloße These der Metamorphose der Theologie in die Säkularisierung wendet.

Carl Schmitt reagiert auf Blumenbergs Kritik in der *Legitimität der Neuzeit* in einem Nachwort zum zweiten Band der *Politischen Theologie* (erschienen 1970). Er kritisiert darin u.a., dass Blumenberg seine Thesen „mit allen möglichen konfusen Parallelisierungen religiöser, eschatologischer und politischer Vor-

[391] Ebd., S. 541.
[392] Ebd., S. 75.
[393] Herbert Kopp-Oberstebrink: „Umbesetzung" in: Buch, Weidner: *Blumenberg lesen*, S. 350–363, S. 352.

stellungen“ vermischt hätte.[394] Schmitt nimmt für sich in Anspruch, die *Politische Theologie* geradezu als Umsetzung und folglich als ‚legitime Neuheit' beschrieben zu haben. Statt als „historisches Unrecht“ sähe er den (säkularen) Staat als „größten rationalen ‚Fortschritt'“ der Menschheit, was das Völker- und Strafrecht angehe.[395] Dafür wählt er wie erwähnt eine bestimmte Schwellen- und Ursprungsgeschichte: der Ursprung der Moderne liegt Schmitt zufolge in der Neukonzeption der Souveränität, die er bei Jean Bodin angelegt sieht, ohne mit dieser verfahrenstechnischen Diskontinuität aber die substanzielle Kontinuität zwischen Theologie und Politik zurückzunehmen. Schmitts ambivalente ‚Politik des Ursprungs‘ liegt in der Zentrierung der Moderne auf den Aspekt der Souveränität. Gleichzeitig ist er Blumenberg dankbar für sein Buch, „dessen Belehrungen für [ihn, Schmitt] fruchtbar geworden sind“[396] und ihm sogar geholfen hätten, seine „eigene Position deutlicher zu erkennen“[397]. Seine Hauptkritik an Blumenberg entfaltet sich jedoch am Begriff der Legitimität. Statt von Legitimität wäre eine Rechtfertigung „durch eine betont rationale und »gesetzmäßige« Erkenntnis nicht als Legitimität, sondern als Legalität zu kennzeichnen […].“[398] Schmitt unterscheidet dabei Legitimität als „rechtmässig“ gegenüber Legalität als „gesetzmäßig“:

> „Legalität ist ein Funktionsmodus der staatlichen oder einer sonstigen, berechenbar funktionierenden Bürokratie. Aus dem gesetzmäßigen Funktionieren eines Verfahrensablaufs könnte nur Legalität als die kompatible Art der Rechtfertigung der Neuzeit in Betracht kommen. Legitimität würde eine ganze Konterbande alter Begriffe und Umbesetzungen mit sich führen und könnte Tradition, Erbe, Vaterschaft und die Nekromantik des Alten decken.“[399]

Aus einem späteren Briefwechsel zwischen Schmitt und Blumenberg geht hervor, dass Blumenberg womöglich sogar bereit gewesen wäre, Schmitt darin zu folgen und anstatt von der Legitimität der Neuzeit von der Legalität der Neuzeit zu sprechen.[400] In jedem Fall liefert uns aber Blumenbergs Abkehr von der Substanzidentität, wie sie in der *Legitimität der Neuzeit* und in den Kontrover-

---

394 Carl Schmitt: *Politische Theologie II. Die Legende von der Erledigung jeder Politischen Theologie*, Berlin: Duncker & Humblot 2008, S. 86. Eine detaillierte Beschreibung und Kontextualisierung des zweiten Bandes finden sich in: Reinhard Mehring: *Carl Schmitt, Aufstieg und Fall. Eine Biographie*, München: C.H. Beck 2009, S. 549 ff.

395 Vgl. Schmitt, *Politische Theologie II*, S. 86.

396 Ebd., S. 89.

397 Ebd., S. 96.

398 Ebd., S. 87.

399 Ebd.

400 Vgl. Hans Blumenberg schreibt an Carl Schmitt, dass sein Begriff der ‚Legitimität' an den Gegenbegriff der Umbesetzung gekoppelt sei, wobei ersterer deshalb in Schmitts Sinne „ein ‚legales' Verfahren“ bezeichnet. Vgl. Hans Blumenberg, Carl Schmitt: *Briefwechsel 1971–1978 und andere Materialien*, Frankfurt a.M.: Suhrkamp 2007, S. 106. In diesem Sinne müsste dann ergänzend von der Legitimität der legalen Neuzeit gesprochen werden. Hinsichtlich der späten teilweisen Annäherung von Blumenberg und Schmitt vgl. insbesondere Mehring, *Carl Schmitt*, S. 549–561.

sen mit Löwith und Schmitt zutage trat, eine weitere theoretische Grundlage für die Frage nach der Schwellenbewertung. Hans Maier beschreibt bezüglich Blumenbergs Kritik an Löwith und Schmitt, dass Schmitt gerade auch in der Frage nach der (Dis-)Kontinuität moderner Schlüsselkonzeptionen von Löwith abwich, was Blumenberg zum Zeitpunkt der Veröffentlichung der *Legitimität der Neuzeit* (1966) nicht bekannt war.[401]

Schmitts Kritik an Löwith zeigt dabei exemplarisch sein antisemitisches Engagement, als er in *Donoso Cortés in gesamteuropäischer Interpretation* Karl Löwith unter die „Eingeweihten" reiht.[402] In seinem Kampf für die christlich-apokalyptische Geschichtsdeutung wendete er sich nicht nur gegen die Juden, sondern auch gegen die Fortschrittskonzeptionen von Aufklärung, Liberalismus und Marxismus, gegen die Idee der ewigen Wiederkunft, was in seinem Aufsatz zu Löwith deutlich wird.[403]

Auch wenn also alle drei Autoren ihre Umsetzungen und Umbesetzungen verschieden setzen und das Ereignis der Neuzeit oder der Moderne fast nicht unterschiedlicher hätten beschreiben können – Zentrierungen und Parallelisierungen sind wie gesehen deutlich verschieden –, so stimmen doch Schmitt und Blumenberg darin überein, dass beide in der Säkularisierungskategorie eine mehr oder weniger problematische Kontinuität sehen: diese wird mit der funktionalen Deutung historischer ‚Parallelen' begründet. Vereinfacht gesagt sieht Schmitt den Ursprung der Moderne mit Jean Bodins Souveränitätstheorie gegeben, während für Blumenberg die Epoche der Neuzeit mit Nicolaus von Kues (als Vorläufer) und Giordano Bruno (als der Epochenschwelle nachfolgender) umgrenzt ist, die beide an einer Umbesetzung der Transzendenz arbeiteten.[404] Dies verweist auf Blumenbergs Perspektive auf die Feststellbarkeit einer Epochenschwelle:

> „Es gibt keine Zeugen von Epochenumbrüchen. Die Epochenwende ist ein unmerklicher Limes, an kein prägnantes Datum oder Ereignis evident gebunden. Aber in einer

401 Vgl. Hans Maier: *Die Lehre Carl Schmitts. Vier Kapitel zur Unterscheidung Politischer Theologie und Politischer Philosophie*, Stuttgart: Metzler 2009, S. 240–243.

402 Vgl. ebd. Ob diese Bemerkung Schmitts tatsächlich als antisemitische Äußerung zu verstehen ist, ist nicht eindeutig zu eruieren, da Hans Maier Schmitts Zitat unvollständig widergibt. Vgl. Carl Schmitt: *Donoso Cortés in gesamteuropäischer Interpretation. Vier Aufsätze*, Berlin: Duncker & Hublot 2009, S. 99. Vgl. zu Schmitts antijüdischen Äußerungen gegenüber Karl Löwith bei Gross, *Carl Schmitt und die Juden*, S. 230. Zu Schmitts antisemitischem Engagement insbesondere Raphael Gross: *Carl Schmitt und die Juden. Eine deutsche Rechtslehre*, Frankfurt a.M.: Suhrkamp 2005. Dieser zeigt auch auf, wie jede Kritik und Analyse von Schmitts antisemitischen Positionen von Schmitts Schülern lange unterdrückt wurde, etwa exemplarisch an der Kritik an Reinhard Mehrings Biographie in: Günter Maschke: „Carl Schmitt in den Händen der Nicht-Juristen. Zur neueren Literatur", *Der Staat*, 34, 1, 1995, S. 104–129.

403 Vgl. Gross, *Carl Schmitt und die Juden*, S. 230 f. Vgl. auch Maier, *Die Lehre des Carl Schmitts*, S. 241.

404 Vgl. Blumenberg, *Legitimität der Neuzeit*, S. 545.

differentiellen Betrachtung markiert sich eine Schwelle, die als entweder noch nicht erreichte oder schon überschrittene ermittelt werden kann."[405]

Trotz dieser schwellentheoretischen Zurückhaltung hinsichtlich der Bezeugung von Epochenbrüchen ist die jeweilige Konzeption der Schwelle zur ,Neuzeit' (Blumenberg) oder zur ,Moderne' (Schmitt) sehr unterschiedlich und öffnet je unterschiedliche Perspektiven auf die ,authentische' Neuheit, das eigentliche Ereignis von Moderne und Neuzeit: Schmitt konzipiert die *Politische Theologie* als Konsequenz seiner Politik des Ursprungs, die „staatsrechtlich prägnante Begriffe" als „säkularisierte theologische Begriffe" sichtbar macht und bei Jean Bodins Souveränitätskonzeption einen Ursprung der Moderne setzt. Jacob Taubes weist darauf hin, dass diese Schmittsche Konzeption der Geschichte Ernstfall, Entscheidung und Ausnahmezustand als Ereignisse begreift, die in einer als apokalyptisch zu verstehenden Geschichte situiert werden.[406] Damit gemeint ist, dass Schmitts Konzeption des Ausnahmezustands die Idee der blockierten oder aufgehobenen Anwesenheit beinhaltet, womit die katechontische, eben aufhaltende Figur bezeichnet ist, die den Endkampf verzögert und sowohl in Institutionen wie dem Kaisertum als auch in den individuellen Amtsträgern zu sehen ist.[407] In dieser Perspektive ist auch die autoritäre und dezisionistische Staatstheorie zu sehen, die sich ein Freund-Feind-Schema zu eigen macht und gleichzeitig in ihrer geschichtsphilosophischen Form eine apokalyptische Struktur aufweist.

Dabei haben wir es beim Begriff der Politischen Theologie mit einem Begriff zu tun, der wie kaum ein anderer „sich im Laufe einer das gesamte letzte Jahrhundert durchziehenden Diskussion als für kritische Analysen undurchlässig erwiesen hat", wie der italienische Philosoph Roberto Esposito schreibt.[408] Esposito sieht im *Katechon*, im Aufhalter, den Kern dessen, was er die „Maschine der politischen Theologie" nennt: „In den Augen Schmitts steht dabei der Prozess der Selbstzerstörung Europas sowie der gesamten von ihm hervorgebrach-

[405] Ebd.

[406] Vgl. Jacob Taubes: *Ad Carl Schmitt – Gegenstrebige Fügung*, Berlin: Merve 1987, S. 22. Vgl. auch Heller, *Mensch und Maßnahme*, S. 76.

[407] Jacob Taubes beschreibt Schmitt „als eine Inkarnation des Dostojewskischen ,Großinquisitors'", vgl. Taubes, *Ad Carl Schmitt, S. 15.* Taubes weist auch darauf hin, dass Schmitt insbesondere mit dem Hinweis auf Paulus zweiten Thessalonicherbrief die Entscheidung zwischen Ereignis und Ernstfall, zwischen einem einfachen Ereignis und dem Epochenbruch oder der Apokalypse in die Geschichte hinein verlegt hat. Vgl. Taubes, *ebd.*, S. 21 f. Vgl. hierzu auch den Brief von Blumenberg an Schmitt vom 7.8.1975: Blumenberg; Schmitt, *Briefwechsel*, S. 131 f. Vgl. hinsichtlich des Katechon auch Hans Maier, *Lehre des Carl Schmitt*, S. 243–244. Zur Debatte um und zum Werk von Jacob Taubes vgl. insbes.: Richard Faber, Eveline Goodman-Thau, Thomas Macho (Hrsg.): *Abendländische Eschatologie – Ad Jacob Taubes*, Würzburg: Königshausen & Neumann 2001.

[408] Roberto Esposito: *Zwei. Die Maschine der politischen Theologie und der Ort des Denkens*, Zürich: diaphanes 2018, S. 7.

ten Kultur auf dem Spiel. *Katechon* ist dasjenige, was sich einer solchen auflösenden Abdrift zumindest bis zu einem bestimmten Moment entgegenstellt und ihr widerstanden hat."[409] Die Forschung habe sich dabei bis heute nicht aus dem schmittschen Paradigma heraus bewegt, sondern hauptsächlich dessen „analogisches Vorgehen reproduziert"[410]. Dabei bleibt Esposito zufolge ungesehen, dass die Säkularisierung mit Carl Schmitts analogischen wie auch antinomischem Vorgehen „zu einem Schlachtfeld gegensätzlicher Mächte [wird], die einander wechselseitig hervorbringen"[411]. Dieses dialektische Paradigma ist etwa in den Dispositiven der politischen Theologie zu sehen, besonders in den Ideen der Person oder der Schuld.[412] Dieser von Esposito in einer staatsphilosophiegeschichtlichen Analyse deutlich gemachten Kritik möchte auch die vorliegende Analyse nachkommen, indem anstelle der binären Unterscheidung von Religion und Politik die Arbeit an der Religion in den Blick genommen wird, bei der ‚Religion' vis-à-vis von Politik, Recht, Wissenschaft überhaupt erst positioniert wird. Esposito beschreibt die Maschine der politischen Theologie als Zweiheit, die über die Unterordnung eines Teils und die Herrschaft des anderen zur Einheit strebt[413] und nimmt damit ein Motiv auf, das in der vorliegenden Analyse über die Figur des konstitutiven Außen beschrieben wurde.

Die Debatte zwischen Blumenberg und Schmitt entzündete sich nicht zuletzt an der gegensätzlichen Unterscheidung von Apokalyptik und Fortschrittsdenken: Blumenberg beschreibt die Apokalypse als außergeschichtliches Ereignis und problematisiert aus diesem Grunde die Säkularisierungsthese als Kontinuität des Religiösen in Form der theologischen Residuen in ihrer substanzmetaphysischen Version – sie übersähe die funktionale Differenz zwischen Apokalyptik und Fortschrittsdenken – und stellt ihr die *Legitimität der Neuzeit* als eigenständige Setzung entgegen.

Einig werden sich Schmitt und Blumenberg in der Konzeption der Schwellen*setzung* der Moderne oder der Neuzeit als Handlung, womit Periodisierungsfragen mit der rechtlichen Figur des Ausnahmezustands verbunden werden. Aus diesem Grund lohnt es sich, den schon früher verwendeten Begriff des *temporalen Ausnahmezustands* nun genauer zu erläutern.

In der Suspension, dem Aussetzen, wird deutlich, was den rechtlichen Ausnahmezustand und die Epoche verbindet: beide sind durch die Unterbrechung gekennzeichnet. Sowohl der rechtliche Ausnahmezustand als auch die Epochengrenze arbeiten mit einer Unterbrechung der Ordnung, sei sie nun politisch oder in der historischen Zeit liegend. Mit dem Epochenbegriff wird dabei zumeist nicht die Periode zwischen den Grenzen bezeichnet, sondern der epo-

---

409 Ebd., S. 115.
410 Ebd., S. 113.
411 Ebd., S. 60.
412 Vgl. zur Person ebd., S. 7–26, besonders S. 123–198; zur Schuld ebd. S. 295–304.
413 Ebd., S. 15.

chale Wendepunkt, auch wenn dieser – wie im nächsten Kapitel der Achsenzeitthese – selbst auch zu einer neuen Epoche werden kann, in dem das Ereignis ausgedehnt wird. Die gängige Verwendung des Epochenbegriffs als Zeitraum steht also seiner Etymologie als Zäsur und Haltepunkt entgegen.[414] *Epoché* steht in dieser Verwendung also für das einschneidende Ereignis – den Wendepunkt, der eine historische Ausnahmesituation bezeichnet.

Die Gemeinsamkeit von Ausnahmezustand und Epochenschwelle liegt damit in der Verbindung von Anfang und Ausnahme, wie Jonas Heller festhält: „Epochenschwelle wie Ausnahmezustand sind jeweils durch einen Nexus von Anfang und Ausnahme charakterisiert. Bei der Epochenschwelle wird dieser Nexus zu einem Anfang, beim Ausnahmezustand zur bloßen Unterbrechung."[415] Als wichtige Gemeinsamkeit von Ausnahmezustand und Schwellenerzählung steht jedoch die ordnungsbegründende Orientierungsleistung des suspendierenden Ereignisses im Vordergrund. Ordnung kann einfacher über Diskontinuitäten, über Brüche als über Kontinuitäten hergestellt werden. Dies wird von Carl Schmitt hinsichtlich des Ausnahmezustands expliziert: „Das Normale beweist nichts, die Ausnahme beweist alles; sie bestätigt nicht nur die Regel, die Regel lebt überhaupt nur von der Ausnahme."[416] Diese auf den rechtlichen Ausnahmezustand bezogene These kann auf Schwellenerzählungen im Allgemeinen gewendet werden: Schwellenerzählungen setzen eine Suspension, ein Aufheben der bisherigen Ordnung. Wie oben erwähnt, steht dahinter die Setzung eines Ursprungs. Die Schwellenerzählung als temporalen Ausnahmezustand zu bestimmen, weist somit auf den Umstand hin, dass mit der Setzung einer Schwelle als Ausnahme eine neue Politik des Ursprungs instituiert wird. Somit gälte in der Abwandlung des bekannten Diktums von Carl Schmitt: Souverän ist, wer über den temporalen Ausnahmezustand entscheidet. Oder auf die Schwellenerzählung gewendet: Souverän ist, wer über die Schwelle entscheidet.[417] Hinter jeder Schwellensetzung steht dabei der dezisionistische Periodisierungswille, der einer bestimmten Politik des Ursprungs zuarbeitet. Im Hinblick auf die religionsgeschichtlichen Schwellen gestaltet diese Politik des Ursprungs jeweils Zusammengehörendes und Geschiedenes. Damit re-arrangiert die, in den Worten Espositos, „politisch-theologische Maschine" ihre Dispositive des Politischen und des Theologisch-Religiösen und setzt gleichzeitig Prioritäten, sei es auf Seiten des Politischen (und ‚Säkularen') oder auf Seiten der Religion (etwa als Sinnressource, wie sogleich gezeigt wird).

414 Vgl. Peter Seele: *Philosophie der Epochenschwelle. Augustin zwischen Antike und Mittelalter*, Berlin/New York: Walter de Gruyter 2008, S. 37.

415 Heller, *Mensch und Maßnahme*. Hier zitiert nach der unveröffentlichten Dissertation, S. 83.

416 Schmitt, *Politische Theologie*, S. 21.

417 Carl Schmitts Diktum lautete in seiner Originalversion: „Souverän ist, wer über den Ausnahmezustand entscheidet." Ebd., S. 13.

3.3 Vom Ende der Säkularisierung in ‚Rückkehr', ‚Wiederkehr' *und Postsäkularität*

Wenn wir uns im Folgenden – nach der Beschreibung der Säkularisierung als einer vielfältigen Selbstthematisierung – dem Ende der Säkularisierung in Metaphern wie der ‚Rückkehr', der ‚Wiederkehr' der Religion oder der ‚postsäkularen Gesellschaft' zuwenden, so bleibt das Moment der Selbstthematisierung in ‚großen Erzählungen' der Religionsgeschichte erhalten, auch wenn sie sich gegen ihre vorherige Version wenden.

Die Arbeit an der Religion geht somit auch in der Variante der ‚postsäkularen' Gesellschaft oder der ‚Rückkehr' weiter. Während die ereignismystische Seite in der ‚Rückkehr'- oder ‚Wiederkehr'-Diagnose feuilletonistisch und zeitdiagnostisch genutzt wurde, finden sich in Religionswissenschaft und -soziologie nur wenig Anhänger dieser These – wie nachfolgend gezeigt wird, scheinen hier die Ereignisskeptiker deutlich zu dominieren, zumindest was die ‚großen Erzählungen' der ‚Postsäkularität', der ‚Wiederkehr' und der Rückkehr der Religion betrifft.

Vorauszuschicken ist, dass die These der Rückkehr der Religion fast so alt ist wie ihr behauptetes Ende, die ‚Säkularisierung' – darauf weist etwa Wolfgang Eßbach in seiner Religionssoziologie hin.[418] Die Wiederentdeckung der Religion wird schon beim frühen Friedrich Schlegel angesprochen, der ehemals als Atheist um 1800 schon fast erstaunt zur Kenntnis nimmt: „Sogar von Religion ist schon die Rede."[419] Mit einem Vergleich der religionsbezogenen Publikationen der Verlagsprogramme des Eugen Diederichs Verlags um 1900 und dem Verlag der Weltreligionen (Suhrkamp) seit 2007 zeigt Eßbach, dass – obwohl den „Bedarf an flinker Deutung des Religiösen heute [...] auch Intellektuelle erkannt [haben]" – dies „hundert Jahre alte Reflexe" sind.[420] Nebst wissenschaftsjournalistischen Fassungen finden sich auch literarische Bearbeitungen des ‚Wiederkehr'-Themas schon Ende des 19. Jahrhunderts, etwa bei August Strindberg im 1896–97 geschriebenen Roman *Inferno*:

> „Die Religion wird also wiederkehren, aber unter neuen Gesichtspunkten, denn ein Kompromiss mit den alten Religionen scheint unmöglich. Nicht eine Epoche der Re-

---

418 Eßbach, *Religionssoziologie 1*, S. 21.

419 Hans Blumenberg: *Die Lesbarkeit der Welt*, Frankfurt a.M.: Suhrkamp 2014, S. 268. Schlegel wird in dieser Interpretation Blumenbergs zum Religionsstifter, zum „Stifter einer Buchreligion".

420 Vgl. Wolfgang Eßbach: „Europas Religionen, das Erbe der Religionskritik und die kulturelle Globalisierung" in: Boike Rehbein und Klaus-W. West (Hrsg.): *Globale Rekonfigurationen von Arbeit und Kommunikation. Festschrift zum 60. Geburtstag von Hermann Schwengel*, Konstanz: UVK 2009, S. 163–176, S. 163 f.

aktion erwartet uns, auch nicht eine Rückkehr zu abgelebten Idealen, vielmehr ein Fortschritt zum Neuen.“[421]

Strindberg schreibt gegen die konservative Reaktion und positioniert sich damit im skandinavischen Kulturkampf zwischen von Nietzsche beeinflussten Religionskritikern wie Georg Brandes und seinen Mitstreitern des ‚Modernen Durchbruchs'.[422] Es lässt sich demnach seit über zweihundert Jahren nicht mehr vom ‚Ende' der Religion sprechen, ohne ihre ‚Rückkehr' sogleich mitzudenken, was schon an der Frage nach der ‚Religion der Zukunft' bei den französischen Positivisten um Auguste Comte und Henri de Saint-Simon absehbar ist.

Ungeachtet der frühen Vorgänger des Wiederkehr-Narratives zeigt seine Konjunktur nach einer Baisse in der Mitte des 20. Jahrhunderts – der Hochzeit des Säkularisierungs- und des Entzauberungs- oder Entmythologisierungsthemas – heute wieder nach oben. So formulierten verschiedene Philosoph*innen, Politikwissenschaftler*innen und Soziologen*innen Gesellschaftsdiagnosen, die sich im Kontext der Postsäkularität ansiedeln lassen.

Jürgen Habermas etwa formuliert am 14. Oktober 2001 in der Friedenspreisrede des deutschen Buchhandels folgende Diagnose: „[A]m 11. September ist die Spannung zwischen säkularer Gesellschaft und Religion auf eine ganz andere Weise explodiert.“[423] Das Ereignis des ‚11. Septembers' wird bei Habermas als Explosion der bisherigen gesellschaftlichen Austarierung von Religion und säkularer Gesellschaft beschrieben, wobei die starke Ereignismystik vermutlich auch von der Unmittelbarkeit des Ereignisses beeinflusst war.

Diese Veränderung – die Schwelle ‚9/11' – betrifft also eine zentrale Ordnungsweise heutiger westeuropäischer Gesellschaften: die säkulare Gesellschaft, als die sich Gesellschaftstheorie und Soziologie über Jahrzehnte beschrieben haben. Ähnlich wie Habermas, doch deutlich weniger ereignismystisch, argumentiert etwa auch der Theologe Hans-Jürgen Höhn. Beide werden später genauer analysiert. Zum Signum dieses politischen Paradigmas der ‚Rückkehr der Religion' wird dabei nicht nur ‚9/11' gemacht, auch wenn dieses Ereignis zur Epochenschwelle stilisiert wird.

Die säkulare Gesellschaft steht also auf dem Prüfstand – dies zumindest legen Diagnosen wie die von Jürgen Habermas oder Hans-Jürgen Höhn nahe. Ein Prüfstand zudem, der durch ein Ereignis markiert werden konnte und somit die Politik des Ereignisses in den Vordergrund rückt. Die Schwelle ‚9/11' hat, so

---

421 August Strindberg: *Inferno*, zitiert nach Kindle-Ausgabe, 2011, S. 188. Diesen Hinweis verdanke ich Dirk Johannsen.

422 Vgl. Dirk Johannsen: „Erschriebene Religion. Die Vielfalt der Stimmen in den Religionserzählungen des modernen Durchbruchs“ in: Afe Adogame, Magnus Echtler, Oliver Freiberger (Hrsg.): *Alternative Voices. A Plurality Approach for Religious Studies*, Göttingen: Vandenhoeck & Ruprecht 2013, S. 36–55.

423 Habermas, *Glauben und Wissen*, S. 9.

zumindest Habermas, als Ereignis die Grundlagen der ‚säkularen Gesellschaft' tangiert und deren Ordnung irritiert.

Im Religionsdiskurs des 20. Jahrhunderts kommt das ‚Ende' als geschichtliche Orientierungsmetapher somit in zumindest zweifacher Version vor: einerseits als vieldiskutiertes Ende der Religion im Gewand der Säkularisierungsthese, andererseits – gegen Ende des Jahrhunderts – als Ende vom Ende der Religion, als Wiederkehr oder Rückkehr. Beide Paradigmen begnügen sich in ihrem Gehalt nicht damit, Religionsgeschichte zu beschreiben oder den Ort der Religion in (post-)modernen Gesellschaften zu thematisieren, sondern konstituieren und konstruieren diese gerade im Prozess der Religionsgeschichtsschreibung und der Diagnose der religiösen Zeitgeschichte. Damit zeigen sie sich als geschichtskonstitutive Mythen, welche die Grundlagen der säkularen Gesellschaft begründen und diese teilweise auch explizit thematisieren, wobei hier der theoretisch-rekonstruktive Mythosbegriff gemeint ist, der oben eingeführt wurde (vgl. 1.3. und 2.2.). Die Frage nach dem Ort der Religion betrifft also, wie bereits unter 2.2.2 gezeigt wurde, nichts Geringeres als das Selbstverständnis demokratisch-liberaler Rechtsordnungen, insofern sie sich als ‚säkulare' Ordnungen von ‚Religion' distanzieren.

3.3.1. *Das Ende der Säkularisierung in* Rückkehr *und* Wiederkehr *der Religion*

Die Rede von der Rückkehr oder Wiederkehr der Religion findet besonders bei religiösen Akteuren eine große Resonanz. Dies liegt offensichtlich in der erhöhten Legitimation, das Thema ‚Religion' öffentlich zu thematisieren. Dennoch taucht das Narrativ nicht nur bei selbstverstanden religiösen Akteuren, sondern auch in der soziologischen, religionswissenschaftlichen, theologischen und literarischen Bearbeitung auf, wie im Folgenden zu zeigen ist.

In Religionswissenschaft und -soziologie wurde die ‚Rückkehr'-Metapher eher skeptisch aufgenommen. Häufig wird auf die „Diskrepanz zwischen der zurückgehenden Bedeutung der Religion für die Menschen einerseits und der starken Präsenz der Religionsthematik in der Öffentlichkeit andererseits" hingewiesen.[424] Anna-Maria Schielicke ist dieser Frage im Hinblick auf die *Süddeutsche Zeitung* und die *Frankfurter Allgemeine Zeitung* von 1993 bis 2009 nachgegangen und kommt dabei zum Schluss, dass es im untersuchten Zeitraum „einen relativ kontinuierlichen Anstieg" der religionsbezogenen Beiträge

[424] Vgl. Christoph Bochinger: „Religionen, Staat und Gesellschaft. Weiterführende Überlegungen" in ders. (Hrsg.): *Religionen, Staat und Gesellschaft. Die Schweiz zwischen Säkularisierung und religiöser Vielfalt*, Zürich: Verlag Neue Zürcher Zeitung 2013 (S. 209–242), S. 229.

gibt.[425] Dies beschränkt sich jedoch auf die mediale Präsenz der Religionsthematik, in deren Kontext sogar von einem „neuen Hype um Religion“ gesprochen wird, der sich, so Anna Daniel, im Zuge einer globaleren Religionsbeobachtung einstellte.[426]

Gleichwohl gibt es auch in der Religionssoziologie ausformulierte ‚Rückkehr‘-Diagnosen, so etwa bei Martin Riesebrodt, der in *Die Rückkehr der Religionen* eine entsprechende Diagnose aufstellt, die zwar durchaus nicht auf Ereignismystik zu beschränken ist, aber doch eine gewisse Schwelleneuphorie beinhaltet:

> „Die dramatische weltweite Rückkehr der Religion und ihrer Bedeutung als öffentliche Macht hat die meisten von uns überrascht, ob wir nun Sozialwissenschaftler sind oder nicht. Wir glaubten alle mehr oder weniger zu wissen, dass ein solches Wiedererstarken von Religion nicht möglich sei. Denn der westliche Modernisierungsmythos hatte uns gelehrt, einen fortschreitenden Trend in Richtung einer Säkularisierung und Privatisierung von Religion zu erwarten.“[427]

Riesebrodt geht also von einer Rückkehr der Religion aus, die aber dem westlichen Wissenschafts- und Modernitätsverständnis entgegenlaufe. Gleichzeitig ist seine Argumentation durch die Wiedereingliederung von ‚Modernisierung’ in die Sphäre des Mythos gekennzeichnet, was an Riesebrodts Begriff des „Modernisierungsmythos“ sichtbar wird. Welcher Art der hier verwendete Mythosbegriff ist, ist nicht deutlich. Offenkundig wird dennoch, dass das Diskursfeld ‚Religion’ neu strukturiert wird: während ‚Religionen‘ zurückkehren, wird gleichzeitig Modernisierung als Mythos sichtbar gemacht – ungeachtet dessen, ob Riesebrodt hier Mythenkritik betreibt oder aber Modernisierung als geschichtskonstitutive Erzählung beschreiben möchte.

Die „Arbeit am Mythos“ geht also auch in der Religionssoziologie weiter, da offenkundig die Kritik den Mythos noch nicht erledigt hat und dieser stattdessen im „Modernisierungs*mythos*“ wiederauftaucht. Weitere Revidierungen und Kritiken am Säkularisierungstheorem finden sich in der deutschen Religionsso-

---

425 Anna-Maria Schielicke: *Rückkehr der Religion in den öffentlichen Raum? Kirche und Religion in der deutschen Tagespresse von 1993 bis 2009*, Wiesbaden: Springer 2014, S. 124. Die dabei verwendeten Kriterien, mit denen religionsbezogene Artikel in der Tagespresse identifiziert werden, sind allerdings stark auf die Erfassung christlicher Kirchen beschränkt und haben somit wenig Aussagekraft, was den hier breiter konzipierten Religionsdiskurs angeht.

426 Anna Daniel: *Die Grenzen des Religionsbegriffs. Eine postkoloniale Konfrontation des religionssoziologischen Diskurses*, Bielefeld: transcript 2016, vgl. besonders S. 101–112.

427 Martin Riesebrodt: *Die Rückkehr der Religionen. Fundamentalismus und der ‚Kampf der Kulturen‘*, München: C.H. Beck 2000, S. 9.

ziologie u.a. bei Detlef Pollack[428], Hubert Knoblauch[429], Gert Pickel[430] oder Volkhard Krech[431]. Dabei steht in einigen der genannten Titel ein Prozess der Individualisierung im Vordergrund, was eine Ergänzung der zuvor eher auf institutionalisierte Religionsformen fokussierten Religionssoziologie mit sich brachte. Häufig sind diese verschiedenen Nuancierungen oder Revidierungen in all ihrer Variation dennoch durch eine „säkulare Matrix geprägt [...], denn offenbar hält man z.B. die institutionalisierte Religion nach wie vor für ein Relikt aus alten Zeiten, das in der modernen Gesellschaft an Bedeutung verliert", wie Daniel festhält.[432]

Hier hat etwa Ulrich Beck mit der These vom „eigenen Gott" neue Interpretationen der Säkularisierung angeboten, welche die „Rückkehr des Religiösen" als Rückkehr des Polytheismus in der Form des ‚eigenen Gottes' versteht.[433] Insbesondere alternativ-spirituelle Bewegungen „wie etwa Ayurveda, Homöopathie, Yoga und Esoterik [verwenden] den Begriff der Spiritualität zunehmend als Selbstbezeichnung".[434] Deshalb wird auch vom ‚fluiden' Charakter des Religiösen gesprochen.[435]

Auch Volkhard Krech hat im Hinblick auf die Rezeption asiatischer Religionsformen auf die zunehmende Bedeutung des Selbst hingewiesen. Die Individualisierungstendenz sei dadurch charakterisiert, „dass der einzelne mehr und mehr zur Sache der Religion, das Selbst zentraler Gegenstand religiöser Sinnbildung wird"[436]. Krech differenziert mit Georg Simmel zwischen religiöser und

---

428 Detlef Pollack: *Säkularisierung – ein moderner Mythos. Studien zum religiösen Wandel in Deutschland*, Tübingen: Mohr Siebeck 2012. Vgl. auch ders.: *Rückkehr des Religiösen?*, Tübingen: Mohr Siebeck 2007.

429 Hubert Knoblauch: *Populäre Religion – auf dem Weg in eine spirituelle Gesellschaft*, Frankfurt a.M.: Campus 2009.

430 Gert Pickel: „Die Situation in Deutschland – Rückkehr des Religiösen oder voranschreitende Säkularisierung" in: Liedhegener, Werkner, *Europäische Religionspolitik*, S. 53–82.

431 Volkhard Krech: *Wo bleibt die Religion? Zur Ambivalenz des Religiösen in der Moderne*, Bielefeld: transcript 2011.

432 Daniel, *Grenzen des Religionsbegriffs*, S. 260. Hartmann Tyrell hat auf diese Tendenz 1994 verwiesen: „Religionssoziologie", *Geschichte und Gesellschaft – Zeitschrift für historische Sozialwissenschaft* 22, Vandenhoeck & Ruprecht 1996, S. 428–457, S. 455.

433 Ulrich Beck: *Der eigene Gott. Von der Friedensfähigkeit und dem Gewaltpotenzial der Religionen*, Frankfurt a.M./Leipzig: Verlag der Weltreligionen 2008. Einflussreich für diese Erweiterung der Religionslandschaft war u.a. auch die britische Soziologin Grace Davie mit dem Schlagwort „believing without belonging".

434 Daniel, *Grenzen des Religionsbegriffs*, S. 107.

435 Vgl. insbesondere Hubert Knoblauch: „Die Soziologie der religiösen Erfahrung", in: Friedo Ricken, Gerd Haeffner (Hrsg.): *Religiöse Erfahrung. Ein interdisziplinärer Klärungsversuch*, Stuttgart: S. 69–90. sowie ders.: „Soziologie der Spiritualität", in: Karl Baier (Hrsg.): *Handbuch Spiritualität. Zugänge, Traditionen, interreligiöse Prozesse*, Darmstadt: Wissenschaftliche Buchgesellschaft 2004, S. 91–111. Vgl. auch Dorothea Lüddeckens, Rafael Walthers (Hrsg.): *Fluide Religion – neue religiöse Bewegungen im Wandel; theoretische und empirische Systematisierungen*, Bielefeld: transcript 2010.

436 Krech, *Wo bleibt die Religion?*, S. 164.

religioider Kommunikation und führt mit einer Systematisierung des Sakralisierungsbegriffs eine religionstheoretische Differenzierung ein, welche die zunehmende Kritik am Säkularisierungsnarrativ aufnimmt. Der hier verwendete religionstheoretische Zugang liegt nicht weit davon entfernt, setzt aber stattdessen auf den Begriff der *Religionisierung* als diskursive Arbeit an der Religion, in deren Zuge ‚Religion' je neu in der Ordnung der Gesellschaft positioniert wird.

In Frankreich hat Gilles Kepel als einer der ersten das Rückkehr-Motiv in seinem 1991 erschienenen *Die Rache Gottes* aufgenommen und damit der Religionsthematik neuen Aufwind verschafft.[437] Kepel beobachtet zwischen 1975 und 1990 eine „tiefgreifende Veränderung der religiösen Erneuerungsbewegungen"[438]. Er sieht dabei zwei Strategien, welche die religiösen Bewegungen verfolgen: einerseits „bemühen sie sich darum, durch die Wiederbelebung eines religiösen Vokabulars und religiöser Kategorien auf die zeitgenössische Wirklichkeit das Chaos und die Anarchie zu benennen, durch die sich die moderne Welt in den Augen ihrer Anhänger auszeichnet"[439]. Religiöses Vokabular wird dabei – wir erinnern uns an Foucaults Iran-Episode (vgl. 1.3.2.2) – als Therapie des diagnostizierten ‚Chaos' verstanden. Andererseits verfolgten sie auch, so Kepel, die Strategie der Umwandlung der jeweiligen Gesellschaften entsprechend ihren jeweils propagierten Dogmen und Werten. Mehr noch als Kepels Diagnose schwingt seit Mitte der 1990er Jahre die These vom Kampf der Kulturen mit, die von Samuel Huntington erstmals 1993 publiziert wurde.[440] Auch diese arbeitete mit der These einer politisierten Rückkehr der Religionen oder Kulturen, die zum Kampf der Kulturen führen könne.[441]

Auch in den Vereinigten Staaten wurde das Säkularisierungsnarrativ seit den 1980er Jahren von Religionssoziolog*innen zunehmend revidiert oder sogar zurückgewiesen. Aufsehenerregend war etwa die Publikation *The Desecularization of the World* (1999) von Peter L. Berger nicht in erster Linie wegen der dort vertretenen Thesen, sondern v.a. deshalb, weil hier einer der prominenten Vertreter der Säkularisierungsthese in den 1960er Jahren plötzlich die gegenteilige These vertritt: die der ‚Desäkularisierung' der Welt.[442]

Ähnliches wird in Talal Asads Kritik an José Casanovas Säkularisierungstheorie sichtbar. Casanova unterzog die Säkularisierungstheorie einer entschiedenen

437 Vgl. Gilles Kepel: *Die Rache Gottes. Radikale Moslems, Christen und Juden auf dem Vormarsch*, München: Piper 1991.

438 Ebd., S. 271.

439 Ebd., S. 271.

440 Samuel P. Huntington: „The Clash of Civilizations", *Foreign Affairs*, Sommer 1993, S. 22–49. Vgl. auch: Samuel P. Huntington: *Der Kampf der Kulturen. Die Neugestaltung der Weltpolitik im 21. Jahrhundert*, München: Goldmann 1998.

441 Huntingtons These wird zu einer negativen Folie, auf die sich viele der erwähnten Autor*innen in zumeist kritischer Weise beziehen.

442 Peter L. Berger: *The Desecularization of the World. Resurgent Religion and World Politics*, Washington D.C.: Ethics and Public Policy Center 1999.

Kritik und kritisierte insbesondere die Behauptung einer De-Religionisierung. Gleichzeitig behielt er die These einer zunehmenden Ausdifferenzierung der Lebensbereiche bei – er führte also die *Arbeit an der Säkularisierung* weiter. Diese Kritik wurde von Asad auf die Formel gebracht, dass Religion gerade nicht indifferent in Bezug auf Politik, Wirtschaft oder Wissenschaft sei und man stattdessen von „modernen ‚Hybriden'" sprechen müsse.[443]

Asads Kritik an der revidierten Säkularisierungstheorie von Casanova lässt sich folglich als *Amalgamierungs*strategie beschreiben: mit dem Argument der Diskursmacht von ‚Religion' (welche von kaum einem Diskursteilnehmer bestritten wird) wird die *Separierungsstrategie* der Säkularisierungstheorie kritisiert und mit dem Hinweis auf Foucaults Konzeption der *Gouvernementalität* als Form des Regierens ausgewiesen. Ariane Sadjed führt diesen Gedanken aus:

> „Das Säkulare manifestiert sich in konkreten Formen des Regierens und in der Art, wie Religion auf die private Sphäre beschränkt wurde. Gleichzeitig wurde das Private zu einer Sphäre, deren Unantastbarkeit als vom Staat geschützt galt. Dieser Schutz beruhte auf der Bedingung, dass in ihrem komplementären Gegenstück – der öffentlichen Sphäre – Loyalität dem Staat gegenüber im Sinn nationaler Einheit gewahrt wird."[444]

Der damit vorgeschlagene Blick auf den Religionsdiskurs konzentriert sich auf die Kategorisierung von ‚Religion' und seinem Gegenstück, dem ‚Säkularen', als „Formen des Regierens" und schlägt damit keine Revision des Säkularisierungstheorems vor, sondern setzt dieses stattdessen auf eine alternative Deutungsebene – diejenige des Regierens der Religionslandschaft, der politisch-rechtlichen Arbeit an der Religion.

In der neueren Religionsforschung wurde das Säkularisierungstheorem hingegen besonders durch Kopplungen an Individualisierungsprozesse nicht nur abgelehnt, sondern ebenso auch erneuert, revidiert und ergänzt oder in den Bereich des Glaubens selbst zurückverschoben. Gerade letzteres wurde insbesondere aus theologischer Perspektive angemahnt. Eine der bekannteren Stimmen und gleichzeitig eine, welche die These der ‚Wiederkehr der Götter' teilweise bejaht, ist der protestantische Theologe Wilhelm Friedrich Graf. Graf bespricht dabei auch die Rolle der Religionswissenschaft (vgl. 2.2.1) und kritisiert einen, wie er schreibt, „ästhetisch inszenierten Gestus, [der im Begriff sei,] gar nichts mehr zu den normativen Konflikten im Spannungsfeld von Religion und Recht sagen zu können", wobei sie einer „dauerhaft gefährlichen Totalisierung des Religiösen Vorschub" leisten würden.[445] Dem muss hier aus der Perspektive

---

443 Vgl. Talal Asad: *Formations of the Secular. Christianity, Islam, Modernity*, Stanford: SUP 2003, S. 182.

444 Ariane Sadjed: „Fallstricke der Säkularisierung", *Religion und Moderne, Politik und Zeitgeschehen*, 14, 2013, S. 17–20.; vgl. auch Daniel, *Grenzen des Religionsbegriffs*, S. 259.

445 Friedrich Wilhelm Graf: *Die Wiederkehr der Götter. Religion in der modernen Kultur*. München: C.H. Beck 2004, S. 247.

der angesprochenen Religionswissenschaft mit dem Hinweis widersprochen werden, dass weder Totalisierung noch Beschränkung Anliegen der Religionswissenschaft sein können. Die religionswissenschaftliche Position, für die hier argumentiert wird, versucht demgegenüber, die verschiedenen Separierungen und Amalgamierungen von Religion und ihren verschiedenen Gegenübern und konstitutiven Außen zu beschreiben – und damit das *boundary work* der Wissenschaft zu beobachten.[446] Gemeint ist damit, dass etwa die „Verrechtlichung des Religiösen" Arbeit an der Religion sein kann, in der sowohl religiöse, politische oder wissenschaftliche Anliegen vertreten werden.[447]

Zusammenfassend kann über das Rückkehr-Motiv beobachtend gesagt werden, dass in der akademischen Religionsforschung, sei es in Religionssoziologie, Theologie oder Religionswissenschaft, eine Tendenz zur Ereignisskepsis sichtbar ist, wenn die ‚Rückkehr' an einem einzelnen Ereignis festgemacht werden soll. Skeptisch bleibt die Tendenz insbesondere dann, wenn es darum geht, die Religionslandschaft generell unter dieser Diagnose zu beschreiben. Ereignismystische Interpretationen der ‚Rückkehr der Religion' finden sich dagegen etwa in feuilletonistischen Beiträgen (häufig gerade im Anschluss an mit Religion verknüpfte politische Ereignisse), aber auch in literarischen Bearbeitungen.[448] Während die ‚Rückkehr der Religion' etwa in Michel Houellebecqs Roman *Soumission* (2015)[449] in der Form der Rückkehr des Islams[450] erzählt wird, äußert er sich öffentlich noch deutlicher:

> „Wir wohnen einer Rückkehr des Religiösen bei. Ein Paradigmenwechsel, ein Prozess der Respiritualisierung ist im Gang. Das Glaubens- und Wertesystem verändert sich. Eine Glaubensströmung, die mit der Reformation begann und mit der Aufklärung ihren Höhepunkt erreichte, ist dabei zu erlöschen."[451]

Houellebecq postuliert die Rückkehr des Religiösen aber nicht nur als Zeitbeobachter, sondern erzählt davon im erwähnten Roman in der Form einer Schwellenerzählung.[452] Wieso aber wird hier in der Analyse des zeitgenössischen Religionsdiskurses auf Literatur zurückgegriffen (und später etwa auch

---

446 Gieryn: „Boundary-Work and the Demarcation of Science from Non-Science, 1983.

447 Vgl. Atwood; Kühler, „Ambivalenzen".

448 Spiegel: *Weltmacht Religion. Wie der Glaube Politik und Gesellschaft* beeinflusst. http://www.spiegel.de/spiegel/spiegelspecial/d-49626782.html (zuletzt abgerufen am 16.8.2019).

449 Wie der Titel des Romans suggeriert, versteht Houellebecq unter Religion ein Entmündigungssystem. Gleichzeitig führt er einen funktionalen Religionsbegriff ein und teilt mit Auguste Comte die Auffassung, dass Gesellschaften ohne Religion nicht möglich seien. Vgl. „Ich weiß nichts". Interview im Spiegel 10/2015, S. 126–135.

450 Barbara Vinken weist darauf hin, dass Houellebecq in der Traditionslinie von Balzac, Flaubert und Zola vielmehr den „inneren Orient" thematisiert als die ‚Rückkehr der Religion' unter dem Eindruck des Islams. Vgl. Barbara Vinken: „Das Vierte Reich. Houellebecq und Europas innerer Orient", *Zeitschrift für Ideengeschichte*, X/3, 2016 S. 53–68.

451 Michel Houellebecq, ebd., *Spiegel*, S. 130.

452 Vinken interpretiert Houellebecqs „Romansatire" nicht nur als Analogie auf den ‚inneren Orient' Europas, sondern auch als Farce eines Konversionsberichts.

auf weitere filmische und literarische Aussagen)? Wie in der Thematisierung der Epochenwende in der Geschichtswissenschaft (vgl. 1.3.2.1.) erwähnt, wird nicht etwa unter dem Eindruck einer simplifizierten Postmoderne die Unterscheidbarkeit von verschiedenen epistemischen Genres in Frage gestellt, sondern auf den eigenen „Erkenntnischarakter" der Literatur hingewiesen, wie Paul de Man festhält.[453]

Ob die Metapher von der ‚Rückkehr' nun wissenschaftlich, literarisch oder philosophisch bearbeitet wird, ihr Einfluss auf die Selbstbeschreibung der Gesellschaften ist nicht zu überschätzen. Ulrich Beck wird geradezu ereignismystisch, was das Ende der Säkularisierungsthese und deren Einfluss angeht: „Der Zusammenbruch der Säkularisierungstheorie ist daher weit bedeutsamer als beispielsweise der Zerfall der Sowjetunion und des Ostblocks."[454] Mit der Evokation einer Konkurrenzsituation zwischen Theoriegeschichte und einem Geschichtsereignis wird erneut deutlich, wie religionsdiagnostizierende Schwellenerzählungen maßgeblich zur Ordnung der Gesellschaft beitragen und dabei den Ort der Religion versuchen festzulegen. Mit dieser Perspektive wenden wir nun den Blick auf die Diagnose der ‚postsäkularen' Gesellschaft.

3.3.2. Das Ende der Säkularisierung in der Postsäkularität

Was die säkulare Gesellschaft ist und wie sie mit Religion(en) umgeht, dies würde mit dem ‚11. September' neu hinterfragt, wie von verschiedener ereignismystischer Seite her versichert und im Hinblick auf ‚Rückkehr' oder ‚Wiederkehr' beschrieben wurde (vgl. zur Metapher ‚9/11' auch oben 1.3.).

Während religionskritische Stimmen die Politisierung der Religion beklagen und dieser mit Skepsis entgegentreten oder die Prognostik eines Samuel P. Huntington bearbeiten, möchten andere Stimmen die Religion(en) als „knappe Sinn-Ressource" mitberücksichtigen. Zu letzteren gehörte prominent etwa der deutsche Verfassungsrichter Ernst-Wolfgang Böckenförde, dessen These besagte, dass der freiheitliche und säkulare Rechtsstaat von Grundlagen lebe, die er nicht selbst garantieren könne.[455] Jürgen Habermas nimmt in seinen jüngeren Schriften ähnliche Argumentationen auf, um die Religion als Sinn-Ressource im demokratischen Prozess zu berücksichtigen.

Habermas, der die Säkularisierungstheorie im deutschsprachigen Raum lange mitprägte, war gleichwohl einer derjenigen, welche im Nachgang des 11. Septembers 2001 die Gesellschaftsdiagnose der ‚postsäkularen Gesellschaft'

---

[453] Vgl. Paul de Man: *Allegorien des Lesens*, Frankfurt a.M.: Suhrkamp 1988, insbes. S. 91–117.

[454] Beck, *Der eigene Gott*, S. 37.

[455] Im Wortlaut formulierte Böckenförde: „Der freiheitliche, säkularisierte Staat lebt von Voraussetzungen, die er selbst nicht garantieren kann." Ernst-Wolfgang Böckenförde, *Recht, Staat, Freiheit*, S. 112.

vorstellten. Auch er wendet sich in seiner Diagnose – ähnlich wie Martin Riesebrodt – gegen Huntingtons These vom Kampf der Kulturen.[456] Dabei unternimmt Habermas den Versuch, die Relationierung von Säkularität und Postsäkularität als Arbeit an der Religion zu beschreiben:

> „Die postsäkulare Gesellschaft setzt die Arbeit, die die Religion am Mythos vollbracht hat, an der Religion selbst fort. Nun freilich nicht mehr in der hybriden Absicht einer feindlichen Übernahme, sondern aus dem Interesse, im eigenen Haus der schleichenden Entropie der knappen Ressource Sinn entgegenzuwirken."[457]

Auf die „knappe Ressource Sinn" müsse also Bezug nehmen, wer heute einen Konflikt vermeiden wolle: „Wer einen Krieg der Kulturen vermeiden will, muss sich die unabgeschlossene Dialektik des eigenen, abendländischen Säkularisierungsprozesses in Erinnerung rufen."[458] Auch Jürgen Habermas nimmt also ähnlich wie Böckenförde das Argument der Religion(en) als knappe Sinn-Ressource auf, die von der säkularen Gesellschaft nicht selbst getragen oder eingebracht werden könne – hier liege die Dialektik der Säkularisierung.[459]

Dabei prägte Habermas mit seiner Rede zum Friedenspreis des Deutschen Buchhandels 2001 einen Begriff, dessen gesellschaftsdiagnostische Leistung seither diskutiert wird. Wenn Habermas vor dem Hintergrund der zusammengebrochenen Türme von der ‚Postsäkularität' spricht, so hat dies nicht nur ereignismystische Konnotationen, auch wenn diese vorhanden sind. Gleichwohl stellt Habermas Diagnose der postsäkularen Gesellschaft weder das ‚Ende' der Religion ins Zentrum, noch geht sie näher auf das ‚religiöse Leben' ein. Ihre Flughöhe ist diejenige einer philosophischen Auseinandersetzung mit der „unabgeschlossenen Dialektik" des Säkularisierungsprozesses, die sich am „alten Thema" zwischen Glauben und Wissen darstellen lasse.[460] Dabei spricht Habermas von einer notwendigen Übersetzungsleistung zwischen religiösen und säkularen Diskursteilnehmern, die im Sinne eines kooperativen Aushandlungsprozesses möglich ist. Das Interesse der „säkularen Sprachen", den ‚religiösen' Minderheiten einen Einspruch im öffentlichen Diskurs zu ermöglichen, besteht Habermas zufolge darin zu prüfen, „was sie daraus lernen können"[461]. Auch hier wird nicht amalgamiert, sondern in der separatistischen Tradition der Säkularisierung ein Gewinn in der gegenseitigen (aber weiterhin in getrennten Sinn-Sphären stattfindenden) Irritation gesehen. Habermas stimmt dabei in die Erzählung der Säkularisierung als Verlustgeschichte ein: Säkulare Sprachen hinterließen Irritationen, denn indem sich „Sünde in Schuld, das Ver-

---

456 Vgl. Habermas, *Glauben und Wissen*, S. 11.
457 Ebd., S. 29.
458 Ebd., S. 11.
459 Vgl. ebd.
460 Vgl. ebd., S. 12.
461 Ebd., S. 24.

gehen gegen göttliche Gebote in den Verstoß gegen menschliche Gesetze verwandelte, ging etwas verloren"[462].

Einerseits wurde Habermas Diagnose der ‚postsäkularen' Gesellschaft hinsichtlich seiner Ereignismystik diskutiert und kritisiert, andererseits erzeugte seine Diagnose der ‚postsäkularen' Gesellschaft sowie seine These zur ‚Übersetzung' zwischen der säkularen und der religiösen Sprache große Resonanz und Kritik.[463] Dass die ereignismystische Stimmung sein religionsbezogenes Schreiben nicht gänzlich verließ, zeigte sich auch 2005. Habermas beschreibt in *Zwischen Naturalismus und Religion* auch die Zeitenwende von 1989/90 als Moment der Veränderung der Religionslandschaft: „Religiöse Glaubensüberlieferungen und religiöse Glaubensgemeinschaften haben seit der Zeitenwende von 1989/90 eine neue, bis dahin nicht erwartete politische Bedeutung gewonnen."[464] Boris Buden stellt jedoch fest, dass „[k]eines der Symptome, die ihn zu dieser Diagnose veranlasst haben, [...] auf die historischen Ereignisse von 1989/90 oder auf die untergegangene kommunistische Ideologie und realsozialistische Praxis [verweisen]"[465]. Stattdessen werden verschiedene globale Ereignisse „nicht nur aus dem Nahen Osten, sondern in Ländern Afrikas, Südostasiens und auf dem indischen Subkontinent" dazu verwendet, die ‚historische Schwelle' auszuweisen.[466] Buden kritisiert jedoch mehr noch als seine Ereignismystik Habermas Unterscheidung der ‚religiösen' und ‚säkularen' Sprache als homogenisierend:

> „Wo liegt also das Problem? Die Antwort könnte eindeutiger nicht sein: im Habermasschen Übersetzungsbegriff, der den Glauben in der Form einer homogenen religiösen Sprache erscheinen lässt und die religiöse Rede in der politischen Öffentlichkeit somit zum fremden – übersetzungsbedürftigen – Wort macht."[467]

Demgegenüber spricht Buden von Hybridisierung statt von Säkularisierung. Auch hier muss präzisierend nach der zugrundeliegenden Religionstheorie gefragt werden: Buden meint damit einerseits eine Politisierung des Religiösen,[468] andererseits nimmt er implizit Rekurs auf die Sphäre der Zivilreligion: „Der säkulare Staat selbst entpuppt sich jetzt als Kirche einer zur künstlichen Sprachgemeinschaft sublimierten Gesellschaft, deren Priester die Grammatik und den Wortschatz unserer politischen Gebete bestimmen."[469] Wir beobachten also an

---

462 Ebd.

463 Vgl. ebd., S. 20–25.

464 Jürgen Habermas: „Religion in der Öffentlichkeit. Kognitive Voraussetzungen für den ‚öffentlichen Vernunftgebrauch' religiöser und säkularer Bürger" in ders.: *Zwischen Naturalismus und Religion*, Frankfurt a.M.: Suhrkamp 2005, S. 119–154, hier S. 119.

465 Boris Buden: *Zone des Übergangs. Vom Ende des Postkommunismus*, Frankfurt a.M.: Suhrkamp 2009, S. 128.

466 Habermas, *Zwischen Naturalismus und Religion*, S. 119.

467 Buden, *Zone des Übergangs*, S. 135.

468 Ebd., S. 141.

469 Ebd., S. 140.

der Debatte zwischen Habermas und Buden einen Streit über Separierungen und Amalgamierungen, wie er auch zwischen Casanova und Asad sichtbar wurde (vgl. 2.3.1.). Anders als Asad, der ‚Religion' ausschließlich als Kategorie der Gouvernementalität beschreibt, schlägt Buden aber den Weg über den Kulturbegriff ein, um Habermas Diagnose der ‚postsäkularen' Lage umzudefinieren: „Es ist jene Lage, in welcher das Fortbestehen der Religion nur noch in der Form ihrer kulturellen Übersetzung stattfindet, mit anderen Worten: Religion besteht genau deshalb fort, weil sie und soweit sie in (eine) Kultur übersetzt wurde."[470] Damit wird die Kritik der säkularistischen Trennungsbehauptung mit einer doppelten Amalgamierung (von ‚Politik' und ‚Religion' auf der einen und ‚Religion' und ‚Kultur' auf der anderen Seite) therapiert.

Es gibt also nichts als die Arbeit an der Religion, die hier von Buden als immer schon stattfindende kulturelle Übersetzung (und nicht wie Habermas meint: Übersetzungsbedürftigkeit in die ‚säkulare' Sprache) beschrieben wird.

Sowohl Habermas als mit diesem letzten Schluss auch Buden reagieren beide vorwiegend mit einem funktionalistischen Religionsverständnis.[471] Habermas betont etwa die „Artikulationskraft" von „religiösen Überlieferungen" für „moralische Institutionen".[472] Er schränkt dies jedoch dahingehend ein, dass „die institutionellen Schwellen zwischen der ‚wilden' politischen Öffentlichkeit und den staatlichen Körperschaften Filter [bilden], die aus dem Stimmengewirr der öffentlichen Kommunikationskreisläufe nur die säkularen Beiträge durchlassen"[473]. Säkularisierung bezeichnet hier also den Vorgang der Selektion, durch den ‚religiöse Rede' identifiziert und ausgeschlossen wird – so Habermas mit dem Hinweis auf die Streichung religiöser Stellungnahmen in Geschäftsberichten oder Parlamentsprotokollen. Gleichwohl ist sich Habermas der unsicheren Grenzziehung zwischen der säkularen und der religiösen Sprache als Praxis bewusst:

> „Die Grenze zwischen säkularen und religiösen Gründen ist ohnehin fließend. Deshalb sollte die Festlegung der umstrittenen Grenze als eine kooperative Aufgabe verstanden werden, die von beiden Seiten fordert, auch die Perspektive der jeweils anderen einzunehmen."[474]

Die Frage nach der Festlegung dieser Grenze als kooperativer Aufgabe suggeriert einen symmetrischen Diskurs, an dem beide Seiten gleichermaßen gefordert und beteiligt sind. An dieser Stelle widerspricht etwa der katholische Theologe Hans-Joachim Höhn. Höhn folgt Habermas zwar zuerst in Teilen seiner

---

470 Ebd., S. 148.

471 Vgl. hierzu ebd., S. 190; und Habermas: *Nachmetaphysisches Denken*, Frankfurt a.M.: Suhrkamp 1992, S. 60.

472 Jürgen Habermas: *Zwischen Naturalismus und Religion. Philosophische Aufsätze*, Frankfurt a.M.: Suhrkamp 2005, S. 137.

473 Ebd., S. 137.

474 Habermas, *Glaube und Wissen*, S. 22.

Diagnose der ‚postsäkularen' Gesellschaft und fordert ähnlich eine „Neubestimmung von Ort und Funktion des Religiösen" ein.[475]

Mit seiner „Theorie religiöser Dispersion" beschreibt Höhn dabei den „postsäkularen Fortbestand des Religiösen als ein mehrfacher Transformationsprozess", infolgedessen sich „nicht-religiöse Aneignungen und Verwertungen religiöser Stoffe und Traditionen in den nicht-religiösen Segmenten der Gesellschaft (Politik, Wirtschaft, Medien) festmachen [lassen]".[476] Höhn arbeitet also mit einer zweifachen Separierungs- und einer Amalgamierungsstrategie: einerseits könne von einer religionstheoretischen Unterscheidung von „Aneignungen und Verwertungen" (‚nicht-religiöse'/‚religiöse') sowie – hier klassisch säkularisierungstheoretisch – der Unterscheidung von religiösen und nicht-religiösen „Segmenten der Gesellschaft" gesprochen werden. Andererseits greifen beide Unterscheidungen auf „religiöse Stoffe und Traditionen" zu – die Amalgamierung vollzieht sich in ihrer Integration in von ‚Religion' doppelt zu separierenden Weisen. Anders gesagt: um den Einfluss „religiöser Stoffe" in „nicht-religiösen" Segmenten zu sehen, ist eine doppelte Religionskategorisierung vorausgesetzt, eine Strategie, die für viele, wenn nicht die meisten modernen Religionstheorien charakteristisch ist.

Höhn teilt teilweise Habermas Beobachtung des Zusammenhangs von Religion und ‚säkularer' Gesellschaft – auch Höhn weist auf den Prozess der Übersetzung hin. Gleichzeitig kritisiert er Habermas aber auch für dessen Intention, dass die Philosophie hier „weniger die Aufgabe übernimmt, kognitive Gehalte der Religion aus ihrer religiös-metaphysischen Verkapselung zu entbinden und in den rationalen Diskurs zu übersetzen, als dass sie den religiösen Akteuren aus dem Buch der Vernunft souffliert"[477]. Seine Kritik richtet sich also auf den (a)symmetrischen Übersetzungsraum, dessen Zugang nicht allen Inhalten ähnlich offen stehe. Der Theologe Höhn weist besonders darauf hin, dass in dieser Konzeption ein „entscheidendes Moment" außen vor bleibe, nämlich das Moment, „dass Religion als Religion konstituiert".[478]

Wenn Habermas also von der Arbeit an der Religion spricht, so muss demgegenüber präzisiert werden, was hier mit dieser Bezeichnung gemeint ist – die Arbeit an der ‚Religion' als damit konstituierter Kategorie. Während Habermas die (säkulare) Arbeit an „religiösen Themen" meint, beziehe ich mich stattdessen auf die Konstitution und Konstruktion von ‚Religion' im Blick der säkularen Institutionen, welche diese – etwa in der Verfassung, im öffentlichen oder akademischen Diskurs – definieren, festschreiben und mit Rechten und Pflichten ausstatten. Weil Habermas hier zudem von einer ‚Abgesondertheit' „religiö-

---

475 Hans-Joachim Höhn: *Postsäkular. Gesellschaft im Umbruch – Religion im Wandel*, Paderborn: Schöningh 2007, S. 10.

476 Ebd., S. 10 f.

477 Ebd., S. 22.

478 Ebd.

ser Themen" ausgeht – um diese überhaupt von ,nicht-religiösen' Themen unterscheiden zu können, muss hier eine minimale ,Abgesondertheit' vorausgesetzt werden – lässt sich die Frage nach der ,religiösen Kommunikationsweise' dieser Theorie selbst aufgreifen (vgl. 1.1.). Oben (vgl. 2.2.1.) wurde ,religiöse Kommunikation' im Anschluss an Luhmann als die ,Absonderung' der Kategorie ,Religion' beschrieben, die etwa aus der ,säkularen' Ordnung herausgehoben und dabei sowohl zum Konfliktfaktor als auch zur „Sinn-Ressource" gemacht und externalisiert werden kann. Habermas Religionstheorie wird also in dem Moment zu einer ,religiösen' Theorie, als sie den abgesonderten Bereich der ,religiösen Sprache' mit der Praxis des Übersetzens zum ,Retter' der säkularen Sphäre macht, als ob diese auf die „knappe Ressource Sinn" angewiesen sei.

In der von Walter Schweidler herausgegebenen interdisziplinären Sammlung zur *Postsäkularen Gesellschaft* finden sich verschiedene ereignistheoretische, -mystische und -skeptische Bearbeitungen des Themas der ,postsäkularen Gesellschaft'.[479] Die Reichweite der im Zuge der Diagnose der ,postsäkularen' Gesellschaft besprochenen Themen reicht von der Frage nach der „Leitkultur" (Norbert Lammer) über solche nach dem „Unabstimmbaren" in der Demokratie, dem Zusammenhang von „Menschenwürde und Säkularisierung" und weiteren zeitgenössischen Tropen des erweiterten Religionsdiskurses.

Eine der ereignisskeptischsten Stimmen findet sich darin bei Peter Sloterdijk, der in der neuerlichen Hochkonjunktur des Religionsdiskurses in Europa eine Annäherung an den amerikanischen Diskursraum sieht. Seiner These nach leben wir – anstatt in der großen Erzählung der ,postsäkularen' – in einer „hysterischen" Gesellschaft,

> „– wenn der Ausdruck „hysterisch" die Begabung bezeichnen soll, Metaphern am eigenen Leib zu erleben, Gerüchte zu somatisieren und suggestive große Erzählungen wie eigene Überzeugungen auszuarbeiten. Die Hysterie ist die unvermeidliche psychopolitische Verfassung durchmediatisierter Populationen"[480].

Sloterdijk rechnet die Rolle der Schwelle ,postsäkular' in diesem Spiel „zum Vokabular einer großen Erzählung, mit deren Hilfe gewisse Redner der Gegenwart sich nach einer spürbaren mentalen Zäsur datieren wollen." Hier spricht der Ereignisskeptiker in seiner deutlichsten Form, der die Zäsur einzig dem Bedürfnis des Zäsurierenden zurechnet.

Positiv kann die Rede von der ,postsäkularen' Gesellschaft für Sloterdijk allerhöchstens auf eine (vergangene) Periode hinweisen, „in der ein gewisser rationalistischer Skeptizismus als dominante dogmatische Macht auftreten konn-

---

479 Walter Schweidler: (Hrsg.): *Postsäkulare Gesellschaft. Perspektiven interdisziplinärer Forschung*, München: Karl Alber 2007.

480 Peter Sloterdijk: „Neuigkeiten über den Willen zum Glauben", in: Walter Schweidler (Hrsg.): *Postsäkulare Gesellschaft. Perspektiven interdisziplinärer Forschung*. München: Karl Alber 2007, S. 76–93, S. 79.

te“[481]. In seinem Essay folgt er darauf unterschiedlichen Religions- und Transzendenzverständnissen und weist dabei auf einen sich in vielerlei Dimensionen ausbreitenden Religionsdiskurs hin. Diese Ausdehnung geht bei ihm soweit, dass er „die berühmte Suggestivfrage Margarethes an Faust“ umdreht: „Wie halten wir es mit der Verbindlichkeit dessen, was wir inzwischen außerhalb der Religion gelernt haben – als Erben der Aufklärung und als Akteure der zeitgenössischen Zivilisation in ihren technischen, politischen, psychologischen und künstlerischen Aspekten?“ Die Frage nach der Religion stellt sich also nur außerhalb von Religion, so könnte man Sloterdijks Pointe umformulieren. Dabei sei dies der Mehrheit schon bewusst:

> „Wir leben in großer Mehrheit bereits so, als sei das Neue Testament durch ein Neueres Testament abgelöst. Es gehört wohl zum Wesen dieses Testaments, dass es sich religiös bedeckt hält und allenfalls von Menschenrechten, von Wissenschaften, von Künsten spricht, ohne eine Kirche bilden zu wollen, es sei denn die Gemeinschaft der Lernbereiten.“[482]

Sloterdijk kombiniert also in schwellennarrativer Hinsicht die Ereignisskepsis mit der religionstheoretischen Bewegung der Amalgamierung: Religion findet heute außerhalb ihrer ‚offiziell' benannten Organe statt, dort wo Religion ‚nicht ist'. Nach dem ‚Ende der Religion' bleibt ‚Religion' also nach wie vor bestehen – einfach nicht mehr unter ihrem bisherigen Namen, sondern überall dort, wo sie gerade nicht genannt wird.

Die Debatte um die ‚postsäkulare' Gesellschaft wird damit zur (erneuten) Aushandlung der Position von ‚Religion' und ihren Stellvertretern wie ‚Religiosität' oder ‚Spiritualität' in der Ordnung einer vormals als ‚säkular' kategorisierten Gesellschaft. Dabei ermöglichen Separierungs- und Amalgamierungsstrategien einen Blick auf unterschiedliche Differenzierungsweisen im Religionsdiskurs, was sich an der Metapher vom ‚Ende' illustrieren ließ.

Diese Debatte, die hier nur in Auszügen und mit einem Fokus auf philosophische und religionswissenschaftliche Beiträge präsentiert werden konnte, zeigt also ein heterogenes Bild religionsbezogener Gesellschaftsdiagnosen. Dabei wird die Säkularisierungstheorie sowohl gänzlich abgelehnt, als auch in Teilen revidiert und/oder anders nuanciert, etwa indem sie von einer erklärenden zu einer deutenden oder sogar zu einer ‚religiösen' Theorie oder Glaubensbewegung umgedeutet wird.

Die dabei verwendete Ereignismystik konzentrierte sich – im beobachteten Diskurs zwischen 1980 und 2016 – etwa auf die iranische Revolution 1979, das ‚Ende' des kalten Krieges 1989/90 oder auf ‚9/11' und seine parallelisierten Nachfolger (vgl. 1.3.3.). Im Folgenden wird die Ereignismystik in den erwähn-

[481] Ebd., S. 92.
[482] Ebd., S. 92.

ten Schwellennarrativen von ‚Rückkehr' und ‚Wiederkehr' der Religion sowie in der ‚Postsäkularität' auf ihre mythopoetische Dimension hin analysiert.

3.4. Mythopoesie des Endes

Weder das Ende der Religion in der Säkularisierung noch ihre Rückkehr als Ende der Säkularisierung sind gänzlich neue Erscheinungen, auch wenn sich die meisten Autor*innen hinsichtlich einer neuen Konjunktur des Religionsthemas einig sind. Beide Erzählungen grundieren den modernen Religionsdiskurs, seit es diesen als einen über Christentum, Islam und Judentum hinausgehenden Diskurs gibt.[483] Gleichzeitig ist das Thema der Säkularisierung seit den Anfängen von Soziologie und Religionswissenschaft ein zentrales Element ihrer Selbstbeschreibung (vgl. 2.2.1.). Ob sie nun in der Frage nach der ‚Entzauberung' bei Max Weber, der ‚Anomie' bei Émile Durkheim, der ‚positiven Religion' bei Auguste Comte oder der ‚Religiosität' bei Georg Simmel ihre theoretische Antwort auf die Situation der Religion in der Moderne findet – immer jedoch meinen die Sozial- und Geisteswissenschaften damit auch sich selbst, wie unter 2.2.1. näher erläutert wurde. In ihrer gesellschaftstheoretischen Auseinandersetzung tritt ‚Religion' als konstitutives Außen von Wissenschaft und säkularer Gesellschaft auf.

Die Metapher vom ‚Ende' hat wie gesehen in der jüngeren Religionsgeschichte unterschiedliche Funktionen übernommen und verschiedene Zeitsemantiken und Religionstheorien mitgeprägt. Das ‚Ende' hat dabei beide Seiten der Disziplin- und Gegenstandsbezeichnung ‚Religionsgeschichte' erfasst: ausgerufen wurden sowohl das Ende der Religion als auch das der Geschichte.[484] In beiden Fällen stellt sich die Frage nach dem Selbstverständnis der Moderne, ihrer Geschichtlichkeit, ihrer Diagnose sowie nach der Möglichkeit der Therapierbarkeit ihrer je ausgewiesenen Konflikte. Um dies zu verdeutlichen, wurde die Arbeit an der Säkularisierung von Seiten der Jurist*innen (3.2.2.1.), der Philosoph*innen (3.2.2.2. und 3.3.) sowie der Religionssoziolog*innen (3.3.) hervorgehoben, um Illustrationen für die *Gouvernementalität* von ‚Religion' und ‚Säkularisierung' heranzuziehen. Dabei wurde deutlich, wie die Arbeit an der Religion eine deutliche Unterscheidung von Primär- und Sekundärliteratur prekär werden lässt und stattdessen auf unterschiedliche Konstruktionsweisen der entsprechenden Religionsgeschichte abzielt, also etwa zwischen ereignismystischen, ereignisskeptischen und ereignistheoretischen oder -kritischen Impulsen unterscheidet.

---

483 Vgl. Eßbach, *Religionssoziologie 1*, S. 2.

484 Dabei konnte der Topos vom *Ende der Geschichte* hier nur erwähnt und nicht in der notwendigen Detailliertheit dargestellt werden. Für eine Übersicht des Topos im 20. Jahrhundert vgl. etwa: Meyer, *Ende der Geschichte*, 1993.

Die Säkularisierungsthese darf wie gezeigt nicht auf ein ‚Ende der Religion' reduziert werden (vgl. 2.3.). Stattdessen wurde sie als heterogene Debatte präsentiert, die aber gleichzeitig auch geschichtskonstitutive Mythen im Sinne ‚großer' Erzählungen fabriziert, revidiert und kritisiert, welche mit der Positionierung von ‚Religion' als zentraler Eigenschaft arbeiten. Zur ‚großen Erzählung' wird die Religionsgeschichte somit dann, wenn sie ihre Ränder sowie ihren Gegenstand gesichert und begrenzt hat und dabei nicht nur „historiographische Deutungszäsuren", sondern auch „sinnweltliche Ordnungszäsuren"[485] liefert und somit die für die Geschichtswissenschaft konstitutive und gleichwohl nur graduelle Unterscheidung von *res factae* und *res fictae* zugunsten einer Naturalisierung der *factae* unterläuft.[486]

Mit der *Mythopoesie des Endes* ist also die Geschichte ‚der letzten Dinge' berührt. Anhand der Leitmetapher des ‚Endes' kann eine kollektive Identität in Geschichte und Gegenwart eingeordnet werden. Aus dieser Diagnose heraus kann ein sodann politisches Handlungsprinzip legitimiert werden, womit aus der Diagnose (hier: der Schwellenerzählung vom ‚Ende') eine Chronopolitik (vgl. 1.2.) wird.

In beiden religionsbezogenen ‚End'-Geschichten eröffnet diese Metapher zudem einen Blick auf die Moderne, der sich scheinbar zwischen der Fortsetzung des jüdisch-christlichen Messianismus im Gewand der liberalen und säkularen Demokratie auf der einen Seite und einer Umsetzung oder Abkehr vom theologisch-religiösen Gehalt ihres Zeitverständnisses zu entscheiden hat. Dies wurde mit dem Hinweis auf die Debatte zwischen Hans Blumenberg, Karl Löwith und Carl Schmitt nachgezeichnet (vgl. 3.2.2.2.).

Dabei wurde deutlich, dass die Schwellenerzählung von Moderne und Neuzeit auch an die Frage nach der Konzeptionalisierung der neueren und neuesten Religionsgeschichte geknüpft ist: besteht zwischen jüdisch-christlicher Eschatologie und aufklärerischem Fortschrittsoptimismus eine Kontinuität oder ist hier ein in jeder Hinsicht neues Geschichtskonzept am Werk? Ist der ‚Fortschrittsglaube' der Moderne (Löwith folgend) ein Nachfolger der jüdisch-christlichen Eschatologie oder aber besteht hier, wie Blumenberg argumentiert, trotz der funktionalen Nachfolge eine konzeptionelle Neuausrichtung, welche der Neuzeit ihre ‚Legitimität' einräumt? In diesem Spiel stellt die Wahl von Kontinuität oder Diskontinuität offensichtlich die zentrale temporale Positionierungstechnologie dar (vgl. 1.4.2.4.), zwischen der sich der/die Mythopoet*in als Produzent*in der ‚großen Erzählung' der Religionsgeschichte zu entscheiden hat.

Mit dieser Entscheidung zwischen Kontinuität oder Bruch stellt sich die zentrale Frage nach den Grenzen der ‚Religionsgeschichte' in neuer Form: Besteht

485 Vgl. Sabrow, *Zäsuren*. Vgl. Kapitel 1.2.

486 Vgl. Reinhart Koselleck: „Fiktion und geschichtliche Wirklichkeit" in ders.: *Vom Sinn und Unsinn der Geschichte*, Berlin: Suhrkamp 2014, S. 95.

die ‚Religionsgeschichte' in der Moderne aus den Spuren des ‚Religiösen' in Politik, Recht und Wissenschaft – überwiegen also die Amalgamierungen wie bei Buden oder Sloterdijk über die Diskontinuität, die mit der Abkehr von der christlichen Hegemonie einhergehen könnte? Oder aber sind diese – etwa seit dem Bruch der Aufklärung – in einer (funktional) differenzierten Gesellschaft getrennt, womit die Tendenz zu Separierungen ausgedrückt und etwa eine Übersetzung zwischen den verschiedenen Bereichen und Sprachen notwendig macht wird, wie sie Habermas beschreibt? Auf diese Problematik werden wir sogleich zurückkommen und sie als Frage nach der „abendländischen Eschatologie" neu beschreiben. Zuerst jedoch lohnt es sich, bei der Frage nach den Grenzen der Religionsgeschichte zu verweilen und auf die Frage nach der ‚Nutzbarmachung' von Religion im säkularen Staat zurückzukommen. In den bisher beschriebenen Analysen der sowohl ‚säkularen' als auch ‚postsäkularen' Gesellschaft wird ‚Religion' nicht nur kategorisiert, sondern als ‚nützlich' oder aber ‚konflikthaft' beschrieben.

Für erstere Position steht etwa die von Habermas geäußerte Sichtweise, der zufolge ‚Religion' und ‚Religionen' als ‚Kompensatoren in Sinnangelegenheiten' zu berücksichtigen seien. Diese Argumentation ist bis heute verbreitet und findet ihren Niederschlag etwa in der Berücksichtigung der Religionen als Urheber der „knappen Ressource Sinn", aber auch in der Metapher der ‚Leitkultur' als öffentliche Debatten über die kulturelle Identität (im Singular)[487] oder der Frage nach den moralischen Bedingungen des säkularen Rechtsstaates, wie sie etwa in der Diskussion des sogenannten Böckenförde-Diktums immer wieder auftaucht.[488] Die Entscheidung, ob ‚Säkularisierung' nun als Fortsetzung des Christentums zu denken ist oder nicht, mündet also in eine Religionspolitik, mit der die staatspolitischen Grundlagen begründet werden, wobei hier unter ‚Religionspolitik' in erster Linie die politisch-rechtliche Setzung der Kategorie ‚Religion' gemeint ist, etwa im Gegensatz zur ‚Säkularität'.

Gesellschaftsdiagnosen vom ‚Ende' der Religion können verallgemeinernd als Elemente in der Sammlung verschiedener Formen der *Arbeit an Säkularisierung* und *Religion* beschrieben werden, auch wenn dabei Nuancen ignoriert werden, welche in der Herausbildung der Säkularisierungsthese, mehr aber noch in ihrer Erhaltung zentrale Theorieelemente waren.

Mythopoesie beschreibt in dieser Analyse also einerseits die Arbeit am Begriffsfeld des ‚Mythos', die hier als Arbeit an großen Erzählungen der Religionsgeschichte verstanden wird, welche diese erst konstituiert und hierdurch Identi-

---

487 Vgl. etwa Norbert Lammer: „Gibt es eine Leitkultur?" in: Schweidler, *Postsäkulare Gesellschaft*, S. 58–65. Robert Seyfert weist darauf hin, dass die Debatte über die Leitkultur „als eine direkte Konsequenz des Scheiterns [zu] lesen [ist], nach 1989 einen neuen Gründungsmythos für Deutschland zu formulieren." Robert Seyfert: „Die lösbaren Rätsel der Gesellschaft", in: Joachim Fischer, Stephan Moebius (Hrsg.): *Kultursoziologie im 21. Jahrhundert*, Wiesbaden: VS Springer 2014, S. 211–219, 215.

488 Vgl. Atwood, Kühler, „Ambivalenzen".

täten beschreibbar macht (vgl. 1.3.1). Was ‚Religionsgeschichte' *ist* (die Arbeit an der ‚Religion'), was also zur Religionsgeschichte gehört und was nicht, entscheidet die Ordnung der Religion – hier ausgedrückt in der Unterscheidung von Separierung und Amalgamierung. Arbeit am Mythos ist in der Religionsgeschichtsschreibung also immer dann zu beobachten, wenn diese im Rahmen einer großen Erzählung zur Ordnung der Gesellschaft beiträgt und mit der Klassifikationsarbeit von Separierung und Amalgamierung die Gouvernementalität der Religion plausibilisiert und ermöglicht.

Mit dem Fokus auf schwellenspezifische Ordnungsmetaphern wie ‚Ende' – oder im nächsten Kapitel auch ‚Achse' – wird gezeigt, wie in der Benennung konstitutiver Momente, in Momenten der Zeitenwende also, ein Ursprung gesetzt und bestimmt wird. Mit Setzung ist die temporale Positionierung gemeint, was auf die Ebene der Ordnung der Zeit hinweist (vgl. 1.4.2.). Dabei formulieren die Leitmetaphern ‚Ende' oder ‚Achse' paradigmatisch neue Gesellschaftskonzeptionen, an denen sich diese Ordnung zum Zeitpunkt ihres ‚temporalen' Ausnahmezustands (vgl. 2.2.2.3.) in pointierter Form beobachten ließe. Die Orientierung an ‚Leitmetaphern' als Ausgangspunkt einer diskursgeschichtlichen Analyse entsteht jedoch nicht nur aufgrund des hier verwendeten Forschungsdesigns, sondern verweist nicht zuletzt auch auf einen methodologischen Zusammenhang von Diskursgeschichte, Archäologie und Metaphorologie. So hat etwa Anselm von Haverkamp darauf hingewiesen, dass Blumenberg die von Foucault verwendete Metapher der ‚Archäologie' zwar vermied, dass er aber im Paradigma der ‚Metaphorologie' ebenso wie Foucault mit der ‚Archäologie' eine Alternative zu Heideggers später Seinsphilosophie fand.[489] Damit gemeint ist in beiden Fällen, dass die Analyse genauso über eine Begriffsgeschichte hinausgehen soll, wie sie eine streng terminologische Untersuchung ablehnen muss. Die Metaphorologie will also nicht einfach Definitionen der entsprechenden Begriffe beschreiben, sondern stattdessen auch ihre „verborgene Fülle" sichtbar machen, welche Leitmetaphern gerade kennzeichnet.[490]

Die Mythopoesie nimmt diese Perspektivierung auf und führt sie in das Begriffsfeld des ‚Mythos' wie auch der ‚Religion' ein. Mit anderen Worten: anstatt einer evaluativen Analyse verschiedener Religionsdefinitionen werden diese gerade zum Gegenstand gemacht, insofern sie die Arbeit an der Religion weiterführen und die Ordnung der Religion über verschiedene Separierungen und Amalgamierungen herstellen und konsolidieren.

Die Verortung von ‚Religion' in der geschichtlichen Zeit der selbstthematisierten Moderne verläuft somit nicht zuletzt unter der Frage nach ihrem Verschwinden – ihrem Ende in der Säkularisierung – sowie ihrer Rückkehr. Beide Narrative sind der europäischen Religionsgeschichte seit über hundert Jahren

---

[489] Vgl. Anselm von Haverkamp: „Kommentar", in: Hans Blumenberg: *Paradigmen zu einer Metaphorologie*, Frankfurt a.M.: Suhrkamp 2013, S. 279.

[490] Ebd., S. 280.

eigen und zeigen auf, wie die Religionsgeschichte nicht nur in ereignisskeptischer Weise ‚große Erzählungen' destruiert, sondern auch neue hinzufügt, wie etwa im nächsten Kapitel zur Achsenzeitthese deutlich gemacht wird.

Gleichwohl ist die Mythopoesie nicht nur auf die Konstruktion von Mythen zu beschränken, sondern sie zeigt sich etwa auch in der Mythenkritik. Die Arbeit am Mythos der ‚postsäkularen' Gesellschaft geht also auch in einer ereignisskeptischen Beobachtung wie derjenigen von Peter Sloterdijk weiter, ebenso wie auch die Arbeit an der Religion, insofern Sloterdijk die Religionslandschaft theoretisiert und etwa auf die Hybridisierung von religiösen und nicht-religiösen Akteuren und Handlungen hinweist.

Im Folgenden wird dieser letzte Punkt der Mythoskritik in Schwellennarrativen kurz beleuchtet, um sodann die Frage nach dem *Ende vom Ende* aufzugreifen und damit nochmals auf die Frage nach der abendländischen Eschatologie zurückzukommen.

3.4.1. *Die Idee der Zeitwende als Mythoskritik*

Der Historiker Richard Koebner hat sich – ereignismystisch ließe sich sagen: ‚auf einer Schwelle', nämlich nach seiner Emigration als deutsch-jüdischer Intellektueller aus dem nationalsozialistischen Deutschland 1942 – zur Idee der Zeitenwende geäußert und dabei gleichzeitig in deutlich ereignisskeptischer Weise deren Singularitätsanspruch zurückgebunden: „Jederzeit sahen wir um uns herum Kräfte tätig, die uns aufforderten, die Gegenwart als eine Wende der Zeit aufzufassen, als ein Zeitalter, das bestimmt war, für alle Zukunft richtunggebend zu werden."[491] Damit meint er insbesondere seine Generation, denn für den Menschen, „der bereits um die Zeit, als das 20. Jahrhundert begann, für die Strömungen der Gegenwart empfindlich war", habe sich die Welt „vor seinen Augen mehrfach aufs Tiefste verändert".[492] Trotz verschiedener Ereignisse in seinem Leben, die Koebner als Zeitwenden hätte beschreiben können, gibt er der Ereignisskepsis den Vorzug und stellt ihr die Idee der Zeitwende als Kontinuität in der Selbstbeschreibung der Gesellschaft gegenüber.

Koebner geht auch der Frage nach der Genealogie dieser „Idee der Zeitwende" nach und zieht zwischen ihrer eschatologischen und ihrer ‚neuzeitlichen' Form eine Grenze – eine Schwelle in der Konzeption der Figur der Zeitenschwelle selbst. Koebner sieht nämlich in der Idee der Zeitenwende keine Fortführung der jüdisch-christlichen Eschatologie, sondern argumentiert ähnlich wie Hans Blumenberg (vgl. 3.2.2.) für die Idee der Zeitwende als neue Form der Zeiterfahrung.

---

[491] Richard Koebner: „Die Idee der Zeitwende (1941–1943)", in ders.: *Geschichte, Geschichtsbewusstsein und Zeitwende. Vorträge und Schriften aus dem Nachlass*, Gerlingen: Bleicher 1990, S. 147–193, S. 147.

[492] Ebd.

Koebner beschreibt die Geschichte der Idee der Zeitwende in fünf Etappen, beginnend bei Bacons erzieherischem Hinweis, dass „die Menschen in dem Gedanken zu erziehen [sind], dass eine neue Welt zu schaffen sei“[493]. In der Aufklärung sei diese Idee sodann in der zweiten Phase popularisiert und mit der französischen Revolution in einer dritten Phase politisiert worden.[494] In der vierten Phase, im späteren 19. Jahrhundert, sei, so Koebner, der Zeitwendegedanke zu einem Entwicklungsgedanken abgeschwächt worden. Das letzte Stadium (Phase 5) lässt Koebner mit dem Ende des Ersten Weltkriegs und der russischen Revolution 1917 beginnen: „Nun hebt eine Epoche neuer Revolutionen im Zeichen der Zeitwende an.“[495] Koebner sieht somit die Hochkonjunktur der Idee der Zeitwende erst in dieser „Krisis des Fortschritts“, die sich in seiner Gegenwart abzeichnete. Erst vor diesem spezifischen Hintergrund wird die Idee der Zeitwende so in Anspruch genommen, dass durch sie „aus sozialer Unordnung Ordnung“ geschaffen würde.[496] Koebner trennt also die christliche Eschatologie von der Idee der Zeitwende und beobachtet an letzterer ein „historisches Bewusstsein ganz neuer Art“[497] – er beschreibt also die Idee der Zeitwende als eine neue Zeitkonzeption, welche nicht erschöpfend als Nachfolger der Apokalyptik beschrieben werden kann.

Das „eindrucksvollste“ an dieser Idee ist Koebner zufolge „die Tatsache, dass dieser Gedanke nicht nur ein Gebilde des Intellekts ist, sondern zugleich eine Macht, die den Willen bewegt“.[498] Die Schwellenerzählung ‚erzählt' also nicht nur, sondern sie „bewegt den Willen“, sie kreiert Ereignisse als Schwellen und ermöglicht damit eine Politik des Ursprungs, indem dieses Ereignis zum Ursprung einer ‚neuen' Gesellschaft gemacht wird.

Damit ist die Frage nach der Schwellenproduktivität der Gegenwart nochmals neu aufgegriffen, die man auch mit Kant beginnen lassen kann und welche einen zentralen Aspekt des neuen „Typs von Frage im Bereich der philosophischen Reflexion“ darstellt, wie Foucault bemerkte.[499]

Foucault zufolge ist mit Kants Beantwortung der Frage *Was ist Aufklärung?* eine neuartige Bestimmung der Gegenwart aufgekommen. Erst mit der aufklärerisch gewendeten *parrhesia* als eines spezifisch „wahren Diskurs[es] im Rahmen der Politik“, mit dem neuen Publikum im Blick, welches sich nicht in erster Linie an Universitäten, sondern in Zeitschriften, Gesellschaften oder Akademien findet, kommt mit der Frage nach der Gegenwart der Bedarf an einer Gegenwartsdiagnose auf, oder in Foucaults Worten: „[I]n Kants Text [erscheint]

493 Ebd., S. 191.
494 Vgl. ebd., S. 179 f.
495 Ebd., S. 179.
496 Ebd., S. 174.
497 Ebd., S. 192.
498 Ebd., S. 150.
499 Vgl. Michel Foucault: *Die Regierung des Selbst und der anderen*, Frankfurt a.M.: Suhrkamp 2012, S. 27.

die Frage nach der Gegenwart als philosophisches Ereignis“[500]. Damit wird die Zugehörigkeit zu einer Gegenwart zu einer Frage, die ein ‚wir‘ setzt, „das sich in einem mehr oder weniger weiten Sinne auf ein charakteristisches kulturelles Ganzes seiner eigenen Gegenwart bezieht“[501]. Kants Schrift *Was ist Aufklärung?* wird also zu einer wissenshistorischen Schwelle, nach der die Figur der Schwellenerzählung selbst auf neue Art und Weise erzählt wird – oder, folgt man Koebner und Blumenberg, überhaupt erst nutzbar gemacht wird.

Ungeachtet dessen, ob man dieser Periodisierung folgt oder nicht, kann nun die Ebene der Aussage einer Schwellenerzählung nochmals präzisiert werden: Die Idee der Zeitwende wird bei Koebner wie bei Foucault zur „Frage nach der Zugehörigkeit“ (Foucault), mit der „aus Unordnung Ordnung“ (Koebner) wird. Die Mythopoesie vom ‚Ende’ der ‚Religion’ beschreibt also die narrative Herstellung epistemischer Kollektive, die über die Positionierung von ‚Religion‘ in der Ordnung der Gesellschaft erfolgt.

3.4.2. *Kein Ende vom Ende – apokalyptische Rekonfigurationen*

Die Idee der Zeitwende wurde bisher als mythopoetische Beantwortung der „Frage nach der Zugehörigkeit“ sichtbar gemacht, wobei mit der Metapher vom ‚Ende‘ verschiedene Konstellationen der modernen Religionskategorisierung illustriert werden konnten. Dabei trat wiederholt die Frage nach der Kontinuität der Eschatologie in der Moderne auf (vgl. 2.2.). In einem letzten Schritt möchte ich mich dieser Frage mit einer Aktualisierung nähern, in der die Atombombe als ultimative Beendigung aufgenommen wird. Dabei wird es insbesondere um die apokalyptische Sprache in Philosophie und Literatur gehen, wie sie aufklärerisch von Kant kritisiert und gleichzeitig aktualisiert wurde, wie Derrida festhielt.[502]

Stellt die Interpretation der Atombombe eine weitere Etappe in der Transformation der gnostisch-christlichen Apokalyptik dar – ist sie also ein weiterer Schritt in der Kontinuität der Eschatologie – oder stellt sie einen ‚neuen’ Typus der Figur vom ‚Ende’ dar?

Um diese Unterscheidung nochmals zu illustrieren, kann mit Martin Meyer darauf hingewiesen werden, dass die Vorstellung, „die Geschichte des Menschen als dessen Unheils- und Heilsgeschichte [möge] einmal ans Ende gelangen, ein Prospekt aus jüdisch-christlicher Offenbarungswahrheit [ist], dem bisher keine Aufklärung die deutende Kraft zu entziehen vermocht hat“[503]. Meyer

500 Ebd., S. 28.
501 Ebd., S. 29.
502 Jacques Derrida: *Apokalypse*, Wien: Passagen 2012.
503 Martin Meyer: *Ende der Geschichte?*, München/Wien: Hanser 1993, S. 17.

zufolge liegt „im Ende […] Erlösung“, womit dieser die Kontinuität priorisiert.[504]

Unter dem Begriff der „abendländischen Eschatologie“ beschreibt Meyer eine Denkform, welche „den Ernstfall“[505] behauptet (vgl. 3.2.2.3). Geschichtsphilosophie, Säkularisierung und der Glaube an den Fortschritt erscheinen hier wiederum als Fortsetzung von Christentum und Judentum, unabhängig davon, „ob sie von den theologischen Prämissen zehrt [oder] ob sie die säkulare Welt ansteuert“[506]. In dieser Geschichte hat die Neuzeit keine eigene Legitimität, sondern verliert sich in einer gemeinsamen Substanzmetaphysik von Christentum und Neuzeit, welche in der Figur vom ‚Ende‘ als ihrem gemeinsamen Fluchtpunkt zusammenfallen würde.[507] Meyer weist aber auch darauf hin, dass dieser Vorstellung eine „regulative Idee“ eigen sei, welche auch das aufklärerische Paradigma nicht aufzugeben bereit sei:

> „Wer es unternähme, den Mythos vom Ende der Geschichte pauschal so zu erledigen, dass damit diese Geltung zugleich historisiert würde, täte etwas Gefährliches. Er diskreditierte das Erbe der Aufklärung, das vielleicht niemals ein Ende haben wird, doch – wie Kant gezeigt hat – von der regulativen Idee des Endes nicht abkommen kann.“[508]

Einerseits macht Meyer damit deutlich, dass die Arbeit am Mythos (hier „vom Ende der Geschichte“) nicht zu erledigen ist, was auf die Kontinuität als temporale Positionierungstechnologie hinweist. Andererseits stellt Meyers Analyse der Ordnung der Zeit, die in Form der Schwellenerzählung vorgenommen wird, den Blick auf „regulative Ideen“ frei, welche in Metaphern wie derjenigen vom ‚Ende’ sichtbar werden. Doch welcher Art sind diese regulativen Ideen, insofern sie das ‚Ende’ bezeichnen und sich gleichzeitig, so Meyer, in die Kontinuität der „abendländischen Eschatologie“ einschreiben?

Mit dem Beispiel der Atombombe wird dies nun ein letztes Mal nachgezeichnet und aktualisiert, um damit eine bestimmte Tonlage in der Rede vom Ende freizulegen. Die Atombombe ist gegenwärtig als Symptom für das Ende weniger präsent als noch während des Kalten Krieges.[509] Umso drängender stellt sich die Frage, welche Rolle der Atombombe in einer Arbeit zukommt, welche religionsbezogenen Schwellendiskursen der Moderne nachzugehen verspricht? Eine Beantwortung dieser Frage liefert der Psychoanalytiker Wolfgang Giegerich:

---

504 Ebd., S. 205.

505 Ebd., S. 14.

506 Ebd., S. 205.

507 Allerdings geht auch Meyer den Weg von der Substanz zur Funktion, vgl. ebd. S. 14.

508 Ebd., S. 224.

509 Die ‚Atomkrise‘ wird heute eher unter dem Aspekt der Atomkatastrophe und des Atomunfalls thematisiert als unter dem Atomkrieg, während ein ‚Ende‘ vermehrt im Kontext des Klimawandels diskutiert wird.

„Die Atombombe ist Gott. […] Sie ist der höchste Herrscher über Sein und Nichtsein. […] Sie erzeugt maßlose Ängste, erscheint den Menschen in zahllosen Träumen. Und vor allem: Sie ist die Drohung einer alles durchdringenden Strahlung, einer gleißenden Glut, eines verzehrenden Feuers, einer alles zermalmenden Druckwelle."[510]

Von Belang ist die hier zitierte Stelle insofern, als sie über den Gottesbegriff eine Amalgamierung von Religion und (einer bestimmten Form von) Technologie herstellt. Damit unternimmt sie das, was in den Schwellenbeobachtungen als Religionisierung (vgl. 1.1.) bezeichnet wurde, insofern hier die Domäne der Technologie auf der Basis von Religionskonzepten – oder eher: Gottesvorstellungen – in den Religionsdiskurs hineingetragen wird. Die von Giegerich verwendete kritische Sakralisierung der Atombombe gibt einen neuerlichen Hinweis auf den Religionsdiskurs der Moderne und zeigt, wie er sich auch am konstitutiven Außen der Technologie stabilisieren kann.

Dieser Gott der Atombombe scheint dabei auf seine apokalyptische Dimension zentriert, insofern er „maßlose Ängste" erzeugt und alles „verzehrt". Dabei stellt Giegerich nicht nur eine religionisierende, sondern mehr noch eine religionskritische Stimme in der Atomdiskussion dar, wobei die Überhöhung der Sakralisierung der Kritik eine zusätzliche Dringlichkeit gibt. Deutlich wird dies etwa dann, wenn Giegerich folgert, dass „in der Atombombe […] sich das abendländische Menschentum *sein* Goldenes Kalb gegossen" hat.[511]

Weniger religionskritisch als vielmehr philosophiegeschichtlich geht Hans Blumenberg der Frage nach der moralischen Dimension der Atombombe in einem Feuilletonartikel von 1946 unter dem Titel „Atommoral" nach.[512] Blumenberg stellt darin moralphilosophische Überlegungen zum metaphorischen Zusammenhang von ‚Natur' und ‚Kultur' angesichts dieser „universalsten Gefährdung, die der Menschheit bisher entstanden ist" vor.[513] Dabei bemerkt er, dass die Frage nach der Moral in Atomzeitalter „letztlich eine theologische zu sein hätte."[514] Somit wird die Metapher vom ‚Ende' im Atomzeitalter nicht nur diskursiv in den Bereich der Theologie verlegt und damit *religionisiert*, sondern auch hinsichtlich ihrer Funktion für das „Weltbild" in den Bereich der normativen Grundlegung verlegt, wobei Blumenberg ‚Weltbild' definiert als

„Inbegriff der Wirklichkeit, in dem und durch den der Mensch sich selbst versteht, seine Wertungen und Handlungsziele orientiert, seine Möglichkeiten und Notwendigkeiten erfasst und sich in seinen wesentlichen Bedürfnissen entwirft"[515].

---

510 Vgl. auch: Wolfgang Giegerich: *Drachenkampf oder Initiation ins Nuklearzeitalter. Psychoanalyse der Atombombe*, Band 2, Zürich: Schweizer Spiegel-Verlag 1989, S. 222 f.

511 Ebd., S. 228. Kursiv im Original.

512 „Atommoral – Ein Gegenstück zur Atomstrategie" (1946), hier zitiert nach Hans Blumenberg: *Schriften zur Technik*, Alexander Schmitz, Bernd Stiegler (Hrsg.), Berlin: Suhrkamp 2015, S. 7–17.

513 Blumenberg, Atommoral, S. 8.

514 Ebd., S. 16.

515 Hans Blumenberg: „Weltbilder und Weltmodelle", in ders.: *Schriften zur Technik*, S. 128.

Wiederum wird eine zeitdiagnostische Schwellenerzählung an den Rand des Religionsdiskurses verlegt, wobei der Weltbild-Begriff nur im Zusammenhang mit dem Begriff des ‚Weltmodells' seinen analytischen Wert offenbart. Weltmodell meint dabei die „vom jeweiligen Stand der Naturwissenschaften abhängige [...] Totalvorstellung der empirischen Wirklichkeit“[516]. Mit dieser analytischen Unterscheidung führt Blumenberg aber nicht die Dichotomie von Mythos und Logos weiter, sondern legt den Fokus auf den Zusammenhang von „praktischer Kraft“ (Blumenberg verweist auf Kant) und Sinngebung im ‚Weltbild' auf der einen und der „Totalvorstellung der empirischen Wirklichkeit“ im ‚Weltmodell‘ auf der anderen Seite.

Wenig mehr als zehn Jahre nach Blumenbergs Analyse der Moralphilosophie im Atomzeitalter hat Günther Anders eine Diätetik für das Atomzeitalter verfasst. Bekanntheit erlangte sie 1957 erstmals als in der *Frankfurter Allgemeine Zeitung* publizierte *Gebote des Atomzeitalters* im Kontext von Anders frühem Engagement in der Antiatombewegung.[517] Indes erhielt auch der Briefwechsel mit dem am Atombombenabwurf über Hiroshima beteiligten Soldaten Claude Eatherly einige Resonanz, in der die *Gebote* reproduziert wurden.[518] Um die postapokalyptische Rekonfiguration des ‚Endes‘ in ihren Religionsbezügen deutlich zu machen, kann Anders erstes *Gebot des Atomzeitalters* herbeigezogen werden:

> „Dein erster Gedanke nach dem Erwachen heißt «Atom». Denn du sollst deinen Tag nicht mit der Illusion beginnen, was dich umgebe, sei eine stabile Welt. Was dich umgibt, ist vielmehr etwas, was morgen schon ein Gewesenes sein kann, ein Nur-Gewesenes; und wir, du und ich und unsere Mitmenschen, sind vergänglicher als alle, die bis gestern als vergänglich gegolten hatten. Denn unsere Vergänglichkeit bedeutet nicht nur, dass wir sterblich wären; auch nicht nur, dass wir tötbar wären, jeder von uns. Das war auch früher Brauch. Sondern, dass wir im ganzen tötbar sind, als «Menschheit». [...] Ist nämlich die heutige Menschheit tötbar, so erlischt mit ihr auch die gewesene; und die künftige gleichfalls. Das Tor, vor dem wir stehen, trägt daher die Inschrift «Nichts wird gewesen sein»; und von innen die Worte »Die Zeit war ein Zwischenfall».“[519]

Die Zeit war also ein Zwischenfall, so Anders in seinem ersten Gebot. Die Idee der Zeitwende wird so bei Anders zu einer apokalyptischen Weltsicht, wobei zu

---

516 Vgl. ebd., S. 128 f.

517 Die Erstpublikation der Gebote des Atomzeitalters erfolgte in der *Frankfurter Allgemeine Zeitung* vom 13.5.1957. Eine kritische Rezension der Claude Eatherly behandelnden Publikationen findet sich in: George P. Elliott: „The Eatherly Case“, *Commentary*, August 1968, 46/2, S. 75–78.

518 Günther Anders: *Off limits für das Gewissen. Der Briefwechsel zwischen dem Hiroshima-Piloten Claude Eatherly und Günther Anders* (Hrsg. Von Robert Jungk), Hamburg: Rowohlt 1961. Anders nahm den Briefwechsel mit Claude Eatherly auf, nachdem dieser als vom Krieg traumatisiert und nach einem Prozess wegen Urkundenfälschung im Gefängnis saß. Eatherly war für Anders deswegen interessant, weil er seine Gewissensbisse öffentlich kundtat. Für Anders war dies ein Zeichen dafür, dass „die Rückwirkung der Atombombe auf ihre Besitzer eingesetzt [hatte].“ S. 9.

519 Ebd., S. 26 f.

präzisieren ist, dass es sich dabei um eine postapokalyptische Programmatik handelt: „DIE ENTSCHEIDUNG IST SCHON GEFALLEN."[520] Im Unterschied etwa zu Giegerich unternimmt Anders jedoch keine Religionisierung, abgesehen von dem im Titel geführten Begriff des „Gebotes", welches diskursiv an das ‚religiöse Gebot' erinnert. Gleichwohl sind die ‚abgesonderten' Bereiche nicht etwa einer Autonomie der „sanctissima bomba"[521] zugerechnet. Stattdessen ist die mögliche Katastrophe „unser Werk":

> „Dein zweiter Gedanke nach deinem Erwachen laute: ‚Die Möglichkeit der Apokalypse ist unser Werk. Aber wir wissen nicht, was wir tun.' Wir wissen es wirklich nicht, und auch diejenigen wissen es nicht, die über die Apokalypse entscheiden; denn auch sie sind «wir», auch sie sind grundsätzlich Inkompetente. Dass auch sie inkompetent sind, ist freilich nicht ihre Schuld. Vielmehr die Folge einer Tatsache, die keinem von ihnen und keinem von uns angerechnet werden kann: nämlich Folge der täglich wachsenden Kluft zwischen zwei unserer Vermögen: zwischen dem, was wir herstellen können, und dem, was wir vorstellen können."[522]

Anders Positionierung im Religionsdiskurs zeigt in einem ersten Schritt eine Immanentisierung der Apokalypse an – ‚wir' sind tötbar, die Menschheit, durch uns selbst. Gleichzeitig wird diese Immanenz zu einem transzendenten, nichtbewussten und außerhalb des Wissens angesiedelten Ereignis, wobei wir in dieser Ignoranz unschuldig seien. Doch ist dies die Tonlage einer apokalyptischen Stimmung oder nicht vielmehr das, was von der Apokalyptik nach der Aufklärung noch übrigblieb? Es stellt sich vor dem Hintergrund von Anders und Gieberichs Thesen also erneut die Frage nach der ‚abendländischen Eschatologie' und ihrer apokalyptischen Rekonfiguration, wie sie bei Anders als Vertreter des *nuclear criticism* oder bei Gieberich als Psychoanalytiker des Atomzeitalters sichtbar wird.[523] Diese Frage wird abschließend in ein Gespräch mit Derrida und Kant gestellt, um dabei dem „apokalyptischen Ton in der Philosophie" nachzugehen, insofern beide die Frage nach dem ‚Ende' im philosophiegeschichtlichen Kontext von Aufklärung und Eschatologie thematisieren.

Um die Konturen von Jacques Derridas Perspektive auf die Apokalyptik deutlicher zu machen, lohnt es sich, auf seine Bestimmung von Eschatologie einzugehen: „Eschatologie besagt *eschaton*, Ende oder vielmehr Extrem, Grenze, Abschluss, Letztes, das, was *in extremis* kommt, um eine Geschichte abzuschließen, eine Genealogie oder einfach eine abzählbare Serie."[524]

---

520 Ebd., S. 31. Majuskeln im Original.

521 Vgl. Giegerich, *Drachenkampf*, S. 220.

522 Anders, *Off limits*, S. 26–27. Hier ließe sich auch auf Anders These der prometheischen Scham weiter eingehen.

523 Vgl. auch Karl Jaspers: *Die Atombombe und die Zukunft des Menschen. Politisches Bewusstsein in unserer Zeit*, München: Piper 1960. Karl Jaspers sucht darin nach einem „überpolitischen Ethos", „ohne dass die Menschheit [in der Epoche der Atombombe] verloren ist."

524 Derrida, *Apokalypse*, S. 22. Kursiv im Original.

Derrida suggeriert mit dem nach Kant gewählten Titel *Von einem neuerlich erhobenen apokalyptischen Ton in der Philosophie*, dass es sich bei dem „apokalyptischen Ton" um ein Genre handelt.[525] Er nimmt Kants Schrift *Von einem neuerlich erhobenen vornehmen Ton in der Philosophie* (1796) zum Ausgang, von dem her er der Frage nachgeht, was der Vorteil für diejenigen ist, die vom Ende sprechen und es als baldig und bevorstehend beschreiben. Kant selbst kritisierte die von ihm sogenannten ‚Mystagogen', die in der Philosophie einen obskurantistischen Ton angeschlagen hätten. In parodistischem Stil geht Derrida dieser Bewegung nach und zeigt dabei, wie Kant selbst zum neuen Mystagogen einer aufklärerischen Apokalyptik wurde – oder werden musste.

Dies hängt Derrida zufolge damit zusammen, dass die Philosophie nicht ohne diesen ‚apokalyptischen' Ton existieren könne, denn dieser habe ein höheres Ziel: „Natürlich will er anziehend wirken, will er bewirken, dass man kommt, zu ihm kommt, will er verführen, um zu sich als dem Ort zu führen, wo die erste Schwingung des Tons zu vernehmen ist […]."[526] Die Verführung durch den „apokalyptischen Ton" zielt also letztlich auf nichts Geringeres als die Wahrheit: „Die Wahrheit selbst ist das Ende/Ziel [*fin*], die Bestimmung, und dass die Wahrheit sich enthüllt, ist das Nahen des Endes."[527]

Damit scheint Derrida der These der apokalyptischen Ignoranz von Günther Anders zu widersprechen, wenn er das Atomzeitalter als die „Epoche des absoluten Wissens" beschreibt: „Das Atomzeitalter ist keine Epoche, es ist die absolute *epoche*; es ist nicht das absolute Wissen und das Ende der Geschichte, es ist die Epoche des absoluten Wissens."[528] Der Widerspruch zu Anders These löst sich jedoch auf, als Derrida festhält, dass dieser Wahrheitsanspruch, der auch hier noch auf dem Anspruch beharrt, „individuelles Allgemeines zu sein", in der Gegenwart seine Geltung eingebüßt habe. Stattdessen sei unser Zeitalter dadurch gekennzeichnet, dass es vor einem Nicht-Ereignis steht, wie Derrida in *Now Apocalypse, not now* beschreibt:

> „Im Unterschied zu den anderen Kriegen, denen allen Kriege des im Gedächtnis der Menschen mehr oder weniger ähnlichen Typs vorhergegangen waren (und das Schießpulver markierte in dieser Hinsicht keinen radikalen Bruch), hat der Atomkrieg keinen Vorgänger. Er hat selbst noch nie stattgefunden, er ist ein Nicht-Ereignis."[529]

Das Ereignis des Atomkrieges stellt sowohl ein „Zum-ersten-Mal-Sein" als auch ein „Zum-letzten-Mal-Sein" dar, was Derrida zufolge einige sogar dazu bringe, von seiner ‚Erfundenheit' zu sprechen und den Atomkrieg als „fabulöse Vorspiegelung [*spécularisation*]" zu bezeichnen.[530] In dieser Erfundenheit liege aber

---

525 Ebd., S. 17.
526 Ebd., S. 54.
527 Ebd.
528 Ebd., S. 99.
529 Ebd., S. 86.
530 Ebd., S. 87.

auch eine zweite paradoxale Neuerung des Atomzeitalters: „Man kann nicht mehr Glauben und Wissenschaft, *doxa* und *episteme*, einander gegenüberstellen, wenn man einmal zum kritischen Ort des Atomzeitalters gelangt ist."[531] Im Zeitalter des Atomkriegs gibt es also keinen „*nuclear criticism*"[532] mehr – Glaube und Wissen[533] seien nicht mehr auseinanderzuhalten. Offenbar werden also am Schwellenereignis *Wissensregime* konstituiert – Wissensregime definiert als Metasprachen, mit der die epistemische Relation zur Welt bestimmt wird. Der Atomkrieg amalgamiert offenbar *doxa* und *episteme*.

Wenn Derrida nun im Atomzeitalter die Frage nach dem ‚Ende' als einem besonderen Ereignis in den Zwischenraum zwischen Glauben und Wissen stellt, sind also wiederum beide Ebenen berührt, auf denen Schwellenerzählungen im Religionsdiskurs zur Debatte stehen: einerseits die Ordnung der Zeit mit temporalen Positionierungen und andererseits die Arbeit an der Religion im Spiel von Separierungen und Amalgamierungen von Wissensregimen.

Das Ereignis ‚Atomkrieg' kategorisiert also die modernen Wissensregime auf eine Weise, in der die Mythos-Logos-Unterscheidung und ihre erkenntnistheoretischen Nachfolger – etwa die Behauptung einer Diskontinuität oder einer Kontinuität zwischen Eschatologie und aufklärerischem Fortschrittsideal – neu justiert werden müssen. Neben dieser Arbeit an der Religion und ihren (erkenntnistheoretischen) Grenzen stellt sich darüber hinaus auch die Frage, inwiefern in der Ordnung der Zeit eine erkenntnistheoretische Ereignismystik übernommen wird, wenn wir über die (‚noch-nicht-eingetretene') Atomkatastrophe sprechen. Wenn wir uns an die eingangs gemachten Bemerkungen zum Ereignis erinnern, die Derrida etwa mit Maurice Blanchot teilt und die das Sprechen vom Ereignis als Vertikalität der „absoluten Ankunft" (vgl. 1.4.2) versteht, dann muss revidiert werden: Erneut wird die Aushandlung eines Schwellenereignisses in der Moderne an den Rand des Religionsdiskurses gesetzt, um dabei die Grenzen und Zusammenhänge von ‚Religion' und ‚säkularer' (etwa wissenschaftlicher, philosophischer, politischer) Ordnung zu setzen. Die Analyse von geschichtskonstitutiven Schwellenerzählungen führt in der Moderne also von verschiedenen Seiten her zum Religionsdiskurs und rekurriert auf ihn als sein in verschiedener Hinsicht konstitutives Außen. An den Grenzen des Religionsdiskurses werden in der Moderne also Wissensregime konstituiert, stabilisiert und hierarchisiert.

---

531 Ebd., S. 89.

532 Unter dem Titel des *nuclear criticism* fand 1993 eine von Diacritics organisierte Konferenz statt, an der Jacques Derrida den hier zitierten Aufsatz vortrug.

533 Diese philosophie- und theologiegeschichtliche Debatte kann hier nicht in der dafür notwendigen Differenz dargestellt werden.

Die Analyse der Rede vom ‚Ende' im modernen Religionsdiskurs hat zudem gezeigt, dass anstelle von Metaphern des Endes oder der Rückkehr und Wiederkehr ‚von einem *wiederholt* erhobenen *ereignismystischen* Ton im Religionsdiskurs' die Rede sein sollte. Denn die Rede vom Ende der Religion ist beinahe so alt wie diejenige von ihrer Rückkehr.

4. *Achsenzeiten*: Historiographische Separierungen und Amalgamierungen[534]

‚Säkularisierung' wurde im letzten Kapitel als Selbstthematisierung sowohl sozial-, kultur- und geisteswissenschaftlicher als auch philosophischer Provenienz dargestellt. Der Blick auf postulierte Schwellen – zuvor sichtbar an der Figur vom ‚Ende' – zeigte die Konstitution einer (Neu-)Ordnung im Moment ihrer erzählten Krise, auf der Schwelle. Das folgende Kapitel legt den Fokus auf die Arbeit an der Religions*geschichte*, wobei die These einer ‚Achsenzeit der Menschheit' exemplarisch für die historiographische Arbeit an der Religion in der Zeit ist.

Während Richard Koebner der Ereignismystik in einem Stil entsagte (vgl. 3.4.1.), der biographisch und weltpolitisch viel eher als Zäsur größeren oder sogar größten Ausmaßes hätte bestimmt werden können, stellte Karl Jaspers vier Jahre nach dem Ende des Krieges eine geschichtsphilosophische Schwellenerzählung vor, die bis heute immer wieder rezipiert wurde. Die These der Achsenzeit, nach der zwischen etwa 800 und 200 v.u.Z. eine entscheidende Epoche der Menschheitsgeschichte beschrieben werden kann, taucht vermutlich erstmals als kulturimperialistischer Vergleich Ende des 18. Jahrhunderts in Frankreich beim französischen Orientalisten Abraham Hyacinthe Anquetil-Duperron auf.[535] Ihre eigentliche Rezeptionsgeschichte entfaltet sie jedoch erst nach dem Zweiten Weltkrieg als geschichtsphilosophisches und später kulturgeschichtliches Programm. Bis heute aber wird sie weiterhin als Parallele beschrieben, in der eine Anleitung zur Therapierung einer gegenwärtigen Krise zu finden sei.[536]

Ein diskursgeschichtlicher Zugang zur Achsenzeit zeigt diese als universalistisches Erziehungsprogramm, welches im Genre der Geschichtsphilosophie eine „Glaubensthese" formuliert.[537] Die Schwelle der Achsenzeit wird zwar nicht mit einem einzelnen Ereignis bestimmt, sondern mit vielen vergleichbaren Ereignissen in den Kontext einer weltgeschichtlichen und religionshistorisch bestimmenden Epoche gesetzt. Mit der auf Schwellen im Religionsdiskurs fokussierenden diskursgeschichtlichen Perspektive der temporalen Positionierungstechnologien wird gerade die Produktion dieser offenbar vergleichbaren Ereignisse als Arbeit an der Religion beleuchtet und damit gezeigt, worin diese

534 Dieses Kapitel ist die ausgearbeitete Version eines Artikels, der 2017 erschien. Vgl. Atwood: „Zur Politik des Ursprungs. Die Religionsgeschichte der Achsenzeit im 20. Jahrhundert", *Zeitschrift für Diskursforschung*, 2017, 1, 62-77, doi: 10.3262/ZFD1701062.

535 Vgl. zur Wissensgeschichte der Achsenzeit insbesondere die neuere Publikation von Jan Assmann: *Achsenzeit. Eine Archäologie der Moderne*, München: C.H. Beck 2018.

536 Hinsichtlich der genaueren Analyse der *temporalen Positionierungstechnologien* vgl. oben 1.4.2. (zur Parallelisierung insbesondere 1.4.2.3.) sowie hier nachfolgend unter 3.3.1.

537 Karl Jaspers bezeichnet die These der Achsenzeit als „Glaubensthese", was unter 3.3.2. näher erläutert wird.

Vergleichbarkeit genau besteht, wie dabei ‚Religionsgeschichte' konstituiert und welche Politik des Ursprung damit begründet wird.

4.1. Die Politik des Ursprungs und die Arbeit an der Geschichte

Die Ordnungsstiftung in der Geschichte gehört zu den zentralen Themen der Geschichtswissenschaft und der Geschichtstheorie im Speziellen. In ihrer Theoretisierung werden unterschiedliche Erwartungen und Bedürfnisse ersichtlich, welche im öffentlichen Diskurs häufig auf eine Dichotomie zwischen Geschichts*mythen* einerseits, verstanden als Geschichtsfiktionen, und der Geschichts*wissenschaft* andererseits reduziert werden (vgl. 1.3.1.). Diese Dichotomie reduziert jedoch die ‚Arbeit am Mythos' (Blumenberg) auf einen eindeutig zu entscheidenden Kampf zwischen Mythos und Logos, der, wie oben erwähnt, als Positionierung im semantischen Feld der ‚Religion' qua Bestimmung des ‚Mythos' behandelt wird. An dieser Stelle genügt es, mit Reinhart Koselleck auf den fließenden Übergang von *res factae* und *res fictae* zu verwiesen und darzulegen, dass es gleichermaßen unzureichend ist, hier auf solchen Dichotomien zu bestehen und die Geschichtsschreibung – wie es u.a. Hayden White[538] teilweise getan hat – auf Narrativität zu reduzieren. Stattdessen zielt die vorliegende Analyse auf eine Theoretisierung der Geschichtsschreibung, wozu etwa Jörn Rüsen mit seinem Hinweis auf je unterschiedliche ‚vernünftige' Zugänge zur Geschichte Anlass gegeben hat.[539] Am Beispiel der spezifischen Periodisierung der Achsenzeit wird gezeigt, wie an dieser geschichtsdeutenden Schwellenerzählung unterschiedliche ‚Autobiographien' gebildet und dabei unterschiedliche epistemische Kollektive auf ihren jeweiligen Ursprung in der Achsenzeit zurückbezogen und stabilisiert werden.

Politik des Ursprungs wird die Konstruktion eines Handlungsprinzips genannt, das seine Legitimation durch eine Schwellenerzählung bezieht: eine an einem epochalen Ereignis festgemachte und durch diesen ‚Ursprung' legitimierte Sicht auf die ‚neue Welt', die ‚neue Zeit' oder das ‚neue Paradigma'. Wieso jedoch Politik des ‚Ursprungs', wenn dabei doch die chronopolitische

538 Es finden sich in Whites Werk sowohl Stellen, welche die Narrativität der Geschichtsproduktion betonen, als auch solche, wo er sich gegen eine Reduktion der Historiographie auf fiktionale Erzählungen wehrt. Vgl. von Hayden White (u.a.): *Auch Klio dichtet, oder die Fiktion des Faktischen. Studien zur Tropologie des historischen Diskurses*, Stuttgart: Klett-Cotta 1986; *Tropics and Discourses. Essays in Cultural Criticism*, Baltimore: John Hopkins University Press 1978; „The Structure of Historical Narrative", in ders.: *The Fiction of Narrative. Essays on History, Literature, and Theory 1957–2007*, Baltimore: John Hopkins University Press 2010, S. 112–125.

539 Jörn Rüsen: *Historische Vernunft. Grundzüge einer Historik I: Die Grundlagen der Geschichtswissenschaft*, Göttingen: V&R 1983, vgl. insbes. S. 116–136.

Praxis[540] erfasst werden soll? Weil sich das ‚neue' Paradigma auf sein erstes Auftreten, sein erstes ‚Ereignis' – seinen Ursprung – beruft. Der Ursprung ‚legitimiert' nicht von sich aus die neue Erzählung (dies steht nur dem Erzähler selbst zu), jedoch stellt er ihren narrativen Anfang dar und vergewissert damit ihre Identität.

Damit liegt der Fokus auf der Praxis der historischen Identitäts- und Orientierungsstiftung und der damit verbundenen Konstruktion von Therapievorschlägen für die (in der Diagnose sichtbar gemachten) Probleme der Gegenwart. Dabei werden jedoch im Anschluss an Jean-François Bayart nicht die Identitäten, sondern die „identitären Strategien" als „operationale Akte der Identifikation" zum Gegenstand gemacht und auf Schwellenerzählungen im modernen Religionsdiskurs angewendet.[541] Diese Zielvorgabe äußert sich sowohl in den temporalen Positionierungstechnologien in der Ordnung der Zeit als auch in der Analyse der Arbeit an der Religion über Separierungen und Amalgamierungen von ‚Religion' und ihrem konstitutiven Außen.

In diesem Kapitel werden zwei Anliegen aufgenommen: Zum einen wird die Anwendung der temporalen Positionierungstechnologien auf Schwellenerzählungen ein zweites Mal illustriert und damit die Perspektive (welche zuvor im Blick auf die ihr zugrundeliegende Methodologie eingeführt wurde) der Arbeit an der Religionsgeschichte der Achsenzeit expliziert. Zum anderen wird die These der Religionsgeschichte als Ordnungsgeschichte ausgewiesen und in der Analyse gezeigt, wie durch die Konstruktion von Schwellen in der Religionsgeschichte Gegenwartsdiagnosen mit ihren ‚parallelen' Schwellen ‚erklärt' werden, was die Politik des Ursprungs als Praxis verdeutlicht.[542]

Die Religionsgeschichte der Achsenzeit wird dabei als Doppelcodierung sichtbar, womit gemeint ist, dass zwei Codierungen miteinander verknüpft werden: ‚Religion' wird sowohl im Hinblick auf ‚wahres' Wissen (etwa als Kritik des Mythos von Seiten des Logos) als auch im Hinblick auf die gesellschaftliche Institution in Politik und Recht differenziert.

Dabei wird deutlich, dass die Reflexion über eine Geschichtsphilosophie häufig mit ihrer Reproduktion einhergeht – die ‚Arbeit am Mythos' wird fortlaufend weitergeführt. Diese Arbeit an der Geschichte der ‚Achsenzeit' geht also auch hier wiederum als Selbstthematisierung weiter, in der ‚Religion', ‚My-

[540] Vgl. 1.2., Fußnote 51. Dort wird Mario Kaisers Formulierung der Chronopolitik eingeführt, welche sich auf die „Regierung der Differenz zwischen Zukunft und Gegenwart" bezieht. Kaiser, „Chronopolitik", 2014.

[541] Bayart, *L'illusion identitaire*, S. 98.

[542] In diesem Sinne lässt sich im Anschluss an Eßbach fragen, ob neben der „Kunst"- und der „Wissenschaftsreligion" hypothetisch auch von einer ‚Geschichtsreligion' gesprochen werden kann, insofern als in der Geschichtsschreibung eine gruppen- und identitätsbildende Sinnstiftung vorgenommen wird. Vgl. Eßbach, *Religionssoziologie 1*, S. 743–751. Vgl. dazu insbes. Wolfgang Eßbach: *Religionssoziologie 2. Entfesselter Markt und Artifizielle Lebenswelt als Wiege neuer Religionen*, München: Wilhelm Fink 2019.

thos', ,Politik', ,Recht' oder Vernunft relationiert und damit konstituiert werden.

Dieser autobiographische Gehalt der Achsenzeitthese führt in der vorliegenden Arbeit zuletzt zum Versuch, dieses eurasisch-zentrierte Geschichtsmodell zu provinzialisieren und zu dekolonisieren – allerdings bleibt es im Fall der Achsenzeit ein zum Scheitern verurteilter Versuch.

4.2. *Die Achsenzeitthese als Religionsgeschichte der Moderne*

Die Achsenzeitthese postuliert einen welthistorischen Umbruch zwischen etwa 800 und 200 v.u.Z.. In dieser Epoche sollen, je nach Formulierung, die ,großen (Welt-)Religionen', Philosophien, Welt- und Geschichtskonzeptionen entstanden sein, welche die „entschiedenste Einheit der Menschheitsgeschichte"[543] zum Ausdruck bringen solle – so das geschichtsphilosophisch-diagnostische Postulat. Es werden also verschiedene Enden in der Form voraxialer Kulturen zusammengetragen und in einem einzigen Anfang gebündelt: der Achsenzeit.

Die ,Achse' verknüpft die je nach Konstellation betonten Enden: das Ende der Vorgeschichte, des vor-reflexiven oder mythischen Zeitalters oder dasjenige der Theokratie. In jedem Fall stehen Errungenschaften im Zentrum der Erzählung, welche den Anfang einer zentralen Errungenschaft der Menschheit betreffen.

Als geschichtsphilosophische Ordnungsgeschichte des 19. und 20. Jahrhunderts ist die Achsenzeitthese gleichwohl in erster Linie Teil der europäischen Religionsgeschichte (vgl. 1.3.1.2.) und wird als chronopolitische Ordnungsgeschichte der Moderne sichtbar. Religionsgeschichtsschreibung wird in dieser Betrachtung zur Ordnungsgeschichte, womit gemeint ist, dass die Zuschreibung von Kategorien wie ,Religion', ,Einheit der Menschheit' oder ,Historizität' eine Ordnung der Welt erst ermöglicht. Dies wurde von Eric Weil hinsichtlich der Autor*innenposition des/der Historiograph*in beschrieben und mit Bezug zur Achsenzeitthese auf die folgende Formel gebracht:

> „Die Geschichte, die wir schreiben, ist im Grunde immer unsere eigene intellektuelle und politische Autobiographie und unser Versuch, zu einem genetischen Verständnis unserer eigenen Lebens-, Handlungs- und Empfindungsweise zu gelangen. Die Bedeutung solcher Begriffe wie ,Durchbruch' und ,Achsenzeit' werden nur dann klar, wenn wir sie in diesem Kontext benutzen, wenn wir erkennen, dass die Wichtigkeit von Ereignissen und Daten von dem Platz bestimmt wird, den wir ihnen in unserer Autobiographie zuweisen, und nicht von ihrem materiellen Gewicht."[544]

[543] Karl Jaspers, *Vom Ursprung und Ziel in der Geschichte*, München: Piper 1949, S. 18.

[544] Eric Weil: „What is a Breakthrough in History?", *Daedalus, Wisdom, Revelation and Doubt: Perspectives on the First Millennium B.C.*, 104/2, 1975, S. 21–36. Hier in deutscher Übersetzung zitiert nach Yehuda Elkana: „Die Entstehung des Denkens zweiter Ordnung im antiken Griechenland", in: Shmuel N. Eisenstadt (Hrsg.): *Kulturen der Achsen-*

Viele der Autor*innen, welche in diesem Kapitel erwähnt werden, nehmen die von Eric Weil hier formulierte Position auf, aber gleichzeitig nicht zum Anlass, auf das Epochenmodell der Achsenzeit zu verzichten. Die einfachste Erklärung dafür wäre, dass auf solche Geschichten der Identitätsstiftung, die eine hohe Syntheseleistung mit globalgeschichtlicher Nutzungsmöglichkeit anbieten, nicht zu verzichten ist.

Eine weniger allgemeine Erklärung findet sich darin, dass die Achsenzeitthese eine religionsgeschichtlich argumentierende, aber philosophisch und soziologisch akzentuierte Erzählung beinhaltet, welche nichts weniger als die Antwort auf die Frage nach den „Wurzeln der Moderne" zu geben versucht.[545] Damit tritt die These in den Bereich der mythopoetischen Geschichtserzählungen, wenn unter Mythos nicht nur in polemischer Absicht ‚falsche Geschichten' oder Unwahrheiten verstanden werden, sondern *Erzählungen* gemeint sind, *die durch die Imagination einer paradigmatischen Geschichte die Welt raum-zeitlich ordnen und damit Handlungsanweisungen für Individuen wie für Kollektive anbieten* (vgl. auch 1.3. und 2.2.). Durch einen so gefassten Mythosbegriff werden Zeitdiagnosen heuristisch in eine Nähe zum Mythos gerückt. Gleichzeitig bezeichnet die ‚Mythologisierung' (in Analogie zur ‚Religionisierung', vgl. 1.3.2.2.) eine diskursive Zuschreibung, die in den beobachteten Diskursen der Achsenzeit (aber auch des ‚Endes' und später der ‚Stunde Null') vorgenommen wird. Die Nähe der beobachteten Zeitdiagnosen zum Mythos definiert sich also nicht nur theoretisch als geschichtskonstitutive Erzählung, sondern auch diskursiv durch ihre Positionierung des Mythos in der Geschichte und die eigenen Episteme. Die bestimmbare und in der folgenden Analyse gerade bestimmte Nähe oder Ferne zum ‚Mythos' verdeutlicht die *Arbeit am Mythos* in der Geschichte der Achsenzeit. In dieser Doppelführung wird ein Moment der religionstheoretischen Perspektivierung dieser Analyse religionsbezogener Schwellenerzählungen deutlich.

Der Fokus auf die Verbindung von politischen Handlungsanweisungen und mythopoetischen Erzählungen macht dabei deutlich, was unter chronopolitischer Orientierungsleistung zu verstehen ist. Im Folgenden werden Versionen der Achsenzeitthese hinsichtlich ihrer Erzählmuster – der temporalen Positionierungstechnologien – analysiert und auf ihre Diagnosen- und Therapievorschläge hin untersucht.

---

zeit. Ihre Ursprünge und ihre Vielfalt, Teil 1, Frankfurt a. M.: Suhrkamp 1987, S. 51–88, S. 59 f.

545 Vgl. Dieter Metzler: „Achsenzeit als Ereignis und Geschichte", *IBAES*, Das Ereignis, Geschichtsschreibung zwischen Vorfall und Befund, (Internet-Beiträge zur Ägyptologie und Sudanarchäologie, HU Berlin, 10, 2009, S. 169–173, S. 173. http://www2.rz.hu-berlin.de/nilus/net-publications/ibaes10/inhalt.html (zuletzt abgerufen am 16.8.2019).

4.3. *Karl Jaspers' These der Achsenzeit als Durchbruch und Glaubensthese*

Karl Jaspers thematisiert in der Erstausgabe von 1949 den gerade zu Ende gegangenen Zweiten Weltkrieg und den europäischen Faschismus nicht explizit. Aleida Assmann gibt verschiedene Hinweise, wieso die für Historiker*innen eher ungewohnten existenzialistischen Töne in *Vom Ursprung und Sinn der Geschichte* dennoch als universaler Gegenentwurf zu einem totalitären Geschichtsbild zu lesen sind.[546] Jaspers formuliert im Anschluss an die globale Katastrophe ein geschichtsphilosophisches Konzept, welches die zeitgenössische Schwelle mit der spezifischen Deutung der ‚ersten' universalgeschichtlichen und überhaupt ersten ‚geschichtlichen' Schwelle zu überwinden verspricht: dem ‚Durchbruch' der Achsenzeit – „[d]ort liegt der tiefste Einschnitt der Geschichte"[547]. Hans Joas geht der Begriffsgeschichte der ‚Achse' bei Hegel nach und zeigt, wie für Jaspers eine solche „christozentrische und christentumszentrische Auffassung allerdings nicht länger akzeptabel" ist.[548] Stattdessen wird eine auf den ersten Blick universalistische Geschichtsphilosophie sichtbar. Die Menschheit wird in eine historische Genealogie gestellt, deren gemeinsamer Ursprung eben die Achsenzeit sei. Jaspers Geschichtsentwurf stellt ein weiteres Beispiel für eine philosophische Zeitdiagnose dar, welche in ihrer narrativen Gestaltung verschiedene temporale Positionierungstechnologien in der Form mythopoetischer Erzählweisen aufweist. Damit wird erneut illustriert, was die Politik des Ursprungs bezeichnet: eine Weltdeutung, welche ein Handlungsprinzip durch Rückführung auf ein Ursprungsmoment begründet.

Gleichwohl ist der gemeinsame Ursprung hinsichtlich des politischen Handlungsprinzips verschieden deutbar, wie noch zu zeigen ist. Damit ist auch die erste temporale Positionierungstechnologie angesprochen: die Parallelisierung, wie sie in der Schwellenbeobachtung eingeführt wurde (vgl. 1.4.2.3.).[549] Damit wird das inhaltliche Aufeinanderbeziehen von zwei historisch entfernten (je-

546 Vgl. hierzu besonders Aleida Assmann: „Jaspers' Achsenzeit, oder Schwierigkeiten mit der Zentralperspektive in der Geschichte", in: Dietrich Harth, D. (Hrsg.): *Karl Jaspers. Denker zwischen Wissenschaft, Politik und Philosophie*, Stuttgart: Metzler 1989, S. 178–205. Vgl. auch Aleida Assmann: „Einheit und Vielfalt in der Geschichte: Jaspers' Begriff der Achsenzeit neu betrachtet", in: Eisenstadt (Hrsg.): *Kulturen der Achsenzeit II. Ihre institutionelle und kulturelle Dynamik. Teil 3: Buddhismus, Islam, Altägypten, westliche Kultur*, Frankfurt am Main: Suhrkamp 1992, S. 330–340.

547 Jaspers, *Vom Ursprung und Ziel*, S. 19.

548 Hans Joas: *Was ist die Achsenzeit? Eine wissenschaftliche Debatte als Diskurs über Transzendenz*, Basel: Schwabe 2014. Karl Jaspers weist zwar auf die „christliche Struktur der Weltgeschichte in unserer Zeitrechnung" hin, betont aber, dass dies „ein Glaube, nicht der Glaube der Menschheit" sei. Vgl. auch Jaspers, *Vom Ursprung und Ziel*, S. 19.

549 Jaspers selbst spricht von einem „Parallelismus" (ebd., S. 33). Hier soll jedoch die Aufmerksamkeit auf die Tätigkeit und nicht auf die Objektivierung des Tatbestandes gelenkt werden.

weils postulierten) Epochenbrüchen bezeichnet. Im Fall von Jaspers Achsenzeit wird diese als universalgeschichtliche Umbruchsphase mit der Gegenwart in Beziehung gesetzt und die in ihr sichtbare „Einheit […] zum Ziel des Menschen" erklärt.[550] Die Katastrophe des Zweiten Weltkriegs soll also mit der Idee der Einheit der Menschheit, die in der Achsenzeit konsolidiert worden sei, ‚therapiert' werden. Parallelisiert wird also die voraxiale Zeit mit der nationalsozialistischen Ära und dem anschließenden Zweiten Weltkrieg, sowie die Achsenzeit selbst mit der nach der Katastrophe notwendigen Reform.

Dies ist ein zugleich prospektiver und zurückblickender Prozess: Einerseits wird auf den verlorenen Ursprung zurückgeblickt, an dem die ‚Einheit der Menschheit' möglich gewesen sei. Andererseits erscheint dieser Ursprung als ‚Erklärung' und ‚Therapie' der zeitgenössischen Krise. Der Wiederaufbau der Welt nach dem Zweiten Weltkrieg soll also Jaspers zufolge im Bewusstsein der Einheit der Menschheit erfolgen, woraus eine – wie Boy und Thorpey festhalten – „pluralistische Konzeption der Geschichte [resultiert], die Einheit in der Vielheit sieht." Je mehr der Achsenzeitbegriff sich von diesem Kontext entferne, desto eher würde er zu einer Metapher für „‚Durchbrüche' jeglicher Art".[551]

4.3.1 Parallelen und Achsen

Mit der Therapierung der Gegenwart durch die zum Ziel genommene Achsenzeit wird eine inhaltliche *Parallele* zwischen dem zeitgenössischen Ort von Autor*in und Leser*in sowie der ‚ursprünglichen' Zeit der Achsenzeit geschaffen. Mit anderen Worten: Durch das In-Beziehung-Setzen von Gegenwart und Achsenzeit, durch diese Parallelisierung, werden Diagnose und Therapie legitimiert, was erneut zur Politik des Ursprungs zusammengefasst wird.

Parallelisierungen können jedoch sowohl *lokal* als auch *temporal* ausgerichtet sein. *Temporale* Parallelisierungen bezeichnen dabei die zeitliche Struktur der Erzählung selbst: Eine – meist zeitgenössische – wird mit einer historischen Schwelle in Verbindung gebracht und dazwischen eine kohärente und inhaltlich bestimmte Verbindung geschaffen. Bei Jaspers steht dies für die Verbindung der Weltkriegskatastrophe mit der Achsenzeit, genauer für die Berufung auf die ‚Einheit der Menschen' als eine beide Schwellen verbindende Parallele, wie sie gerade illustriert wurde.

Karl Jaspers, Alfred Weber und den meisten Nachfolger*innen zufolge steht die Achsenzeit auch für ein gleichzeitiges oder paralleles Auftreten menschheitsgeschichtlicher Transformationen. Damit ist die Behauptung gemeint, der zufolge ‚gleiche' oder ‚ähnliche' Veränderungen zur selben Zeit, aber an unter-

550 Jaspers, *Vom Ursprung und Ziel*, S. 325.

551 John D. Boy, John Torpey: „Inventing the axial age: the origins and uses of a historical concept", *Theory and Society*, 42/3, 2013, S. 241–259, S. 259.

schiedlichen Orten stattgefunden haben. Dabei geht es um die Arbeit an der Religion und um die Auswahl dessen, was zur Achsenzeit gehört: bestimmte Religionen, bestimmte Philosophien, bestimmte Herrschaftsformen, selektioniert entweder aufgrund einer gemeinsamen Identität oder einer Wechselwirkung.[552]

Neben der temporalen Parallelisierung lässt sich auch von *lokalen* Parallelisierungen sprechen: Jaspers und anderen Autor*innen zufolge steht die Achsenzeit auch für ein gleichzeitiges oder ‚paralleles' Auftreten menschheitsgeschichtlicher Transformationen. Damit ist die Behauptung gemeint, der zufolge ‚gleiche' oder ‚ähnliche' Veränderungen zur selben Zeit, aber an unterschiedlichen Orten stattgefunden haben.

Die als lokale Parallelisierung bezeichnete scheinbare Gleichzeitigkeit stellt das Hauptmerkmal der spezifisch achsenzeitlichen Mythopoesie dar und wurde vermutlich erstmals vom französischen Orientalisten Abraham-Hyacinthe Anquetil-Duperron als eine zeitliche Korrelation räumlich unterschiedlicher Ähnlichkeiten in den drei Hauptkulturen der Alten Welt (China, Indien, Vorderasien/Okzident) beschrieben. Die v.a. von Jaspers bekannt gemachte Metapher der Achsenzeit hat jedoch selbst mehrere frühe Ursprünge. Einer der ersten liegt also in Frankreich kurz vor der Revolution: Nachdem Anquetil-Duperron 1777 Kenntnis von der Gleichzeitigkeit Zarathustras, Lao-Tses, Konfuzius, Buddhas, der israelitischen Propheten und der griechischen Philosophen erhielt, urteilte er über diese ‚revolutionäre Umbruchsphase' folgendermaßen: „Dieses Jahrhundert [kann] als eine bemerkenswerte Epoche in der Geschichte der menschlichen Gattung angesehen werden kann. Damals ereignet sich in der Natur eine Art Revolution, die in mehreren Teilen der Erde Genies hervorbrachte, die dem Universum den Ton angeben sollten."[553] Die Entdeckung der Gleichzeitigkeit räumlich divergenter, aber allesamt ‚welthistorischer Genies' steht somit als Thema am Beginn der Geschichte des Achsenzeitmythos.

Je nach Ausgestaltung beschreibt diese lokale Parallelisierung der Menschheitsgeschichte die gleichzeitige Entstehung der ‚Hochreligionen' (Toynbee 1954), der Reflexion (Jaspers 1949, Eisenstadt et al 1987-1992, Bellah 2011[554]) oder etwa den Übergang von mythischer zu logischer Weltsicht (Jaspers). Im-

552 „The relational theory of time solved its problems in several ways, but mainly by minimizing the role of causality. When two events are connected causally they must at the very least be related either by genidentity (they involve the same body, or at least one persistent entity if some sort), or else they take part in some exchange that constitutes a signal, broadly speaking." Bastiaan C. van Fraassen: „Time in Physical and Narrative Structure", in: John Bender, David W. Wellberry: *Chronotypes. The Construction of Time*, Stanford: SUP 1991, S. 19–37, S. 29.

553 Zitiert nach Metzler, „Achsenzeit als Ereignis und Geschichte", S. 169.

554 Aus der umfangreichen Achsenzeitforschung werden von den hier erwähnten nur zwei nachfolgend behandelt: Shmuel Eisenstadts Kulturgeschichte der Achsenzeit wird unter 3.4.2. näher erläutert, während Robert N. Bellah unter 3.4.3. beschrieben wird.

mer wurde damit jedoch eine „Zentralperspektive" an die Geschichte gelegt, wie Aleida Assmann betonte.[555]

Die Parallelisierung der Achsenzeit, die Eric Voegelin eine „Konstruktion paralleler Heilsgeschichten" nannte,[556] begründet so ein geschichtsphilosophisches Narrativ, welches je unterschiedliche Gegenwartsdiagnosen mit verschiedenen inhaltlichen Zentren anschlussfähig macht. Dies verweist einerseits auf die Kontingenz, die jeder Verbindung von Ereignis und Deutungsangebot inhärent ist. Anders gesagt: Welches Ereignis in der Erzählung zentralisiert wird, erschließt weder die Erzählung selbst noch die daraus abgeleitete Zeitdiagnose. So kann etwa der 8. Mai 1945 sowohl als Tag der Befreiung als auch als Tag brutalster Massaker französischer Truppen an der algerischen Zivilbevölkerung in Sétif erzählt werden.[557] Der Kontingenz der Verknüpfung von Erzählung und Ereignis stehen aber andererseits bestimmbare Technologien wie Zentrierung, Parallelisierung oder Dynamisierung gegenüber.

Zwischen Anquetil-Duperron und den um 1940 wirkenden Autoren wie Karl Jaspers oder Alfred Weber wird diese auffällige Gleichzeitigkeit insbesondere von Victor von Strauss (1856) sowie von Ernst von Lasaulx (1870) aufgenommen, die Jaspers beide zitiert.[558]

Jaspers, dem die Rezeption einen Hauptanteil an der Verbreitung der Achsenzeitthese zuspricht, geht 1949 auch auf die These seines Heidelberger Kollegen Alfred Weber ein, welcher die Achsenzeit als „synchronistisches Weltzeitalter" bezeichnete.[559] Die Achsenzeitthese war also keine ‚Erfindung' von Weber oder Jaspers, sondern ein bisweilen diskutiertes ‚Phänomen' der v.a. europäisch-asiatischen Religionsgeschichte und somit Teil des Reservoirs geschichtsphilosophischer Deutungen. Deren Hervorhebung als weltgeschichtliche Struktur mit einer „Privilegierung der Erfahrung der eurasischen Ökumene"[560] schlechthin wurde aber maßgeblich von Jaspers geprägt und seither immer wieder bemüht.

Die neuesten Auseinandersetzungen mit der Achsenzeitthese finden sich etwa bei Soziolog*innen wie Shmuel N. Eisenstadt, Hans Joas, Robert N. Bellah

555 Assmann, „Jaspers' Achsenzeit, Schwierigkeiten mit der Zentralperspektive".

556 Eric Voegelin: *Ordnung der Geschichte. Band 4: Die Welt der Polis. Gesellschaft, Mythos, Geschichte*, München: Wilhelm Fink 2002. Vgl. auch ders.: *Was ist Geschichte?*, Berlin: Matthes & Seitz 2015.

557 Vgl. Dan Diner: *Zeitenschwellen. Gegenwartsfragen an die Geschichte*, München: Pantheon 2010, S. 223–249. Allerdings muss dieser Vergleich zurückgenommen werden, als die beiden Versionen den „8. Mai 1945" nur als dasselbe Datum, nicht jedoch als dasselbe Ereignis besprechen.

558 Jan Assmann weist auf weitere Rezeptionsschritte bei Jean-Pierre Abel Rémusat, bei Hegel und bei Eduard Maximilian Röth hin. Vgl. Assmann, *Achsenzeit*, 2018.

559 Vgl. Alfred Weber: *Kulturgeschichte als Kultursoziologie*, München: Piper 1950, S. 23. Vgl. auch ders.: *Abschied von der bisherigen Geschichte. Überwindung des Nihilismus*, Hamburg: Claassen und Gouverts 1946.

560 Boy, Torpey, „Inventing the axial age", S. 259.

oder Marcel Gauchet, Historiker*innen wie Johann P. Arnason oder Björn Wittrock (beide in Arnason et al), Kulturwissenschaftler*innen wie Aleida oder Jan Assmann sowie Theolog*innen wie Karen Armstrong. In den meisten Fällen sind damit geschichtsphilosophische, zeitdiagnostische und religionspolitische Anliegen verbunden, die in der Metapher der ‚Achse' eine Ordnungsmetapher finden, die Geschichte um die als ‚axial' identifizierten Eigenschaften drehen lässt. Einer absoluten Deutung der ‚Achse' hat jedoch schon Jaspers selbst vorgebeugt:

> „Es ist keine Achse, von der wir Absolutheit und Einzigartigkeit für immer behaupten dürften. Sondern es ist die Achse der bisherigen kurzen Weltgeschichte, das, was im Bewusstsein aller Menschen den Grund ihrer solidarisch anerkannten geschichtlichen Einheit bedeuten könnte. Dann wäre diese reale Achsenzeit die Inkarnation einer idealen Achse, um die sich das Menschsein in seiner Bewegung zusammenfindet."[561]

Trotz dieser Schwächung des Anspruchs verdeutlicht die mathematisch-geometrische Metapher der Achse eine der Geschichte mutmaßlich zugrundeliegende (moralische) Struktur, deren Ziel bei Jaspers in der Solidarität und ‚Einheit' der Menschheit deutlich zutage tritt. Die Achsenzeitthese benennt so in der Masse weltgeschichtlicher Unordnung eine „ideale Achse", durch die eine Ordnung möglich würde.

4.3.2. Zentren und Innovationen

Jaspers schreibt 1949 über das „Wunder" und die „Charakteristik der Achsenzeit" zwischen 800 und 200 v.u.Z., dass sich „in dieser Zeit Außerordentliches zusammen[drängt]":

> „In China lebten Konfuzius und Laotse, entstanden alle Richtungen der chinesischen Philosophie, darunter Mo-Ti, Tschuang-Tse, Lie-Tse und ungezählte andere, – in Indien entstanden die Upanischaden, lebte Buddha, wurden alle philosophischen Möglichkeiten bis zur Skepsis und bis zum Materialismus, bis zur Sophistik und zum Nihilismus, wie in China, entwickelt, – in Iran lehrte Zarathustra das fordernde Weltbild des Kampfes zwischen Gut und Böse, – in Palästina traten die Propheten auf von Elias über Jesaias und Jeremias bis zu Deuterojesaias, – Griechenland sah Homer, die Philosophen – Parmenides, Heraklit, Plato – und die Tragiker, Thukydides und Archimedes. Alles was durch solche Namen nur angedeutet ist, erwuchs in diesen wenigen Jahrhunderten annähernd gleichzeitig in China, Indien und dem Abendland, ohne dass sie gegenseitig voneinander wussten."[562]

Die von Jaspers später als „Vergeistigung" bezeichnete Neuerung brachte das „mythische Zeitalter" zu Ende. Es begann, so Jaspers, „der Kampf gegen den Mythos von seiten der Rationalität", was den Mythos zwar nicht beendet habe,

[561] Jaspers, *Vom Ursprung und Ziel*, S. 324.
[562] Ebd., S. 20.

ihn aber als „Glaube der Volksmassen“ in den Hintergrund versetzte.[563] Diese Ablösung des Mythos durch den Logos grundiert also die Codierung von Jaspers Achsenzeitthese. Schon hier findet sich also eine Variation der bisher angetroffenen Separierungsgeschichte der ‚Säkularisierung': Zwischen ‚Mythos' und ‚Logos' kann und, so Jaspers Apell, muss auch unterschieden werden. Die Achsenzeitthese führt also die im ersten Kapitel eingeführte Arbeit an der Religion weiter, indem sie epistemische Unterscheidungen (hier zwischen Mythos und Logos) religionshistorisch verortet und – wenn nötig – mit der Gegenwart parallelisiert.

Die Neuerungen der Achsenzeit schließen, wie Wolfgang Eßbach bemerkte, eine Gegenwartsdiagnose an, die eine „implizite perspektivische Verlustrechnung“ sichtbar macht: Ein Rückfall in ein neomythisches Zeitalter hat die Gewinne der Achsenzeit zunichte gemacht.[564] Nur vor diesem Hintergrund – der nicht zuletzt in der Parallelisierung der ‚voraxialen', ‚neomythischen' Zeit mit der Zeit des Faschismus und des Zweiten Weltkriegs sichtbar wird – bietet sich die Revitalisierung der ‚achsenzeitlichen' Werte als geschichtsphilosophischer Horizont an. Mit der Parallelisierung zweier Schwellen werden also Separierungsapelle neu lanciert und, wie im Folgenden noch weiter gezeigt wird, als zeitgenössische Therapie der ‚voraxialen' Vermischungen formuliert.

Kennzeichnend für den Philosophen Jaspers ist, dass diese Schwelle in die ‚neue Zeit' durch eine bestimmte kulturelle Errungenschaft erreicht und überschritten wurde: die Reflexion. „Zum erstenmal gab es *Philosophen.*“[565] In der Achsenzeit werden somit die „Grundkategorien hervorgebracht, in denen wir bis heute denken, und es wurden die Ansätze der Weltreligionen geschaffen, aus denen die Menschen bis heute leben“[566]. Die narrative Struktur der Schwellenerzählung kann somit auf die Formel *neues Wissen für eine neue Zeit* zugespitzt werden. Ihre inhaltliche Ausgestaltung finden die verschiedenen achsenzeitlichen Schwellenerzählungen in der Codierung von ‚Mythos', ‚Logos' und ‚Rationalität', aber auch in der Kanonisierung[567] von Philosophien, ‚(Welt-)Religionen' und in der ‚Entstehung' der Historizität, die alle ihren Ursprung ebenso in der Achsenzeit haben können – je nach Variation. Mit diesem ‚neuen' Zustand gehe auch das zyklische Zeitverständnis zu Ende, in dem sich „alles wiederholt“.[568] Jaspers geht aber nicht den Weg der kulturpessimistischen Geschichtsmorphologie eines Oswald Spenglers oder Arnold J. Toynbees, sondern legt einen geschichtsphilosophischen Entwurf vor, der „von Teleologie und

---

563 Ebd., S. 21.
564 Vgl. Eßbach, *Religionssoziologie 1*, S. 554.
565 Jaspers, *Vom Ursprung und Ziel*, S. 22, kursiv im Original.
566 Ebd., S. 20.
567 Vgl. unten 3.3.3.
568 Vgl. ebd., S. 23.

Morphologie gleichweit entfernt ist", wie Aleida Assmann bemerkte.[569] Jaspers formuliert die historische Zäsur, die der Zweite Weltkrieg bedeutete, als Chance zu einem Neuanfang, der zum „ersten Mal die Menschheit als ein Ganzes zum historischen Subjekt macht"[570]. Der Menschheit eine orientierende Vergangenheit und „also ein Identitätsprofil zu geben, war die Aufgabe, die er sich mit seinem Geschichtswerk gestellt hat"[571].

Im Vordergrund steht also die Identitätsstiftung durch temporale Verortung. Dies wird von Aleida Assmann mit dem Unterschied von ‚Historiosophie', die auf Universalität abzielt, und ‚Historiographie', die ein besonderes Interesse an Andersartigkeit aufbringt, verdeutlicht.[572] Historiosophie, zu der Assmann auch die Achsenzeitthese zählt, „ist eine spekulative Interpretation der Geschichte", deren Wesen „nicht Beschreibung, sondern Bewertung", deren Grunderfahrung diejenige der Universalität sei.[573]

Diese Unterscheidung bietet eine heuristische Differenzierung der Geschichtsproduktionen an, bei der eine eindeutige Unterscheidbarkeit selten, eine Vermengung von Evaluation und Analyse häufiger zu erwarten ist und als Praxis der Theorie ausgewiesen wird. Eine eindeutige Zuordnung in dieser Unterscheidung erneuerte die Dichotomie von Mythos und Logos, anstatt die in dieser Unterscheidung vollzogene Arbeit an epistemischen Kollektiven zu beobachten, wie es auch die vorliegende Arbeit versucht (vgl. hierzu die Diskussion der Epochenschwelle der Moderne bei Blumenberg 3.2.2.2.).[574]

Die erneute doppelte Verwendung des Mythosbegriffs weist hier auf zwei seiner vielen Ausprägungen hin: ein erster (polemischer) Mythosbegriff, der sich auf den „Mythos als überwundenes Stadium kulturhistorischer Entwicklung"[575] bezieht sowie ein zweiter Mythosbegriff, der die „großen Entwürfe der Welt-, Geschichts- und Naturdeutung"[576] beschreibt und Ähnlichkeiten mit Aleida Assmanns Kategorie der Historiosophie aufweist.[577] Während Jaspers den polemischen Mythosbegriff in kritischer und abgrenzender Weise (zugunsten des Logos) auf die Geschichte selbst bezieht, benennt der zweite Mythosbegriff eine Weise der Geschichtsdarstellung, die – wie oben beschrieben – eine paradigmatische und vorbildliche Geschichte konstruiert, die Orientierung in der Welt

---

569 A. Assmann, „Jaspers' Achsenzeit, oder Schwierigkeiten mit der Zentralperspektive", S. 189.
570 Ebd., S. 203.
571 Ebd., S. 189.
572 A. Assmann, „Einheit und Vielfalt in der Geschichte", S. 330.
573 Ebd., S. 332.
574 Ebd., S. 330.
575 Aleida und Jan Assmann, „Mythos", S. 179.
576 Ebd., S. 181.
577 Neben diesen beiden gehen Aleida und Jan Assmann auf weitere Mythosbegriffe ein, darunter etwa Alltags-Mythen, fundierende Mythen oder große Erzählungen. Vgl. ebd., S. 179–200.

anbietet und damit die Arbeit am Mythos fortführt. Im Sinne dieses zweiten Mythosbegriffs wird hier die Konstruktion von fundierenden Geschichtsnarrativen als mythopoetische Tätigkeit begriffen (vgl. insbes. 2.4.).

Aleida Assmann verweist auf die Besonderheit der Jaspersschen Zentralperspektive, die ein humanistisches Credo in sich trage, welches als „eine Beschwörungsformel gegen das Trauma der NS-Diktatur zu lesen ist". Somit leistet das Buch einen „Beitrag zum Wiederaufbau der modernen Welt [...]."[578] Auch wenn Jaspers dabei darauf bedacht war, fremde Kulturen nicht in eurozentrischer Manier unterzuordnen und sich in der Darstellung der Achsenzeit um ihre Gleich- und Nebenordnung bemühte, erscheint dieses humanistische Credo bei näherer Betrachtung gleichwohl als ethno- und eurozentristische Zentralperspektive. Nicht nur wird der imperiale Aspekt in der Verteilung des Prädikats ‚geschichtlich' sichtbar, der bisweilen an Hegels geschichtsphilosophischen Standort erinnert, sondern auch in der von Assmann als „tribunalistische Geste" beschriebenen Argumentation, mit der sich Jaspers als „Richter über die Weltgeschichte" positioniert.[579] Diese rationalistisch-imperiale Geste, mit der Identität im Singular und mit Betonung der kognitiven Dimension festgeschrieben wird, scheint heute zugunsten von auf Mehrschichtigkeit fokussierenden Identitätstheorien aufgegeben worden zu sein.[580] Die Kritik an der Jaspersschen Zentralperspektive bringt uns also auch „zu Bewusstsein, dass der Enthusiasmus für globale Visionen und universale Therapien gelitten hat"[581]. Wir werden dennoch sehen, dass dies keineswegs für alle neueren Umgangsweisen mit der Achsenzeitthese gilt, wie auch im Kontext der ‚big history' oder der erneuerten Globalgeschichte der Enthusiasmus für globale Visionen jüngst wieder neue Blüten trägt.[582]

Temporale Positionierungen wie Jaspers Zentrierungen sind als „operationale Akte der Identifizierung"[583] Bestandteil einer mythischen Narration, wenn darunter eine fundierende Geschichts-Erzählung verstanden werden soll, die einen Plot von einem Anfangs- zu einem Endpunkt mit dem Ziel der Gruppenkonstitution und Handlungsanleitung entwickelt.

Jaspers schreibt, dass die empirisch zugängliche Universalgeschichte „nur unter der Idee der Einheit des Ganzen der Geschichte" zu verstehen sei, womit die

---

578 Vgl. A. Assmann, „Jaspers' Achsenzeit, oder Schwierigkeiten mit der Zentralperspektive", S. 189.

579 Ebd., S. 196.

580 Vgl. etwa Bayart, *L'illusion identitaire*; Heinrich Wilhelm Schäfer: *Identität als Netzwerk. Habitus, Sozialstruktur und religiöse Mobilisierung*, Wiesbaden: Springer VS 2015.

581 A. Assmann, „Jaspers' Achsenzeit, oder Schwierigkeiten mit der Zentralperspektive", S. 195.

582 Vgl. etwa Ian Hesketh: „The Story of Big History", *History of the Present*, 4/2, 2014, S. 171–202.

583 Bayart, *L'Illusion identitaire*, S. 98.

‚Zentralperspektive' deutlich wird:[584] Mit dem Schema der Achsenzeit soll „die größte Weite und die entschiedenste Einheit der Menschheitsgeschichte" gesucht werden.[585] Darin steckt „eine Aufforderung zur grenzenlosen Kommunikation", worin Jaspers ein „Mittel gegen die Irrungen der Ausschließlichkeit einer Glaubenswahrheit" sieht.[586] Das fundierende Moment ist somit ein universalistisches – die Gruppenkonstitution zielt auf die ‚GesamtMenschheit' – während die Handlungsanleitung ein Mittel gegen exklusive Wahrheitsansprüche bereitzustellen versucht.

Jaspers arbeitet hier offensichtlich handlungsanleitend und evaluierend, was von ihm in einer prägnanten Formel explizit gemacht wird: Die Achsenzeit sei als eine „Glaubensthese" zu verstehen: „Bei meinem Entwurf bin ich getragen von der Glaubensthese, dass die Menschheit einen einzigen Ursprung und ein Ziel habe."[587] Insofern ist die These von Hans Joas, wonach Jaspers Geschichtsphilosophie eine „religiöse Dimension" aufweise,[588] von Jaspers selbst schon vorausgenommen worden. Jaspers stellt die Geschichtsphilosophie zudem in die Genealogie der christlichen Heilsgeschichte (worin später in gewisser Weise auch Karl Löwith mit ihm übereinstimmt, vgl. 3.2.2.2.), wobei er aber einen ‚dritten Weg' zwischen dem „relativistischen Historizismus und einem abstrakten Universalismus" anstrebte, so Joas.[589]

Anhand dieser religions-kategorisierenden Zuordnungen in der Schwellenerzählung der Achse sollen im Folgenden Technologien der temporalen Positionierung als Formen historischer Sinnbildung im modernen Religionsdiskurs analysiert werden.

4.3.3. Dynamisierungen

Ein Hauptmerkmal von Schwellenerzählungen im Allgemeinen wie auch der Achsenzeit im Speziellen ist die *Innovation* (vgl. 1.4.2.4.). Als eine ‚außerordentliche' Neuerung wird, wie wir gesehen haben, das Innovationspotential der Achsenzeit als derart umfassend beschrieben, dass damit die erste ‚geschichtliche' und ‚universelle' Neuerung überhaupt einhergehe. Die Innovation erfasst hier also zum einen das narrative Moment der Vorgeschichte, das im Fall der Achsenzeit zur ‚Urgeschichte' wird und zum Zeitpunkt der Erscheinung von Jaspers Buch erneut überwunden werden soll (indem die Einheit der Menschheit in der grenzenlosen Kommunikation angestrebt wird), zum anderen das Moment der Neuheit, die sie historisch bedeute. Damit wird Innovation als ein

584 Jaspers, *Vom Ursprung und Ziel*, S. 18.
585 Ebd., S. 18.
586 Ebd., S. 41.
587 Ebd., S. 17.
588 Joas, *Was ist die Achsenzeit?*, S. 23.
589 Ebd.

,Urdiskursen' und Schwellenerzählungen inhärentes Moment sichtbar, da mit der ,ersten Schwelle' die Genealogie an ihren Anfang kommt. Die ,Ur-Schwelle' ist erreicht.

Diese genealogische Bewegung muss jedoch nicht zwingend zu einem Anfang der Menschheitsgeschichte vorstoßen, wie sie es in der Achsenzeitthese tut. Sie kann als Innovation(-srhetorik) auch im Rahmen einer wissenschaftlichen Disziplingeschichte auftreten und von da aus die Erzählung des Entdeckungskontextes fundieren, der zufolge etwa in einer wissenschaftlichen Disziplin ein neues Paradigma konstatiert oder als solches angekündigt wird (vgl. 1.3.). Damit wird die Anschlussfähigkeit der hier vorgeschlagenen Analyse von Schwellenerzählungen deutlich: Nicht nur in der Religionsgeschichte oder der klassischen Mythologie werden ,Schwellen' festgeschrieben und konstruiert, auch in der Wissenschaft, in der Politik oder in der individuellen Religiosität wird Ordnung über Schwellenerzählungen hergestellt (vgl. 1.3.). Die Anwendbarkeit von temporalen Positionierungstechnologien muss sich folglich an einer heterogeneren Quellenbasis beweisen, damit ihre Aussagekraft hinsichtlich der Dynamik von Wissensbeständen überprüft werden kann.

Dynamisierungen werden, wie bereits erwähnt, besonders durch Momente der Kontinuierung sowie der Diskontinuierung ermöglicht. *Kontinuierungen* als narrative Bezugnahmen auf temporal auseinanderliegende Ereignisse oder Inhalte können hier mit Jaspers Bezugnahme auf die Reflexivität oder die „grenzenlose Kommunikation" konkretisiert werden, deren Entstehung er in der Achsenzeit sieht und gleichzeitig als ,Therapie' für die Gegenwart formuliert. Die Betonung einer *Diskontinuität*, aufgrund derer eine geschichtsphilosophische Disposition wie die Achsenzeit als ,Schwellennarrativ' gefasst wird, wird dabei „zugleich als Instrument und Gegenstand der Untersuchung" sichtbar.[590] Durch diese Zäsursetzung wird zum einen sichergestellt, dass die Innovation ,authentisch' ist. Zum anderen markiert sie die ,liminale Phase' in der Erzählung, aufgrund derer die Unterscheidbarkeit von Vorher und Nachher überhaupt erst möglich erscheint. Karl Jaspers beschreibt die Achsenzeit nicht zuletzt als eine Diskontinuität, die überhaupt erst Historizität ermögliche.[591]

4.3.4. Jaspers' Glaubensthese als Therapie und Kanon der Moderne

Nicht zufällig hat Jaspers die Achsenzeitthese nach den globalen Verheerungen des Zweiten Weltkriegs „zum Boden unseres universalen Geschichtsbildes" gemacht, denn das hieße „etwas gewinnen, was *der ganzen Menschheit*, über alle Unterschiede des Glaubens hinweg, *gemeinsam* ist".[592] Mit der Achsenzeit wird

590 Michel Foucault: *Archäologie des Wissens*, Frankfurt a.M.: Suhrkamp 2013, S. 18.

591 Jaspers, *Vom Ursprung und Ziel*, S. 23.

592 Ebd., S. 40; kursiv im Original.

uns somit eine Epochenschwelle von universaler Wirkung beschrieben, in der „das eigene Bewusstsein dem fremden sich verbindend“ annähert.[593] Diese erzählerische Bewegung kann – wie oben eingeführt – als Zentrierung bezeichnet werden, wobei damit nicht die (inhaltliche) Universalisierungstendenz, sondern die (formale) Zuspitzung und Adressierung der Erzählung gemeint ist, um deren Zentrum sich die weiteren Motive drehen. Zentralisierende Geschichtserzählungen können genauso auch Gruppen oder Partikularitäten[594] wie eine Nation, ein Volk oder einen ‚Stamm' betreffen. Das Zentrum fokussiert jeweils die Geschichte, vergleichbar mit der ‚pars-pro-toto'-Technologie, die Osrecki als stilbildend für Zeitdiagnosen herausgestellt hat.[595] Jaspers‘ Achsenzeitthese stellt Transzendenz, Reflexivität und „grenzenlose Kommunikation“ ins Zentrum der geschichtlichen Veränderungen.

Die Achsenzeitthese verknüpft also „eine Behauptung über die Universalität des menschlichen Geistes mit der Annahme eines synchronen Auftretens derselben“[596]. Damit liegt eine Doppelung vor, welche dem Modell der Zeiten-Schwelle in formaler Hinsicht zugrunde zu liegen scheint: die enge Verbindung der Erzählung einer Schwelle welthistorischen Ausmaßes mit einer zweiten, zeitgenössischen und bei Jaspers impliziten Schwelle – derjenigen des Autors/der Autorin. Für den Fall der Achsenzeit heißt dies: Die Zäsur des Zweiten Weltkriegs kann mit der Zäsur der Achsenzeit ‚behandelt' und ‚therapiert' werden. Die zweifache Zäsurierung und ihre Verbindung stellt ein analytisches Merkmal von Schwellenerzählungen im Sinne einer mythopoetischen Figur dar und wird als eine *temporale Parallelisierung ungleichzeitiger Schwellen* bezeichnet.

Dass Zeitdiagnose und Geschichtsphilosophie nicht ohne bewertende Momente auskommen, ist offensichtlich. Um auf Jaspers Behauptung einer Achsenzeit zurückzukommen: Mit ihr betrat Jaspers von Anfang an normativen Boden, was er keineswegs leugnete, sondern mit dem hermeneutischen Prozess des Verstehens erklärte: „Verstehen aber ist seinem Wesen nach immer zugleich Werten.“[597] Es stellt sich somit die Frage, worin nun die Wertung besteht, die Jaspers seiner Geschichtsphilosophie zugrunde legt. Jaspers beschwört eine der Achsenzeit zugesprochene „universale Kommunikation“, womit wiederum der Kern seines Gegenprogramms zu Nationalsozialismus und Faschismus erwähnt ist, die geradezu ein Scheitern einer universalen Kommunikation bedeuteten.

---

593 Ebd.

594 Wolfgang Eßbach stellt heraus, wie das Begriffspaar partikularuniversalistisch auf dem „paulinischen Modell“ ruht und beschreibt deshalb insbesondere die Nationalreligionen als partikularistisch. Vgl. Eßbach, *Religionssoziologie 1*, S. 556.

595 Osrecki, *Diagnosegesellschaft*, S. 193.

596 Stefan Breuer: „Kulturen der Achsenzeit. Leistung und Grenzen eines geschichtsphilosophischen Konzepts“, *Saeculum*, 45, 1994, S. 1–33, S. 1.

597 Jaspers, *Vom Ursprung und Ziel*, S. 29.

Jede Erzählung spannt zwischen Anfang- und Endpunkt einen Plot, der die zeitliche Ausrichtung der Geschichte selbst bestimmt. Im Fall geschichtsproduktiver Erzählungen – besonders wenn eschatologische Motive vorhanden sind[598] – ist die Ausrichtung häufig auf die Zukunft gerichtet, wobei die empirische Basis der Vergangenheit die Materialien für diese Bewertung darstellt. Die Bewertung der Richtung ermöglicht es jedoch, deren Akzentuierung genauer zu analysieren. Spenglers *Untergang des Abendlandes* (1918/1922) steht etwa für eine Geschichtsphilosophie, deren positive Ausrichtung auf die Vergangenheit gerichtet ist, während die Zukunft ausschließlich negativ im Untergang gipfelt. Jaspers Achsenzeit steht demgegenüber für eine positive Bewertung der ‚neuen Zeit' im Gegensatz zur „voraxialen", reflexionslosen Zeit, gespiegelt mit einer selben Wertigkeit der NS-Zeit sowie der „Stunde Null" – auf diese Metaphorik konzentriert sich das dritte und letzte Kapitel.

Die Analyse der bei Jaspers beobachtbaren temporalen Positionierungen und die Ordnung der Achsenzeit werden also wieder mit der Arbeit an der Religion kombiniert. Die Frage nach der Periodisierung der Religionsgeschichte lässt sich hier mit der Reflexion über Prozesse der Kanonisierung verbinden: Handelt es sich bei der These der Achsenzeit auch um einen Kanonisierungsprozess?

Kanonisierung bezeichnet ein „äußerst erklärungsbedürftiges Faktum", wie Aleida und Jan Assmann in ihrer Einführung zu *Kanon und Zensur*[599] festhalten. Gleichwohl lässt es sich heuristisch zwischen den Institutionen „Zensur", „Textpflege" sowie „Sinnpflege" verorten[600] und als „Selbstthematisierung einer Kultur oder eines Teilsystems"[601] beschreiben. Auch wenn sich nun die Frage nach der Aktualität gegenwärtiger Kanonisierungsprozesse nicht generell beantworten lässt, so kann doch im Hinblick auf Karl Jaspers ‚Glaubensthese' spezifiziert werden, dass die Zusammenführung bestimmter ‚religiöser und philosophischer Traditionen' in seinem Buch über die Idee der Achsenzeit sehr wohl als Kanonisierung verstanden werden kann: Der ‚glaubensthetische' Aspekt der Selbstthematisierung wird schon von Jaspers selbst offen dargelegt, während die Auswahl der ‚axialen' Kulturen und Religionen insbesondere zwischen den Institutionen Zensur (in diachroner und synchroner Weise) und „Sinnpflege" (Reflexion, Historizität, „grenzenlose Kommunikation") ausgehandelt wird.

598 Auf die eschatologische Dimension in Narrativen der Zeitenwende hat insbesondere der Historiker Richard Koebner zwischen 1941 und 1943 hingewiesen (Koebner, Idee der Zeitwende, S. 147–193).

599 Aleida und Jan Assmann (Hrsg.): *Kanon und Zensur. Beiträge zur Archäologie der literarischen Kommunikation II*, München: Wilhelm Fink 1987.

600 Aleida und Jan Assmann: „I. Kanon und Zensur als kultursoziologische Kategorien", in ebd., S. 7–28.

601 Alois Hahn: „Kanonisierungsstile", in ebd., S. 29.

4.4. Aktualisierungen der Achsenzeit als Arbeiten am Mythos

Die Rezeptionsgeschichte der Achsenzeitthese hört jedoch nicht mit Jaspers auf, sondern fängt gerade erst an – daran anschließende Forschungsprojekte, Sammelbände und Konferenzen zum Thema der Achsenzeit erscheinen seit den 1950er Jahren. Im Folgenden soll diese anhand einiger Beispiele aufgenommen und expliziert werden sowie nach den Aktualisierungen von Jaspers Zentralperspektive gefragt werden.

4.4.1. Empirisierungen

Die Achsenzeit wurde nicht nur von Karl Jaspers und Alfred Weber als geschichtsphilosophisches Motiv verwendet. Andere Autoren, die sich später auch im Rahmen empirischer Studien mit dieser welthistorischen Gleichzeitigkeit beschäftigten, fokussierten auf andere Zentren.[602] Der Historiker und Geschichtsphilosoph Arnold Toynbee etwa erweitert die Achsenzeit um die Periode vom 10. Jahrhundert v.u.Z. bis zum 13. Jahrhundert n.u.Z. und setzt an ihr Ende das für ihn relevante Resultat der Universalgeschichte, nämlich die Koexistenz der vier Hochreligionen (Mahayana-Buddhismus, Hinduismus, Christentum und Islam).[603] Eßbach kritisiert in diesem Zusammenhang richtigerweise die seit Jaspers offensichtliche Konzentration der Achsenzeitdebatte auf einen reduktionistischen Religionsbegriff, der besonders „auf einzelne religiöse Virtuosen fixiert ist, auf eine verstreute begnadete religiöse Elite“[604].

Auch wenn Toynbee dabei in Zentrierung, Ausrichtung und Bewertung von Jaspers abwich, erkannte er doch das Problem Jaspers als stichhaltig an und übernahm, wie Eric Voegelin schreibt, „das Phänomen paralleler Seinssprünge in den großen Zivilisationen“[605]. Neben der damit angesprochenen temporalen Parallelisierung teilen Toynbee und Jaspers auch dieselbe Diskontinuität sowie das Innovationsmoment, unterscheiden sich jedoch hinsichtlich der Zentrierung ihrer jeweiligen Achsenzeiterzählung: Während Toynbee auf die ‚Weltreligionen‘[606] fokussiert, sieht Jaspers in Reflexion, Historizität und „grenzenloser Kommunikation“ die zentralen Erneuerungen der Achsenzeit.

---

602 Ein Überblick findet sich etwa bei Björn Wittrock: „The Meaning of the Axial Age“, in: Johann P. Arnason, Shmuel N. Eisenstadt, Björn Wittrock (Hrsg.): *Axial Civilizations and World History*, Leiden: Brill 2005, S. 51–85.

603 Vgl. Arnold J. Toynbee: *A Study of History*, Band VII, London: Oxford University Press 1954, S. 420–426.

604 Eßbach *Religionssoziologie 1*, S. 558.

605 Voegelin, *Ordnung der Geschichte*, S. 39.

606 Die Kritik am Begriff der Weltreligionen wurde maßgeblich von Tomoko Masuzawa formuliert. Vgl. Tomoko Masuzawa: *The Invention of World Religions, or How European Universalism Was Preserved in the Language of Pluralism*, Chicago: University of Chicago Press 2005.

Die Rezeption der Jaspersschen Achsenzeit weist im 20. Jahrhundert eine zunehmende Ausrichtung auf die empirische Mikrohistorie auf, um so u.a. die Kritik an der Uniformität oder der ‚Zentralperspektive' der Achsenzeitthese aufzunehmen. Während Jaspers lange vorgeworfen wurde, eine Erklärung für jene Phänomene vorzulegen, die „eher mystifiziert als erhellt"[607] und dabei eine Synchronie bemüht, welche die historische Forschung auf einen Zeitraum vom 14. vor- bis zum 7. nachchristlichen Jahrhundert ausgedehnt und ihr somit deutlich an epochaler Signifikanz genommen hatte, wurde die Achsenzeitthese dennoch immer wieder zum Ausgangspunkt empirischer Forschung genommen – und keineswegs nur in ereignismystischer Absicht.[608]

4.4.2. Dilemmata der Kulturgeschichte

Mit einem ähnlichen Fokus erschienen 1987 und 1992 insgesamt fünf von Shmuel N. Eisenstadt herausgegebene Sammelwerke über die *Kulturen der Achsenzeit*.[609] Eisenstadt stellte einleitend die Grundfragen der Achsenzeitforschung vor und unterschied fünf Hauptprobleme: Neben der Beschäftigung mit den strukturell-historischen Bedingungen der Achsenzeit-Zivilisationen und der Frage nach den großen kulturellen Unterschieden, etwa im Hinblick auf transzendentale Durchbrüche, befasste sich die erste Generation der Historiograph*innen der Achsenzeit[610] besonders mit der Transformation symbolischer Strukturen. Eisenstadt betont, dass es „sich insbesondere um die Transformation des mythischen Denkens, des Rituals und des Denkens zweiter Ordnung" handelt.[611] Diese Transformationen stehen schon in den Entwürfen von Karl Jaspers und Alfred Weber im Zentrum, werden bei Eisenstadt jedoch stärker auf eine empirische, d.h. historisch-kritische Quellenstudie bezogen. Die Zentren der achsenzeitlichen Schwellenerzählung bleiben also dieselben, sollen jedoch nicht mehr – wie bei Jaspers – als „Glaubensthese" stehen bleiben, sondern empirisch gesättigte Kulturgeschichten präsentieren. Die Autor*innen waren deshalb auch bereit, Abstriche bezüglich der Eindeutigkeit der Schwelle

---

607 Jan Assmann: *Das kulturelle Gedächtnis. Schrift, Erinnerung und politische Identität in frühen Hochkulturen*, München: C.H. Beck 2007, S. 290.

608 1975 führte Benjamin Schwartz eine Konferenz durch, die sich der Achsenzeit widmete und anschließend in einen Band der Zeitschrift *Daedalus* mündete. Der Schwerpunkt des Bandes lag auf der empirischen Forschung, wobei auch die grundsätzliche Frage nach einem Durchbruch in der Geschichte gestellt wurde. Vgl. Benjamin Schwartz: „The Age of Transcendence", *Daedalus*, 102/2, 1975, S. 1–7.

609 Vgl. Shmuel N. Eisenstadt: *Kulturen der Achsenzeit*, Teil I (1987, 2 Bände) und Teil II (1992, 3 Bände), Frankfurt a.M.: Suhrkamp 1987–1992.

610 Ausgangspunkt der von Eisenstadt herausgegebenen Bände war eine im Januar 1983 in Bad Homburg stattfindende Konferenz.

611 Shmuel N. Eisenstadt: „Vorwort", in ders. (Hrsg.): *Kulturen der Achsenzeit. Ihre Ursprünge und ihre Vielfalt. Teil 1*, Frankfurt a.M.: Suhrkamp 1987, S. 7–10, S. 8.

hinzunehmen.[612] Als Resultat ist die Ereignismystik hinsichtlich des Bruchs der Achsenzeit in den nachfolgenden Darstellungen weniger ausgeprägt als noch bei Karl Jaspers.

Die verschiedenen historischen Detailstudien fokussieren auf unterschiedliche Kulturen der Achsenzeit von China, Indien bis Griechenland und variieren damit in der Lokalisierung, ohne aber die temporale Parallelisierung der Achsenzeit zu verlassen. Rezensenten sahen dabei neben der schon vorhandenen philosophischen und soziologischen Dimensionierung insbesondere „eine genauere Profilierung des Durchbruchs selbst" und wirkten damit auf eine Pluralisierung der Zentralperspektive hin.[613] Breuer gibt einen Überblick über die verschiedenen Zentrierungen, die im Anschluss an Jaspers identifiziert wurden. Der Durchbruch der Achsenzeit

> „erscheint nun als Gewinn einer ganz formal gefassten ‚Transzendenz' (B. Schwartz), als Beseitigung der Homologie von jenseitiger und diesseitiger Welt (S. N. Eisenstadt), als Zerstörung des ‚ontologischen Kontinuums' (B. Uffenheimer), das für die magisch-mythische Welt mit ihren Prinzipien der ‚Konsubstantialität' und ‚Konduration' (E. Voegelin) charakteristisch gewesen sei".[614]

Variationen der Achsenzeitthese sind u.a. in der Zentrierung der jeweiligen Historiographie zu finden: während etwa Arnaldo Momigliano die ‚Kritik' (1971) und Björn Wittrock (2005) – ähnlich wie Jaspers – eine steigende ‚Reflexivität' der Menschheit als neue Errungenschaft der Achsenzeit hervorheben, stellt für andere Autor*innen die ‚Desakralisierung der politischen Herrschaft' oder eine neue historische Dynamisierung (Eisenstadt 1987) das ‚axiale' Moment dar.

Eisenstadt selbst konzedierte eine von einer „geistigen Elite neuer Art" bewerkstelligte Neuordnung der „Welt nach einer transzendentalen Vision",[615] womit die Epoche der Achsenzeit von der Homologie von weltlicher und transzendentaler Ordnung wegführte. Die Folgen dieser Separierung äußern sich in einer Umstrukturierung der Gesellschaft, etwa der Institutionalisierung „geistlicher" Hierarchien und Elitestrukturen, das Austarieren mit und gegen die politische Ordnung, und schließlich – hier kommt das von Karl Jaspers betonte Zentrum ins Bild – im „Anwachsen der Reflexivität"[616].

---

612 Vgl. etwa Jan Assmann: „Große Texte ohne eine Große Tradition: Ägypten als eine vorachsenzeitliche Kultur", in Shmuel N. Eisenstadt (Hrsg.): *Kulturen der Achsenzeit II. Ihre institutionelle und kulturelle Dynamik, Teil 3, Buddhismus, Islam, Altägypten, westliche Kultur*, Frankfurt a.M.: Suhrkamp 1992, S. 245–280.

613 Breuer „Kulturen der Achsenzeit", S. 1.

614 Ebd.

615 Eisenstadt, „Vorwort", S. 10.

616 Shmuel N. Eisenstadt: „Allgemeine Einleitung: Die Bedingungen für die Entstehung und Institutionalisierung der Kulturen der Achsenzeit", in ders. (Hrsg.): *Kulturen der Achsenzeit. Ihre Ursprünge und ihre Vielfalt, Teil 1, Griechenland, Israel, Mesopotamien*, Frankfurt a.M.: Suhrkamp 1987, S. 10–40, S. 21.

Dieses Trennungsnarrativ der Achsenzeit ist aber nicht zuletzt auch ein moderner oder ‚neuzeitlicher' Diskurs, wenn dabei die wachsenden Unterschiede von weltlicher und transzendentaler Ordnung als Anwachsen der Reflexivität thematisiert werden (vgl. 2.2.2.).

Wie im weiteren Verlauf dieser Arbeit immer wieder gezeigt wird, verläuft der moderne Religionsdiskurs genau entlang dieser ‚achsenzeitlichen' Trennung von – damit etablierter und unterschiedener – ‚Religion' und ‚Politik'. Die Achsenzeitthese lässt sich somit auch als Ursprungserzählung der Moderne lesen.

Auch das jüngste Buch zur Achsenzeit, welches von Eisenstadt, Arnason und Wittrock herausgegeben wurde, versammelt einerseits Mikrostudien, welche auf Differenzierungen und Kontextualisierung achten: „*The common denominator [...] is an attempt to develop a much more differential and contextualized analysis of the relation between non-axial civilizations, axial civilizations and world history.*"[617] Andererseits heben Eisenstadt, Arnason und Wittrock auch 2005 ein Zentrum der Achsenzeit hervor, welches in Reflexivität, Historizität und Agentialität als axiale Vokalisierungsinstanzen gefunden wird.[618]

Das Hauptmerkmal empirischer Achsenzeitforschung ist dabei der Wille zur Abschwächung oder zumindest zur Pluralisierung von Zentrierung, Dynamisierung und Ausrichtung, was sich in einer eher ereignisskeptischen Tonlage äußert. Die Schwierigkeiten der Geschichtsphilosophie[619] gefährdeten jedoch nicht die temporalen Parallelisierungen, auch wenn nun keine ‚Glaubensthese' mehr daraus abgeleitet wird, sondern eine historische Periode im Rahmen von Detailstudien erforscht wird. Die Abschwächung hat also die von Philosoph*innen und Soziolog*innen geäußerte „Zentralperspektive" der Geschichte nicht abgelöst, sondern – wo möglich – historisch untermauert oder aber revidiert und weitergeführt. Die Empirisierung der ‚Achsenzeit' steht also vor dem Dilemma der in der Tendenz ereignisskeptischen Historiographie und der eher ereignismystischen Metapher der Schwelle der Achsenzeit. Vor diesem Hintergrund liefert die Erzählung der fragwürdigen Signifikanz der ‚Achse' und ihrer ‚Gleichzeitigkeiten' nach wie vor die Legitimation für weitere historische Forschungsfragen.

---

617 Shmuel N. Eisenstadt: „Axial Civilizations and the Axial Age Reconsidered", in: Shmuel N. Eisenstadt, Johann P. Arnason, Björn Wittrock (Hrsg.): *Axial Civilizations and World History*, Leiden: Brill 2005, S. 531.

618 Vgl. Wittrock, „The Meaning of the Axial Age", S. 52.

619 Vgl. Odo Marquard: *Schwierigkeiten mit der Geschichtsphilosophie. Aufsätze*, Frankfurt a.M.: Suhrkamp 1982.

4.4.3. *Reflexion, Religion und Politik, oder: die Doppelcodierung des Religionsdiskurses*

Eine Aktualisierung der Achsenzeitthese findet sich auch in der von Robert N. Bellah ausformulierten Evolutionstheorie der Religion. Wenn der Soziologe und Parsons-Schüler Bellah in seinem 2011 erschienenen „Bildungsroman"[620] *Religion in Human Evolution* die Achsenzeit als eine von vier auf die menschliche Kognition zielenden Epochen beschreibt, gewinnt diese dadurch ein Alleinstellungsmerkmal, als Bellah ihr einerseits die Errungenschaft der Reflektion oder der Kritik zuschreibt, andererseits die Unterscheidung von Religion und Politik zum zweiten Zentrum der universalen Religionsgeschichte macht. Damit werden diese beiden Codierungen im Folgenden in ihrem Zusammenhang dargestellt.

Ein detaillierterer Blick auf Bellahs Analysen lohnt sich deswegen, weil er aus soziologischer Perspektive die kognitive Entwicklung der Menschheit nicht zuletzt mit der Achsenzeit beginnen lässt.[621] Die Achsenzeit ist auch Bellah zufolge durch „große Veränderungen in verschiedenen Gesellschaften der Alten Welt" gekennzeichnet.[622] Diese Veränderungen unterscheiden die Gesellschaften der Achsenzeit von den ‚Stammes'- (*tribal*[623]) und den archaischen Gesellschaften, wobei letztere besonders durch eine kosmologische Homologie geprägt seien: *„Both tribal and archaic religions are ‚cosmological', in that supernature, nature, and society were all fused in a single cosmos."*[624] Neben der Art der Rituale war also insbesondere die ungebrochene „Homologie zwischen der soziopolitischen Realität und der religiösen Realität" das zentrale Element der voraxialen Welt.[625] Schon hier wird deutlich, dass es sich beim Unterschied zwischen der ‚soziopolitischen' und der ‚religiösen' Realität nicht nur um eine religionsgeschichtliche Periodisierung handelt, sondern ebenso um eine zentrale Klassifikation der Moderne, welche in der Achsenzeit aufgebrochen sei.

Was im nächsten Kapitel an der Metapher der ‚Stunde Null' und im vorherigen zum ‚Ende' an verschiedenen Kulminationspunkten des Säkularisierungsdiskurses gezeigt wird, ist auch an Bellahs Variante der Achsenzeit sichtbar: die

---

620 Dies ist eine Bezeichnung von Jeffrey C. Alexander: „The Promise and Contradictions of Axiality", *Sociologica* 1, 2013, S. 1–6, hier S. 1.

621 Noch jüngeren Datums ist der gemeinsam mit Hans Joas herausgegebene Sammelband *The Axial Age and its Consequences*, Cambridge, London: Harvard University Press 2012.

622 Robert N. Bellah: „What is Axial about the Axial Age?", *European Journal of Sociology*, Vol. 46/1, April 2005, S. 69–89, S. 69 (Übers. jeweils durch DA).

623 Bellah verweist explizit darauf, dass er den Begriff ‚tribal' in Analogie zum von ihm früher verwendeten Begriff ‚primitive' verwendet, da letzterer „mögliche pejorative Implikationen" beinhalte. Vgl. ebd., S. 69.

624 Ebd., S. 70.

625 Ebd., S. 69 f.

Frage nach der Trennung von ,Politik'/,Recht' auf der einen und ,Religion' auf der anderen Seite.

In archaischen und Stammesgesellschaften sei diese Trennung noch nicht etabliert gewesen: „[…] *king and god emerged together in archaic society and continued their close association throughout its history.*"[626] Diese Konzeption der Homologie zwischen „König und Gott" wurde in der Achsenzeit grundsätzlich verändert, was Bellah mit einschlägigen Beispielen ,aus der Achsenzeit' illustriert, welche alle u.a. die folgende Frage neu beantworten: „wer ist der wahre König, derjenige, der die göttliche Justiz wirklich darstellt"[627]. Er beschreibt, wie Platon die Athener darauf hinweist, nicht auf Achilles, sondern auf Sokrates als idealen König zu blicken. Ähnliches habe sich in China abgespielt, wo Mengzi den Konfuzius als vorbildlichen und „ungekrönten König" gepriesen habe. Ebenso in Indien, wo Buddha – ein Fürstensohn – die Herrschaft ausschlug und stattdessen das Leben eines Asketen wählte. In Israel hätte zwar das Haus David zuweilen einen „quasi-göttlichen Status" innegehabt, sei jedoch auch als Sünder oder sogar als Feind Gottes porträtiert worden. Auch das Christentum habe sich der achsenzeitlichen Transformation auf seine eigene Weise bedient, genauso wie Mohammed – mit der Nennung von letzterem wird die angegebene Zeitperiode massiv, nämlich um gut 1000 Jahre überschritten.[628] Auch Bellahs Achsenzeittheorie arbeitet also an zentraler Stelle mit der Trennung von ,Religion' und ,Politik'.

Bellahs Achsenzeitnarrativ beinhaltet also das Ursprungsnarrativ einer zentralen modernen Klassifikation: die Unterscheidung zwischen der Religion und der Politik oder dem Rechtsstaat, welche in transformierter Form auch der Säkularisierungsthese zugrunde liegt.

Temporal positioniert sich Bellah also dahingehend, dass er die Unterscheidung zwischen ,religiös' und ,säkular' zum zentralen Drehmoment seiner religionssoziologischen Schwellenerzählung macht. Neben dieser Zentrierung sichert sich Bellah jedoch gegenüber einer simplizistischen Periodisierungsweise ab und dynamisiert seine Geschichte nicht als einfaches Ablösungsschema, sondern als wiederholbaren Bruch. Im Verlauf der Achsenzeit würden die voraxialen Eigenschaften also nicht einfach verschwinden, sondern parallel zu den axialen Ordnungsstrukturen weiter existieren.

Die Zentrierung auf die Codierung religiös/politisch wird aber noch durch eine zweite Erneuerung ergänzt, die vermutlich von Arnaldo Momigliano eingeführt, von Bellah aber auch aufgenommen wurde: die Entstehung der Kritik.

---

626 Ebd., S. 71.

627 Ebd., Übersetzung von DA. Wie im Kapitel zur ,Stunde Null' näher ausgeführt wird, trifft die (aufgehobene) Unterscheidung der „göttlichen Justiz" die bei Agamben sichtbare Religionsdefinition, welche Religion als das im Säkularisierungsdiskurs eingeschlossene Ausgeschlossene bezeichnet (vgl. 4.2.3.).

628 Ebd.

Indem Momigliano die allen Achsenzivilisationen gemeinsame Errungenschaft der Schriftlichkeit betont und diese in Verbindung stellt zur „tiefen Spannung zwischen politischer und religiöser Macht“, führt ihn dies zum Schluss: *„We are in the age of criticism.“*[629] Dabei treffen sich Momigliano und Eisenstadt in diesem Punkt, der Reflexion und Kritik als Zentrum der ‚Revolution der Achsenzeit‘ benennt.[630] Die Kritik, deren Ursprung für Bellah – ähnlich wie für Jaspers – in der Achsenzeit liegt, macht Bellah an den (möglicherweise zeitgenössischen[631]) Platon und Buddha, aber auch am Ramayana fest und arbeitet damit gleichzeitig auch am Kanon einer universellen ‚Wertegemeinschaft‘ mit.[632] Auch hier wird sichtbar, wie die Achsenzeittheorie eine große Syntheseleistung entfaltet, welche mit einer Schwellenerzählung ein geradezu globales epistemisches Kollektiv entstehen lässt, welches Kritik und Reflexivität zu zentralen Errungenschaften erhoben hat und mit der Metapher der ‚Achse‘ die eigentliche Epoche zum Rückgrat der Menschheitsgeschichte erkürt und die ‚relevanten‘ Bezüge versammelt – kanonisiert. Der autobiographische Aspekt dieser Theorie ist nie zu übersehen.

Die Legitimationskrise, die Habermas als Situation beschreibt, in der Menschen den Glauben an das System verlieren[633], komme – wenn es auch schon in „archaischen Staaten“ eine „generelle Unzufriedenheit“ gegeben habe – in der Achsenzeit mit „besonderer Schärfe“ auf. Insgesamt teilen Bellah und Habermas viele Thesen zur Achsenzeit. Habermas deutet die Achsenzeit als „kognitiven Schub“, in Folge derer stärker zwischen Recht und Gewalt, zwischen Religion und Philosophie differenziert wurde.[634] Bellah nimmt in *Religion in Human Evolution* explizit Bezug auf Habermas Überlegungen zur Legitimationskrise in der Moderne.[635] Gleichzeitig kombinieren die „Achsenzeit-Utopien“ Sozialkritik und Religionskritik, wobei dies für Bellah die Spezifik der achsenzeitlichen Form der Kritik zu kennzeichnen scheint: *„In each axial case, what I am calling social criticism is combined with religious criticism, and the form and content of the axial symbolization take shape in the process of criticism.“*[636] Die Frage nach den Kategorien, der eine Religionswissensgeschichte (vgl. 1.1.) nachgehen muss, lautet offensichtlich: wie kommt die Unterscheidung von Sozialkritik

629 Arnaldo Momigliano: *Alien Wisdom. The Limits of Hellenization*, Cambridge: Cambridge University Press 1975, S. 8–9.

630 Eisenstadt, „Allgemeine Einleitung“, S. 21–23.

631 Robert N. Bellah: *Religion in Human Evolution. From the Paleolithic to the Axial Age*, Cambridge/London: Harvard University Press 2011, S. 582.

632 Ebd., S. 576 f.

633 Bellah verweist zwar auf Habermas, nicht jedoch auf eine bestimmte Schrift von ihm. Er bezieht sich vermutlich auf Jürgen Habermas: *Zeit der Übergänge*, Frankfurt a.M.: Suhrkamp 2001, allenfalls auch auf *Legitimationsprobleme im Spätkapitalismus*, Frankfurt a.M.: Suhrkamp, 1973.

634 Vgl. Jürgen Habermas: *Zeit der Übergänge*, S. 185. Vgl. Assmann, *Achsenzeit*, S. 217–227.

635 Bellah, *Religion in Human Evolution*. S. 574.

636 Ebd., S. 577.

und Religionskritik zustande, welche die spezifisch achsenzeitliche Kritik, welcher wir bis heute – so Bellahs diagnostische Formel – noch nicht immer gerecht werden,[637] zu kennzeichnen scheint? Um diese Frage zu beantworten, muss die zentrale Eigenschaft der Kritik näher beleuchtet werden.

Bellah fragt, „was die Achsenzeit axial macht"[638]. Gegen die von Eric Weil hervorgehobene Gefahr, dass jeder Forscher seine eigenen Annahmen in die Achsenzeit hineininterpretiert, sieht Bellah die Struktur (*framework*) der Evolution der menschlichen Kultur und Erkenntnis als mögliche Ausgangslage einer Achsenzeitforschung.

Im Rückgriff auf das Evolutionsschema der menschlichen Kognition von Merlin Donald interpretiert Bellah den Unterschied zwischen voraxialen und axialen Kulturen als kognitive Erneuerung in der Menschheitsgeschichte: die menschliche Evolution hätte der Reihe nach zuerst eine episodische, eine mimetische und eine mythische Gedächtniskultur durchschritten. In der mythischen Kultur (*mythic culture*) basiere das Verständnis des Lebens auf der Verwendung von Metaphern und Narrationen. Mit der Achsenzeit sei jedoch, darin folgt Bellah dem Psychologen und Neuroanthropologen Donald, die theoretische Kultur (*theoretic culture*) dazugekommen, welche sich nun „in Dialog mit der mythischen Kultur" befinde.[639] Der Durchbruch der Achsenzeit sei nicht homogen gewesen, doch käme in allen „vier Weltgegenden" – Griechenland, Israel, China und Indien – die Fähigkeit des Denkens zweiter Ordnung zum Tragen.[640]

Während Donald selbst diese Unterscheidung nicht auf die Achsenzeit im Allgemeinen bezieht, sondern auf das antike Griechenland beschränkt, vergrößert Bellah den historischen Bezugsrahmen auf die Achsenzeit mit einem Verweis auf den Wissenschaftshistoriker Yehuda Elkana.[641] Elkana und Bellah weisen darauf hin, dass es Theorie auch schon vor der Achsenzeit gegeben habe, dass jedoch die Theorie zweiter Ordnung neu dazugekommen sei. Die Religionsgeschichte der Achsenzeit ist also auch die (Ursprungs-)Geschichte der Theorie zweiter Ordnung, folgt man Elkana und Bellah.

Bellah präzisiert, dass es sich um „*second-order thinking about cosmology* [handelt], *which for societies just emerging from the archaic age meant thinking about the religio-political premises of society itself*"[642]. Es geht also nicht nur um den Übergang von mythischer zu analytischer Denkweise, sondern gleichzeitig auch um die Frage nach der „religio-politischen" Voraussetzung der Gesellschaft, die damit einherzugehen scheint. Damit wird in der Konvergenz der Unterscheidung

---

637 Bellah, „What is Axial about the Axial Age?", S. 88.
638 Ebd., S. 77.
639 Ebd., S. 78.
640 Vgl. ebd., S. 88.
641 Vgl. Elkana, „Die Entstehung des Denkens zweiter Ordnung im antiken Griechenland".
642 Bellah, „What is Axial about the Axial Age?", S. 81.

von Mythos/Logos auf der epistemischen sowie der gesellschaftspolitischen Unterscheidung zwischen Religion/Politik auf der anderen Ebene eine Eigenheit des modernen Religionsdiskurses deutlich: die beiden Unterscheidungen bedingen sich gegenseitig und sind – sofern man Bellahs Achsenzeitthese folgt – im selben Zeitraum entstanden.[643]

An dieser Stelle zeigt sich deutlich, wie in der *Arbeit an der Religion* eine epistemische Doppelcodierung den Religionsdiskurses durchzieht: ‚Religion' wird sowohl im Hinblick auf die Regierungsweise (als konstitutivem Außen von ‚Politik' und/oder ‚Recht') als auch im Hinblick auf die epistemische Differenzierung von ‚Mythos'/‚Logos' konstituiert. Innerhalb dieser Trias wird die diachrone Ordnung der ‚Religion' in der Gesellschaft etabliert. Dabei ist nicht gemeint, dass Religion kategorial immer der Politik und dem Logos gegenübergestellt wird, sondern dass zwischen Separierungen und Amalgamierungen als sich gegenseitig bedingende Ensembles eine Ordnung der ‚Religion' in Geschichte und Gesellschaft überhaupt erst konstituiert wird.

Religion ist eben kein autonomes, geschlossenes Funktionssystem der Gesellschaft, sondern ein prekärer Bereich gesellschaftlicher Kommunikation, eine Kommunikation darüber, was innerhalb der ‚säkularen' politischen Ordnung (meint: Staat und Politik) ausgeschlossen, bestimmt, begrenzt und reguliert wird. Viele mit dem Begriff der Säkularisierung in Verbindung gebrachten Prozesse wie der Gesellschaftsvertrag, das Toleranzprinzip oder die Menschenrechte haben zu einer Immanentisierung der Fundierung dieses Prinzips geführt. Allerdings bleibt damit, wie Helmut Willke festhält, die Frage nach dem „Schlussstein" offen.[644] Willke beschreibt die Frage nach der Säkularität als Frage nach der Einheit stiftenden Letztbegründung: „die Rückführung aller dieser Bestandteile auf eine unverrückbare letzte Legitimationsgrundlage".[645] Letztlich ist aber gerade dies die Problematik moderner Gesellschaften, dass sie von Einheit auf Differenz umgestellt haben und damit Letztbegründungen prekär geworden sind, wie „auch die Rolle von Politik und Staat in den überkommenen Formeln nicht mehr angemessen definiert werden kann."[646] Deutlich wird hier jedoch, dass Bellah eine für moderne Gesellschaften charakteristische Unterscheidung in die Religionsgeschichte der Achsenzeit projiziert.

---

643 Bellah setzt sich mit verschiedenen weiteren Zentrierungsvorschlägen der Achsenzeitthese auseinander und kritisiert etwa die von Elkana vorgebrachte These, wonach in der Achsenzeit ‚Transzendenz' entstanden sei. Er variiert und nuanciert etwa auch die ‚Epoche' der „mythischen Kultur" (Donald) hinsichtlich ihrer Eindeutigkeit und relativiert (mit Eric Weil) die Reichweite eines Durchbruchs („breakthrough"). Vgl. ebd., S. 83–87.

644 Hellmut Willke: *Ironie des Staates. Grundlinien einer Staatstheorie polyzentrischer Gesellschaft*, Frankfurt a.M.: Suhrkamp 1996, S. 25.

645 Ebd.

646 Ebd., S. 26.

Während Bellah darauf verweist, dass der Durchbruch eigentlich nur ein Elitephänomen darstellt,[647] betont Eric Weil demgegenüber, dass es sich sowohl bei Jaspers als auch bei Elkana und auf jeden Fall bei Bellah um eine Autobiographie von Philosophen handelt. Die Unterscheidung des analytisch-theoretischen vom mythischen Denken geht in diesem Fall wieder mit der juridischen Unterscheidung von Religion und Politik/Recht einher. Diese Doppelcodierung zeigt also eine doppelte Zentrierung der Achsenzeit, deren Erneuerungen (die Ergänzung des mythischen mit dem analytischen Denken sowie die Unterscheidung von Religion und Politik) zwei Unterscheidungen begründen, deren Tragweite sowohl den ‚säkularen' Rechtsstaat wie auch die Wissenschaft betreffen. Diesen Unterscheidungen kann sich somit auch eine religionswissenschaftliche Arbeit nicht entziehen, sie kann jedoch die Verstrebung dieser beiden Unterscheidungen mitdenken und dabei die Begründung eines analytischen Denkens mit der eines säkularen Staates (verstanden als Operationalisierung der Religion/Politik-Unterscheidung als Grundlage einer Gouvernementalität der Religion) als verschränkt untersuchen.

Dabei eröffnet dieser Zugang einen Beitrag zu einer *Gouvernementalitätsgeschichte der Religion in der Moderne*. In der Analyse der politischen Schwellenerzählung der ‚Stunde Null' wird diese näher ausgeführt (vgl. 5.1.). Hier genügt es, auf das Geflecht von Regieren und Macht-Wissen-Komplexe hinzuweisen.

Bellah begeht jedoch nicht den Schnellschuss einer simplen historischen Zentralperspektive, sondern verweist – mit Weil – auf die Tatsache, dass „*any talk of an axial age is culturally autobiographical – the axial age is axial because of what it has meant to us*"[648]. Bellah fällt also keineswegs hinter den von Jaspers vorgebrachten Hinweis zurück, demzufolge jede Achsenzeitthese eine ‚Glaubensthese' ist. Aber auch Bellah nimmt die Achsenzeit als Anlass zur Formulierung eines Therapievorschlags für die heutige Zeit: „*It is hard to say that we today, particularly today, are living up to the insights of the great axial prophets and sages.*" Jeffrey Alexander hat Bellah für diese Geschichtsauffassung kritisiert, die auf einem Mangel besteht, der auf voraxiale Bestände in der Moderne verweist und damit die „dunkle Seite der Modernität" thematisiert.[649] In Bellahs Religionsgeschichte kommt eine Geschichtsauffassung zum Tragen, der zufolge nichts verloren ist: „*The insights, however, at least the ones we know of, survived.*"[650] Eine solche, aus diskursanalytischer Perspektive tautologische Formel kann also nicht davon ablenken, dass auch bei Bellah eine Zentrierung der Geschichte mit inbegriffen ist – auch wenn er deutlich hervorhebt, dass es sich dabei nicht

---

647 Vgl. Bellah, „What is Axial about the Axial Age?", S. 83, 88.

648 Ebd., S. 89.

649 Jeffrey C. Alexander, „The Promise and Contradictions of Axiality", S. 6. Vgl. auch ders: „Barbarism and Modernity: Eisenstadt's Regrets", in ders.: *The Dark Side of Modernity*, Cambridge: polity 2013, S. 54–61.

650 Bellah, „What is Axial about the Axial Age?", S. 89.

nur um eine triumphalistische, sondern auch um eine sich sorgende Geste handelt – , wie auch die lokale Parallelisierung nach wie vor die Grundlage der Achsenzeitthese begründet.

Während mit Bellah die Doppelcodierung der Achsenzeittheorie systematisiert werden konnte und dabei mit der ‚Haupterrungenschaft' der Kritik die kognitive Seite als Element des modernen Religionsdiskurses herausgestellt wurde, konzentriert sich das nächste aus Frankreich stammende Beispiel aus der Achsenzeitforschung stärker auf die Unterscheidung von Individuum und Kollektiv.

4.4.4. Achsenzeit als Ausgang aus der Religion

Der französische Historiker und Philosoph Marcel Gauchet, ein erklärter Gegner der von ihm als antihumanistisch bezeichneten Zeitgenossen Michel Foucault, Jacques Derrida und Jacques Lacan, veröffentlichte 1985 eine umfassende und breit rezipierte Analyse der Religions- und Politikgeschichte unter dem Titel *Le désenchantement du Monde*. Seine These nahm zwar die Webersche Entzauberung auf, hatte jedoch eine klar zu unterscheidende Schlagseite. Es handelt sich dabei um eine Wertung, die einen Verlust der Religion konstatierte und sie dem – später negativ bewerteten – Individualismus anlastete. Für Gauchet bezeichnet ‚Religion' das Verhältnis des Menschen zu seiner Gesellschaft, was auf die französische und nicht zuletzt über die Linie von Rousseau und Durkheim geprägte französische Sozialtheorie verweist. Gauchet beschreibt die Religionsgeschichte in einer ungewohnten Reihung, in dem er die Heteronomie an den Anfang der Geschichte setzte – in Abgrenzung zur aufklärerischen Philosophie des Fortschritts: die vollkommenste Religion sei am Beginn der Geschichte zu finden, dort wo die Heteronomie maximal sei, während schon der Monotheismus ein ‚weniger' an Religion darstellte und die heutige Zeit schließlich aus der Religion heraus gefunden hätte.[651]

Die zentralen Momente der Individualisierung und des Religions- und Gemeinschaftsverlusts seien schließlich – damit finden wir uns wieder mit der Technologie der temporalen Parallelisierungen konfrontiert – auf den Bruch der Achsenzeit zurückzuführen. Die Achsenzeit begründe nämlich nicht nur eine andere religiöse Orientierung durch eine weitreichende Transformation der Gesellschaft und der Staatlichkeit, sondern erneuere die Welt insbesondere durch das „Prinzip der Individualität", das Gauchet an Religionsstiftern wie Lao-Tse, Zarathustra, den israelitischen Propheten und Buddha „in die Ge-

[651] Vgl. Céline Couchouron-Gurung: „Marcel Gauchet, Un monde désenchanté?", *Archives de sciences sociales des religions*, 136, 2006. URL: https://assr.revues.org/3947 (zuletzt abgerufen am 16.8.2019).

schichte einbrechen sieht".[652] Damit wird das Zentrum der Achsenzeit als (negativ bewertetes) sichtbar: Geschichte läuft auf die Zunahme der Individualität hinaus.

Neben diesem ersten Zentrum verändere sich in der Achsenzeit aber auch der Realitätsbezug und die Art und Weise des Denkens.[653] Ähnlich wie bei Bellah verbindet auch Gauchet die Auflösung oder eher den Aufbruch des voraxialen homologischen Kosmos mit der Unterscheidung von Vernunft und Mythos.[654] Gauchet weist diese zwei Denkweisen jedoch, anders als Bellah, nicht als evolutionäre Stufen der Kognition aus, sondern beschreibt sie als zwei Weisen, wie Denken institutionell organisiert werde:[655]

> „Il n'a pas d'un côté une pensée à l'état sauvage, fonctionnant sur un mode spontané, et de l'autre côté une pensée domestiquée, peu à peu ployée aux exigences de l'action efficace. Il y a deux grandes organisations du cadre de pensée dont les modalités et les règles relèvent également et de part en part de l'institution, dépendantes qu'elles sont en dernier ressort du type de lien rapportant la société à son fondement."[656]

Diese beiden institutionalisierten Formen des Denkens, welche in gewisser Form auch an die Unterscheidung einer *mentalité logique* und *prélogique* bei Lévy-Bruhl erinnern,[657] würden sich jedoch, so Gauchet weiter, „auf ein absolutes Prinzip außerhalb von ihnen" beziehen: *„D'un registre à l'autre, on passe par une transformation directe qui est celle, interne, des conditions générales de représentation de la réalité, telle que déterminée elle-même par l'évolution du rapport humain/ divin."*[658] Gauchet bindet also die Erzeugung von Wissen, welche sowohl im mythisch-religiösen als auch im rationalen (*raison*) Register stattfinden kann, an die dem jeweiligen Register zugrundeliegende „Ökonomie, welche wie kaum sonst etwas an der kollektiven Organisation hängt"[659]. Damit wird wie schon angesprochen eine für französische Sozialtheorien charakteristische kollektive Begründung von Wissen sichtbar.

Gauchet bestimmt die Achsenzeit als historische Zäsur, als „Metamorphose der Alterität"[660], wobei die damit einhergehenden epistemischen sowie sozial-

[652] Marcel Gauchet: *Le désenchantement du monde. Une histoire politique de la religion*, Paris: Gallimard 1985, S. 44.

[653] Vgl. ebd., S. 43.

[654] Ebd., S. 73–76.

[655] Die These, der zufolge zwischen einer im angelsächsischen Raum dominierenden ‚Religion der Kognition' und einer im französischen Kontext dominanten ‚Religion der Kollektivität' zu unterscheiden ist, wird von Gripentrog, Johannsen, Mohn und Atwood für die frühe Phase der Religionswissenschaft reklamiert (in Vorbereitung).

[656] Gauchet, *Le désenchantement*, S. 74.

[657] Vgl. Lucien Lévy-Bruhl: *La mentalité primitive*, Paris: Flammarion 2010. Vgl. auch Atwood, „Die Religion der Anderen".

[658] Gauchet, *Le désenchantement*, S. 75.

[659] Ebd., S. 76. Übers. jeweils von DA.

[660] Ebd., S. 46.

politischen Unterscheidungen nicht als historische Epochen, sondern als unterschiedliche Regelwerke von Institutionen zu beschreiben seien.

Der Unterschied zu Bellah liegt darin, dass auch dann, wenn beide die Achsenzeit als gleichermaßen autobiographische und realhistorische Zäsur beschreiben und die Codierungen von Religion/Politik sowie Mythos/Logos anschließen, letztere gleichwohl unterschiedlich eingerahmt wird: Das Prinzip der Individualisierung, welches Gauchet als Zentrum der Achsenzeit beschreibt, führe in eine ‚entzauberte' Welt (wie der Titel benennt) und schließlich in eine Moderne, die den Ausgang aus der Religion gefunden habe.[661] Während Bellah den kognitiven ‚Fortschritt' der Reflexion als Zentrum der Achsenzeit beschreibt, nimmt Gauchet diese weitere Entwicklung in der Moderne in problematisierender Weise auf und stellt sie der gesellschaftsstabilisierenden Funktion der (voraxialen) ‚Religion' im Sinne einer Individualisierungskritik entgegen. Die „Unsicherheit der Gegenwart" lässt sich jedoch nicht einfach durch eine Re-Konversion umkehren, denn die Konvertiten seien „nicht fähig, auf die Vernünfte (*raisons*) zu verzichten, die für ihre Konversion maßgeblich war".[662] Auch hier wird Religionsgeschichte also mit der Doppelcodierung beobachtet, welche zwischen der Trias Religion,/Politik/Gesellschaft und Wissen/Rationalität eine Ordnung in den Diskurs der Religion bringt.

4.4.5. Achsenzeit als Therapie der spirituellen Krise

Während bei Gauchet und Bellah zwei Zeitdiagnostiker sichtbar wurden, welche Religionsgeschichte betreiben, um aus der gewonnenen Einsicht einen Therapievorschlag zu formulieren, der sich systematisch mit Religion auseinandersetzt, aber nicht mit Religionen im Plural sowie mit ihrem Umgang in der Gegenwart beschäftigt, rücken die letzten beiden illustrierenden Kapitel wieder näher an Jaspers und die von ihm hervorgehobene „grenzenlose Kommunikation" heran. Die britische Theologin und Religionshistorikerin Karen Armstrong schlug eine Perspektive vor, welche die Achsenzeit als Therapie für das gegenwärtige ‚religiöse' Zusammenleben versteht. Armstrong untersucht die Achsenzeit von unterschiedlichen, aber häufig auf Jaspers zurückgehenden Gesichtspunkten her und stellt dabei nicht nur die verschiedenen Religionsgründer nebeneinander, sondern betreibt auf der Folie der achsenzeitlichen Religionsgeschichte eine Zeitdiagnostik, die sich selbst als Zeitenwende gleichzeitig relativiert und hervorhebt:

> „Perhaps every generation believes that it has reached a turning point of history, but our problems seem particularly intractable and our future increasingly uncertain. Many of our difficulties mask a deeper spiritual crisis. [...] Unless there is some kind of

---

[661] Couchouron-Gurung, „Marcel Gauchet, Un monde désenchanté?", S. 3.

[662] Gauchet, *Le désenchantement*, S. 300.

spiritual revolution that can keep abreast of our technological genius, it is unlikely that we will save our planet. A purely rational education will not suffice. We have found to our cost that a great university can exist in the same vicinity as a concentration camp. Auschwitz, Rwanda, Bosnia, and the destruction of the World Trade Center were all dark epiphanies that revealed what can happen when the sense of the sacred inviolability of every single human being has been lost".[663]

Die aktuelle Zeitenwende ist Armstrong zufolge von einer besonderen Unsicherheit geprägt und verweise auf eine „tiefe spirituelle Krise", die sich ihr zufolge am „religiösen Fundamentalismus" zeige. Spiritualität wird hier in direkten Bezug zur Gegenwartskrise gesetzt, in der auch eine „rationale Erziehung" nicht mehr genüge. Armstrong beschreibt eine Gegenwart, in der die „heilige Unantastbarkeit jedes einzelnen Menschen" nicht mehr beachtet werde. Armstrong verwendet hier offensichtlich eine ‚religiöse' – korrekt ist: eine „spirituelle" Sprache in ihrer Gegenwartsdiagnose, die neben einer Teleologie der „spirituellen Revolution" die Religionisierung des Individuums als Rechtsträger beinhaltet.[664]

Diese explizit religiöse Beschreibung der Gegenwart als „spirituelle Krise" wird jedoch ausdrücklich mit einer bestimmten Phrasierung der Geschichte in Zusammenhang gebracht: der Achsenzeit. Armstrong postuliert, dass aus deren Geschichte heraus die Therapie der Gegenwart erwächst: *„In our current predicament, I believe that we can find inspiration in the period that the German philosopher Karl Jaspers called the Axial Age because it was pivotal to the spiritual development of humanity.*"[665] Das *Zentrum* der Achsenzeit ist also zunächst in der „spirituellen" Erneuerung zu finden. Armstrong präzisiert jedoch:

„The Axial Age was one of the most seminal periods of intellectual, psychological, philosophical, and religious change in recorded history; there would be nothing comparable until the Great Western Transformation, which created our own scientific and technological modernity."[666]

Wiederum finden wir Positionierungstechnologien wie (temporale und lokale) Parallelisierung (die Achsenzeit sei nur mit der Great Western Transformation vergleichbar), Zentrierung (die ‚Weisen' – die „Propheten, Mystiker, Philosophen und Dichter der Achsenzeit" sollten uns eine Inspiration sein[667]) und auch bei Armstrong mündet der Begriff der Achsenzeit in eine ‚Glaubensthese', auch wenn sie dies nur über den Begriff der Spiritualität explizit macht. Die Formel für die Therapierung der Gegenwart ist also wieder, auch fast sechzig

663 Karen Armstrong: *The Great Transformation. The Beginning of Our Religious Traditions*, New York: Knopf 2006, S. xi. Hervorh. durch DA.

664 Ebd. An dieser Stelle könnte nach verschiedenen Religionisierungen des Menschenrechtsdiskurses etwa anhand des Begriffs der ‚Menschenwürde' gefragt werden.

665 Ebd., S. xii.

666 Ebd.

667 Ebd. Armstrong betont an dieser Stelle, dass *„we never surpassed the insights of the Axial Age*".

Jahre nach Jaspers Veröffentlichung, in der universalen Schwelle der Achsenzeit zu finden.

Die Beliebtheit der Achsenzeitthese für religionshistorische und gegenwartsdiagnostische Therapievorschläge liegt nicht zuletzt auch darin, dass sie eine hohe Syntheseleistung anbietet, was für die auf Universalismus nicht verzichtende Zeitdiagnostik zentral ist. Stefan Breuer bezeichnet den Begriff der Achsenzeit im angelsächsischen Wissenschaftsraum inzwischen gar als so gut verankert, „dass Wortbildungen wie De-axialisation und Re-axialisation nichts Ungewöhnliches mehr sind“[668]. Dies illustriert, wie die hier für die moderne Religionsgeschichte in Anschlag gebrachten Metaphern als Orientierungsmetaphern auch in anderen Kontexten und Erzählungen Verwendung finden.

Hans Joas ist darin zuzustimmen, wenn er schreibt, dass die Achsenzeit ein konstitutives Moment gegenwärtiger Orientierungsarbeit in der Geschichte ist und sogar eine „mythische Struktur“ aufweist.[669] Anstatt aber bei der These der ‚Mythopoesie‘ der Achsenzeit als geschichtskonstitutiver Erzählung zu verbleiben, wird die in dieser Mythopoesie ausgehandelte Arbeit an der Religion in den Fokus genommen. Dies resultiert etwa in der Beobachtung der Doppelcodierung von Religion und Rationalität sowie Religion und Politik oder Recht als Signum des modernen Religionsdiskurses.

Letzteres meint die Konvergenz dieser zwei Unterscheidungen in der Doppelcodierung, welche am Ende dieses Kapitels als spezifische Signatur der Moderne interpretiert wird. Gerade in dieser Unterscheidung besteht aber die Weiterführung der Arbeit an der Religion. Joas lässt die Achsenzeit einerseits – zentrierend – auf Transzendenz hinauslaufen,[670] und parallelisiert andererseits den (gegenwärtigen) Achsenzeitdiskurs selbst als religiösen Diskurs, der eine Auseinandersetzung der Intellektuellen mit Transzendenz darstellt. Er findet also die ‚religiöse Sprache’ dort, wo der Achsenzeitdiskurs „eine Serie von höchst komplexen Versuchen von Intellektuellen darstellt, sich im Hinblick auf ‚Transzendenz’, ihrer historischen Rolle und realisierbaren Formen ihrer Artikulation in der Gegenwart zu positionieren“[671]. Joas führt nicht näher aus, was er unter Transzendenz versteht. Dennoch wird eine Unterscheidung deutlich, die zwischen einer jenseitigen Transzendenz und einer diesseitigen Immanenz verlaufe.[672] Diese brächte eine „Sehnsucht nach letztinstanzlichen Unterscheidungen“ zur Sprache. Die Unterschiede zwischen der Religionstheorie von Hans Joas und der hier im Anschluss an Giorgio Agamben und Niklas Luh-

668 Breuer, „Kulturen der Achsenzeit“, S. 1.

669 Joas, *Was ist die Achsenzeit?*, S. 24.

670 Hans Joas: „The Axial Age Debate as Religious Discourse“, in: Robert N. Bellah, Hans Joas (Hrsg.): *The Axial Age and its Consequences*, Cambridge/London: Belknap/Harvard University Press, S. 9–29, S. 21 ff.

671 Ebd., S. 9. Übers. von DA.

672 Joas, *Was ist die Achsenzeit?*, S. 6.

mann formulierten Religionstheorie (Vgl. 1.4.3. und 2.2.1.) liegen somit in der Rahmung dieser Unterscheidung. Anders als die von Joas und Bellah stark gemachte Unterscheidung versucht diese Arbeit, die Codierung von Transzendenz und Immanenz als Handhabbarmachung des Unbeobachtbaren und des Ununterscheidbaren zu begreifen und die Setzung dieser Unterscheidung als Vorbedingung einer Justiziabilität und schließlich Regierbarkeit der Religion zu beobachten.

Mit dem doppelten Fokus auf die temporalen Positionierungstechnologien sowie auf die Unterscheidungen in der Arbeit an der Religion kann eine Mythopoetik historiographischer Religionsdiagnosen gelingen, die einen Aufschluss über Schwellen- und Ursprungserzählungen anbietet und gleichzeitig die zentralisierten Codierungen des gegenwärtigen Religionsdiskurses sichtbar zu machen verhilft. Eine diskurshistorische Perspektive auf temporale Positionierungen im Religionsdiskurs kann also dazu beitragen, den Achsenzeitdiskurs in eine Analyse chronopolitischer Ordnungsmuster zu überführen.

In einem letzten Schritt wird nun nach den ‚blinden Flecken' in der ‚universalen' „Glaubensthese" der Achsenzeit gesucht und so die schon mehrfach angesprochene Kritik am Eurozentrismus der Achsenzeitthese aufgenommen.

4.4.6. *Versuch einer Provinzialisierung, oder: Afrikas Absenz in der Achse*

Bisher wurde die Geschichte der Achsenzeit als *geschichtskonstitutive Erzählung* insbesondere Europas und Asiens beobachtet, wobei alle bisher besprochenen Autor*innen westliche Wissenschaftler und Philosophen waren.

Vor diesem Hintergrund kann eine spät nachgereichte Kritik am Eurozentrismus diesen nie ganz überwinden. Es bleibt somit ein kleiner, in der Tendenz dezentralisierender Versuch, der die Beschäftigung ‚westlicher' Wissenschaftler*innen und Intellektueller mit der Religionsgeschichte im Fokus und dabei an keiner Stelle eine ‚subalterne' oder ‚postkoloniale' Perspektive miteinbezogen hat. Denn so viel sei vorausgeschickt: Einige Subalterne können nicht nur nicht sprechen,[673] sie existieren im Fall der Achsenzeit sogar nur als Füllkörper, der von den ‚Achsenreligionen' historisiert oder modernisiert werden kann.

Der letzte materialfokussierte Schritt geht vor diesem Hintergrund dem Kontinent und der Metapher ‚Afrika' – stellvertretend für nichtsprechende Subalterne im heute „globaler Süden" genannten Teil der Erde – und seiner Abwesenheit in der Achsenzeit nach.

---

[673] Vgl. Gayatri Chakravorty Spivak: „Can the Subaltern Speak?" in: Cary Nelson, Lawrence Grossberg (Hrsg.): *Marxism and the Interpretation of Culture*, Chicago: University of Illinois Press 1988, S. 66–111.

Afrikas Platz in der Kulturgeschichte der Achsenzeit ist marginal: Wenige Artikel beschäftigen sich mit dem Kontinent und seiner Frühgeschichte[674] und die meisten Nennungen innerhalb des Achsenzeitdiskurses beziehen sich auf die Voraxialität Afrikas wie auch der Amerikas. Während Altägypten durchaus Erwähnung findet, steht diese Kultur kaum je in einer Tradierungslinie, die nach Süden führt. Die Frage nach Ägypten als Teil der Kulturgeschichte Afrikas wird bis heute als ‚Mythos' abgelehnt, wobei in diesem Fall kein theoretischer Mythosbegriff verwendet wird, sondern ein polemischer, der damit eine Disqualifizierung als falscher Geschichte meint.[675] Afrika wie auch Amerika scheinen also in der Zivilisationsgeschichte der Achsenzeit keine Rolle zu spielen, sie finden keinen Eingang in den Kanon der Achsenzeitkulturen und sind folglich als Zivilisationsträger fraglich. Auch bei den weiteren Forschungen zur Achsenzeit wird Afrika negiert, während Europa oder der ‚Westen' besprochen und mit Eigenschaften versehen wird, die diese als ‚Resultat' der Achsenzeit deutlich machen, sowohl was die Entsakralisierung der Herrschaft als auch die Rationalität der Kritik angeht.[676] Dies geschieht mit einer Leichtigkeit, die den kolonialen Fleck auf der imaginären Landkarte umso heller leuchten lässt.

Im neusten Sammelband zur Achsenzeit von Robert Bellah und Hans Joas findet sich zumindest ein Artikel, der sich dem ‚Fall Afrikas' annimmt. Ann Swidler geht in ihrem Beitrag der Frage nach, inwiefern es in Afrika ‚axiale' Religionen gibt und stellt fest, dass ‚Afrika' die Achsenreligionen durch Mission aufgenommen hat und damit zu den axialen Zivilisationen dazu gekommen ist. James Cox hat beobachtet, dass Swidler ‚axiale Religionen' mit der Kategorie der ‚Weltreligionen' gleichsetzt.[677] Der Auswahl und Charakterisierung dessen, was eine ‚axiale' Religion ist, geht also ein religionskategorisierender Kanonisierungsprozess voraus, der nicht nur festschreibt, was eine Religion und was eine ‚axiale' Religion ist, sondern der diese Auswahl auch in der Geschichte der Metapher kanonisiert und gefestigt annimmt. ‚Afrika' steht im Folgenden als Metapher für Regionen der Welt, die gerade dadurch ‚subaltern' sind, dass sie in diesem Fall nicht zu den axialen Kulturen gehört haben, wie sie von Anquetil-Duperron über Weber zu Karl Jaspers kanonisiert und bis heute weiterverwendet werden.

Wie genau ‚voraxiale' und ‚axiale' Religionen definiert sind, wird bei Swidler nicht deutlich, auch wenn sie sich stark an Eisenstadt anlehnt. Neben Cox Kri-

---

674 Einzig die altägyptischen Reiche werden verschiedentlich als Teil der Achsenzeit thematisiert. Vgl. Assmann, „Große Texte ohne eine große Tradition", S. 245–280.

675 Dies wird etwa an der Debatte der ägyptologischen Studien von Cheikh Anta Diop sichtbar. Vgl. Atwood, „Discourse on Primal Religion", S. 459–460.

676 Vgl. Shmuel N. Eisenstadt: „Aspekte der westlichen Kultur" in ders.: *Kulturen der Achsenzeit II. Ihre institutionelle und kulturelle Dynamik. Teil 3. Buddhismus, Islam, Altägypten, westliche Kultur*, Frankfurt a.M.: Suhrkamp 1992, S. 245–384.

677 Vgl. James L. Cox (Erfurt, IAHR-Konferenz), http://www.iahr2015.org/iahr/3212.html (zuletzt abgerufen am 16.8.2019).

tik ließe sich jedoch auch noch nach der Bedingung von Schriftlichkeit für die Aufnahme in den Kanon der achsenzeitlichen Religionskulturen fragen. Eine vollständige Analyse der Kategorisierung aller ‚nicht-achsenzeitlichen' Kulturen kann hier jedoch nicht geleistet werden. Was sich jedoch beantworten lässt, ist die Frage, wie diese voraxialen Kulturen ‚axial' wurden. Damit stehen wir der dichotomisch aktualisierten[678] Frage gegenüber, die sich Kolonisatoren wie Missionare gestellt haben:

> „Africans do manifest one fundamental element of the Axial – an enormous longing, a reaching out to grasp ‚the universal', the global symbols of a higher, transcendent reality (a longing that would be quite unfamiliar, I think, to the Japanese). This ‚transcendent' reality's presence also, however, suggests the fundamental problem about conceptualizing the social ‚occasions' of axialness."[679]

Abgesehen von den Essenzialisierungen wird hier in geradezu missiologischer Absicht eine „Sehnsucht" nach dem Universellen, der „transzendenten Realität" beobachtet, die gleichwohl ein Anzeichen der ‚Axialität' sei und somit der ‚Axialisierung' Afrikas Türen öffnet – so ließe sich die Argumentation weiterführen.[680] Swidler stellt andernorts die These auf, dass die „Achsenreligionen" Christentum und Islam am meisten der Modernisierung förderlich seien:

> „they directly counter the power of traditional kin obligations (and the overwhelming dangers of witchcraft), while the purportedly modern and secular NGOs practice a ritualized version of modernity, even as they are penetrated by the norms and practices of the kin-based chieftaincy system and its related system of patron-client ties."[681]

Swidler beschreibt ein religiöses Feld mit drei Hauptanbietern: die „traditionellen Chefsysteme" (*chieftaincy*), die „NGO Kosmologie" oder „Ideologie", welche die „globalisierte Modernität" repräsentieren würden sowie die Kirchen und Moscheen. Diese drei Anbieter würden sich stark hinsichtlich ihrer Ausrichtung, Werte und Vermittlungsweise unterscheiden. Die „traditionellen Strukturen" bewahrten, so Swidler, „Klan, Verwandtschaft und Dorf" „*with obligations of unequal interdependence undergirded by the prestige of chiefs [...] the ever-present danger of witchcraft, connections to ancestors, and such rituals as funerals and initiations*" und seien deswegen hierarchisch und auf Zwang beruhend.[682] Die Achsenreligionen seien demgegenüber davon geprägt, dass sie

678 Vgl. Atwood, „Religion der Anderen", S. 378.

679 Ann Swidler: „Where Do Axial Commitments Reside? Problems in Thinking about the African Case", in Robert N. Bellah, Hans Joas (Hrsg.): *The Axial Age and its Consequences*, Cambridge: Massachusetts, 2012, S. 222–247, S. 237.

680 Inwiefern hier missionarische und koloniale Dichotomien aktualisiert wurden, konnte hier nur angedeutet werden. Vgl. Atwood, „Religion der Anderen".

681 Ann Swidler: „African affirmations: The religion of modernity and the modernity of religion", *International Sociology*, 28 (6), 2013, S. 680–696, S. 680.

682 Ebd., S. 681.

„envision the religious community as voluntarily chosen and horizontal, with the sacred located in transcendent community as voluntarily chosen and horizontal, with the sacred located in transcendent symbols that bind a community of equals together (even though such communities may be quite hierarchical, with pastors or sheikhs exercising local authority and claiming special access to the sacred [...]"[683].

Modernisierung käme in Malawi, wo Swidler Teile ihrer Feldforschungen unternommen hatte, nicht von den „traditionellen Strukturen" her, sondern „es ist in den Kirchen, besonders den evangelikalen und pentekostalen Kirchen, in denen die Grundlagen einer möglichen Säkularisierung gelegt werden".[684]

Anders als die Kirchen beschreibt Swidler jedoch die NGOs nicht als Agenten der Modernisierung, sondern kritisiert deren Praxis und schließt: „*The way modernity and rationalization truly take hold is not through the consciously modernizing work of NGOs and their gospel of secularism.*"[685] Die Kritik an den NGOs verläuft also in einer amalgamierten Sprache, im Zwischenbereich von Moderne, Säkularität/-ismus und dem Bereich der Religion: „das Evangelium des Säkularismus" ist nicht die „wahre" (*truly*) Form, in der „Modernität und Rationalisierung" sich etablieren. NGO-Kritik tritt hier also in der Gestalt der Religionskritik auf, während dem die Kategorie der ‚Achsenreligion' lediglich noch als Schablone einer Relationierung dient. Während verschiedene Episteme und Kollektive unterschieden werden (NGOs, Kirchen, *chieftaincies*), schreibt die Metapher der Achse einen bestimmten Denkstil in der begrifflichen Nähe von ‚Rationalität' und ‚Modernisierung' fest.

Zu problematisieren ist an Swidlers Argumentation nicht in erster Linie die ‚Religionisierung' von NGOs. Diese dem ‚religiösen Markt' und seinen Vertretern funktionalistisch einer Weltanschauung zuzuordnen und/oder ‚als' religiös-weltanschaulichen Anbieter zu interpretieren, ist in der Religionssoziologie kein unüblicher Schritt: eine Amalgamierung oder Religionisierung eines Akteurs aus der Perspektive einer Religionskritik an den NGOs. Damit wird also lediglich aus funktionalistischer Perspektive die Arbeit an der Religion weitergeführt.

Demgegenüber kämpften die ‚Achsenreligionen' – „besonders die Pfingstkirchen" – für eine „autonomere, rationalisiertere Persönlichkeit": „*The Axial religions, and especially the Pentecostal churches, devoting their ritual power to a fierce war on demons, witchcraft, and other threats to the integrity of the self, fight for a more autonomous, rationalized personhood.*"[686] Vor dem Hintergrund ihres Hauptforschungsinteresses – der AIDS-Thematik in Afrika und ‚afrikanischen Antworten' darauf – wird in der Betonung der Rationalisierung der Personalität („*rationalized personhood*"), für die sich die Pfingstkirchen Swidler zufolge

---

683 Ebd.
684 Ebd., S. 688. Übers. von DA.
685 Ebd.
686 Ebd., S. 682.

engagierten, die Erklärung dafür sichtbar, wieso Swidler mit den Pfingstkirchen eine religiöse Bewegung des 20. und 21. Jahrhunderts als ‚Achsenreligion' beschreibt. Wiederum wird im Zentrum der Idee der Achsenzeit eine Form der ‚Rationalisierung' in der Religionsgeschichte sichtbar. Es handelt sich auch bei Swidler nicht nur um eine Analogie zum Begriff der ‚Weltreligionen', sondern um die erneute Ausführung eines schon in der bisherigen Rezeptionsgeschichte der Achsenzeit eingeübtes Zentrum, der Rationalisierung.

Damit wird die neokoloniale Rahmung der Achsenzeitgeschichte Afrikas deutlich, die – vermutlich ungewollt – in der Manier klassischer ‚Zivilisierungsprogramme' außerkontinentale, in diesem Fall ‚axiale' Religionen zum Therapeuten macht. Der Subalterne – in diesem Fall ‚Afrika' – wird von den Achsenreligionen erfasst.[687] Swidlers afrikabezogene Achsenzeitthematisierungen sind somit ein schlechtes Beispiel für die Frage nach der postkolonialen Integration Afrikas in eine (axiale) Weltgeschichtsschreibung. ‚Afrika' kann, so ihre These, nur von exogenen Quellen ‚modernisiert' werden – endogen stehe eine paternalistische und dividualisierende Gesellschaft jeglicher Modernisierung entgegen. Aber nicht alles, was von außen kommt, ist auch gut, dafür steht schließlich die „NGO-Ideologie".

Nach dieser notwendigerweise selektiven Durchsicht über die Achsenzeitforschung fällt auf, dass Afrika als einer der ‚weißen' Flecken auf der Karte der Achsenzeit stehenbleibt.[688] Die Suche nach afrikanischen Achsenkulturen wurde offensichtlich vernachlässigt, obschon es auch hierfür Ansätze gäbe.[689] Eine solche Aufgabe hätte – unter Berücksichtigung der autobiographischen und ‚glaubensthetischen' Seite der Achsenzeitthese – nicht schon zu Beginn als ideologisch abgelehnt werden müssen. Dies gilt umso mehr, als die Achsenzeit „eines der wichtigsten Arbeitsfelder der gegenwärtigen Forschung auf dem Gebiet der historischen Sozialwissenschaft" darstellt.[690]

---

687 Das Bild des ‚passiven' Afrikas nimmt in der kolonialen und postkolonialen Bibliothek einen besonderen Rang ein, kann aber hier nicht näher ausgeführt werden. Dies müsste jedoch in einer detaillierteren Analyse des die Metapher der ‚Stunde Null' umrahmenden Diskurses stärker gemacht werden. Vgl. etwa Achille Mbembe: *Sortir de la grande nuit. Essai sur l'Afrique décolonisée*, Paris: La Découverte, 2010.

688 Die einzig genuin ‚afrikanische' Zivilisation, die zur Debatte steht, ist wie erwähnt die von Jan Assmann beschriebene „Zwischenzeit" zwischen dem Alten Reich und dem ersten Zwischenreich, die aber, so Assmann, „eine vorreflexive Kultur" sei und somit als Gegenbeispiel dient. Vgl. Assmann, Große Texte ohne eine große Tradition, S. 245–280.

689 Diese hätten etwa die Aussage des Propheten Mani zum Anlass nehmen können, der Aksum (die Hauptstadt eines am Horn von Afrika entstandenen Reiches etwa im 4. Jahrhundert v.u.Z.) mit Rom, China und Persien zu den vier bedeutendsten Mächten der Welt zählt. Oder die ägyptologische Perspektive hätte, wie es Cheikh Anta Diop (durchaus politisch motiviert) angedeutet hat, in ihrer Wirkung auf die subsaharischen Zivilisationen untersucht werden können. Diese Arbeit liegt jedoch methodisch auf einer anderen Ebene als die hier unternommene und kann hier nur angesprochen werden.

690 Vgl. Joas, *Was ist die Achsenzeit?*, S. 5.

Auf der einen Seite ist also ein erster und äußerst flüchtiger Versuch zur Dekolonisierung der Achsenzeitthese misslungen. Ihre Provinzialisierung auf der anderen Seite, um einen Begriff von Dipesh Chakrabarty aufzunehmen,[691] konnte jedoch im gleichen Zuge weitergetrieben werden, als der Aspekt der ‚Glaubensthese' nicht nur auf den mythopoetischen Charakter der Achsenzeitgeschichte hinweist, sondern diese Seite präzisiert: In den unterschiedlichen „Zentralperspektiven" – den Zentrierungen des jeweiligen achsenzeitlichen Geschichtsmodells – werden Unterscheidungen sichtbar, welche die Arbeit an der Religion präzisieren. Die bisher schon entwickelten Codierungen von Geschichte und Mythos sowie Religion und Politik oder Recht wurden in der Analyse der Achsenzeit als miteinander verstrebt gezeigt: die Doppelcodierungen in der Trias von Religion, Wissen und Regierung (Politik und Recht) führen auf methodischer Ebene zu einer *Religionswissensgeschichte*, die den Blick auf die Gründung unterschiedlicher epistemischer Kollektive freilegt. Je nach Thematisierung dieses Kollektivs fällt der Therapievorschlag verschieden aus, während er in den kulturhistorischen Detailstudien häufig fast gänzlich wegfällt und lediglich in der Aufrechterhaltung des Kanons ‚Achsenzeit' weiterhin mitwirkt.

4.5. Geschichtsschreibung, Kanonisierung und die Therapie der Moderne

Die hauptsächlich europäisch-amerikanische Geschichte der Achsenzeit lässt sich anhand der bisherigen Rezeptionsgeschichte nur schwer provinzialisieren. Auch wenn ihr Kanon außereuropäische Religionen und Philosophien in Asien berücksichtigt – und Jaspers gerade die christozentrische Geschichtsphilosophie überwinden wollte – so bleibt der autobiographische und westlich-akademische Aspekt dieser These unübersehbar, der sich in der „Privilegierung [...] der eurasiatischen Ökumene" äußert.[692] Sie bleibt eine Selbstthematisierung der Moderne über die Parallele der Achsenzeit. Das Narrativ der Achsenzeit wird also in seiner historiosophischen Nuancierung als politischer Mythos der Moderne ausgewiesen, der in der Nachfolge Jaspers eine pluralistische Konzeption der Geschichte anbietet, die Einheit in der Diversität betont. Diese auf Universalisierung angelegte Einheit bleibt gleichwohl eine selektive, deren Kontingenz an der Ausrichtung an Zentren wie ‚Rationalisierung' oder der Trennung von Religion und Politik sichtbar wird.

Damit geht keine pauschale Verurteilung der empirisch-historisch-soziologischen Erforschung der Achsenzeit selbst einher, wenn auch ihre Narrativität

691 Vgl. Dipesh Chakrabarty: *Provincializing Europe. Postcolonial Thought and Historical Difference*, Princeton: PUP 2008.

692 Vgl. Boy, Torpey, „Inventing the axial age", S. 259.

der Empirisierung immer als beigefügt und damit auch die Historiographie der Achsenzeit in der ereignismystischen Form als mythopoetisch beschrieben wird.

Die Geschichte der Achsenzeitmetapher bleibt also als europäisch-amerikanisches Unterfangen sichtbar. Die Achsenzeit umfasst eine nicht mehr christozentrische, sondern universelle Wende der Menschheitsgeschichte und schreibt deren Geschichte als Kanonisierung der ‚achsenzeitlichen Revolution' bestimmter zentraler Werte fest. Damit wird ein ‚universalgeschichtlicher' Ursprung bezeichnet, mit dem gleichzeitig die gegenwärtig diagnostizierte ‚Krise' therapiert werden soll.

Die Analyse der in dieser Ordnungsgeschichte verwendeten temporalen Positionierungstechnologien macht deutlich, wie religionsgeschichtliche Schwellenerzählungen erzählt werden, welche Parallelen gesetzt und welche inhaltlichen Zentren definiert werden. Die genaue Beobachtung dieser Zentren ermöglicht eine Analyse der Codierungen, die sich in mehrfacher Weise an ‚Religion' gekoppelt zeigten. Unter ‚Doppelcodierung' wird die doppelte Unterscheidungspraxis von ‚Religion' verstanden, die sich sowohl gegenüber der Regierungsmaschine und ihren Selbstthematisierungen (etwa als ‚säkular' und getrennt von Religion) als auch gegenüber dem Wissbaren (wie es vom Logos oder von der Wissenschaft epistemisch ‚getrennt' wird) positioniert.

Die Idee der Achsenzeit wurde im Durchgang dieses Kapitels als ‚Glaubensthese' und Autobiographie von Philosoph*innen und Historiker*innen, Kulturwissenschaftler*innen und Religionssoziolog*innen beschrieben, welche die Achsenzeit als „tiefsten Einschnitt der Geschichte"[693] mit dem Ziel beschreiben, „zu einem genetischen Verständnis unserer eigenen Lebens-, Handlungs- und Empfindungsweise zu gelangen"[694].

Die Arbeit an der Religionsgeschichte der Achsenzeit fand ihre scheuen Ursprünge in der Aufklärung bei Anquetil-Duperron und wird in der Zwischenkriegs- (Weber) und Nachkriegszeit (Jaspers) aufgenommen, um damit verschiedene Diagnosen und Therapievorschläge ‚für die Menschheit' zu formulieren.

Dabei blieb die Zentralperspektive (A. Assmann) einer achsenzeitlichen Perspektive bestehen. Auch in der Analyse der hier vorgestellten Nachfolgerinnen und Nachfolger, in der die glaubensthetische Dimension nicht selten zugunsten einer kulturhistorischen Empirisierung zurücktrat, blieb die Begrenztheit der ‚axialen' Kulturen als euroasiatische Kanonisierungsgeschichte sichtbar.

Ungeachtet dessen, ob die Achsenzeitthese empirisch gesättigt oder geschichtsphilosophisch akzentuiert ist, wird sie als Kanonisierungsprozess einer

693 Jaspers, *Vom Ursprung und Ziel*, S. 19.

694 Vgl. Weil, „What is a Breakthrough in History?", S. 21–36. Hier in deutscher Übersetzung zitiert nach Elkana, „Die Entstehung des Denkens zweiter Ordnung im antiken Griechenland", S. 59 f.

tendenziell universalistischen Periodisierungsstrategie sichtbar. Die Achsenzeit dient als Beispiel für eine Metapher, die in einem bestimmten Zeitgeist Anklang fand, jedoch weit darüber hinaus bis heute verwendet wird, um in der Unordnung der Geschichte eine Ordnung über einen Ursprung zu stiften.

Die im ersten Kapitel an zentralen Momenten auftretende Frage nach dem Bruch oder der Kontinuität zwischen Eschatologie und der Idee der Zeitwende (etwa 3.4.1.) schien in bisherigen Analysen der Idee der Achsenzeit wenig thematisiert. Liegt dies an der Auswahl der Quellen? In jedem Fall, doch dabei wird zweierlei vergessen. Einerseits wird die Frage nach dem epistemischen Bruch zwischen Eschatologie und ihren ‚aufklärerischen' Transformationen auch hier aufgegriffen, allerdings nur von Karl Jaspers mit Rückgriff auf die ‚religiöse' Semantik der „Glaubensthese". (Eine Glaubensthese, die ‚Reflexion' zur Errungenschaft einer welthistorischen Zäsur machte.)

Die Arbeit an der Religion in der Schwellenerzählung der Achsenzeit wurde also als Arbeit an der Geschichte der ‚Religionen' der Achsenzeit deutlich, die wiederum – besonders in ihren geschichtsphilosophischen Anfängen bei Karl Jaspers – nicht nur eine ereignismystische, sondern auch eine ‚glaubensthetische' Dimension aufweist. Dabei hat auch Jaspers die epistemische Trennung zwischen ‚glaubensthetischer' und historischer Perspektive aufgeweicht („Erkennen heißt werten"). Er spricht also über die Achsenzeit nicht nur in einer philosophischen oder wissenschaftlichen Episteme, sondern stellt sie als eine These dar, von der her eine Trennung von materialer Geschichtsschreibung und Glauben nicht mehr möglich ist.

Somit wird auch in der Achsenzeitgeschichte die Arbeit an der Religion als doppelte Praxis von Separierung und Amalgamierung sichtbar, in der Religion von – in diesem Falle: Philosophie – unterschieden wird. Damit ermöglicht diese religionshistorische Schwellenerzählung die Konstitution epistemisch-ethischer ‚Kollektive', mit der die Unterscheidung von Religion (und seinem jeweiligen konstitutiven Außen) plausibilisiert, erinnert und stabilisiert wird. Seit der Achsenzeit gibt es also, folgt man etwa Jaspers oder Bellah, „Philosophen", Menschen, deren Art und Weise zu Sprechen nicht mehr diejenige der Priester sein soll – und sie nach Vollzug dieser Unterscheidung auch nicht mehr ist. Die Schwellenerzählung erzählt also im Fall der Achsenzeit nicht zuletzt die Ursprungsgeschichte der Philosophie.

4.6. Von der Achse als Metapher zum Rhizom als analytischem Modell

Zuletzt ist in methodologischer Hinsicht jedoch noch eine Gegenüberstellung anzusprechen: das analytische Modell der temporalen Positionierungstechnologien (vgl. 1.4.2.) steht dem Modell der Achse diametral gegenüber, insofern die ‚Achse' eine gemeinsame ‚Wurzel' der Menschheit darstellt. Auf diese begrifflichen Gegensätze weisen Deleuze und Guattari in ihrer Schrift über das Rhizom als besondere Form der Schrift, des Buches, hin: „[E]in Rhizom ist keinem strukturalen oder generativen Modell verpflichtet. Es kennt keine genetischen Achsen oder Tiefenstrukturen. Eine genetische Achse gleicht einer objektiven Achseneinheit, auf der sich aufeinanderfolgende Stadien organisieren [...].“[695] Deleuze und Guattari unterscheiden hier verschiedene Typen des Buches, etwa das durch die binäre Codierung geprägte „Wurzelbuch“ oder den Typ ‚Rhizom‘, welcher seine „maschinelle Verknüpfung“ offenlegt und „unaufhörlich semiotische Kettenteile, Machtorganisationen, Ereignisse in Kunst, Wissenschaft und gesellschaftlichen Kämpfen“ verknüpft.[696]

Mit den temporalen Positionierungstechnologien wird gerade auf diese „maschinelle Verknüpfung“ geachtet. Dabei steht das Modell der Achse (hier in der Version der Achsenzeit) dem rhizomischen Modell gegenüber: Die Behauptung einer „genetischen Achse“ als einer „objektiven Achseneinheit, auf der sich aufeinanderfolgende Stadien organisieren“ betrifft das Narrativ der Achsenzeit sowohl für Jaspers Schwellenerzählung als auch für die nachfolgenden Rezeptionen in der kultur- und religionshistoriographischen Fortführung.[697]

Die Übernahme von Begriffen aus der Objektebene (der Achsenzeitthese) auf die Analyseebene (‚Achse‘ als Gegenmodell zum Rhizom) ist problematisch, insofern dabei Begriffsverschiebungen schnell übersehen werden. Dem ist aber gerade wegen der Durchlässigkeit und dem doppelten Vorkommen der dieser Arbeit eigenen Thematiken auf Objekt- und Metaebene kaum zu entgehen.

Dieses doppelte Vorkommen meint etwa die Reflektion über die Bedingungen und gleichzeitig die Produktion von Geschichte, die hier sowohl auf der Meta- als auch auf der Objektebene erscheinen. Obwohl sich diese Arbeit nicht auf eine empirisch-historiographische Diskussion der Achsenzeit einlässt, sondern diese als Politik des Ursprungs hinsichtlich ihrer temporalen Positionierung und der damit begründeten Therapievorschläge untersucht, bleibt das Problem der Durchlässigkeit bestehen: Meta- und Objektebene sind zwar nicht identisch mit den verwendeten Quellen, jedoch bleibt die Kluft vorhanden, insofern als die Analyse einer Politik des Ursprungs und die erkenntnistheoretische Begründung eines derartigen Vorgehens wiederum dieselbe methodologische Durchlässigkeit schafft.

695 Gilles Deleuze, Félix Guattari: *Rhizom*, Berlin: Merve 1977, S. 20.

696 Ebd., S. 12.

697 Ebd., S. 20.

5. *Nullstunden*: Zeitdiagnostische und politische Separierungen und Amalgamierungen

Nach der ersten Schwellenphase im ‚Ende' und ihrer Verbreiterung in der ‚Achse' weist die ‚Stunde Null' auf einen Neuanfang hin und bringt somit die letzte der drei Phasen einer Schwellenerzählung zur Sprache. Die vorliegende Analyse schließt also mit der letzten Phase der Schwelle ab, welche den Anfang der ‚neuen' Zeit markiert, und stellt sie mit der Metapher der ‚Stunde Null' in den Kontext (nicht nur) politischer Neugründungsrhetoriken.

Dabei wird wie auch in den vorhergehenden Kapiteln die Konstruktion von geschichtskonstitutiven Schwellen- oder eben ‚Nullstunden'-Erzählungen analysiert, um die in ihnen vollzogene Arbeit an der Religion zu beschreiben. Gleichzeitig wird diese Fokussierung auf politische Neugründungen als Analyse der Gouvernementalität der Religion sichtbar (5.1.).

Die Metapher der ‚Stunde Null' wird dabei zuerst in denselben Zeitraum gestellt, mit dem das letzte Kapitel begonnen hat – mit einem ersten Schwerpunkt auf der Zeitdiagnose von Edgar Morin, der als einer der ersten nach dem Zweiten Weltkrieg die Metapher vom „Jahr Null" in Bezug auf Deutschland geprägt hat (5.2.). Eingerahmt und kontextualisiert wird die Schrift sowohl durch schon von Morin eröffnete Bezüge zu Sigmund Freuds Schrift *Totem und Tabu* (1913 erschienen), wobei Religionskritik, die Kritik an xenologischen Mythen und Morins ‚Religionstheorie des Nationalsozialismus' in einer Diagnose der deutschen Nachkriegssituation zusammenfließen. Dabei werden diese Unterscheidungen mit Giorgio Agamben und Pierre Bourdieu religionstheoretisch expliziert und mit der (Un-)unterscheidbarkeit von Religion und Politik konkretisiert (vgl. 5.2.3.).

Die beobachteten Separierungen und Amalgamierungen zwischen Religion und dem Juridisch-Politischen werden sodann in die philosophische Diskussion des „Mythos des Staates" bei Ernst Cassirer und anderen gestellt, wo die Frage nach der Separierung von Mythos und Religion auf der einen und des Juridisch-Politischen auf der anderen Seite ins Zentrum rückt (vgl. 5.2.5.). In Aktualisierungen der ‚Stunde Null' in späteren Schwellenerzählungen (etwa ‚1989') werden unterschiedliche Neugründungsmythen und deren Kritik beobachtet.

Hinsichtlich der Neugründungsmythen ist eine Vorbemerkung notwendig: Wenn es für die westliche sowie seit dem Imperialismus und der weltweiten Missionierung durch das Christentum und den Islam auch für die globale Geschichtsschreibung eine herausragende Zäsur gibt, so liegt sie in der christlichen Zeitrechnung und rückt damit ‚Christus' (nicht die historische Figur Jesus) ins Zentrum. Diese Zeitordnung mit bis heute für Datierungen maßgeblichem Anspruch präfiguriert die nachfolgenden Metaphern des ‚Jahres Null' oder der ‚Stunde Null'.[698] Eine Nachzeichnung der christlichen Zeitzählung und ihrer Verbreitung führt jedoch zu weit. So wie Karl Jaspers der Christozentrik mit seinem universalistischen Projekt der Achsenzeit auszuweichen versuchte (und stattdessen andere Zentrierungen einführte), bleibt der Fokus im Folgenden auf ‚modernen' Neugründungsrhetoriken im politischen Diskurs sowie der Frage nach den darin beobachteten Zusammenhängen, Separierungen und Amalgamierungen von Religion und Politik liegen.

5.1. Neugründungen und die Gouvernementalität der ‚Religion'

Schwellenerzählungen als Therapievorschläge – diese Grundthese zieht sich durch die gesamte Arbeit und taucht in verschiedenen Akzenten auf. Produzent*innen von Schwellenerzählungen verbinden ein ‚bedeutendes' Ereignis mit einer Diagnose, auf deren Folie sich schließlich ein Therapievorschlag für die diagnostizierten Probleme der Gegenwart konstruieren lässt.[699]

Die Beispiele der ‚Achsen' oder der ‚Enden' illustrierten diese These bereits in Varianten und verbanden sie mit der Thematik der Religionsgeschichtsschreibung als spezifische Geschichtskonstruktion, die sich selbst und ihre Gegenstände (wie ‚Religion', ‚Politik' oder ‚Ideologie') als religiös oder aus ‚nichtreligiöser' Perspektive ‚als' Religion oder als ‚religiös' beschreibt, in jedem Fall aber die Arbeit an der Religion weiterführt.

Damit wird die Akzentverschiebung der in der vorliegenden Arbeit eingenommenen Perspektive resümiert: es geht nicht um die Bestimmung oder Definition der Religionsgeschichte und ihrer Grenzen, sondern um die diskursive ‚Definierung' der Religionsgeschichte. Gezeigt werden soll also nicht, wieso und inwiefern ein bestimmtes historisches Phänomen ‚religiös' *ist*, sondern mit welchen Gründen und diskursiven Strategien etwas als ‚religiös' beschrieben wird.

Diese diskursgeschichtliche Perspektive bringt die Formierung eines spezifischen Diskurses in den Blick – eben die Formierung dessen, was als Teil der Religionsgeschichte beschrieben wird oder was aus bestimmten Gründen aus ihr herausfällt, um dabei gleichsam in einem antithetischen Verhältnis zu ihr stehen zu bleiben.

Diese Strategie erscheint zunächst als eine Zurücknahme des Anspruchs, Religionsgeschichte definieren zu können. Im Laufe der Arbeit wird jedoch deutlich, dass es sich nicht um eine Zurücknahme handelt, da durch diesen Perspektivenwechsel die Ordnung der Religion sichtbar wird, die sich als diskursi-

[698] In muslimischen Ländern wird diese Zeitrechnung konkurriert durch die Stunde Null nach Mohammed.

[699] ‚Therapie' wird damit zum Ergebnis oder Resultat der Schwellenerzählung, ist aber Teil des analytischen Begriffsapparates und auf derselben Ebene wie die Begriffe ‚Schwellenerzählung' oder ‚temporale Positionierungstechnologien' angesiedelt.

ve Praxis der Religionsgeschichtsschreibung teilweise selbst verschleiert, teilweise diese Verschränkung gerade thematisiert.

Die Ordnung der Religion und die Praxis, ‚Religion' und ihre Grenzen in ihrer Geschichte zu bestimmen, wird dabei als Vorbedingung jeder regierungstechnischen Handhabung von ‚Religion' sichtbar. Die vorgenommene Analyse von Schwellenerzählungen macht damit auch auf die ‚Gouvernementalitätsgeschichte der Religion' in einer sich als ‚säkular' beschreibenden Gesellschaft aufmerksam.

Die genealogische Perspektive, die der metaphysischen Suche nach dem ‚wahren' Ursprung gegenübersteht, legt den Fokus auf die Entstehungsgeschichte bestimmter Schwellennarrative als heterogene und kontingente Prozesse, in denen Kräfteverhältnisse und Unterwerfungssysteme konstituiert werden.[700] Nicht die ‚Ursprünge' selbst – also die behaupteten Schwellen –, sondern die an einen Ursprung geknüpfte Legitimationsstrategie einer bestimmten Politik steht im Zentrum der Analyse.

Im Fall der ‚Stunde Null' werden nun Geschichten beschrieben, die den Zusammenhang von Religion auf der einen und dem Juridisch-Politischen auf der anderen Seite zum expliziten Ausgangspunkt einer Gegenwartsdiagnose und -therapie machen. Dies wird an der Metapher der ‚Stunde Null' illustriert, die in verschiedenen Konstellationen für die Situation Deutschlands nach dem Zweiten Weltkrieg verwendet wurde und noch wird.

Indem die Konstituierungspraktiken der Religionsgeschichte im Fokus der Schwelle gezeigt werden, werden ihre Resultate – die Therapievorschläge – als Aspekte der Gouvernementalität sichtbar.[701] Mit anderen Worten: die Grenzen der ‚Religionsgeschichte' werden qua Religionsgeschichtsschreibung festgeschrieben und die gegenwärtig diagnostizierte ‚Krise' damit therapierbar und regierbar gemacht.[702]

Der in Foucaults Überlegungen zur Gouvernementalität zentrale Begriff des Regierens fungiert nicht nur als Scharnierfunktion zwischen verschiedenen Machtbeziehungen und Herrschaftszuständen sowie zwischen Macht und Subjektivität, sondern er bietet auch ein „Analyseinstrument zur Untersuchung der von Foucault immer wieder herausgestellten Macht-Wissen-Komplexe"[703].

---

700 Vgl. Michel Foucault: „Nietzsche, die Genealogie und die Historie", in ders.: *Schriften 2*, Frankfurt a.M.: Suhrkamp 2014, S. 174–178.

701 Vgl. Michel Foucault: *Sicherheit, Territorium, Bevölkerung. Geschichte der Gouvernementalität I*, Frankfurt a.M.: Suhrkamp 2014. Zum Projekt einer Geschichte der ‚Gouvernementalität' vgl. darin etwa S. 134–172, bes. S. 162 f, aber auch S. 52-79.

702 Vgl. Thomas Lemke: „Gouvernementalität", online auf thomaslemkeweb.de: http://www.thomaslemkeweb.de/publikationen/Gouvernementalit%E4t%20_Kleiner-Sammelband_.pdf (zuletzt abgerufen am 16.8.2019). Vgl. auch: Thomas Lemke, Ulrich Bröckling, Susanne Krasmann (Hrsg.): *Gouvernementalität der Gegenwart: Studien zur Ökonomisierung des Sozialen*, Frankfurt a.M.: Suhrkamp 2000.

703 Lemke, *Gouvernementalität*, S. 2.

Roland Barthes fügt dem Begriff der Gouvernementalität zudem das „Bedeutete des Begriffs" und „die von der Massenpresse als Essenz der Wirksamkeit aufgefasste Regierung" hinzu.[704] Die *Gouvernementalité*, wie sie Barthes akzentuiert, verweist auf das „Natürlichmachen des Begriffs". Dies ist ihm zufolge die „wesentliche Funktion des Mythos", die im „eindringlichen Charakter des Mythos" sichtbar wird. Von diesem erwartet man eine „unmittelbare Wirkung", die damit sichtbar und regierbar wird. Die *Gouvernementalité* der ‚Religion' – damit auch ihr Mythos – markiert also das ‚Natürlichmachen' der religionsbezogenen Begriffe und ihrer diskursiven Verbindungen, die Religionsgeschichte zum ‚natürlichen' Ausgangspunkt regierungstechnischer Argumente macht. Illustriert werden kann dies etwa mit dem Verweis darauf, dass im Anschluss an ‚9/11' oder an die Attacken in Paris ein neuer Umgang mit (bestimmter) ‚Religion' gefordert und ‚geschichtlich' legitimiert wird.

Wie eingangs erwähnt verweisen die Metaphern der ‚Stunde Null' oder des ‚Jahres Null', welche zunächst im Zentrum der Analyse stehen, auf Schwellenerzählungen der jüngeren Geschichte Europas und legen dabei den Blick frei auf Therapievorschläge zur Demokratie in Deutschland und Europa – sei es um 1945/46/49, sei es um 1968/69 oder 1989/90. Mit diesen Reihen oder Serien soll nicht behauptet werden, dass sich die Geschichte wiederholt.[705] Wie Wolfgang Eßbach betont, ‚wiederholen' sich jedoch Diskurse und Themen in Variationen, in dem auf sie rekurriert wird.[706] Die Reihen und Serien stellen somit einen methodischen Ausgangspunkt dar: nicht nach Ereignissen soll gesucht werden, sondern nach einer bestimmten Erzählweise von Ereignissen, nach ihren Verbindungen (eben: Reihungen) und ihren Bezügen zum Religionsdiskurs.

Ihre Gemeinsamkeiten haben die ‚gereihten' Nullstunden aber offensichtlich darin, dass diese Jahreszahlen allesamt symbolträchtige und gleichzeitig kontingente Momente eines Bruches darstellen und damit ein besonderes Sub-Genre der Schwellenerzählungen illustrieren: eine Schwelle, die einen Neuanfang, einen Ursprung, einen Nullpunkt, behauptet und damit eine besondere mythopoetische Dimension darstellt, indem eine Neugründung rhetorisch gefestigt, mit der Gegenwart verbunden und damit „die Art und Weise, in der eine Geschichte sich selbst versteht" angeleitet wird.[707]

Neugründungsmythen, besonders solche mit der Dringlichkeit einer Rhetorik der ‚Null', stellen die politische Dimension einer Schwellenerzählung ins

704 Roland Barthes: *Mythen des Alltags*, Frankfurt a.M.: Suhrkamp 1964, S. 114.

705 Reihen oder Serien – als Analogiebehauptungen – werden also weniger verglichen denn als Formationen des Diskurses ausgewiesen. Vgl. Foucault, *Die Ordnung der Dinge*, S. 35 f.

706 Eßbach, *Religionssoziologie 1*, S. 22.

707 Vgl. de Certeau, *Schreiben der Geschichte*, S. 34.

Zentrum – dies bezeichnet die Politik des Ursprungs, die wiederum zur Herstellung von sozialen und epistemischen Kollektiven beiträgt.

Um die hier vorgenommene Verortung von ‚Neugründungsmythen' im Diskursfeld Religion näher zu erläutern, wird im Folgenden auf die Figur des Ursprungs in der politischen Philosophie Hannah Arendts näher eingegangen: Arendt stelle das „Anfangenkönnen" als „Zentralaspekt der Philosophie des Politischen"[708] heraus, wie Claus Leggewie hervorhebt, und gebe ihm zugleich eine existenzphilosophische Dimension:

> „Dass der Mensch für die logisch unlösbare Aufgabe, einen neuen Anfang zu setzen, gleichsam existentiell vorbestimmt ist, insofern er ja selbst einen Anfang darstellt. Insofern der Mensch in die Welt hineingeboren ist, in ihr als ein ‚Neuer' durch Geburt erscheint, ist er mit der Fähigkeit des Beginnens begabt. Weil er ein Neuer ist, kann er etwas Neues anfangen."[709]

Sie beschreibt die Fähigkeit zum Anfangen andernorts als das Politische *per se*:

> „Was den Menschen zu einem politischen Wesen macht, ist seine Fähigkeit zu handeln […], die ihm nie in den Sinn hätten kommen können, wäre ihm nicht diese Gabe zuteil geworden etwas Neues zu beginnen."[710]

Leggewie sieht hierin eine Säkularisierung der augustinischen Formel *[Initium] ergo ut esset, creatus est homo, ante quem nullus fuit* (Damit ein Anfang sei, wurde der Mensch geschaffen, vor dem es niemanden gab)[711], wobei er unter Säkularisierung die Bewegung versteht, mit der das „Anfangenkönnen" auf den Menschen bezogen und ihm nicht mehr von außen – von Gott – zugedacht wird.[712] Er beschreibt die Arendtsche Neuformulierung des augustinischen Axioms (bei Arendt lautet dieses in einer Formulierung aus *Vita activa*: „Wie jeder Mensch auf Grund des Geborenseins ein initium, ein Anfang und Neuankömmling in der Welt ist, können Menschen Initiative ergreifen, Anfänger werden und Neues in Bewegung setzen."[713]) als „scheinbar religiöse Rück-Bindung an den Ursprung […]"[714]. Diese Formulierung der „scheinbar religiösen Rück-Bindung" offenbart dabei eine Verlegenheit des modernen Religionsdiskurses, bei der selten eindeutig wird, in welchem Verhältnis das ‚Scheinbare' zum ‚Wirklichen'

---

708 Claus Leggewie: „Der Mythos des Neuanfangs – Gründungsetappen der Bundesrepublik Deutschland: 1946 – 1986 – 1989", in: Helmut Berding (Hrsg.): *Mythos und Nation. Studien zur Entwicklung des kollektiven Bewusstseins*. Frankfurt a.M.: Suhrkamp 1996, S. 275 302, hier S. 281.

709 Hannah Arendt: *Über die Revolution*, München: Piper 1986, S. 272.

710 Hannah Arendt: *Macht und Gewalt*, München: Piper 1998, S. 81.

711 Vgl. Augustinus: *De Civitate Dei / Vom Götterstaat*, XII, 21, S. 102. http://www.unifr.ch/bkv/kapitel.php?ordnung=0&werknr=91&buchnr=198&abschnittnr=1919 (zuletzt abgerufen am 16.8.2019). Hier zitiert nach Leggewie, „Mythos des Neuanfangs", S. 282.

712 Ebd. Hier wird eine christliche, oder eher theistische Schattierung des Säkularisierungsverständnisses von Leggewie deutlich.

713 Hannah Arendt: *Vita activa oder vom tätigen Leben*, München: Piper 1992, S. 16.

714 Leggewie, „Mythos des Neuanfangs", S. 282.

steht, wohl aber, dass hier eine Herkunftsgeschichte angeboten wird, deren Plausibilität sogleich wieder zurückgenommen wird: einerseits sieht Leggewie in Arendts „säkularisierter" Form der augustinischen Ursprungsphilosophie eine Position, die religiöse Bezugspunkte kennt, die sich jedoch ebenso sehr von diesem Ort – der Religion – getrennt sieht.

In Leggewies Sprachgebrauch werden die Problematik und die Verlegenheit des zeitgenössischen Religionsdiskurses deutlich: indem eine Religionsdefinition gesetzt wird, an deren Rändern sich die Restbestände der europäischen Religionslandschaft im Gewand von ‚scheinbarer', ‚quasi-', ‚pseudo-' und ‚Ersatzreligion' tummeln, wird der „Glaube des Soziologen" sichtbar, worunter Bourdieu nicht zuletzt auch die erwähnte Verlegenheit an den Grenzen des religiösen Feldes versteht. Dies meint, dass sich als Folge der „Einführung von dem religiösen Sprachgebrauch entlehnten Wörtern in den wissenschaftlichen Diskurs [...]"[715] stillschweigend Glaubensüberzeugungen in den Diskurs der Religionssoziologie einschleichen.

Wie in den vorhergehenden Kapiteln wurde die Analyse von religionsbezogenen Schwellenerzählungen schon in ihrer theoretischen Klärung am Rande des Religionsdiskurses und mit Bezug – hier in nicht ganz zu klärender Nähe – zur Religionsgeschichte situiert. Die Verlegenheit dieser auf die Unterscheidung von religiös/säkular abgestellten Position wird noch dadurch verstärkt, dass Nicht-Religion auf die grundsätzliche Problematik der Säkularisierungsthese verweist: diese meint sich selbst immer mit (vgl. 3.2.1.), indem sie sich selbst als nicht-religiösen und säkularen Blick auf die ‚Religionsgeschichte' mitbeschreibt, diese Unterscheidung aber gleichzeitig verschleiert.

Die Verlegenheit, die in der Beschreibung dieser Randphänomene offensichtlich wird, wird kleiner, wenn es darum geht, Gründungsnarrative als ‚Mythen' zu beschreiben. Leggewie nimmt den Begriff der Gründungsmythen in doppelter Weise auf, indem er solche einerseits analysiert und andererseits sich bewusst ist, dass damit eine Reproduktion einhergeht.[716] Er beschreibt Gründungsmythen in vier Zusammenhängen: sie stellen erstens Legitimationserzählungen dar, beinhalten zweitens den Aspekt der Nation, beschreiben drittens eine charismatische Bindung an eine Gründungsfigur sowie viertens ein „nondit, ein Ungesagtes, [welches] gewissermaßen die Lebenslüge der kollektiven Identität erkennen lässt".[717] Fragen nach Anfang und Ursprung werden also auch im politischen und philosophischen Diskurs mit religionsbezogener Semantik und aller damit einhergehenden Ambivalenz bearbeitet.

Eine methodische Trennung des Mythos- vom Religionsdiskurs ist folglich nicht angezeigt, stattdessen würde diese die Arbeit an der Religion dahinge-

---

715 Vgl. Pierre Bourdieu: „Soziologie des Glaubens und der Glaube des Soziologen", in ders.: *Religion. Schriften zur Kultursoziologie 5*, Konstanz: UVK 2009, S. 225–231.

716 Leggewie, „Mythos des Neuanfangs", 1996, S. 288.

717 Ebd.

hend fortsetzen, dass sie die Zwischenposition des Mythosbegriffs im religionspolitischen Diskurs ‚übersieht': während ‚Religion' als konstitutives Außen separiert bleibt, werden gewisse Funktionen über den Mythosbegriff inkludiert, wenn Postulate der Ununterscheidbarkeit (Agamben[718]) oder der Unbeobachtbarkeit (Luhmann) im Bereich des Juridisch-Politischen referiert werden.

Dies geschieht hinsichtlich des Religionsbegriffs mit größerer Unsicherheit als mit Blick auf den Mythosbegriff.[719] In beiden Fällen steht gerade die Authentizität der Zuschreibung in Frage, wenn die „*scheinbar* religiöse Rück-Bindung"[720] thematisiert oder kritisiert wird. Oder, um der Analyse die alleinige Aufmerksamkeit auf den Religionsdiskurs zu nehmen: das Anfangenkönnen wird als zentrale Eigenschaft sowohl der Politik (Arendt) als auch des Mythos verstanden. Anstatt aber sogleich zu entscheiden, ob die für Schwellenerzählungen zentrale Eigenschaft des Anfangenkönnens nun ‚mythisch', ‚religiös' oder ‚politisch' oder alles zusammen sei, soll mit Blick auf eine spezifische Metapher – die der ‚Stunde Null' – die diskursive Verortung im Hinblick auf Politik, Religion und Mythos näher beleuchtet werden. Aufmerksamkeit gilt in diskursanalytischer Perspektive besonders der Selbstpositionierung und Selbstbeschreibung hinsichtlich dieser ‚großen Begriffe', wie sie auf der Objektebene ausgetragen wird. Diese Kategorisierungs- und Zuordnungsarbeit wird im Hinblick auf historische Brüche analysiert, die als ‚Nullstunden' bezeichnet worden sind.

5.2. Schwellen zwischen Religion und Politik

Wann die Metapher der ‚Stunde Null' in der Moderne zum ersten Mal auftauchte, kann nicht mehr festgestellt werden – das Ursprungsnarrativ ist nicht eindeutig auf einen Ursprung zurückzuführen. Mit einem genealogischen Anspruch soll aber auch nicht nach einem ‚wahren' Ursprung gesucht werden, sondern verschiedene konstitutive Herkünfte und Entstehungsmomente verknüpft und die Aspekte der Gouvernementalität der Religion in den aus ihnen hergeleiteten Therapievorschlägen sichtbar gemacht werden.

Die Metapher wird im Folgenden ausschließlich im Hinblick auf die Verhältnisbestimmung von Religion und Politik im 20. Jahrhundert untersucht. Die dabei verwendeten Materialien stammen großmehrheitlich von französi-

---

718 Die im Analysekapitel eingeführte Theoretisierung von ‚Religion' wird nachfolgend (insbes. unter 5.2.3.) aufgenommen und mit der Religionstheorie von Giorgio Agamben ergänzt, da hieraus Präzisierungen hinsichtlich der Theoretisierung der im Diskurs vorgenommen Arbeit an der Religion ermöglicht werden.

719 Ein theoretischer Mythosbegriff, der die ‚Mythopoetik' von geschichtskonstitutiven Schwellenerzählungen in den Blick bringt, wird in der vorliegenden Arbeit unter 1.3.1.2. erstmals eingeführt, in der Achsenzeit (3.4.) erweitert und nachfolgend am Ende von 4.2. zusammengefasst.

720 Leggewie, „Der Mythos des Neuanfangs", S. 262. Hervorh. DA.

schen und deutschen Autor*innen und Intellektuellen und fokussieren auf Deutschland und Westeuropa. Ein erster Schwerpunkt liegt dabei auf der Schwellensetzung von ‚1945' (ich behandle die Symbole 1945/46/49 als Reihen eines spezifischen Gründungsmythos) und ‚1989'.

5.2.1. *Die ‚Stunde Null' Deutschlands bei Edgar Morin*

Die Tatsache, dass die symbolhaften Ereignisse ‚1945' und ‚1989' eine Zäsur darstellen, bezeichnet der Politikwissenschaftler Claus Leggewie 1996 als offensichtlich: „Die beiden Eckdaten 1949 und 1989 kann man ohne Zögern als Gründung oder Neuanfang kennzeichnen, wobei sich die Adjektive verordnete Gründung und verfehlte Neugründung anbieten."[721] Dies wird jedoch nicht nur retrospektiv so betrachtet, sondern auch zeitgenössisch: Der Schriftsteller Rudolf Leonhard stellt im Vorwort der deutschen Ausgabe von Edgar Morins *Das Jahr Null* (1946) fest, dass dieser Titel „glücklich" und „vielsagend" gewählt ist und

> „zeigt, wie tief und wie richtig der Verfasser Deutschlands Lage erkennt: das Jahr Null, die erste Regung nach dem Chaos, die Möglichkeit des ersten Schrittes aus dem Nichts; der Wiederanfang, der endliche Anfang einer deutschen Geschichte, einer deutschen Weltgeschichte, endlich einer Geschichte des deutschen Volkes, einer Gestaltung des deutschen Schicksals durch die Hände des Volkes".[722]

Die mythopoetisch-kosmologische Sprache dieser Aussage, die insbesondere in der Gegenüberstellung von Chaos und (Wieder-)Anfang offensichtlich wird, verdeutlicht den zentralisierenden Aspekt einer Schwellenmetapher wie derjenigen der ‚Stunde' oder des ‚Jahres Null'. Temporale Positionierungstechnologien wie das dynamisierende Postulat der radikalen Innovation durch die Markierung eines ‚großen Bruches' zeigen sich in der das „Chaos" und das „Nichts" bemühenden Rhetorik, die nach der ‚Stunde Null' überwunden werden und damit – hierin besteht die an dieser Stelle zentralisierende Absicht – eine neue „deutsche Geschichte" initiieren soll. Gleichwohl wird das ‚Jahr Null' nicht etwa herbeigewünscht, wie das bezüglich der Achsenzeitthematik festgestellt werden konnte, wenn Jasper die „grenzenlose Kommunikation" als Errungenschaft der Achsenzeit der Gegenwart anempfiehlt, sondern die ‚Stunde Null' ‚ist' der Fall. Hier wird eine spezifische Funktion des Mythos deutlich, auf die Roland Barthes hingewiesen hat: der Mythos zeichnet sich durch ein „«Natürlichmachen» des Begriffs" aus (vgl. 1.4.1.2).[723]

---

721 Ebd., S. 287.

722 Rudolf Leonhard: „Vorbemerkung" in: Edgar Morin: *Das Jahr Null. Ein Franzose sieht Deutschland*, Berlin: Verlag Volk und Welt 1948. (aus dem Französischen übertragen von Ingeborg Havemann), S. 12 f. Originaltitel: *L'an zéro en Allemagne* (1946).

723 Barthes, *Mythen des Alltags*, S. 114.

Wie später gezeigt wird, überzeugte die Ereignismystik der Metapher ‚Stunde Null' in Bezug auf Deutschland nach 1945 längst nicht alle Zeitgenossen oder Nachfolger. Etwa in den Studentenprotesten der 1960er Jahre wird gerade auf die nationalsozialistische Kontinuität etwa im Beamtenstaat hingewiesen, welche durch die Rhetorik der Diskontinuität ausgeblendet würde. Die ‚Natürlichkeit' der ‚Stunde Null 1945' verweist also auf ihren mythischen Gehalt und macht sich damit zum Ziel von Mythenkritik.

Die Vorarbeit zur *Die Stunde Null* entstand als Ethnographie während Morins Zeit in der Verwaltung der französischen Besatzungszone. Morin, der als Edgar Nahoum geboren wurde, diesen Namen jedoch während seiner Zeit in der *Résistance* in Morin änderte,[724] schrieb es im Stil einer teilnehmenden Beobachtung, in der er u.a. auch auf Statistiken der Amerikaner zurückgriff.[725]

Die Formel *Das Jahr Null* (franz. Titel: *L'an zéro en Allemagne*) wurde im Fall von Morin für eine „glücklich gewählte und vielsagende Formel" angesehen, deren Gültigkeit – geradezu ihre „Natürlichkeit" – als neue Chronologie weder bei Edgar Morin noch bei Rudolf Leonhard zur Debatte steht. Zur Debatte steht hingegen, wie das „Chaos" entstanden ist, und welche Lösung – welche Therapie – aus dem Chaos herausführt und einen „Wiederanfang" ermöglicht. Die folgende Lektüre von Morins Schrift zeigt, wie die Erklärung des ‚Chaos' – verursacht durch Nationalsozialismus und Faschismus – in den Religionsdiskurs hineinführt und diesen zum Austragungsort des Konflikts macht:

> „Das ‚Heilige', das Jahrhunderte humanistischer Entwicklung bis in seine tiefsten Schlupfwinkel zurückgedrängt hatten, dieses ‚Heilige' hat sich befreit, es bemächtigte sich jeder Einrichtung, jeder Handlung, jeder Geste. [...] Der Nazismus stellt den Einbruch des Religiösen und Mystischen in das politische, soziale, wirtschaftliche Leben dar, den Einbruch der primitivsten und abergläubischsten Religiosität."[726]

Diese Variation der Säkularisierungsthese, die auf einer starken Teilung der gesellschaftlichen Bereiche beruht und diese reklamiert, sieht eine „humanistische" Verdrängung des Heiligen aus den gesellschaftlichen Institutionen – welche im Nazismus umgekehrt wurde. Diese Separierung erscheint – vermutlich durch das Konzept des „Heiligen" bei Roger Caillois und dem *Collège de Sociologie*[727] geprägt – als substantialer Gegenstand von Religion. Die Morinsche Schwelle wird als eine Schwellenerzählung sichtbar, die als eine Positionierung

---

[724] Morin war später in verschiedenen Funktionen tätig und publizierte u.a. in der von Cornelius Castoriadis und Claude Lefort gegründeten Zeitschrift *Socialisme ou Barbarie*.

[725] Dies zeigt die Bemühungen um Wissenschaftlichkeit, welche in den Besatzungszonen in der Analyse der Kriegsursachen an den Tag gelegt wurden.

[726] Morin, *Das Jahr Null*, S. 18.

[727] Während die für die deutsche Religionswissenschaft der damaligen Zeit prägenden Theorien von Rudolf Otto oder Otto Söderblom in Frankreich zwar zur Kenntnis genommen wurden, standen die religionstheoretischen Auseinandersetzungen um das ‚Heilige' (eher: ‚*le sacré*') in Frankreich stärker vom *Collège de Sociologie* geprägt, welches sich nicht zuletzt auch auf Marcel Mauss und die Religionssoziologie Émile Durkheims

in der Ordnung der Religion beschrieben werden kann: Morin verortet das inhaltliche Zentrum der Erzählung vom ‚Jahr Null' in der Amalgamierung von Religion und Politik und baut darauf seine Diagnose auf, die als Therapierung der Gegenwart eine erneute Separierung von Politik und Religion vorsieht.

An obigem Zitat lassen sich somit verschiedene Mechanismen des modernen Religionsdiskurses aufzeigen, der sich in der Form der Säkularisierungsthese äußert und damit eine Separierung gesellschaftlicher Felder oder Sphären begründet. Zur Arbeit an der Religion in der Moderne zählt neben der Separierung der verschiedenen Bereiche des öffentlichen Lebens (Politik, Wirtschaft, Wissenschaft, etc.) auch die Trennung und Herauslösung von Religion aus dem öffentlichen Bereich. ‚Säkularisierung' bezeichnet in dieser Form also die bekannte Verdrängung von Religion aus den öffentlichen Lebensbereichen, wobei Morin hier den politischen, den sozialen und den wirtschaftlichen Bereich nennt.[728] Dabei beschreibt er den historischen Bruch in zentraler Weise über die Verbindung von Religion und Politik und nennt deren Zusammenfallen im Nazismus als problematischen Kern dieser Geschichte.

Damit wird einerseits die Aushandlung von Separierung und Amalgamierung als Hintergrund der Säkularisierungsthese verdeutlicht. Andererseits zeigt sich hier die programmatische Seite der vorliegenden Arbeit: die ‚Stunde Null', die Schwelle, bezieht das Thema der Säkularisierungsthese auf einen temporalen Ausnahmezustand. Dieser zeitliche Ausnahmezustand erfordert erstens eine Zentralperspektive (A. Assmann), die der Neuordnung eine eindeutige Anleitung – einen Therapievorschlag – anbei stellt. Das Zusammenfallen – das Amalgam – muss in der ‚Stunde Null' wiederum aufgelöst und getrennt werden, hierin liegt der Therapievorschlag der Morinschen Zeitdiagnose. Das inhaltliche Zentrum der Zeitdiagnose, die ‚katastrophale' Amalgamierung von Religion und Politik, wird zum Ausgangspunkt seiner weiteren Analyse von Nachkriegsdeutschland. Morin formuliert also zweitens die Katastrophe des Faschismus als eine Gewalt und Konflikte hervorrufende Störung dieser durch die „humanistische Entwicklung" hergestellten Trennung der verschiedenen Lebens- oder Gesellschaftsbereiche von ‚Religion'.

Drittens kann mit diesem Zitat sichtbar gemacht werden, wie die Bewertung der Konflikte und ihrer Parteien über die Qualität der ‚Religion', die man in andere Lebensbereiche eindringend beobachtet, erfolgt. Die Unterscheidung bedient sich der Kenntlichmachung von ‚schlechter' – etwa „abergläubischster" – Religion, was auch am evolutionistischen Paradigma sichtbar wird (einschlägig ist der Verweis auf die „primitivste" Religion).

berief. Vgl. Stephan Moebius: *Die Zauberlehrlinge. Soziologiegeschichte des Collège de Sociologie (1937–1939)*, Konstanz: UVK 2006.

728 Hinsichtlich der Variationen der Säkularisierungstheorie als Selbstthematisierung vgl. 2.2.

Es stellt sich somit die Frage, welches die positive Seite der diskriminierenden Unterscheidung innerhalb von Religion ist. Anders gefragt: was ist ‚gute' Religion? Der Verdacht geht in Richtung der ‚privaten' Religion des Bürgers, die sich nicht in Politik ‚einmischt'. Morin bietet keine explizite Auflösung dieser Frage an. Als Bürger der dritten und vierten Republik war Morin jedoch kaum Gegner des französischen Laizismus, sondern eher ein moderater Vertreter der separatistischen Position, welche die ‚Religion des Bürgers', nicht jedoch die ‚des Staates' akklamiert.[729]

Diesen Positionen, die man als Variationen der Säkularisierungsthese bezeichnen kann,[730] wird hier mit einer Kritik begegnet: Säkularisierung heißt in einem ersten Schritt: Konstruktion von separierten Lebens- oder Gesellschaftsbereichen, die nicht miteinander verwoben seien (etwa: Religion, Politik, Recht, etc.). Die Störung dieser Abgesondertheit von Religion aus anderen Lebens- und Gesellschaftsbereichen führt dann in einem zweiten Schritt zu einer Störung der politischen Ordnung: zum Problem der Amalgamierung.

Diese Position lässt jedoch offen, wieso gewisse Religionsformen durchaus im staatlichen Gefüge ihren Ort haben dürfen: als Teil der Tradition und Geschichte des jeweiligen Staates oder als Religion des Bürgers, nicht jedoch als Religion des Staates, welche die Separierung unterlaufe.[731] Kritik am Faschismus erscheint bei Morin also in der Form der Religionskritik. Diese wird damit zu einem Instrument, mit dem die ‚neue' Ordnung der Religion in Geschichte und Gesellschaft konstituiert werden kann.

Die Störung der politischen Ordnung steht bei Morin auch im Kontext einer religionsgeschichtlichen Konstellation, welche über Deutschland und Frankreich hinausgeht und spezifische Elemente des zeitgenössischen und damit

---

729 Darauf deuten zumindest seine späteren Publikationen und Aussagen in der Öffentlichkeit. Vgl. Edgar Morin: *La voie. Pour l'avenir de l'humanité*, Paris: Fayard 2011. Vgl. auch: http://www.agoravox.fr/culture-loisirs/extraits-d-ouvrages/article/edgar-morin-tariq-ramadan-au-peril-155207 (zuletzt abgerufen am 16.8.2019). Vgl. evtl. auch die mit Tariq Ramadan zusammen erfolgte Publikation: Edgar Morin, Tariq Ramadan: *Au péril des idées. Les grandes questions de notre temps*, Paris: Presses du Châtelet 2014. Hier scheint bei Morin die von Rousseau inspirierte Idee der bürgerlichen Religion im Hintergrund zu wirken. Vgl. dazu etwa Jean Ferrari Cristovao S. Marineiro: „Über die bürgerliche Religion im politischen Denken Jean-Jacques Rousseaus", *Aufklärung*, 21 (Religion), 2009, S. 161–181.

730 ‚Säkularisierung' und ‚Laizismus' sind keineswegs deckungsgleich, sondern stehen insbesondere für unterschiedliche verfassungsrechtliche Situationen. Gleichwohl werden die beiden ‚Phänomene' darin zusammengefasst, dass sie beide an der *Separierung*sarbeit von ‚Religion' und dem Politisch-Juridischen beteiligt sind.

731 Wie stark auch im weiten Vorfeld des Zweiten Weltkriegs von rassistisch-antisemitischer Seite eine Neuformulierung der „Religion der Zukunft" zur Debatte stand, zeigt etwa ein Verweis auf Paul de Lagardes *Die Religion der Zukunft* von 1878. Vgl. Fritz Stern: *Kulturpessimismus als politische Gefahr: eine Analyse nationaler Ideologie in Deutschland*, Stuttgart: Klett-Cotta 2005. Vgl. zur Vorgeschichte wie auch zur Religionsgeschichte des Dritten Reiches die noch unveröffentlichte Vorlesung von Christoph Auffarth: „Religionsgeschichte des Dritten Reiches".

auch des kolonialen Religionsdiskurses aufzeigt, die im Folgenden näher erläutert wird.

5.2.2 Religionskritik: Psychoanalyse und Evolutionismus

Indem Morin auf die „primitivste und abergläubischste Religiosität" verweist, wird ein weiteres Element der zeitgenössischen Religionsgeschichtsschreibung sichtbar. Wenn der Faschismus – in offenkundig kritischer Absicht – auf dieselbe Stufe wie die „primitivste und abergläubischste Religiosität" gestellt wird, ist dies offensichtlich in einem evolutionistischen Paradigma zu verorten. Dies ist im Hinblick auf die zeitgenössischen Religionstheorien jedoch kein Einzelfall. Analogiebildungen von Wilden, Frauen, Bauern oder Arbeitern sind keine Seltenheit im kolonialen Diskurs.[732] Es findet hier also eine Analogiebildung von Wilden und Nationalsozialisten statt, deren Schlagseite als Kritik am ‚Nazismus' offensichtlich wird. Die Kritik am Nationalsozialismus erscheint hier also im Gewand kolonialsprachlicher und evolutionistischer Religionskritik.

Auffallend ist jedoch, dass das Kapitel, aus dem das vorherige Zitat stammte, unter dem Titel *Totem und Tabu* steht. Die Prominenz, mit der diese der Freudschen Psychoanalyse entlehnte Thematik auf den Faschismus bezogen wird, äußert sich auch im Text: „Die hitleristische Religiosität hat ihren Platz unter dem Zeichen des Totem und des Tabu, unter dem Zeichen der allerprimitivsten Mythen."[733] Morin selbst gibt keine Gründe für die Verwendung dieser Terminologie an. Naheliegend könnte u.a. der Verweis auf das „Tabu der Herrscher" sein. Unter den von Morin aufgeführten „Nazimythen" figuriert der Führerkult und damit der „Hitler-Mythos" als einer der wichtigsten Mythen.[734] Während jedoch weder die Polemik, die zwischen den Nationalsozialisten und den ‚Primitiven' eine Analogie zieht, noch die Suche nach Entsprechungen in Freuds Buch selbst eine zufriedenstellende Erklärung für die Titelwahl gibt, könnte eine dritte Option einen Ausweg darstellen. Diese bezieht sich auf Mario Erdheims Interpretationsvorschlag von *Totem und Tabu*: Anstatt Evolutionismus und Exotismus in Freuds Schrift ausschließlich als abwertende Analogie von Wilden und Nationalsozialisten zu verstehen, könnte der an dieser Stelle verwendete Titel als Hinweis gedeutet werden, dass – wie Mario Erdheim darlegt –

---

732 Vgl. Atwood, „The Discourse on Primal Religion".

733 Morin, *Das Jahr Null*, S. 19.

734 Gleichwohl zeigt der Blick auf Freuds *Totem und Tabu*, dass es sich beim Hitler-Mythos nur um die eine Seite des „Tabus der Herrscher" handelt, nämlich darum, den Herrscher zu behüten. Die andere Seite der Argumentation, der zufolge man sich auch vor den Herrschern selbst behüten muss, da einen diese (besonders bei Berührung) ins Verderben stürzen können, findet keine Entsprechung im Hitler-Mythos oder zumindest nicht in Morins Beschreibung. Vgl. Sigmund Freud: *Totem und Tabu. Einige Übereinstimmungen im Seelenleben der Wilden und der Neurotiker*, Frankfurt a.M.: Suhrkamp 1998, S. 48.

das Buch als Blick auf die Entstehung von Institutionen in der Gegenwart und der damit einhergehenden Gewalt zu lesen ist: „Nicht von den Wilden dort, sondern von den Wilden hier, nicht von den Anfängen der Gesellschaft überhaupt, sondern von der Einsetzung von Institutionen bei uns handelt die Geschichte."[735] Damit wird ein Zusammenhang zu Morins Situation deutlich: Morin schreibt über die Entstehung und Neugründung von Institutionen und beobachtet diesen Prozess als Mitarbeiter in der französischen Besatzungszone. Die Arbeit in den Besatzungszonen ist eine Arbeit an der Neugründung der deutschen Institutionen im ‚Jahr Null'. Seine Aufgabe – und die seiner Mitstreiter in den verschiedenen Besatzungszonen – beschreibt er mit folgenden Worten:

> „Unsere Aufgabe ist es, das endgültige Kristallisieren zu verhindern, die Hexerei auszurotten, die Totems zu zerstören, das Tabu anzurühren, die alte hitleristische Welt lächerlich zu machen, zu zeigen, dass sie zehnmal schlechter und verrückter war, als es die Deutschen geglaubt haben, und ihnen unsere Welt zu zeigen, die zwar unvollkommen, doch besser als die ihre ist."[736]

Der Bildersturm, den Morin hier den hitleristischen Totems und Tabus angedeihen will, wird als sein Ziel sichtbar. Der (Zivilisations-)Prozess, in Zuge dessen alle nazistischen Totems und Tabus zerstört werden müssen, beginnt von neuem in der Besatzungszone des ‚neuen Deutschland'. Gleichwohl deutet die Analogie von Nationalsozialisten und ‚Wilden' auch an, wie weit Deutschland für Morin von einer gefahrlosen Neugründung entfernt ist, weil die Deutschen den Franzosen in höchstem Maße fremd geworden seien:

> „Die Gerüchte und Gespräche, die man in Deutschland hört, lassen uns sofort an die Geschichten von Wilden denken, die Lévy-Bruhl erzählt. Sie zeigen auch, dass die Deutschen nicht dahin gelangen, die gegenwärtige Lage zu durchdenken. Das Unglück ist zu riesengroß, zu unglaubhaft (wie schon bei uns 1940)."[737]

Mit der Parallelisierung von 1940 (ein Katastrophensymbol für Frankreich) und dem deutschen ‚Jahr Null' kann die Situation der Deutschen (für Franzosen) verständlicher gemacht werden. Parallelisierung wird hier in konkreter Weise als In-Beziehung-Setzen sichtbar. Daneben steht der Verweis auf die ‚Wilden': Morin verweist explizit darauf, dass er Kategorien des Anthropologen Lucien Lévy-Bruhls verwendet, weil sie ihm „ein systematisches Studium der zeitgenössischen deutschen Mentalität" ermöglichten.[738] Damit stellen sich verschiedene

---

735 Mario Erdheim: „Einleitung. Zur Lektüre von Freuds *Totem und Tabu*", in: Sigmund Freud: *Totem und Tabu. Einige Übereinstimmungen im Seelenleben der Wilden und der Neurotiker*, Frankfurt a.M.: Fischer 1998, S. 7–45.

736 Morin, *Das Jahr Null*, S. 28.

737 Ebd., S. 30.

738 Ebd., S. 19.

Anschlussfragen: sind die Deutschen für Morin ‚Primitive'?[739] Scheint ihm eine Analyse der europäischen Gesellschaften mit Lévy-Bruhls Terminologien möglich? Ist ‚primitiv' eine universal anwendbare Kategorie oder ist der Nazismus eine Degeneration?[740] Ein Hinweis für das gleichzeitige Fremdmachen der Deutschen und der ‚Primitiven' findet sich in der immer wieder vorgenommenen Gleichung (oder Unterscheidung) zwischen den Deutschen und den – exemplarisch für ‚die Primitiven' stehenden – Aschantis und Maoris: „die Deutschen, die öffentliche deutsche Meinung [gehorcht] einer Logik […], die uns fremd erscheint. Da sind sie uns wirklich wieder ‚fremder als Aschantis oder Maoris'."[741] Diese Gleichung, die laut Morin dem Brief eines amerikanischen Soldaten an dessen Mutter entlehnt war, wird hier zur Metapher für die Andersartigkeit der politischen Lebenswelten, die Frankreich und Deutschland trennen. Die Angleichung kann nur in dem Zivilisationsprozess stattfinden, dem die ‚Wilden' zeitgleich unterworfen sind.

Die Frage ist also zu bejahen, ob nach Morin die Deutschen diesem Zivilisationsprozess ebenso zu unterwerfen sind. Gibt es aber noch andere Therapievorschläge, die Morin in der ‚Stunde Null' für empfehlenswert hält? Bevor diese Frage beantwortet wird, soll gezeigt werden, wie Religionskritik nicht nur als Faschismuskritik und somit als Kritik an einer bestimmten politischen (und staatsreligiösen) Ordnung verwendet wird, sondern wie sie auch für andere Bereiche zu einem Instrument der Kritik wird. Damit wird die Ambivalenz der modernen Religionssemantik um einen weiteren Aspekt verdeutlicht, der die paradoxen und widersprüchlichen Formen der Separierungs- und Amalgamierungsrhetorik am Grunde der Säkularisierungsthese illustriert.

5.2.3. Religionstheorie II: Kapitalismuskritik, Souveränität und die Sakralisierung der Politik

Religionskritik als ubiquitär anwendbares Instrument wird auch an Morins Kritik des Wirtschaftssystems sichtbar. Dabei verläuft die Reihung folgendermaßen: Religionskritik am Faschismus, der als Ausdruck eines bestimmten, wiederum kritisierten Wirtschaftssystems beschrieben wird:

---

739 Die Anwendung der Kategorie der Primitiven auf die Deutschen ist zwar bei Lévy-Bruhl in seinem Spätwerk angelegt (*Carnet*, 1949), war bis zum Erscheinungsdatum von Morins „Jahr Null" jedoch noch nicht etabliert, da es auch dem noch starken Evolutionismus entgegenlief. Die Analogie ist an dieser Stelle folglich eher als Abwertung der Deutschen zu bewerten.

740 Zur Analyse kolonialer Terminologien in der frühen Religionsforschung vgl. David Atwood: „Die Religion der Anderen. Zur Diskursgeschichte der frühen Religionsforschung", in: Andreas Heuser, Claudia Hoffmann, Tabitha Walther (Hrsg.): *Erfassen – Deuten – Urteilen: Empirische Zugänge zur Religionsforschung*, Zürich: TVZ 2014, S. 367–382.

741 Morin, *Das Jahr Null*, S. 30.

„So grotesk und absurd der Naziglaube auch war, er verdankte seinen Triumph nicht irgendeinem gewaltsamen Ausbruch irrationaler Kräfte. Der Nazismus und seine Mythen hatten die festumrissene soziale Funktion, die in Deutschland bestehende soziale Ordnung zu retten und zu festigen: das kapitalistisch-imperialistische System."[742]

Das Zitat verdeutlicht das funktionalistische Religionsverständnis Edgar Morins, dem er als Student der Geschichte an der Sorbonne während der dritten Republik kaum ausweichen konnte – die Nachfolger von Durkheims Religionssoziologie hatte den Religionsdiskurs insbesondere nach 1910 geprägt. Der von Morin ‚als Religion' beschriebene Nazismus[743] übernimmt hier die Funktion, das kapitalistisch-imperialistische System zu stützen. Der Nazismus war dabei nicht „irgendeinem gewaltsamen Ausbruch irrationaler Kräfte" geschuldet, sondern war Resultat einer bestimmten Funktion, die sich nur über die religions- oder mythenbezogene Analyse erklären lässt.

Diese Zitate erlauben eine Erweiterung der These, der zufolge Religions- und Mythenkritik zum Instrument kontingenter Diskurse wird: Kritik am politischen und ökonomischen System erfolgt häufig – dies ist ein Merkmal der europäischen (Religions-)Geschichte im 19. und 20. Jahrhundert – qua Religions- und Mythenkritik und somit im Religionsdiskurs. Die Religionskritik zielt hier auf den Ausschluss von (falscher) Religion aus den Bereichen des Politischen oder des Ökonomischen und zeigt sich also als Separierungsstrategie. Der Religionsdiskurs wird so wiederum als Ordnungsdiskurs sichtbar gemacht, in dem die Ordnung der Gesellschaft über den Einschluss korrekter und den Ausschluss falscher Religion hergestellt wird – sei es, dass der „absurde Naziglaube" den Kapitalismus legitimiere, sei es, dass die fremdgewordenen Deutschen der *mission civilisatrice* zu unterwerfen seien. Religionskritik wird zur spezifischen Strategie, diese Ausschlüsse zu begründen und zu vollziehen und damit eine bestimmte Ordnung der Religion ‚im Staate' zu konstituieren.

An dieser Stelle lohnt es sich, die religionstheoretischen Kommentare von Giorgio Agamben aufzunehmen, um so die religionspolitische oder (mit Agamben auch) ‚sakrale' Arbeit im Religionsdiskurs herauszustellen.[744] Agamben versteht unter einer ‚Sakralisierung' die Herstellung von Souveränität als einschlie-

742 Ebd., S. 19.

743 Dass der Nationalsozialismus ‚als' Religion beschrieben werden kann, wurde in Frankreich auch vor dem Zweiten Weltkrieg diskutiert, vgl. die Diskussionen von Georges Bataille, Michel Leiris, Roger Caillois und weiteren Mitgliedern des *Collège de Sociologie* (1937–1939).

744 Giorgio Agambens Religionstheorie wurde u.a. von Jürgen Mohn und Jonas Heller expliziert: Vgl. Jürgen Mohn: „Zur Ambivalenz von Religion, Recht und Säkularisierung – Religionstheoretische Interpretationen nach Giorgio Agamben", in: Anne Kühler, Felix Hafner, Jürgen Mohn (Hrsg.): *Interdependenzen von Recht und Religion*, Würzburg: Ergon 2014, S. 161–186; Vgl. auch den Kommentar dazu von Jonas Heller: „Säkularisierung und die Souveränität der Moderne. Ein Kommentar zur Agamben-Lektüre Jürgen Mohns", ebd., S. 187–196.

ßender Ausschluss und somit als dem allgemeinen Gebrauch entzogen.[745] Mit anderen Worten: das Handeln des Staates ist dann ein ‚sakrales', wenn es die Sakralisierung des Rechts im Säkularisierungsdiskurs verbirgt und so aus dem Selbstverständnis des Staates ausschließt: „Dass die juridisch-politische Ordnung die Struktur einer Einschließung dessen hat, was zugleich ausgeschlossen wird, ist oft bemerkt worden."[746] Agamben expliziert diese ‚Einschließung des Außen' mit Maurice Blanchot und schreibt: „Erfährt das System eine Überschreitung, dann verinnerlicht es das, was es überschreitet, mittels eines Verbots; auf diese Weise «bezeichnet es sich als außerhalb seiner selbst»."[747] An anderer Stelle beschreibt Agamben auch die „Säkularisierung" in theoretischer Nähe zu dieser Figur des ‚Einschließens des Außen':

> „Die Säkularisierung ist eine Form von Verdrängung, welche die Kräfte weiterwirken läßt und sich auf deren Verschiebungen von einem Ort zum anderen beschränkt. So macht die politische Säkularisierung theologischer Begriffe (die Transzendenz Gottes als souveräne Macht) nichts anderes, als die himmlische Monarchie auf die Erde zu versetzen, läßt deren Macht aber unangetastet."[748]

Säkularisierung ist für Agamben also keine neue Sakralisierung, sondern ein transformierendes „Manöver im Bereich des Sakralen"[749], welches ein Ausgeschlossenes in der Zone der Ununterscheidbarkeit und des Übergangs produziert. In Auseinandersetzung mit Giorgio Agamben und Hans Blumenberg kann eine derartige Wendung als Säkularisierung beschrieben werden, die eine Umbesetzung, nicht aber eine „Umsetzung authentisch theologischer Gehalte in ihre säkulare Selbstentfremdung" bedeutet.[750] Es handelt sich bei der Säkularisierung also nicht um eine neue ‚religiöse' Handlung, sondern um eine Transformation im Bereich des Religiösen. Religionisierung und Sakralisierung werden somit als zwei theoretische Begriffe deutlich, die ergänzend verwendet werden können, aber nicht dasselbe bezeichnen. Während Sakralisierung eine theoretische Beschreibung religiöser Funktionen im Juridisch-Politischen be-

---

745 Agambens Religionsdefinition findet sich u.a. in: *Profanierungen*, Frankfurt a.M.: Suhrkamp 2005, S. 70–91. In der Frage nach einer religionstheoretischen Ausarbeitung von Agambens Thesen folge ich an dieser Stelle den Erweiterungen von Agambens Religionstheorie bei Jürgen Mohn und Jonas Heller. Mohn beschreibt die Akklamation der Herrschaft wie auch den (einschließenden) Ausschluss der Religion im Staat beide als ‚religiöse Handlungen', während Heller diese zwei Prozesse als unterschiedlich beschreibt.

746 Giorgio Agamben: *Homo sacer. Die Souveränität und das nackte Leben*, Frankfurt a.M.: Suhrkamp 2002, S. 27.

747 Ebd., S. 28. Agamben ergänzt Blanchots Theorie der Ausnahme dadurch, dass die Ausnahme (der Einschluss des Außen) in der Herstellung von Souveränität eine spezifische ist, die er im Hinblick auf den *Homo sacer* und das nackte Leben als juridischen Ausnahmezustand illustriert.

748 Agamben, *Profanierungen*, S. 74.

749 Heller, „Säkularisierung und die Souveränität der Moderne", S. 193.

750 Blumenberg, *Legitimität der Neuzeit*, S. 75.

schreibt, zielt ‚Religionisierung' auf die Beschreibung im semantischen Feld der Religion und damit auf den Religionsdiskurs und seine Entgrenzung in vormals nicht-religiöse Bereiche hinein. Mit dieser Differenzierung beziehe ich also in religionstheoretischer Hinsicht eine Position, die versucht, gerade die ‚religiöse Unterscheidung' als eine spezifische Unterscheidung zu formalisieren. Die so theoretisierte Religion markiert gerade die Ununterscheidbarkeit zwischen dem Juridisch-Politischen und dem Religiösen, die gleichwohl unterschieden werden muss.[751]

Auch wenn Agamben diese Zone der Ununterscheidbarkeit unter zwei verschiedenen Blickpunkten beobachtet – unter dem der Akklamation der Herrschaft sowie der Erzeugung der Souveränität durch den Ausnahmefall[752] –, tritt eine „zu allen Zeiten vorhandene Übergangszone [in den Vordergrund], in der Rechtliches und Religiöses ununterscheidbar werden"[753]. Diese theoretischen Bemerkungen können auf die eben beobachteten ‚Nullstunden' bezogen werden: Die Aushandlung dieser Übergangszone in einer ‚säkularen' Gesellschaft verläuft über die Religionisierung des damit Ausgeschlossenen (etwa der nazistischen Mythen, Legenden und Gerüchte bei Morin).

Agambens eigene Position zielt anstatt auf die „Sakralisierung" der Säkularisierung auf „ein Lob der Profanierung".[754] Profanieren bedeutet (in Agambens Rückgriff auf das römische Recht): „die Möglichkeit einer besonderen Form von Nachlässigkeit auftun, welche die Absonderung missachtet oder – eher – einen besonderen Gebrauch von ihr macht."[755] Mit dieser religionstheoretischen Perspektive fallen sowohl der Säkularisierungsdiskurs (als behaupteter realgeschichtlicher Vorgang mit geschichtsdeutender Funktion und über das Exkludieren von ‚Religion') wie auch die hier von Morin vorgenommene Religionskritik in den Bereich des ‚Religiösen', als sie beide Souveränität herstellen und dabei die „Zone des Übergangs" zwischen Recht und Politik auf der einen sowie Religion auf der anderen Seite neu regeln und so die „Regierungsmaschine" stabilisieren.[756] Die in der vorliegenden Analyse als Arbeit an der Religion theoretisierten Unterscheidungen lenken den Blick somit auf die Positionierung der Religion in der Ordnung der Gesellschaft.

---

751 Vgl. Heller, Säkularisierung und die Souveränität der Moderne, S. 194 f. Mohn geht in seiner Interpretation von Agambens Religionstheorie einen Schritt über Agamben hinaus, wie Heller schreibt. Gleichwohl ist die Engführung der beiden Unterscheidungen von Religion und Politik auf der einen und Religion und Ökonomie auf der anderen auch bei Agamben erwähnt, vgl. Agamben, *Herrschaft und Herrlichkeit*, S. 226.

752 Heller, Säkularisierung und die Souveränität der Moderne, S. 195.

753 Agamben, *Herrschaft und Herrlichkeit*, S. 226.

754 Agamben, *Profanierungen*, S. 70–91.

755 Ebd., S. 72.

756 Ebd., S. 11–13. Vgl. auch Heller, „Säkularisierung und die Souveränität der Moderne", S. 188. Die hier bezogene Position findet sich in vergleichbarer Weise auch bei Pierre Legendre: *Das politische Begehren Gottes. Studie über die Montagen des Staats und des Rechts*, Wien: Turia & Kant 2012.

Der Kontingenz der Schwellenmetapher des ‚Jahres Null' werden in Morins Deutschlanddiagnose also die Signaturen ‚Religion', ‚Politik' – und neu ‚Wirtschaft' in der Form des Kapitalismus – anbei gestellt. Damit wird gleichzeitig eine Erklärung konstruiert, die in ihrer Verschmelzung oder Amalgamierung die Ursache für die Katastrophe sieht und somit deren Separierung als ‚reinigendem' Ausschluss von Religion aus Politik und Recht einfordert. Dabei wird die Separierung selbst als ‚religiöses' Handeln in der Herstellung von Souveränität in der temporalen Ausnahme sichtbar. Die ‚Religion' wird dem allgemeinen Gebrauch entzogen und als so konstituierter Gegenstand der Religionspolitik gleichzeitig in den Staat eingeschlossen.[757] Die theoretisierte Religion ist somit durch die Herstellung von Souveränität in einer Zone der Ununterscheidbarkeit als eingeschlossenes Ausgeschlossenes gekennzeichnet. Auf diese Weise schließt die moderne Regierungsmaschine, wie Heller bemerkt, ihr „eigenes religiöses Fundament in sich ein"[758]. Gleichzeitig verdeckt sie diesen Vorgang über die Selbstthematisierung als ‚säkulare' Regierungsmaschine. Aus diesem Grund schlägt Mohns „religionstheoretische Leseweise Agambens [...] vor, Religion vornehmlich dort zu analysieren, wo Souveränität hergestellt und akklamiert wird"[759]. Diese religionstheoretische Position berührt sich mit der in der vorliegenden Arbeit vorgenommenen Diskursgeschichte der Arbeit an der Religion insofern, als in beiden Perspektiven die Randzonen des Religionsdiskurses in den Blick genommen und die Zugehörigkeiten zu epistemischen und sozialen Kollektiven über diese Arbeit an der Religion analysiert werden. Das Politisch-Juridische ist somit nicht *per se* religiös, sondern nur dann, wenn eine beobachtete Unbeobachtbarkeit in den Diskurs eingeführt und dieses in eine abgesonderte Sphäre versetzt wird: die ‚Religion' im ‚säkularen' Staat.

Auf Morins Kapitalismus- oder Religionskritik übertragen heißt das, dass seine Analyse dann religionsproduktiv und sakralisierend ist, wenn er die Souveränität des Staates von nationalsozialistischen „Gerüchte[n], Legenden, Aberglauben" separiert und so nicht nur ‚Religion' als eingeschlossenes Außen im und außerhalb des Staates positioniert, sondern diese spezifiziert und eindeutige religionspolitische Hinweise gibt, welche ‚Religion' auf welche Art und Weise ausgeschlossen werden soll. Damit zeigt sich die Arbeit an der Religion als reli-

---

757 Diese Prozesse des rechtlichen Einschlusses von ‚Religion' und Religionsgemeinschaften könnten in der gegenwärtigen Tendenz einer Verrechtlichung des Religiösen etwa als Homogenisierungspraktiken des ‚säkularen' Staates an den in ihm vertretenen Religionsgemeinschaften untersucht werden. Vgl. Atwood, Kühler, „Ambivalenzen im Verhältnis von Recht und Religion". Vgl. auch: Schirin Amir-Moazami: „Die ‚muslimische Frage' in Europa. Politische Aporien der Anerkennung unter liberal-säkularen Bedingungen", in: Philipp Hubmann, Martin Gronau, Marie-Luisa Frick: *Politische Aporien. Akteure und Praktiken des Dilemmas*, Wien: Turia & Kant 2016, S. 111–133.

758 Heller, „Säkularisierung und die Souveränität der Moderne", S. 195.

759 Mohn, „Zur Ambivalenz von Religion, Recht und Säkularisierung", S. 183.

gionspolitische Unterscheidungspraxis zwischen ‚akzeptabler' und ‚falscher' oder gefährlicher Religion.

Die Arbeit an der Religion selbst ist also mitunter und an zentraler Stelle eine religiöse, weil religionsproduktiv-unterscheidende Arbeit, die sowohl Episteme als auch staatliche Montagen mitbegründet. Hier lässt sich eine Parallele zum ersten religionstheoretischen Kapitel und zur Einführung von Luhmanns systemtheoretischer Religionstheorie ziehen, deren Bezug zur vorliegenden Analyse darin liegt, dass sowohl bei Agamben als auch bei Luhmann eine Unterscheidung gezogen wird, die insofern paradoxal ist, als sie nicht vorgenommen werden kann und doch vorgenommen werden muss. Sowohl die Unterscheidung des Beobachtbaren vom Unbeobachtbaren wie auch die Unterscheidungen zwischen dem Juridisch-Politisch-Ökonomischen und dem Bereich der Religion (in Agambens Worten: Herrschaft und Herrlichkeit) sind konstitutiv für die moderne Ordnung der Gesellschaft und stellen folglich denjenigen Aspekt der Montage des Staates dar, den Pierre Legendre im Rahmen seiner dogmatischen Anthropologie die Institutionalisierung der Gesellschaft nennt.[760] Der Psychoanalytiker und Rechtshistoriker Legendre, der erst seit kurzem im deutschsprachigen Raum entdeckt wird, versteht darunter den Prozess, mit dem eine Gesellschaft sich und ihre jeweiligen Identitäten, Bereiche, Zuständigkeiten, Wahrheitsfindungsprozeduren und Klassifikationen diskursiv institutionalisiert. Er wirft damit den Blick auf „unser Vergessen der *religiösen* Grundlagen der abendländischen Trennung von Laizistischem und Religiösem"[761].

Das nächste Kapitel nimmt nochmals Bezug auf Morins französischen Blick auf die deutsche Gesellschaft, auf den Zustand ihrer Institutionen und die verschiedenen Klassifikationen, die zum Zeitpunkt der ‚Stunde Null' diskutiert wurden.

5.2.4. Mythenkritik der nationalsozialistischen Totems und Tabus im Moment der Krise

Auf der Suche nach einer Erklärung für die nationalsozialistische Katastrophe geht Morin in einem weiteren Kapitel den Gerüchten nach, denen er in verschiedenen Momenten der Geschichte, etwa der in diesem Aspekt *parallelisierten* französischen Revolution, eine historische Rolle zuspricht. Morin zufolge sind die Zeiten, in denen Gerüchte eine besondere Rolle spielen, Zeiten der Krisen und der Umwälzungen:

> „Im allgemeinen gehören die Epochen, in denen Gerüchte meinungsbildend sind, nur bestimmten Zeiten an: sie begleiten Krisen, große politische und soziale Umwälzun-

---

760 Vgl. Legendre, *Das politische Begehren Gottes*; vgl. ders.: *Über die Gesellschaft als Text.*

761 Legendre, *Das politische Begehren Gottes*, S. 493. Hervorhebung durch DA.

gen. In Deutschland aber geben sie immer noch der deutschen öffentlichen Meinung ihr eigenes Gesicht."[762]

Diesen Gerüchten im Deutschland zur ‚Stunde Null' folgt Morins Diagnose, um dadurch seine Erklärung der Katastrophe zu illustrieren und seine Therapievorschläge vorzustellen. Bevor diese näher betrachtet werden, lässt sich mit dem Hinweis auf den Begriff der ‚Krisen' die Perspektive schärfen, die auf die narrativen Rahmungen eines Schwellenereignisses fokussiert. ‚Krisen' stellen eine bestimmte Schwellenerzählung dar, deren *temporale Positionierung* – anders als etwa Schwellenmetaphern wie die ‚Stunde Null' – die Schwelle eindeutig festlegen und bewerten. Während das latinisierte griechische Wort ‚crisis' (Scheidung, Entscheidung[763]) zuerst als medizinischer Fachbegriff für den „entscheidenden Punkt einer Krankheit" verwendet wurde und damit schon auf die Therapiebedürftigkeit einer ‚Krise' hinweist, wurde der Begriff insbesondere im 19. und 20. Jahrhundert verallgemeinert.[764] Obwohl die Verwendung des Begriffs in der Wissenschaft mehr als umstritten war, wie Koselleck mit Blick auf Ökonomen wie Schumpeter schreibt, haben ihn nicht nur Intellektuelle (wie Paul Valéry[765]) und Theologen (wie Karl Barth mit der Krisis-Theologie[766]) aufgenommen, sondern – wie Koselleck schreibt – gerade die Massenmedien zu einer inflationären Verwendung des Krise-Begriffs beigetragen. Im 20. Jahrhundert wurde der Begriff in verschiedene neue Kontexte eingebunden und zu einem „Schlüsselbegriff" der Geistes- und Sozialwissenschaften.[767] Damit geht jedoch auch eine Öffnung des Begriffs einher: „Die alte Kraft des Begriffs, unüberholbare, harte und nicht austauschbare Alternativen zu setzen, hat sich in die Ungewissheit beliebiger Alternativen verflüchtigt."[768] Darin sieht jedoch Koselleck die „Symptome einer historischen Krise", welche noch nicht gänzlich abzuschätzen sei.

Während also der Gegenstand der Krise sich auflöst oder auf verschiedenste Kontexte anpassbar ist und sich zudem auch ihre *ereignismystische* Eindeutigkeit abschwächt, hat die ‚Krise' nur noch die Funktion, Unsicherheit anzuzeigen und diese mit der jeweils präsentierten Therapie zu verbinden, womit sie von der medizinischen Etymologie nicht ganz wegkommt.

Morins Krisenbegriff ist jedoch noch spezifisch auf die Situation Nachkriegsdeutschlands gerichtet. Er sieht in Deutschland einen Nihilismus am Werk, der

---

762 Vgl. Morin: *Das Jahr Null*, S. 29. Hervorhebung durch DA.

763 Vgl. Art. „Krise" in: Friedrich Kluge: *Etymologisches Wörterbuch der deutschen Sprache*, Berlin: De Gruyter 2012 (eBook).

764 Reinhardt Koselleck: Art. „Krise", in Otto Brunner, Werner Conze, Reinhart Koselleck (Hrsg.): *Geschichtliche Grundbegriffe. Historisches Lexikon zur politisch-sozialen Sprache in Deutschland*, Band 3, Stuttgart: Klett-Cotta, 1982, , S. 617–650.

765 Koselleck weist in diesem Kontext auf Paul Valérys *Les crises de l'esprit* hin.

766 Hier muss insbesondere auf Barths Römerbrief (1922) verwiesen werden.

767 Koselleck, „Krise", S. 619.

768 Ebd., S. 649.

sich über das Kriegsende hinaus erhalten hätte und interpretiert den „deutschen Nihilismus“ nicht als philosophischen, sondern als eine aus der Erschöpfung sämtlicher „Gefühle und Begriffe“ hervorgebrachte „stumpfe Verzweiflung“.[769] Der Vorwurf des Nihilismus und die semantische Nähe von Nihilismus und (‚falscher') Religion stehen hier für eine weitere Strategie, einen ‚Mythos vom Fremden' zu etablieren, der sich hier aber statt auf sogenannte ‚primitive Völker‘ auf das Nachbarland bezieht. Aber könnte nicht der Nihilismus als philosophische Position auch eine positive Wertung erfahren? Diese Frage muss mit dem Hinweis verneint werden, dass Morin an dieser Stelle explizit den „philosophischen“ Nihilismus ausschließt und nur die „stumpfe Verzweiflung“ stehen lässt.

Diese psychologisierende und pathologisierende Interpretation der deutschen Mentalität nach Kriegsende lässt die Frage offen, wie sich denn in der ‚Stunde Null‘ eine neue Ordnung zusammenfügen ließe. Wie lässt sich diese Ausweglosigkeit in einen Therapievorschlag wenden? Die Schwierigkeiten seien immens, beschreibt Morin doch diese Situation als einen „Zusammenstoß der beiden Welten“:

> „Die Deutschen sahen sich tatsächlich ohne Übergang von der Naziwelt, der des Totems und Tabus, in die Welt Nummer zwei, die unsrige, versetzt. Aus der Gegenüberstellung dieser beiden unvereinbaren Welten, diesem Chaos von Widersprüchen, entsprang eine Bestätigung ihres Nihilismus; sowohl die eine als auch die andere Welt erschien den Deutschen absurd. Es gibt keine Wahrheit mehr, denken sie, es gibt nur einen allumfassenden Wahnsinn. So wandelt sich der Nihilismus in einen totalen Skeptizismus: man glaubt dem, was die Alliierten sagen, nicht mehr als dem, was die Nazis sagten. Sie stehen auf der gleichen Ebene, die Nazis und die Alliierten.“[770]

Aus dieser Inkommensurabilität der Welten, die auf Seiten der Deutschen zu einem totalen Skeptizismus geführt hätte, entstehe die Gefahr einer „Rückkehr zu den Mythen der Nazis“. Auch hier bedient sich die Kritik der Sprache der Mythen- und Religionskritik, die jedoch um die Kritik und Analyse der Gerüchte als Ausdruck einer Mentalität erweitert wird: Deutschland lebe auch nach dem Kriegsende noch immer im „Zeitalter der Gerüchte“: „Zehn Monate nach seiner Niederlage bleibt Deutschland noch immer das Opfer von Gerüchten, Aberglauben, Legenden.“[771] Die Analogiebildung ‚Gerüchte – Aberglaube – Legende‘ verdeutlicht erneut, wie die Historiographie der politischen Geschichte sich der Religionssemantik bedient und so die Arbeit an der Religion weiterführt. Dies geschieht vor dem Hintergrund des bekannten Separierungsbegehrens, welches Religion (und den Mythos als ihr zugehörig) von Politik und Recht getrennt sehen will.

---

769 Vgl. Morin, *Das Jahr Null*, S. 21–23.
770 Ebd., S. 23 f.
771 Ebd., S. 29.

In Bezug auf das dahinterstehende Geschichtsbild zeigt dies eine aufklärerische Religions- und Mythostheorie, der zufolge Mythos und Aberglaube zu überwinden seien. Morin geht auf den Zusammenhang von Umbrüchen und Gerüchten ein und stellt fest, dass Krisenzeiten immer auch Zeiten der Gerüchte seien. Im analytischen Vokabular der temporalen Positionierungstechnologien wird dies als ereignismystische Parallelisierung bezeichnet: „1789 riefen die Gerüchte Paniken und Aufstände hervor, sie spielten eine historische Rolle. Näher liegen uns die verrückten Gerüchte vom Juni 1940."[772] Parallelisierung bedeutet immer auch eine Strategie der Plausibilisierung durch Veranschaulichung und Vergleich, durch das der Zeit grundsätzliche In-Beziehung-Setzen[773] und eine Beweisführung qua Wiederholungs-Rhetorik. Damit ist nicht gemeint, dass Morin ‚1789' und ‚1940' gleichsetzt – die historischen Situationen sind sich kaum verwandt, zudem verweist Morin darauf, wie die Gerüchte von 1940 „uns näher liegen"–, sondern dass er bestimmte Elemente herausnimmt, die ein In-Beziehung-Setzen ermöglichen. Parallelisierung bedeutet also nicht, dass zwei temporal getrennte Ereignisse gleichgesetzt würden, sondern dass an ihnen bestimmte Momente hervorgehoben werden können, welche einen Vergleich stützen und zur Erklärung, zur Diagnose (hinsichtlich der Gefahr der Destabilisierung durch Gerüchte) und schließlich womöglich zur Therapierung der Gegenwart beitragen.

Aleida Assmann hat darauf hingewiesen, dass der Unterschied von Historiographie und Historiosophie zwischen dem Fokus auf Unterschieden und dem auf Ähnlichkeiten liegt. Insofern Morin auf die Parallele zwischen 1789 und 1940 verweist, dabei aber eine bestimmte Eigenschaft, nämlich die Macht der Gerüchte, ins Zentrum stellt, ist darin die rhetorische Strategie zu sehen, der zufolge sich Geschichte wiederholen könnte, aber eben nur in ganz spezifischen Aspekten. Diese sich wiederholenden Aspekte können – *pars-pro-toto* – zugunsten des Narrativs stark gemacht werden. Insofern kann man Morins Narrativ als tendenziell historiosophisch bezeichnen. Allerdings schließt diese Unterscheidung sämtliche Zeitdiagnosen, die sich der *pars-pro-toto*-Technik bedienen, in den Bereich der Historiosophie ein, da ‚pars-pro-toto' immer eine Tendenz zur Ähnlichkeitszentrierung mit sich bringt.[774]

Die Krise in Deutschland führte also zu einer Entfremdung, die Franzosen und Deutschen einander fremder macht, als beide den „Aschantis oder Maoris" fremd sind. Dass Morin an der zitierten Stelle von „uns" spricht, verweist auf die Adressaten des Buches: Frankreich und die französische Bevölkerung, der er die deutsche Situation zu erklären versucht. Die Macht der Gerüchte erachtet Morin dabei als derart groß, dass er keine Entgegnung sieht:

772 Ebd.

773 Elias, *Über die Zeit*, S. xvii.

774 Vgl. Alexander Bogner: *Gesellschaftsdiagnosen. Ein Überblick*, Weinheim/Basel: Beltz Juventa 2012. Vgl. auch Osrecki, *Die Diagnosegesellschaft*.

„Das Problem ist ernster als ein Komplott von Gerüchten [die These, dass diese Gerüchte absichtlich von den Nazis in Umlauf gebracht worden seien, lehnt Morin ab, DA], das zum Ziel hat, die Besatzungsmächte zu diskreditieren. Es gibt kein Komplott; das macht die Sache ernst. Es würde nicht genügen, ein paar Gerüchtemacher festzusetzen. Das würde die Gerüchte nur anwachsen lassen. ‚Man sperrt immer die ein, die die Wahrheit sagen', würde es heißen."[775]

Diese Argumentation wird von Morin wiederholt in Bezug zum Religionsdiskurs, genauer zur Mythologiegeschichte gesetzt:

„Die Gerüchte bedeuten also Flucht aus der Wirklichkeit. Diese Flucht, es ist wichtig, das festzustellen, vollzieht sich wiederum in der Mythologie. Wir verstehen darunter die Welt der Fabeln und der Illusion, genauer gesagt die Nazimythologie. An den Gerüchten lässt sich das Überleben der nazistischen Mythen in den deutschen Köpfen erkennen."[776]

Wieder wird die Antithese von Mythos und Wirklichkeit als Variation der Binarität von Mythos und Logos sichtbar. Die vorliegende Analyse sieht diese Grenzziehung als Arbeit am Mythos (und am religiösen Diskursfeld) und etabliert damit gleichzeitig die Konstitution der Moderne in ihren Codierungen, etwa in der hier zur Geltung kommenden Unterscheidung von faktischer Geschichte und fiktivem Mythos. An diese Unterscheidung schließt nun die *mission civilisatrice* an, welche – nach Diagnose und Erfassung der Therapiebedürftigkeit – das politische Programm, die eigentliche ‚Therapie', darstellt. Im Fall von Morin erscheint die Therapie als Religions- oder Mythenkritik und zielt so auf eine Entmythisierung und Aufklärung der „Gerüchte – Aberglauben – Legenden".[777]

Morin unternimmt zwar nicht selbst eine detaillierte Analyse dieser Gerüchte, erachtet eine solche aber als wichtige und noch ausstehende Forschung und verweist dabei auf Georges Lefebvres *La Grande peur de 1798*.[778] Immerhin geht Morin auf einige der häufigsten Gerüchte ein, die er für das Weiterleben der Hitler-Mythen als ausschlaggebend erachtet, insbesondere auf „Gerüchte über die Bestimmungen in den Besatzungszonen", auf „Gerüchte über die Naziführer" sowie auf „das Weiterleben der Nazimythen".

Morin geht der Frage nach, inwiefern die Nazimythen nicht den traditionellen Nationalgeist widerspiegeln, der sich u.a. auch im Pangermanismus oder

---

775 Morin, *Das Jahr Null*, S. 29.

776 Ebd., S. 31.

777 Ebd., S. 29.

778 Georges Lefebvre: *La Grande Peur de 1798*, Paris: Collin 1988. Die Erwähnung des sozialistischen Historikers Georges Lefebvre ist hier illustrativ, da *La Grande Peur* zwar 1939 publiziert wurde, von der ein Jahr später an die Macht gebrachten Vichy-Regierung jedoch unterdrückt und 8000 Exemplare verbrannt wurden. Lefebvre wurde erst ab den 1970er Jahren stärker rezipiert, umso mehr verweist diese Erwähnung Morins auf seine politische Orientierung, auch wenn Morin sich ab 1949 von der Sozialistischen Partei entfernte und 1951 aufgrund seiner Kritik am Stalinismus ausgeschlossen wurde.

im Deutschnationalismus bildete. Allerdings scheinen ihm diese Vorgänger heute „nur noch im Nazismus" weiterzuleben.[779] Zur Verortung dieser Mythen des „Ewigen Germanentums" werden wiederum parallele Schwellen verzeichnet:

> „Sie [die Begriffe ‚Ewiges Germanentum', ‚Pangermanismus, Deutschnational] haben ganz deutliche geschichtliche Wurzeln: Ihre historische Bedeutung beginnt 1890, verstärkt sich während des Krieges 1914 bis 1918, um während Hitlers imperialistischem Krieg zur vollen Entfaltung zu gelangen."[780]

Während das ‚Ewige Germanentum' oder der Pangermanismus somit historische Vorläufer haben, mit denen sie parallelisiert werden können, beschreibt Morin den Nazismus selbst geradezu konträr: „Der Nazismus kann auf keine historische Entwicklung zurückgeführt werden, deshalb können wir ihn nicht anders als Nazismus nennen."[781] Morin beschreibt den Nazismus als radikale Neuheit, der „auf keine historische Entwicklung zurückgeführt werden" kann. Damit wird deutlich, wie Parallelisierungen eine Kontinuität unterstützen, denen die Singularität des Nazismus gegenübersteht.

Es lohnt sich, einen näheren Blick auf Morins Taxonomie der nationalsozialistischen Mythen zu werfen. Er unterscheidet zwischen ideologischen und politischen Mythen[782] und zählt den Hitler-Mythos zu den ideologischen Mythen. Dieser „Mythos des Führerprinzips" hätte in Deutschland das Ende des Zweiten Weltkriegs überdauert, wie Morin mit einer Umfrage der Amerikaner in Darmstadt unterlegt, in der das Resultat auf die Frage, wie Deutschland widerherzustellen sei, lautet, dass „80 Prozent einen neuen antinazistischen Führer wünschten".[783] Morin beschreibt diesen Mythos deshalb als „abergläubischen Respekt vor dem Chef"[784], wobei hier die Religions- oder Aberglaubenskritik am deutlichsten mit Elementen aus Freuds *Totem und Tabu* verwoben wird. Der Mythos der deutschen Überlegenheit und Unbesiegbarkeit wird zwar nach dem Krieg nicht beendet, jedoch transformiert. Diese Transformation beschreibt Morin als eine abgeschwächte Dolchstoßlegende:

> „Schon jetzt behaupten die Nazis, dass Deutschlands Niederlage auf Verrat zurückzuführen ist. [...] Zahlreiche Gerüchte behaupten, ohne jedoch ganz so weit zu gehen, dass sich die deutsche Niederlage auf innere Ursachen zurückführen lässt: Uneinigkeit zwischen Heer und SS oder auch auf den menschlichen Wunsch der Generäle, sich nicht auf deutschem Boden zu schlagen."[785]

---

779 Vgl. Morin, *Das Jahr Null*, S. 34.
780 Ebd., S. 34.
781 Ebd.
782 Ebd., S. 34.
783 Ebd., S. 35.
784 Ebd.
785 Ebd., S. 36. Dass dieser Mythos genau entgegen den realen Plänen der Naziherrscher stand, geht u.a. aus Joseph Goebbels Tagebüchern hervor. Darin ist zu lesen, dass diese Gerüchte, die Morin in der Nachkriegszeit erfährt, zum Kriegsende antizipiert und er-

Als Kontinuität wird auch der Rassenwahn in Morins Taxonomie nationalsozialistischer Mythen verortet, der in abgeschwächter Form weiterlebe: „Der Rassenwahn ist nicht mehr aggressiv. Er existiert in latentem Zustand, wie das Führerprinzip, wie die anderen Nazimythen." Morin bedauert, „dass wir nicht den Kontakt [in den Besatzungszonen] ausnutzen, der sich jetzt zwischen den Rassen ergibt, zum Zweck der ,Demystifikation'"[786]. Morins Kritik orientiert sich also auch hier am Religionsdiskurs bzw. er beschreibt die ,Krise' von Deutschland nach dem Zweiten Weltkrieg in bestimmbaren Bezügen zum religiösen Diskursfeld. Indem Morin eine ‚Demystifikation' der nationalsozialistischen „Gerüchte" und „Legenden" fordert, tritt auch hier die Ideologiekritik wieder in einer Semantik der Religionskritik auf und aktualisiert die Dichotomie von Mythos und Logos. Die Gelegenheit zur „Demystifikation" sei im Übrigen vorhanden gewesen, denn Morin beschreibt die deutsche Einschätzung der afroamerikanischen Soldaten als positiv, die nur selten (8 % laut einer amerikanischen Umfrage in Gießen) als „Menschen einer niedrigeren Rasse" gesehen wurden.

Morins Sorge gilt aber in all diesen Fällen der Tatsache, dass die Mythen und Gerüchte des Nationalsozialismus nicht oder nur ungenügend transformiert würden. Seine Kritik gilt also der ,Stunde Null' als einer unzureichenden oder prekären Neugründung: Die ,Stunde Null' sei nur scheinbar ein Neuanfang, die Deutschen seien (noch) nicht fähig, die alten Mythen abzulegen.

Hinsichtlich der Arbeit an der Religion kann mit Verweis auf die an der Achsenzeitthese beobachtete ,Doppelcodierung' von Religion, Wissen und Politik ein weiterer Ausschluss von Religion gezeigt werden: Morin fordert nicht nur eine Trennung von Politik und Religion, seine Sorge gilt insbesondere auch dem Ausschluss (bestimmter, nationalsozialistischer) „Gerüchte, Aberglauben und Legenden" aus dem öffentlichen Diskurs. Auf der anderen in dieser Arbeit zentralen Beobachtungsebene, der Analyse der Ordnung der Zeit, zeigt sich die heterogene Nutzung der Metapher der ,Stunde Null': sie kann sowohl als endgültiger Bruch mit der nazistischen Vergangenheit – wie wir sie später bei Adenauer sehen werden – als auch als wünschenswerter, jedoch kaum erreichbarer Horizont und somit als ‚gefährliche Kontinuität' verwendet werden.

Ähnliches können wir auch bei Leggewies Auseinandersetzung mit der Stunde Null ‚1989' beobachten. Indem er Hannah Arendts Thesen der Notwendigkeit einer starken „Gründung (und Gründungsvermehrung)" anführt und deutlich macht, dass „jede Gründung ein über Generationen hinweg kontinuierlich

hofft wurden. Goebbels schrieb in sein Tagebuch: „Das Unglück muss so ungeheuerlich sein, dass die Verzweiflung, die Weherufe und der Notschrei der Massen trotz aller Hinweise auf uns Schuldige sich gegen jene richten muss, die sich berufen fühlen, aus diesem Chaos ein neues Deutschland aufzubauen. Und das ist meine letzte Berechnung." Max Fechner (Hrsg.): *Joseph Goebbels. Wie konnte es geschehen? Auszüge aus den Tagebüchern und Bekenntnissen eines Kriegsverbrechers*, Berlin: Das Volk 1945.

786 Morin, *Das Jahr Null*, S. 36.

fortlaufender Prozess“[787] ist, gibt er zu bedenken, dass – wo diese ausbleibt – „die Gewalt blüht und sich an ihre Stelle setzt“[788]. Morin bezieht diese Mythen auf die Erinnerungspolitik und verweist auf die unterschiedlichen Geschichtsdeutungen, die sich aufgrund der langjährigen Naziherrschaft in Deutschland etabliert hätten. Dieser hätte man eine neue Erinnerungspolitik entgegenzusetzen:

> „Man muss sehr geduldig die Geschichte der letzten zwölf Jahre ins Gedächtnis zurückrufen. Hitler hielt keine Rede, bei der er nicht auf seine Weise die Geschehnisse in Deutschland seit 1918 schilderte. Wir müssen nun jede Gelegenheit ergreifen, um die Geschehnisse seit 1933 zu schildern und sie im wahren Lichte zu zeigen. Zu gleicher Zeit müssen wir den pseudowissenschaftlichen Wust, mit dem sich der Imperialismus umgab, einer kritischen Betrachtung unterziehen: Pangermanismus, Rassentheorie, Geopolitik und so weiter.“[789]

Morin setzt einer für Hitler signifikanten Zäsur (1918) eine Zäsur dagegen (1933), um damit dessen Machtergreifung und ihre Folgen „im wahren Lichte“ zu zeigen. Gleichzeitig setzt er Mythenkritik gegen den Mythos sowie Wissenschaftlichkeit gegen ‚Pseudowissenschaftlichkeit', die je „einer kritischen Betrachtung“ zu unterziehen sind.[790] Morin weiß also einerseits um die erinnerungspolitischen Gehalte der Geschichtsdeutung und setzt gleichzeitig auf die Aktualisierung der Dichotomie vom Mythos und dessen ‚Aufklärung' – so kann zumindest das metaphorische „im wahren Lichte zu zeigen“ aufgefasst werden.

Im Unterschied zu dieser Diagnose zeigt fünfzig Jahre später Claus Leggewie in seiner Analyse der ‚Stunde Null' einen vorsichtig-kritischen Umgang mit der Unausweichlichkeit des *Willens zum Mythos*.[791] Dies führt auf der einen Seite den Politikwissenschaftler Leggewie 1992 über die Auseinandersetzung mit Hannah Arendt zur These der Unmöglichkeit, Mythopoesie in der (Re-)Konstruktion kollektiver Identitäten auszuschließen.[792] Der politische „Mythos des Neuanfangs“ wird damit als Unumgänglichkeit sichtbar und die *Amalgamie-*

---

787 Leggewie, Der Mythos des Neuanfangs, S. 285.

788 Ebd., S. 284.

789 Morin, *Das Jahr Null*, S. 43.

790 Hinsichtlich der Kategorie der ‚Pseudowissenschaft‘ und der Frage nach ihrer (Un-)Bestimmbarkeit vgl. Dirk Rupnow: *Pseudowissenschaft. Konzeptionen von Nichtwissenschaftlichkeit in der Wissenschaftsgeschichte*, Frankfurt a.M.: Suhrkamp 2008.

791 Diese Formulierung wird etwa vom Schweizer Historiker Guy P. Marchall kritisiert: Guy P. Marchall: „Mythos im 20. Jahrhundert. Der Wille zum Mythos oder die Versuchung des ‚neuen Mythos‘ in einer säkularisierten Welt“, in: Fritz Graf (Hrsg.): *Mythos in Mythenloser Gesellschaft: Das Paradigma Roms*, Stuttgart: Teubner 1993, S. 204–328. Auch Marchall geht kritisch auf die Stiftung neuer Mythen u.a. bei nationalsozialistischen Denkern wie Rosenberg ein. Zudem findet hier die Mythenfokussiertheit des Ingenieurs George Sorel Beachtung, dessen Rezeption im deutschsprachigen Raum besonders durch Carl Schmitt befeuert wurde. Weniger beachtet blieben bis vor wenigen Jahren ähnliche mythostheoretische Bestrebungen, wie sie im *Collège de Sociologie* entworfen wurden.

792 Vgl. Leggewie, „Der Mythos des Neuanfangs“, S. 278–280.

rung mit dem Mythos gehört nun also zur Politik. Morin auf der anderen Seite kommt 1949 (noch[793]) zum Schluss, dass die ‚Nazimythen', der ‚Aberglauben der Nazis', durch vernünftig-wissenschaftliche Deutungen zu ersetzen (und „im wahren Lichte zu zeigen") sind. In dieser noch ungebrochen aufklärerischen Form sind Morins Schilderungen selbst frei von Mythen, zumindest werden diese 1949 nicht thematisiert. „Das Jahr Null" wird von Morin nicht unter dem Aspekt einer mythopoetischen Neugründung verhandelt. Gleichwohl schreibt er an der Metapher der ‚Stunde Null' weiter und setzt damit sowohl für Deutschland als auch für Frankreich eine Neugründung. Morin schreibt für ein breites Publikum mit der religions- und mythenkritischen Absicht, den ‚nationalsozialistischen Aberglauben' aufzuklären.

Vor dieser Konstellation wird Religionsgeschichtsschreibung als ‚Gouvernementalität der Religion' sichtbar: während Morin eine erneute Trennung von Religion sowie die Aufklärung der überdauernden nationalsozialistischen Mythen anmahnt, verdeckt er gleichzeitig den mythopoetischen Gehalt in der Metapher der ‚Stunde Null' als Neugründung.

Aufschlussreich ist in *Das Jahr Null* Morins Paternalismus, der das Verbleiben der Deutschen in den alten Nazimythen nicht entschuldigt, aber damit erklärt, dass diese nach den Jahren faschistischer Herrschaft im Denken „faul" und „erschöpft" geworden sind.[794] Die Therapie dieser Denkfaulheit müsse von außen kommen: „Wir müssen die Mechanik des Denkens wieder in Bewegung setzen, Geist und Intelligenz wieder erwecken. Das ist die wahre erzieherische Aufgabe."[795] Die Therapie Deutschlands gehört also zur Aufgabe der Besatzungsmächte, es ist eine andere Form der ‚*mission civilisatrice*', welche die Inkommensurabilität der Welten überwinden und zu einer neuen Einheit in der Zukunft führen soll.[796] Zu dieser gehört jedoch auch die Aufgabe, den nazistischen Aberglauben in seiner *Amalgamierung* von Religion und Politik zu zerstören und damit die ‚Verfassung der Moderne' mit ihren unterscheidbaren gesellschaftlichen Bereichen wiederherzustellen.

In Morins Zeitdiagnose wird also eine religionspolitische Gebrauchsanweisung für die Besatzungsadministrationen im Nachkriegsdeutschland sichtbar. Der Staat ist also, wie mehrfach mit dem Hinweis auf die Separierungsrhetorik benannt und verschiedentlich illustriert wurde – vom Bereich des Mythos, vom „Religiösen und Mystischen" zu trennen. Das Säkularisierungsnarrativ wird so

793 Dies ändert sich in Morins Schwellenerzählung von ‚1989', die unter 5.3.3. aufgenommen wird.

794 Morin, *Das Jahr Null*, S. 44.

795 Ebd.

796 Zur Frage nach der Einheit in der Zukunft vgl. Bernhard Giesen, Kay Junge: „Der Mythos des Universalismus", in Helmut Baning (Hrsg.): *Mythos und Nation. Studien zur Entwicklung des kollektiven Bewusstseins in der Neuzeit 3*, Frankfurt a.M.: Suhrkamp 1996, S. 40 ff.

als Therapie der im Faschismus aufscheinenden ‚dunklen Seite der Moderne' empfohlen.

Resümierend lässt sich hinsichtlich der metaphorisch-mythopoetischen Diagnose der ‚Stunde Null' bei Morin wie auch in der mythostheoretischen Zeitdiagnose von Ernst Cassirer das Thema der Verhandlung des Mythos (oder der Religion) im Staat oder sein Verhältnis zu ihm ausmachen. Wieder wird der moderne Religionsdiskurs als Ordnungsdiskurs sichtbar gemacht, in dem zwei Unterscheidungen von Religion wegführen: die Politik müsse sowohl von Religion als auch vom politischen Mythos (als falschem Wissen) getrennt bleiben. Die Signatur des modernen Religionsdiskurses wird also als doppelte Separierung differenziert, was gleichzeitig zur Ausbildung zweier ‚nicht-religiöser' Kollektive beiträgt: der ‚nicht-religiösen' oder ‚nicht-mythischen' Politik und der ‚nicht-religiösen' Wissensproduktion, welche schließlich auch die Mittel der Kritik an die Hand gibt, um die ‚falschen' Legenden (Morin) oder ‚politischen' Mythen (Cassirer) ‚aufzuklären'.

5.2.5. Der Mythos des Staates bei Cassirer: Mythopoesie und Mythopoetik

Eine ähnliche Mythosbewertung wie bei Morin findet sich interessanterweise auch in einem Werk von Ernst Cassirer, der sich ansonsten mit dieser Frage nicht primär aus einer zeitdiagnostischen, sondern aus einer philosophischen Perspektive beschäftigt. Während Cassirer in seiner *Philosophie der symbolischen Formen* besonders die Kontinuität zwischen Mythos und Logos in den Vordergrund stellte,[797] steht im Folgenden sein Spätwerk *The Myth of the State* im Fokus, worin Cassirer, wie Heinz Paetzold schreibt, „zum Theoretiker der Krisen der Kultur" geworden ist.[798] Während Cassirer in den früheren Werken zur Symboltheorie den allgemeinen Prozess der Mythenbildung und die Spezifik des mythischen Denkens beschrieb, lenkte er in *The Myth of the State*, explizit von Holocaust und Faschismus angetrieben, diese Perspektive vom Individuum aufs Kollektiv.[799] Der ‚politische Mythos' wird dabei zu der für das 20. Jahrhundert ausschlaggebenden Sozialpathologie und zur Erklärung der explizit krisenhaften Gegenwart.

Der Ideenhistoriker Cassirer führt dabei in einem Abriss durch die Geschichte des politischen Mythos seit dem 18. und 19. Jahrhundert und weist insbeson-

---

797 Vgl. das Kapitel 2.6.in diesem Buch, vgl. auch Ernst Cassirer: *Philosophie der symbolischen Formen. Zweiter Teil: Das mythische Denken*, Hamburg: Felix Meiner 2010. Vgl. Heinz Paetzold: *Ernst Cassirer. Zur Einführung*, Hamburg: Junius 2002.

798 Paetzold, *Cassirer*, S. 116.

799 Cassirers Spätwerk ist im Kontext einer universellen Theorie des Faschismus zu sehen, wie sie auch seine Kolleg*innen Helmuth Plessner, Max Horkheimer und Theodor W. Adorno, Ernst Bloch, Georg Lukacs, Hannah Arendt oder Günther Anders (vgl. 2.4.2.) vorgenommen haben. Vgl. Paetzold, *Cassirer*, S. 99.

dere auf die Idee des politischen Mythos bei Romantikern wie Thomas Carlyle und Arthur de Gobineau hin. Carlyles und Gobineaus Geschichtsphilosophien fokussierten beide auf die Macht der Helden[800], zu denen etwa Politiker, Propheten und Religionsstifter zählen, und führte Cassirer zufolge so zur Verehrung des Führers im Faschismus – in dem sich diese auf Carlyle und Gobineau beriefen, auf letzteren insbesondere auch als zweifelhaften Urheber der „Rassenverehrung"[801].

Neben romantischen und anderen Vorläufern beschreibt Cassirer insbesondere die politische Philosophie Hegels als „postaufklärerische Theodizee"[802] als entscheidend für die Ausbildung der politischen Mythen im Faschismus.[803] Neben diesen und weiteren Vorläufern sei es aber erst nach dem Ersten Weltkrieg und schließlich im Faschismus zu der ‚krisenhaften' „Überwältigung des Menschen durch politische Mythen" gekommen, wie Heinz Paetzold schreibt.[804] Gleichzeitig ist Cassirers mythostheoretische Zeitdiagnose auch eine Schwellentheorie und -erzählung, insofern sie die Gefahr des ‚politischen' Mythos gerade in Krisensituationen situiert. *The Myth of the State* ist von einer ausgeprägten Ereignismystik gekennzeichnet, welche die erst posthum erschienene Publikation (1946) nach einer Schwelle positioniert und mit der zentralen und „alarmierenden" Eigenschaft des „mythischen Denkens" verbindet:

> „In the last thirty years, in the period between the first and the second World Wars, we have not only passed through a severe crisis of our political and social life but have also been confronted with quite new theoretical problems. […] Perhaps the most important and the most alarming feature in this development of modern thought is the appearance of a new power: the power of mythical thought."[805]

Die Ereignismystik grundiert in diesem Zitat nicht nur die weltgeschichtliche Diagnose, sondern auch die „Entwicklung des modernen Denkens". Gleichzeitig erinnert diese Stelle auch an die ereignismystische Beschreibung aktueller Schwellen der ‚Religion' (vgl. 2.3.), nur dass der Fokus bei Cassirer auf dem „mythischen Denken" liegt, worin er auch die „Gefahr" für die Gegenwart sieht. Dass dieses teilweise über das rationale Denken dominiere, sei offensichtlich: „The preponderance of mythical thought over rational thought in some of our modern political systems is obvious."[806] Die Schwellenzeit zwischen dem Ersten und dem Zweiten Weltkrieg ist in Cassirers Analyse also sowohl eine weltgeschichtliche als auch eine „denkgeschichtliche" oder wissens-

---

800 Ernst Cassirer: *The Myth of the State*, New Haven: Yale University Press 1946, S. 230 ff. Übers. jeweils von DA.

801 Ebd., S. 246.

802 Die Beschreibung „postaufklärerische Theodizee" stammt von Paetzold, *Cassirer*, S. 110.

803 Die entsprechenden Stellen finden sich hauptsächlich in „The Metaphysical Background of Hegel's Political Theory", *The Myth of the State*, S. 254–262.

804 Paetzold, *Cassirer*, S. 103.

805 Cassirer, *The Myth of the State*, S. 3.

806 Ebd.

historische, insofern sie das „mythische Denken" ins Zentrum stellt. *The Myth of the State* wird so als Schwellenerzählung analysierbar, die gleichzeitig eine sowohl weltgeschichtliche wie auch mythostheoretische Schwelle beschreibt und dabei die Herausforderung des mythischen Denkens zum zentralen Thema der Moderne macht.

Im Schlusswort von *The Myth of the State* gibt Cassirer keine Erklärung dieser Schwelle mehr, sondern verwendet stattdessen eine Erzählung aus der babylonischen Kosmologie, in der Marduk die Schlange Tiamat tötet, um daraus die Welt zu formen. Die menschliche Kultur könne, so Cassirer 1946, mit dieser „Legende" beschrieben werden: „It could not arise until the darkness of myth was fought and overcome. But the mythical monsters were not entirely destroyed."[807] Er beschreibt im Faschismus also eine Schwelle in der Geschichte der menschlichen Kultur und der Moderne schlechthin und diagnostiziert als Grund für die sie verursachende ‚Katastrophe' – hier wird dieselbe Strategie wie bei Morin sichtbar – die *Amalgamierung* von Mythos und Politik im politischen Mythos des Faschismus.

Liefert Cassirer gegenüber der Gefahr des politischen Mythos einen Therapievorschlag und sieht er eine Möglichkeit, den politischen Mythos ähnlich der Schlange Tiamat zu bändigen?[808] Auf der einen Seite beschreibt er einen Kampf zwischen dem Mythos und „überlegenen Mächten" (*superior forces*), welche er in den „intellektuellen, ethischen und künstlerischen Kräften" sieht.[809] Wenn diese „Kräfte" der Kunst oder der Religion[810] die Oberhand behielten, dann könne der „Mythos gezähmt und gedämpft" werden.[811] Wenn sie hingegen ihre Kraft verlören, kehre das Chaos zurück. Auf der anderen Seite sei der Mythos auch notwendig, denn er erlaube dem Menschen mit seinem ersten und drängendsten existenziellen Problem umzugehen: dem seines eigenen Todes. „In mythical thought the mystery of death is «turned into an image» – and by this transformation, death ceases being a hard unbearable physical fact; it becomes understandable and supportable."[812] Neben dieser notwendigen Funktion seien die Möglichkeiten des Mythos jedoch begrenzt und gänzlich nutzlos, wenn es um ethische Fragen ginge:

---

807 Ebd.

808 Ulrike Brunotte hat in *Helden des Todes* auf die patriarchale Dimension des Kampfes zwischen dem heroischen Gott Marduk und der göttlichen Urmutter Tiamat hingewiesen. Vgl. Brunotte: *Helden des Todes*, S. 135 f. Cassirer stellt hier also den Kampf gegen den Faschismus in Analogie zum kosmogonischen Urkampf dar.

809 Cassirer, *The Myth of the State*, S. 298. An dieser Stelle fällt auf, wie Cassirer trotz seiner ausgeprägten Kritik an Hegel hier an dessen Unterscheidung der Sphäre des absoluten Geistes (in Philosophie, Kunst und Religion) erinnert.

810 Cassirer unterscheidet in diesem Kontext wie in der *Philosophie der symbolischen Formen* zwischen einem symbolischen und einem mythischen Denken, welche jedoch beide in Religion/en auftreten können.

811 Cassirer, *The Myth of the State*, S. 298.

812 Ebd., S. 49. Das Zitat im Zitat stammt von Euripides.

„Myth may teach man many things; but it has no answer to the only question which, according to Socrates, is really relevant: to the question of good and evil. Only the Socratic „Logos“, only the method of self-examination introduced by Socrates, can lead to a solution of this fundamental and essential problem.“[813]

Der sokratische Logos wird somit zu einem Gegenmodell des Mythos, den Cassirer auch anhand von Platons *Republik* nachzeichnet.[814] An der Beurteilung dieser Dichotomie, der Unterscheidung von Mythos und sokratisch-platonischem Logos entscheidet sich folglich auch die Geschichtsphilosophie von Cassirers Spätwerk.

Kritik an Cassirers mythostheoretischer Zeitdiagnose wurde u.a. von Eric Voegelin geäußert. Dieser kritisierte, dass Cassirer blind sei gegenüber „dem neuen Mythos der sokratischen Seele, welche die Substanz von Platons eigener Position prägt“[815]. Voegelins Kritik gilt etwa auch Cassirers Beschreibung von Machiavelli. Diese sei zwar „exzellent“ hinsichtlich des Verschwindens spirituell-hierarchischer Ordnungsstrukturen sowie der Herkunft einer neuen politischen Ordnung. Aber Cassirer sei das „fast schon unglaubliche Kunststück gelungen, Machiavellis Mythos der dämonisch geschlossenen Persönlichkeit und seiner virtù zu vergessen“[816]. Eric Voegelin beschreibt das geschichtsphilosophische Argument aber zugleich als Stärke und Schwäche von Cassirers Position. Er kritisiert Cassirer dafür, dass dieser den „Trend der intellektuellen Geschichte“, dass sich „Philosophie und Wissenschaft vom alten Mythos loslöse“ nicht als „einen Strang in der Geschichte“, sondern als „so etwas wie einen östlichen Kampf zwischen den Mächten des Lichtes und der Dunkelheit“ überinterpretiere. Voegelin setzt diese Kritik an Cassirer fort: „*The Myth of the State is written as if it had never occurred to the author that tampering with a myth, unless one has a better one to put in its place, is a dangerous pastime.*“[817] Den Hintergrund für diese Beschreibung des modernen Staates liefert also die erwähnte Geschichtsphilosophie einer modernen ‚Beendigung‘ des Mythos im Spätwerk von Cassirer, die von Eric Voegelin und in dieser Arbeit an zentraler Stelle auch von Hans Blumenberg bestritten wurde (vgl. 2.2.2.).

Dass auch Hans Blumenberg Cassirer hinsichtlich dieser Geschichtsphilosophie widersprach, die mythisches Denken als ein zu überwindendes Stadium der Menschheitsgeschichte beschreibt, überrascht nach den bisherigen Erläuterungen seiner Mythostheorie nicht (vgl. 2.2.2.). Blumenberg hält dem Spätwerk von Cassirer jedoch zu Gute, dass die *Philosophie der symbolischen Formen* gerade nicht auf den „Mythos des Staates“ vorbereitet gewesen sei – „ein Gebiet ihrer

---

813 Ebd., S. 60.

814 Ebd., S. 61 ff.

815 Eric Voegelin: Rezension von: „ The Myth of the State (by Ernst Cassirer)“, *The Journal of Politics*, 9/3, Aug. 1947, S. 445–447, S. 446. Übers. jeweils von DA.

816 Ebd., S. 446.

817 Ebd., S. 447.

Ratlosigkeit".[818] Während Cassirer den Mythos als eine in der Moderne zu überwindende „symbolische Form menschlicher Weltbewältigung" bewertet, behandelt Blumenberg den Mythos „gerade nicht [als] eine im Rückblick transparent zu machende Entwicklungsstufe des menschlichen Geistes, sondern [als] eine Möglichkeit des menschlichen Daseins".[819] Oder wie Blumenberg selbst schreibt: „Die Affinität zum Mythos besteht immer darin, das Subjekt zu finden und zu benennen, von dem die letzte der richtigen Geschichten erzählt werden kann."[820]

Die Analyse der temporalen Positionierungstechnologien in diesen Neugründungsnarrativen und historisierenden Legitimierungserzählungen führt uns nicht nur zur ‚Mythopoesie' der Schwellenerzählungen und damit zur Konstruktion geschichtskonstitutiver und paradigmatischer Erzählungen, sondern ebenso in die Bereiche der ‚Mythopoetik' und der Mythostheorie, wie bei Ernst Cassirer sichtbar wurde. Damit ist die Verdoppelung des Mythosbegriffs impliziert, mit der einerseits unter Mythos nicht nur (in meist polemischer Absicht) ‚falsche Geschichten' oder Unwahrheiten verstanden werden, sondern wie eingangs eingeführt auch solche Erzählungen gemeint sind, die durch die Imagination einer paradigmatischen, d.h. bedeutsamen Geschichte die Welt raumzeitlich ordnen und damit Handlungsanweisungen für Individuen wie für Kollektive anbieten. Neben dieser theoretischen Mythosdefinition, welche Schwellenerzählungen insbesondere in ihrer ereignismystischen Version umfasst und damit die Ebene der *Mythopoetik* bezeichnet, werden die religions- und mythostheoretischen Analysen in diesen Schwellenerzählungen (etwa von Morin oder Cassirer) wiederum selbst als (teilweise auch mythostheoretische) ‚Mythopoesien' beschrieben.

5.3. Null-Metaphern in Politik, Literatur und Kunst

Im Folgenden werden in drei Variationen Null-Metaphern in der Politik (angefangen bei Adenauer), in Film und Literatur sowie in der politischen Neuauflage der ‚Stunde Null' 1989/90 untersucht. Dabei werden weiterhin sowohl die Mythopoesie der politischen Neugründungen der Nullstunden-Erzählungen in den Blick gebracht, als auch die Arbeit an der Religion in der ‚säkularen' Ordnung weiterhin beobachtet wird. Diese Analysen werden schließlich hinsichtlich der Positionierung der Religion in der Moderne resümiert.

818 Blumenberg, *Arbeit am Mythos*, S. 59.

819 Angus Nicholls und Felix Heidenreich: „Nachwort der Herausgeber", in: Hans Blumenberg: *Präfiguration. Arbeit am politischen Mythos*, Berlin: Suhrkamp 2014, S. 83–146. Die Autoren zeigen auf, wie Blumenberg eine Synthese zwischen den Positionen von Cassirer und Heidegger anstrebt, indem er die „Heideggersche Pathosformel der Entschlossenheit" funktionalistisch wendet und ihr so die Dramatik nimmt, vgl. ebd., S. 97.

820 Blumenberg, *Arbeit am Mythos*, S. 60.

5.3.1. Die Religion der Verfassung: Adenauers erwünschte Amalgamierung

Die Verwendung der Metapher der ‚Stunde Null' in der unmittelbaren Nachkriegszeit ist aus der späteren Perspektive häufig so beschrieben worden, dass „damit die alsbald erfolgte Wiedereingliederung einer nationalsozialistisch belasteten Führungsschicht in Wirtschaft und Politik" assoziiert wird.[821] Die ‚Stunde Null' ist also nicht zuletzt in der Regierungszeit Konrad Adenauers zu einer bestimmenden Neugründungsrhetorik geworden. Welche Religionspolitik kann nun in Adenauers frühem Neugründungsmythos beobachtet werden?

Separierungswünsche, wie sie bei Morin oder Cassirer sichtbar geworden sind, beschreiben nicht die einzige Tendenz des Säkularisierungsdiskurses, wie im Folgenden am politischen Diskurs gezeigt wird. Die Ambivalenz und Offenheit des Säkularisierungsdiskurses erlaubt auch die Gegentendenz, die im Wunsch nach einer – zumindest begrenzten – Amalgamierung des religiösen sowie des politisch-juridischen Bereichs kenntlich wird. Noch in der ‚Stunde Null' – sofern wir hier dem Periodisierungsbegehren folgen und diese Metapher verwenden – werden solcherart erwünschte Amalgamierungen in der Übergangszone zwischen Religion und dem Juridisch-Politischen sichtbar. Explizit wird dies 1949 in der Ansprache Konrad Adenauers während der Schlusssitzung des Parlamentarischen Rates, in der das neue deutsche Grundgesetz in Bonn verkündet wurde und in der Zentrierung und Parallelisierung geradezu offenkundig verwendet werden. Das Grundgesetz soll den Deutschen nichts weniger als ein „heiliger Besitz" sein:

> „Darum soll es uns allen ein heiliger Besitz sein, ein Besitz, den wir wahren, den wir pflegen, den wir ausbauen wollen, durchdrungen von der Verantwortung vor Gott und den Menschen, die uns die Jahre seit 1933 in besonderer Weise auferlegt haben."[822]

Die Religionisierung des Grundgesetzes, womit in diesem Fall die Beschreibung des Grundgesetzes unter einer religiösen Kategorie (der des ‚Heiligen') gemeint ist, zeigt eine Amalgamierung von Religion und Recht (viel mehr als vom Bundesstaat oder der Nation) an. Im Falle des deutschen Grundgesetzes kann Adenauer keine größere Affirmation einführen als über die Begrifflichkeit des ‚Heiligen'. Das Grundgesetz als „heiliger Besitz" zeigt dessen Abgesondertheit und Wertschätzung über das Maß ‚normaler' positiver Bewertung hinaus

---

[821] Jens Hacke: „Im Sattel der Moderne. Eine deutsche Neuigkeit" in: *Merkur. Deutsche Zeitschrift für europäisches Denken*, 9/10, 62. Jahrgang, 2008, S. 911–920, hier S. 911.

[822] Adenauer in der 12. Sitzung des Parlamentarischen Rates am 23. Mai 1949. Diese Fassung wird zitiert nach dem Bericht des Schweizer Generalkonsuls in Bonn, S. 3. https://www.bar.admin.ch/bar/de/home/service-publikationen/publikationen/geschichte-aktuell/grundgesetz-fuer-die-bundesrepublik-deutschland--23--mai-1949.html (zuletzt abgerufen am 16.8.2019). Vgl. auch Michael F. Feldkamp: *Die Entstehung des Grundgesetzes für die Bundesrepublik Deutschland 1949. Eine Dokumentation*, Stuttgart: Reclam 1999.

und illustriert die von Agamben als Sakralisierung des Rechts beschriebene Absonderung.

Die ‚Religion der Verfassung' verweist also auf eine erwünschte Amalgamierung von ‚Heiligung' und ‚Verfassung'. Das Grundgesetz soll als ‚heiliger Besitz' geachtet werden, damit es alle weiteren Regelungen fundieren kann.[823] Wiederum wird hier die These explizierbar, wonach der Religionsdiskurs ein Ordnungsdiskurs ist, in dem ‚Religion' zu einem Marker wird, der sowohl negativ (im Separierungsnarrativ) als auch positiv in Amalgamierungen mit der Politik oder dem Recht sichtbar wird. Die Ordnung der Religion ist also nicht eine Ordnung innerhalb oder von Religionen, sondern eine Ordnung der Welt qua Religionsbezeichnung.

Die ‚Heiligung' des Grundgesetzes ist jedoch noch kein Anzeichen für eine ausschließlich rechtspositivistische Sichtweise des damaligen Präsidenten des parlamentarischen Rates, denn die ‚Heiligsprechung' wird ergänzt durch die Verantwortung vor Gott – der CDU-Parteivorsitzende Adenauer war bekennender Katholik – und den Menschen in Ermahnung an die Zeit ‚seit 1933'. Damit ist eine christliche Referenz mit einer historischen Begründung verquickt. Adenauers Neugründungsmythos verbindet ein christliches, ein rechtliches und ein historisches Bekenntnis in der Ermahnung an ‚1933'.

Die Schwellensetzung erfolgt außerdem über eine Parallelisierung mit der (negativ bewerteten) temporalen Parallele ‚1933', an die – Diskontinuität wird zum Programm – gerade nicht angeknüpft werden soll, sondern welche als Mahnmal an die besondere „Verantwortung" der neuen deutschen Bundesrepublik erinnert. ‚1933' ist jedoch nicht die einzige Schwelle, die Adenauer im Zuge der von ihm aktiv bemühten Neugründungs-Mythologie verwendet. Einige Jahre später als Außenminister verwendet Adenauer die bekannten Worte Goethes[824] zur Charakterisierung der deutschen Geschichte nach dem Zweiten Weltkrieg. Am 5. Mai 1957 sprach der Bundeskanzler und Außenminister Adenauer anlässlich der formalen Erlangung der Souveränität (die volle Souveränität erfolgte erst 1990):

> „Manche von Ihnen, meine Damen und Herren, werden das Wort kennen, das einer der größten deutschen Dichter sprach: Stirb und werde. Ich glaube, dieses Wort – Stirb und werde – steht über der Geschichte der letzten Jahrzehnte des deutschen Volkes."[825]

---

823 Hier böte sich eine noch ausstehende Bearbeitung des Materials mit Agambens Theorie des Eides an. Vgl. Giorgio Agamben: *Das Sakrament der Sprache. Eine Archäologie des Eides, Homo sacer II.3.*, Frankfurt a.M.: Suhrkamp 2010.

824 Aus Goethes Gedicht „Selige Sehnsucht" aus dem *West-östlichem Divan*: „Und so lang du das nicht hast / Dieses: Stirb und werde! / Bist du nur ein trüber Gast / Auf der dunklen Erde."

825 Zitiert nach der Audiodokumentation von Stefan Hackenberg: *Kanzler Konrad Adenauer. Amtsantritt in Deutschlands Stunde Null*, Köln: Navarra 2009, Kapitel 7.

Der Bruch mit der Vergangenheit soll durch den Tod des alten, nazistischen Deutschlands rhetorisch deutlich gemacht werden soll. Adenauers Diskontinuierung verfolgt eine spezifische Politik des Ursprungs, die einen Wiederaufbau Deutschlands auf den Ruinen des Dritten Reiches, aber explizit nicht in dessen Linie verspricht.

Die Gründung der Bundesrepublik, aber auch ihre Neugründung 1990, wird als ‚Null' zu einer „Phönixiade", wie es Luhmann in seinen 1990 in der FAZ publizierten *Anregungen zu einem Nachruf auf die Bundesrepublik* nannte: „Eine Phönixiade also. Eine auffallende historische Diskontinuität. Aber nichts, was bleiben könnte. Auch nichts, was zu bewahren sich lohnte."[826] Die temporale Positionierung durch Diskontinuierung, 1990 von Luhmann als nur vorübergehende Möglichkeit ironisiert, blieb nach Adenauers Neugründungserzählungen jedoch nicht unbestritten, sondern wurde bald als Ausdruck des restaurativen Charakters der frühen Geschichte der Bundesrepublik Deutschlands insbesondere von der westdeutschen Linken verworfen. In dieser politischen Debatte, die in den 1960er Jahren am virulentesten war, standen sich zwei Geschichtsdeutungen mit konträren politischen Programmen gegenüber: Ein (diskontinuierendes) Narrativ der Neugründung, welches Adenauer vertrat, sowie eine (kontinuierende) Kritik an der Restauration, welche etwa die Linke vertrat. Beide Geschichtskonzeptionen sind bis heute im öffentlichen Diskurs Deutschlands vertreten und werden fortlaufend aktualisiert.[827]

An der Debatte lässt sich veranschaulichen, wie temporale Positionierungen politische Handlungsmaximen durch das Postulat der Neugründung oder durch die Betonung einer Kontinuität legitimieren. Formal betrachtet handelt es sich um einen Streit um die ‚richtige' temporale Positionierung: Wer bestimmt darüber, wie man sich und sein Kollektiv (in diesem Fall die BRD) in der Zeit positioniert? Erlebte Deutschland 1949 eine ‚Stunde Null', einen radikalen Bruch mit der Vergangenheit (wie es Adenauer beschwört) oder droht nach wie vor die Gefahr der Verdrängung der Restauration, wie sie Edgar Morin 1946 und unterschiedliche Kritiker in den 1960er Jahren anmahnten? Stellt es einen „praktisch zäsurenlosen Akt der Verdrängung"[828] dar, wie etwa die westdeutsche Linke und die Studentenbewegung kritisierte? Oder hat „nahezu

826 Niklas Luhmann: „Dabeisein und Dagegensein. Anregungen zu einem Nachruf auf die Bundesrepublik", *Frankfurter Allgemeine Zeitung*, 22. August 1990. Hier zitiert nach: Niklas Luhmann: *Protest. Systemtheorie und soziale Bewegungen*, Frankfurt a. M.: Suhrkamp: 1996, S. 156–159, S. 157.

827 Leggewie wies darauf hin, dass etwa die westdeutsche Linke mit ihrem Beharren auf der „Restauration" sich selbst in die Isolation getrieben hat und zeigte damit die Konsequenzen einer nicht rezipierten Geschichtsdeutung. Vgl. Leggewie, „Der Mythos des Neuanfangs", S. 292.

828 Hermann Graml: „Die verdrängte Auseinandersetzung mit dem Nationalsozialismus", in: Martin Broszat (Hrsg.): *Zäsuren nach 1945. Essays zur Periodisierung der deutschen Nachkriegsgeschichte*, München: R. Oldenbourg 1990, S. 169–183, S. 170.

jeder", der, wie Hermann Graml mit Blick auf die neu gegründeten Publikationen nach 1945 analysierte, „damals politische und kulturelle Rundfunksendungen verfasste oder entsprechende Aufsätze für Zeitungen schrieb, seine Tätigkeit als missionarischen Beitrag zur Austilgung des Nationalsozialismus und einem geistigen und politischen Neubeginn in Deutschland verstanden"?[829] Diese Fragen sind je schon entschieden. Die unterschiedlichen Antworten darauf haben politische Neugründungsmythen der ‚Stunde Null' nicht nur als Mythopoesie in den Blick gebracht, sondern die darin diskursiv verhandelten Unterscheidungen von Religion und dem Politisch-Juridischen als zentrale Unterscheidung der Moderne sichtbar gemacht.

5.3.2 (Religions-)Kritik an Geschichtsdarstellungen in Literatur und Film

Das als „Restaurierung christlicher Selbstvergewisserung"[830] bezeichnete Projekt der Adenauer-Zeit wurde nicht nur von der Neuen Linken, etwa vom Sozialistischen Deutschen Studentenbund (SDS), kritisiert, sondern fand u.a. auch in feuilletonistischen, literarischen oder künstlerischen Werken kritische Kommentierung. Ein zeitgenössisches Beispiel hierfür findet sich etwa in Manfred Pielmeiers *Die Stunde Null. Eine Lüge, aufgetischt von den Killern der Demokratie*. Der Autor, Journalist und ehemalige SPD-Politiker war als junger Mann Kriegsteilnehmer und veröffentlichte 2011 eine „Streitschrift" zur ‚Stunde Null'. Darin kritisierte er u.a., dass das,

> „[…] was als Neuanfang deklariert wurde, in Wahrheit die heimliche Fortführung und Verklärung nationalsozialistischer Politik [war], die zur Zerstörung der im Grundgesetz verankerten Menschenrechte und fundamentalen Grundsätze eines demokratischen Rechtsstaates führten"[831].

Auch hier wird der Schwellenrhetorik der ‚Stunde Null' eine Kontinuität in der „heimlichen Fortführung und Verklärung nationalsozialistischer Politik" entgegengehalten. Die Metapher sei keine rechtmäßige Neugründung und stellt damit ein Beispiel für linke Kritiken am Neugründungsmythos der ‚Stunde Null' dar.

Ein kurzer Blick auf einige literarische Beispiele, welche die Metapher der ‚Stunde Null' und andere Neugründungsmythen nach dem Zweiten Weltkrieg verwendeten oder kritisierten, zeigt in narrativen Genres eher ereignisskeptische Tendenzen. Bekanntheit erreichte etwa Wolfgang Borcherts Drama *Draußen vor der Tür* von 1947, in dem die Kontinuität des Krieges in der Person des Kriegsheimkehrers Beckmann verdeutlicht wird, der den Wiedereinstieg in die

---

[829] Ebd., S. 172.

[830] Nicholls; Heidenreich, „Nachwort der Herausgeber", S. 86.

[831] Manfred Pielmeier: *Die Stunde Null. Eine Lüge, aufgetischt von den Killern der Demokratie*, München: Edition Radu Barbulescu 2011, S. 45.

Zivilgesellschaft nicht zu vollziehen vermag. Während die meisten anderen Protagonisten die Schwelle setzen und die Vergangenheit als abgeschlossen betrachten, ist sie für Beckmann gerade keine Schwelle, sondern die Fortsetzung des Krieges nach seinem Ende.

Eine andere, auf die deutsche Nachkriegszeit bezogene Schwellenthematisierung findet sich in Heiner Müllers Drama *Germania Tod in Berlin*, welches in der DDR nicht gespielt werden durfte. Dieses ereignisskeptische und parodistische Nachkriegsdrama erinnert in der ersten Szene kurz an 1919, um sogleich zur parallelen Situation von 1949 anzukommen. Müller verweigerte sich aber allen staatstragenden Parallelisierungen wie etwa mit ‚1848' oder der Novemberrevolution. Stattdessen thematisiert er in gewisser Weise auch die Möglichkeiten des politischen Mythos nach dem Ende des Nationalsozialismus. Dies wird in *Germania* in einer Aussage des Schädelverkäufers deutlich, die Periodisierungen, Neugründungen und gleichzeitig politische Mythen wie die ‚Stunde Null 1945' oder das „Tausendjährige Reich" thematisiert:

> „Ein Fehler in der Periodisierung, das Tausendjährige Reich, Sie verstehn. Seit mich die Geschichte an die Friedhöfe verwiesen hat, sozusagen auf ihren theologischen Aspekt, bin ich immun gegen das Leichengift der zeitlichen Verheißung. Das goldene Zeitalter liegt hinter uns. Jesus ist die Nachgeburt der Toten. Kennen Sie Vergil."[832]

Darauf stimmt er eine an Vergils *Ländliche Gedichte* angelehnte Eloge[833] auf das „neue Jahrhundert" an, was allerdings vom Wirt der Schenke, wo Müller die Szene (vermutlich im Jahr 1949) in Berlin stattfinden lässt, lakonisch mit dem Hinweis auf die Polizeistunde beendet wird.[834] In dieser Passage des Schädelverkäufers wird die Geschichtsphilosophie nach dem Holocaust angesprochen. Als „theologischer Aspekt" machen ihn gerade die Friedhöfe „immun" gegen „das Leichengift der zeitlichen Verheißung", wobei der politische Mythos des „Tausendjährigen Reiches" genannt wird. Müller religionisiert hier eine ‚falsche', politisch mythisierte Periodisierung der Nationalsozialisten und stellt diese dabei in eine komplexe Kritik, bei der die Inklusion in das Diskursfeld der Religion gerade das kritische Potential bereitstellt. Gleichzeitig wird die nachfolgende Eloge auf das „neue Jahrhundert", welche an die in der DDR staatstragende marxistische Periodisierung erinnert, rasch vom Wirt abgebrochen. Somit lässt sich Müllers Drama nicht nur als Religionskritik der nationalsozialistischen Periodisierung beschreiben, denn wie Hendrik Werner herausstellt, unterläuft Müller auch „den heilsgeschichtlichen Erwartungshorizont der marxistischen

---

832 Heiner Müller: „Germania Tod in Berlin" (geschrieben 1956/71), in ders.: *Die Stücke 2*, Frankfurt a.M.: Suhrkamp 2001, S. 327–377, S. 352.

833 Vergils Vorlage für die vom Schädelverkäufer verkündete Lobrede entstammt dem fünften Kapitel (Zeile 7) der *Ländlichen Gedichte*.

834 Die nächste Szene führt unter dem Titel „Die heilige Familie" zu einer Parodie von Hitler und Goebbels, einer Wache und der Germania und bringt in dieser Szene auch eine Religionskritik des Nationalsozialismus auf die Bühne.

Eschatologie."[835] Müller denunziert mit der „ironisch gebrochene[n] Verschränkung der beiden unfertigen Heilsgeschichten" auch das „Sowjetparadies".[836] An *Germania* wird damit erneut deutlich gemacht, dass sich auch ereignisskeptische Schwellenthematisierungen über Separierungen und Amalgamierungen an den Grenzen des Religionsdiskurses abspielen.

Nicht nur in diesen zwei Beispielen aus Literatur und Drama,[837] sondern auch in einem zeitgenössischen Film wird die Metapher der ‚Stunde Null' als Frage nach der Diskontinuität oder Kontinuität nach der nationalsozialistischen Ära aufgegriffen. Der italienische Regisseur Roberto Rossellini (1906-1977), der als Wegbereiter des Neorealismus gilt und früh eine Vorliebe für dokumentarische Filme entwickelte, nahm in *Germania anno zero* (1948) die bei Morin aktualisierte Metapher des ‚Jahres Null' auf. In diesem Film, der zu einer Nachkriegs-Trilogie von Rossellini gehört, wird der Blick auf Deutschland aus der Perspektive von Edmund, eines 12-jährigen Jungen geschildert, in dessen Familie vier Personen durch drei Lebensmittelkarten ernährt werden müssen. Edmund, der nach Rücksprache mit seinem Lehrer seinen kranken und schwachen Vater vergiftet, um die hungernde Familie zu entlasten, bringt sich schließlich selbst um. Rossellinis ‚neorealistische' Ästhetik, die gewisse Ähnlichkeiten zu den sogenannten ‚Trümmerfilmen' hat, ermöglichte es ihm, Menschen und Kontexte auf derselben Ebene darzustellen und so eine deutlich kenntliche moralische Sichtweise zu etablieren. Dabei werden die Deutschen zumeist als Verkörperung des Bösen und Abartigen dargestellt.[838] Dies äußert sich etwa darin, dass sie häufig als bedrohlich, psychisch gestört und als sexuell pervertiert dargestellt werden. In *Germania anno zero* wurde dies durch den ehemaligen Lehrer von Edmund verbildlicht, der am 12-jährigen Jungen ein deutlich sexuelles Interesse zu haben scheint und zudem in einer Hausgemeinschaft lebt, in der pädophile Praktiken zur Norm zu gehören scheinen.

Rossellini führte zwar die ‚Null' im Titel, machte aber in seiner Geschichte besonders die Ambivalenz des ‚neuen Anfangs' sichtbar. Dabei geschah dies in Übereinstimmung mit Edgar Morin, dessen Buch als Rossellinis Inspirationsquelle genannt wird.[839] Sowohl Morin wie auch Rossellini machen auf die Gefahr der Kontinuitäten in der deutschen Gesellschaft nach 1945 aufmerksam. Bei Rossellini wird dies im Selbstmord von Edmund deutlich, der so für den selbstgetöteten Neuanfang steht. Aber nicht nur Edmund, sondern sämtliche Familienmitglieder wie auch alle sonstigen Figuren im Film sind unauflöslich

835 Vgl. Hendrik Werner: *Im Namen des Verrats: Heiner Müllers Gedächtnis der Texte*, Würzburg: Königshausen & Neumann 2001, S. 120.

836 Ebd., S. 121.

837 Die Analyse kann hier nicht in der eigentlich erforderten Detailliertheit der literaturgeschichtlichen Beschreibung der Metapher der ‚Stunde Null' nachgehen.

838 Vgl. Massimo Perinelli: *Fluchtlinien des Neorealismus. Der organlose Körper der italienischen Nachkriegszeit, 1943–1949*, Bielefeld: transcript 2015, S. 191.

839 Vgl. ebd.

mit dem Nationalsozialismus verbunden. Wie Massimo Perinelli hervorhebt, sollte jedoch gerade der Selbstmord Edmunds den Wunsch und die Hoffnung andeuten, tatsächlich mit der NS-Zeit zu brechen.[840] Wie Perinelli zeigt, haben die zeitgenössischen Kinobesucher dies nicht so aufgenommen. Der Rezensent der Süddeutschen Zeitung schreibt 1949: „Rossellini pflückt in diesem Film nicht Blumen vom Grab einer Nation, er erbricht sich in den Sarg."[841] Dass genau diese Erzählweise heute jedoch ein Interesse politischer Bildungsstrategien abbilden kann, zeigt sich darin, dass der Film 2003 von der Bundeszentrale für politische Bildung in den Filmkanon aufgenommen wurde und somit die Rezeption der darin sichtbaren Ereignisskepsis institutionalisierte.[842]

Die vier Beispiele thematisieren verschiedene Unsicherheiten und Ambivalenzen hinsichtlich der Kategorisierung eines Neugründungsmythos der ‚Stunde Null'. Diese auf den ersten Blick eindeutig diskontinuierende Metapher wird so als mehrschichtig und ambivalent sichtbar, was aber nichts daran ändert, dass Periodisierungsfragen in einem systematischen Bezug zu Religion stehen: wiederum werden bestimmte Neugründungen in den Bereich der Religion gestellt.

5.3.3. *Aktualisierungen der ‚Stunde Null': Richard von Weizsäcker und Edgar Morin*

Die ‚Stunde Null' als Metapher der deutschen Geschichte wird nicht nur für die Zeit nach dem Ende des Zweiten Weltkriegs verwendet. Zuweilen wird die Metapher ebenso für die Ereignisse der Jahre 1968 und 1989 aktualisiert, denen im Folgenden nachgegangen wird.[843] In einer sowohl reflektierenden als auch postulierend-politischen Weise wird die Metapher etwa vom ehemaligen deutschen Bundespräsident Richard von Weizsäcker verwendet. Dieser verweist auf die spezifischen Eigenschaften, die der Null anhaften und auf eine Neugründung verweisen: „Die Null markiert den Anbruch eines Zeitalters mit seinem Ursprung von Glaube und Lehre, vielleicht auch von Ordnung und Herr-

---

840 Vgl. ebd., S. 194.

841 Hans Habe: „Deutschland im Jahre Null", in: Süddeutsche Zeitung, 28.09.1949. Zitiert nach Perinelli, *Fluchtlinien des Neorealismus*, S. 194.

842 http://www.bpb.de/gesellschaft/kultur/filmbildung/filmkanon/43559/deutschland-im-jahre-null (zuletzt abgerufen am 16.8.2019).

843 Den Verwendungen dieser Metapher in den Berliner Tageszeitungen zwischen 1989 und 1994 sind Barbara Heidl und Thomas Simeon nachgegangen: Barbara Heidl, Thomas Simeon: *Die zweite Stunde Null: Berliner Tageszeitungen nach der Wende (1989–1994): Markstrukturen, Verlagsstrategien, publizistische Leistungen*, Berlin: V. Spiess 1994. Sie zeigen anhand journalistischer Nutzungen der Metapher, teilweise auch losgelöst vom Postulat einer großen historischen Zäsur, dass die Metapher in den allgemeinen Sprachgebrauch eingegangen ist. Zur Geschichtspolitik nach dem Mauerfall vgl. Sebastian Klänge: *1989 und wir: Geschichtspolitik und Erinnerungspolitik nach dem Mauerfall*, Bielefeld: transcript 2015.

schaft."[844] Dabei ist sich Weizsäcker der Kontingenz einer postulierten ,Stunde Null' bewusst. In der Auseinandersetzung mit der politischen Geschichte treffen wir, so Weizsäcker, mit

> „unterschiedlichen, ja entgegengesetzte[n] Empfindungen auf die Null. Sie kann das Gefühl eines unwiderruflichen Zusammenbruchs ausdrücken, ein Verlangen nach vollkommenem Auslöschen erlebter Geschehnisse. Oder es ist die Gewissheit eines neuen Anfangs"[845].

Dennoch beschränkt sich die Kontingenz auf den ,historischen' Nullpunkt, während zwei weitere Verwendungsweisen der Null – der „mathematisch-naturwissenschaftliche Nullpunkt" und der „religiös geglaubte" – von sicherer Art seien. Damit wird eine klassische Unterscheidung vorgenommen: Religion sei unüberprüfbares, aber zu glaubendes Postulat, während Geschichte einem Postulat der ,Stunde Null' entgegenstehen und Kontinuitäten aufzeigen oder aber den Bruch – die Null – zu einem mathematischen Faktum (wie in den Naturwissenschaften) hervorerheben und damit beide aus dem Bereich der politischen Geschichte herausfallen würden. Trotz dieser binären Unterscheidung von historisch feststellbarer Kontinuität und ,religiösem' Postulat seien ,Nullstunden' im sowohl rekonstruktiven wie auch zeitgenössischen Diskurs über Geschichte und Gegenwart ,vorhanden', etwa wenn Weizsäcker über seine Generation um 1949 schreibt, dass „Gedanken und Reflexionen über Wege die Stunde Null [umkreisten]"[846]. Deutlicher wird Weizsäcker bezüglich des Zusammenhangs zwischen der Intensität historischer Veränderungen und ihrer mythopoetischen Deutung als ,Stunde Null': „Je stärker die Wucht der Veränderungen wirkt, desto lebhafter wird über den historischen Nullpunkt gestritten. So erlebte man es in Deutschland schon am Übergang vom Kaiserreich zur Weimarer Republik."[847]

Weizsäcker postuliert also einen Zusammenhang zwischen der realgeschichtlichen Zunahme von Veränderungen und den rhetorischen Strategien, diese Transformationen deutlich zu machen. Dennoch ist es nicht einfach die unheimliche ,Eigenschaft' von Kriegsgenerationen, ,Nullstunden' zu erleben, sondern sie gehen bei Weizsäcker an zentraler Stelle in seine Anthropologie ein: Neuanfänge, wie sie in der Metapher der ,Stunde Null' aufscheinen, werden als anthropologische Konstanten sichtbar: „Für eine neue Generation beginnt die Welt zunächst von vorn. Sie will kein Austauschmotor in einem vorfabrizierten Gehäuse sein."[848] Das, was in dieser Arbeit unter dem Neologismus der temporalen Positionierungstechnologien verschiedene Strukturierungsmöglichkeiten

---

844 Richard von Weizsäcker: *Drei Mal Stunde Null? 1949 – 1969 – 1989*, Berlin: Siedler 2001, S. 7.

845 Ebd.

846 Ebd., S. 11.

847 Ebd., S. 12.

848 Ebd., S. 8.

von Schwellenerzählungen darstellt, wird also von Weizsäcker als anthropologische Konstante bestimmt. Der Unterschied ist nicht groß und die Gemeinsamkeit liegt in der Notwendigkeit der Orientierung in der Zeit. Es scheint jedoch ratsam, eine universalistische, aber keineswegs universale Erzählweise nicht vorschnell zur anthropologischen Konstante zu erhöhen.[849] Der langjährige Bundespräsident Deutschlands erzählt jedoch aus der Perspektive des Zeitgenossen und Politikers[850] und muss nicht den Maßstäben der den historischen Wissenschaften inhärenten Differenzierungsanforderungen gerecht werden. Richard von Weizsäcker gibt also einen „Überblick über Nullpunkte und Kontinuitäten von 1949 über 1969 bis 1989"[851] und findet deren drei, wovon der erste die bekannte und schon eingehender diskutierte ‚Stunde Null' von 1945 meint, genauer der 8. Mai 1945:

> „Und dennoch [Weizsäcker schildert Hunger und Ratlosigkeit zum Kriegsende] wurde der 8. Mai 1945 in der deutschen Geschichte zu einem Tag der Befreiung. Mit ihm verbinden sich das Ende des Terrors der Lager, der mörderischen Schlachten, der Bombennächte, die Befreiung vom Menschen verachtenden System der nationalsozialistischen Gewaltherrschaft. Er brachte das Ende eines barbarischen Irrwegs unserer Geschichte und barg den Keim der Hoffnung auf eine bessere Zukunft."[852]

Auffällig sind die Differenzen zwischen Morins zeitgenössischen, an die Franzosen gerichteten und eher zurückhaltenden Beschreibungen Deutschlands im ‚Jahr Null' und Weizsäckers sinnstiftender Rückblende auf die deutsche Geschichte aus dem Blickwinkel des Jahres 1992. Diese sind offenkundig der *ex-post*-Rekonstruktion sowie den unterschiedlichen Autorpositionen geschuldet. Es ist gerade Richard von Weizsäcker selbst, der das Datum vom 8. Mai für das deutsche Publikum ‚kanonisierte', in dem er in der Gedenkrede vor dem Bundestag am 8. Mai 1945 dieses Datum als das Ende des Zweiten Weltkriegs festschrieb.[853] Gleichzeitig zeigt diese Festlegung einen eurozentristischen Aspekt, da die Waffen in Westeuropa zwar ab dem 8. Mai 1945 schwiegen, nicht jedoch in Asien, wo der Krieg bis zum 15. August weiterlief. Dies soll jedoch nicht als Kritik an der Festlegung selbst verwendet werden, sondern verweist darauf, dass Gründungsereignisse ihre mythopoetische Wirkung in einem bestimmten Kontext erfahren und damit zwangsläufig einem Zentrismus erliegen.

Die Fokussierung auf das westeuropäische und (west-)deutsche Erinnerungskollektiv wird auch in Weizsäckers weiteren Deutungen des ‚Nullpunkts' sicht-

---

849 Es gibt Erzählkulturen, welche keine Schwellennarrative verwenden, da sie nicht auf einem linearen Geschichtsbild basieren. Vgl. de Certeau, *Schreiben der Geschichte*, S. 15.

850 Vgl. von Weizsäcker, *Drei Mal Stunde Null?*, S. 11.

851 Ebd., S. 28.

852 Ebd., S. 26.

853 Richard von Weizsäcker: „Gedenkveranstaltung zum 40. Jahrestag des Endes des Zweiten Weltkriegs in Europa am 8. Mai 1945". Rede auf: www.bundespräsident.de

bar. Die Katastrophe des Zweiten Weltkriegs führt schließlich zur Teilung Europas und Deutschlands – „wahrlich nahe Null!“:

> „Die Teilung währte fast ein halbes Jahrhundert und führte uns schließlich an die Schwelle zur Vereinigung unseres Kontinents. Dies ist der historische Ort, an dem wir gegenwärtig stehen [2001 publiziert, DA]. Um uns hier zu orientieren und für die künftigen Aufgaben zu wappnen, wird noch einmal eine geschichtliche Bewertung des ganzen politischen und gesellschaftlichen Weges von uns Deutschen durch Nationalismus, zwei Weltkriege, die Verbrechen der Hitler-Zeit und die diktatorischen Systeme nötig. Zudem brauchen wir einen Überblick über Nullpunkte und Kontinuitäten von 1949 über 1969 bis 1989.“[854]

Weizsäckers geschichtspolitisches Programm lautet also, dass wir über Schwellen und Kontinuitäten Bescheid wissen müssen, um uns in der Zeit zu orientieren und für die „künftigen Aufgaben zu wappnen“. Die Kanonisierung der Nullstunden von 1949, 1969 und 1989 führt hier zu einer „Wappnung“ „für die künftigen Aufgaben“ und verdeutlicht erneut den gegenwartstherapeutischen Aspekt von Schwellenerzählungen. Dies gilt umso mehr, als die Gegenwart ebenfalls eine ‚Schwelle' darstellt, womit wiederum die Positionierungstechnologie der Parallelisierung verwendet wird: um die heutige ‚Schwelle', den „historische[n] Ort, an dem wir gegenwärtig stehen“ zu verstehen, müssen wir „Nullpunkte und Kontinuitäten“ der Geschichte kennen. Parallelisierungen als Spezifizierungen des generellen „In-Beziehung-Setzens“ von Positionen oder Abschnitten[855] werden wiederum als Grundstrukturen der Ordnung in der Zeit sichtbar. Geschichtsorientierung ist damit Ausgangspunkt jeder politischen Praxis und Voraussetzung jeder Therapierung der gegenwärtigen Probleme.

Ähnlich kann das bei Edgar Morin beobachtet werden, der 1992 mit *Einen neuen Anfang wagen. Überlegungen für das 21. Jahrhundert* einen weiteren ‚Wegweiser' veröffentlichte. An dieser jüngeren Zeitdiagnose von Morin treten wieder ‚Religionisierungen' auf – die Kategorisierungen von etwas ‚als Religion‘ – und konturieren eine spezifische Kritik am Zeitgeschehen:

> „Die Moderne, die Ende des 15. Jahrhunderts entstand, haucht zum Ende dieses 20. Jahrhunderts ihren Atem aus. Die Moderne, das war nicht nur ein historisches Phänomen, nicht nur ein Leitgedanke, sondern auch ein Glaubensbekenntnis, und sie wurde im 19. Jahrhundert zu einer Religion, die sich selbst nicht als solche erkannte, weil sie auf all dem gründete, was im Gegensatz zur Offenbarungsreligion stand: die materialistische Wissenschaft, die laizistische Vernunft, der historische Fortschritt.“[856]

Zum wiederholten Male ist bei Morin die Strategie, Zeitdiagnose über Religionskritik und -taxonomie zu konstruieren, zu beobachten. Die Moderne als

---

854 von Weizsäcker, *Drei Mal Stunde Null?*, S. 28. (Kursiv durch DA).

855 Vgl. Elias, *Über die Zeit*, S. xvii.

856 Edgar Morin: „Drei Schicksalsereignisse“, in ders. (Hrsg.): *Einen neuen Anfang wagen. Überlegungen für das 21. Jahrhundert*, Hamburg: Junius 1992, S. 9.

Leitgedanke und Glaubensbekenntnis[857] wurde „zu einer Religion“, womit Morin von seinen 1948 getätigten ‚Religionsunterscheidungen' – den im semantischen Feld um ‚Religion' gruppierten Unterscheidungen wie die Abgrenzung vom „nazistischen Aberglauben“ – deutlich abweicht. Während 1948 noch eine deutliche Unterscheidung von schlechter, „abergläubischster Religiosität“ und einem Diskurs der Vernunft oder aber der privaten Religion bemüht wird, steht hier das Projekt der Moderne insgesamt unter Religionsverdacht. Moderne Religionskritik wird zur Kritik an der Religion der Moderne. Wenn „die Moderne“ ein Glaubensbekenntnis ist, das „zur Religion wurde“, dann ist die Religionskritik eine, obwohl zwar dem Glaubensprojekt der Moderne entlehnte, aber gerade darum notwendige Nachfolge. Mit anderen Worten: die Beschäftigung mit der Moderne muss ihren blinden Fleck – ihre Religionswerdung – mit den Möglichkeiten der Moderne selbst (Wissenschaft und Vernunft) erkennen.

Wie kam es aber zur ‚Religion der Moderne'? Morin beschreibt die Genealogie dieser ‚Religion' und führt folgende Gründerfiguren an: Condorcet (und das Prinzip vom unbegrenzten Fortschritt des menschlichen Geistes), Lamarck und Darwin (und das Gesetz der Evolution), Comte (und das Dreistadiengesetz mit dem Telos des Zeitalters der Rationalität), Renan (und sein Fortschrittsoptimismus hinsichtlich der Wissenschaft) sowie Marx und der wissenschaftliche Sozialismus.[858] Diese Kontinuierung, mit der Morin die „Religion der Moderne“ beschreibt, wird zwar durch die „historische Katastrophe der beiden Weltkriege erschüttert“, aber „die Religion des Fortschritts fand ein Gegengift, das ihren Glauben genau durch das bekräftigte, woran er eigentlich hätte zerbrechen müssen“. Dies sei Morin zufolge die analog zur biblischen Apokalypse gedachte „Ankündigung unmittelbar bevorstehender Zeiten der Glückseligkeit“, welche den Erschütterungen durch den Zweiten Weltkrieg entgegenwirkten.[859]

Während Religionisierungen sowohl 1948 als auch 1992 eine Konstante in Morins Zeitdiagnosen darstellen, werden zwischen den beiden Diagnosen große Unterschiede in ihrer Gestaltung sichtbar. Der wohl gewichtigste ist die Transformation der Zukunftskonzeption. Während 1948 die Gegenwart prekär und gefährdet und die Zukunft dem gemäß unsicher ist, beschreibt Morin 1992 jedoch geradezu eine „Krise der Zukunft“[860]. Morins ist also 1989 (bis 1992) bedeutend pessimistischer als noch 1948. Die Ernüchterung der Moderne, die in *Das Jahr Null* (1948) noch nicht so bezeichnet wird, steht dem Autor 1992 deutlich vor Augen: „Das unwiderrufliche und spektakuläre Ende der strahlenden Zukunft im Jahr 1989 ist das äußerste und letzte Symptom der allgemeinen Kri-

[857] Hier klingt der auch im Zusammenhang mit den ‚Enden‘ angesprochene Diskurs über die „Leitkultur“ an. Vgl. 2.1.
[858] Morin, „Drei Schicksalsereignisse“, S. 9.
[859] Ebd., S. 10.
[860] Ebd.

se der Zukunft."[861] Diese Krise der Zukunft[862] ist jedoch nicht die einzige: „Am Ende unseres Jahrhunderts greifen also alle Arten von Krisen ineinander. Wir erleben zugleich die Krise der Vergangenheit, die Krise der Zukunft und die Krise des Werdens."[863] Die Antworten, welche die Zeitgenossen auf diese dreifache Krise geben, lauten – so die auf den ersten Blick ausschließlich pessimistische Aussage Morins – entweder Neo-Fundamentalismus oder Neo-Modernismus. Ersterer

> „entspringt dem Willen, wieder an das verlorene Prinzip der Tradition anzuknüpfen und daraus zu schöpfen. Der Neo-Fundamentalismus kann im religiösen, im nationalen oder im ethnischen Gewand erscheinen und erweist sich als ganz besonders virulent, wenn er alle drei Aspekte mit einschließt. Der Neo-Fundamentalismus gibt vor, dem Abenteuer des Werdens ein Ende zu setzen und verkündet die regelmäßige Wiederkehr des historisch bereits Dagewesenen"[864].

Morins substantialistischer Fundamentalismusbegriff kann nicht über die zeitdiagnostische Einschätzung hinwegtäuschen, die im Sinne der Dialektik der Aufklärung eine mehrfache Blindheit der modernen Perspektive erkennt: Blindheit der Wissenschaft „gegenüber ihrer eigenen historischen Entwicklung", Blindheit der Vernunft „gegenüber ihrer eigenen Blindheit", Blindheit der Französischen Revolution „gegenüber den von ihr hervorgerufenen Folgen". Die Folgen waren zwei Kriege, „deren Sinn und Widersinn [die Gegenwart] gerade erst zu begreifen beginnt."[865] Aber auch der „Post-Modernismus" konnte dem keine Linderung verschaffen, obwohl er aufzeigte, „dass das Neue nicht unbedingt dem überlegen ist, was vorher war". Mit dieser auf einen sanften Konservatismus reduzierten Bestimmung der Postmoderne nimmt Morin Tendenzen des ‚Endes' (vgl. Kap. 3.) auf, etwa wenn er schreibt, dass der Postmodernismus „insofern blind [ist], als er davon ausgeht, dass alles gesagt ist, dass sich alles wiederholt, dass nichts Neues mehr geschieht, dass es keine Geschichte und kein Werden mehr gibt"[866].

Jede Periodisierung eigne sich somit eine eigene Blindheit an und führe zu einer gegenwärtigen Situation, die geprägt sei von Unbestimmtheit und Komplexität, zwei in Morins Hauptwerk *La Méthode* zentrale Begriffe.[867] Das Jahr 1989 aber markiere gleichzeitig eine Abkehr von einem pessimistischen Ge-

---

861 Ebd.

862 Die These einer ‚Krise' der Zukunft wurde von Aleida Assmann beschrieben: Aleida Assmann: *Ist die Zeit aus den Fugen? Aufstieg und Fall des Zeitregimes der Moderne*, München: Hanser 2013.

863 Morin, „Drei Schicksalsereignisse", S. 11. Zur Begriffsgeschichte der ‚Krise' vgl. auch Reinhart Koselleck: *Kritik und Krise*, Frankfurt a.M.: Suhrkamp 1997.

864 Morin, „Drei Schicksalsereignisse", S. 11 f.

865 Ebd., S. 13.

866 Ebd., S. 12.

867 Vgl. bezüglich Morins wissenschaftshistorischen und -theoretischen Ausarbeitungen ist ein Hinweis auf sein Hauptwerk *La Méthode* notwendig, welches eine Studie über die Menschheit in sechs Bänden darstellt, deren Hauptbegriffe ‚Komplexität' und ‚Systeme'

schichtsbild: „Hoffnung keimt wieder auf, und überall erheben sich die Völker, um Demokratie zu fordern."[868] Doch diese Hoffnung ist von einer globalen Unsicherheit in allen Bereichen mitgeprägt, der Morin durch eine „intellektuelle Wiederaufrüstung" begegnen möchte, mit welcher es möglich sein müsse, der Komplexität der Welt zu begegnen.[869] Die Zentrierung auf die „dunkle Seite der Moderne"[870] nimmt also die Krisen des Optimismus zum Anlass, den „Verlust der Zukunft" als Gewinn zu sehen, sich auf „das unbekannte Abenteuer" einzulassen und dabei zu lernen „diese Komplexität zu denken".[871] Der letzte Punkt steht schließlich für den Therapievorschlag der Morinschen Schwellendiagnose von 1992.

Neben den für die neue Zeitdiagnose eingesetzten temporalen Positionierungstechnologien der Kontinuierung (bspw. in der „Religion der Moderne"), der Diskontinuierung (etwa in der „Krise der Zukunft") oder der Zentrierungen (auf die ‚dunkle Seite der Moderne'), finden sich in diesem Buch viele Beispiele zur Illustration der Positionierungstechnologie der temporalen Parallelisierungen: Unter dem Kapitel „Ein neues ‚89'" werden zwei Ereignisse parallelisiert: „1917/1989" auf der einen und „1789/1793" auf der anderen Seite. Dabei werden über die Jahrhundertgrenzen hinaus parallele Bezüge aufgestellt, etwa wenn Morin in der Oktoberrevolution den „dunkelsten Moment für die Französische Revolution" sieht, da diese eine bürgerliche Revolution war und vom Anspruch der russischen Revolution „überholt und widerlegt worden war".[872]

Der Neudeutung von ‚1789' im Blick von ‚1989' – Morin beschreibt letzteres als „Revanche des Jahres 1789 am Jahr 1917"[873] – folgt auch die parallele Neudeutung von ‚1793'. So schildert Morin eine „zirkuläre Dialektik […], die 1917 durch 1793 und 1793 durch 1917 rechtfertigte" (oder, mit Hans Blumenberg gesprochen, präfigurierte). Mit diesen Beispielen der Neuschreibung der Geschichte verweist Morin auf die Historisierung der Geschichte, aufgrund derer etwa die Französische Revolution als „komplexer Sog" zu sehen sei, der in einer „unaufhörlichen Bewegung" vielgestaltige, antagonistische und komplexe Neuinterpretationen nach sich zieht.[874] Bis hierhin wurde Morins späte Zeitdiagnose insbesondere hinsichtlich der Ordnung der Zeit analysiert. Morin geht nun

---

sind und eine Systemphilosophie begründen, deren Rezeption durch die Übersetzung in andere romanische Sprachen in Ländern wie Frankreich, Italien, Spanien oder Brasilien fortgeschritten ist, jedoch in Deutschland noch aussteht. 2010 ist bei Turia & Kant der erste der sechs Bände erschienen: Edgar Morin: *Die Methode. Die Natur der Natur*, Wien: Turia & Kant 2010. Weitere Übersetzungen sind in Vorbereitung.

868 Morin, „Drei Schicksalsereignisse", S. 13.

869 Ebd., S. 14.

870 Vgl. Alexander, *The Dark Side of Modernity*.

871 Morin, „Drei Schicksalsereignisse", S. 14.

872 Ebd., S. 21.

873 Ebd., S. 23.

874 Ebd., S. 26 f.

auch explizit der Frage nach dem Verhältnis von Mythos und Geschichte nach und verbindet die politischen Schwellenerzählungen mit der Mythopoesie und ihrer Theoretisierung, der Mythopoetik. Dabei zeigt sich erneut eine doppelte Führung von Reflexion über und Reproduktion von Mythopoesie, indem das Kapitel unter den Titel „Gänzlich mythologisch, gänzlich historisch" gestellt wird: Die Französische Revolution sei „sowohl ein gänzlich historisches als auch ein gänzlich mythologisches Phänomen"[875] und stelle damit besondere Anforderungen an die Auseinandersetzung mit ihr. Allerdings wird bei der „Komplexität" der Geschichtsdeutungen nicht ersichtlich, wie die Verschränkung von Mythos und Geschichte zu denken ist. Einerseits bemerkt Morin die Ununterscheidbarkeit von Mythos und Geschichte, andererseits sieht er die Fähigkeit des Nachdenkens über die Revolution als zentral an, um diese „sowohl empirisch als auch mythologisch zu interpretieren", wobei durch das ‚sowohl als auch' eine Trennung zwischen mythopoetischer und empirischer Betrachtung der Revolution beibehalten wird. Dieser Widerspruch scheint sich dahingehend auflösen zu lassen, dass Geschichtsdeutung Mythos und Geschichtswissenschaft zwangsläufig zusammenbringt, dass sie aber in ihrer Produktionsweise unterscheidbar sind.

Gleichzeitig sieht Morin für die Gegenwart eine Baisse des Mythos: „Wir leben in einer Epoche, in der Mythen nicht hoch im Kurs stehen, wir befinden uns [...] in einer ‚lauen' Phase der Geschichte."[876] Diese Mythenmüdigkeit illustriert Morin mit der Rezeption eines bestimmten Mythos, der – heute als politischen Mord bezeichneten – Guillotinierung des Louis Capet. Heute seien ausschließlich realistische Interpretationen dieser Hinrichtung möglich, was Morin zufolge etwa in der folgenden Behauptung (von Jean-Edern Hallier[877]) sichtbar werde: „Louis Capet muss guillotiniert werden, weil er guillotiniert worden ist."[878] Die Fallrichtung von Morins Thesen zu Geschichte und Mythos sind in diesem Aspekt mehrfach unklar und widersprüchlich: weder ist klar zwischen der Unterscheidbarkeit und ihrer Nichtunterscheidbarkeit (von Mythos und Geschichte) zu unterscheiden, noch führt Morin die konstatierte Historisierung auf ihre historische Kontingenz zurück. Die realistische Interpretation von Louis Capets ‚Ermordung' sei heute festgelegt und als einzige plausibel. Hierin sieht Morin einen Beleg für die gegenwärtige Mythenmüdigkeit.[879]

---

875 Ebd., S. 27 f.

876 Ebd., S. 27.

877 Zitiert nach ebd., S. 28.

878 Ebd., S. 28.

879 Dieser These der gegenwärtigen ‚Mythenmüdigkeit' stehen jedoch Jubiläen gegenüber, etwa das zweihundertjährige Jubiläum der französischen Revolution. Die These, wonach das heutige Zeitregime, anders als das moderne Zeitregime, durch eine regelrechte Erinnerungsindustrie gekennzeichnet ist, steht Morins These hier entgegen und wurde kürzlich von Aleida Assmann beschrieben: Vgl. A. Assmann, *Ist die Zeit aus den Fugen?*.

In Bezug auf diese Erinnerungskultur verweist Morin aber auch auf die ‚Trinität' Freiheit-Gleichheit-Brüderlichkeit, die es gilt „zum Mythos zu erheben". Der Mythenmüdigkeit der Zeitgenossen steht also Morins *Wille zum Mythos* – kein beliebiger, sondern die „mythische Triebkraft des demokratischen Humanismus" – gegenüber.[880] Damit wird erneut deutlich, wie Mythenkritik (als Kritik am ‚falschen' Mythos) mit expliziter Mythenproduktion (des ‚richtigen' Mythos) einhergeht. Morins Ordnung von Mythos und Geschichte zeigt also, wie die Nichtunterscheidbarkeit von Mythos und Logos in ein politisches Programm mündet und diejenigen Mythen bevorzugt, welche den erwünschten ‚zivilreligiösen' Hintergrund legitimieren.[881]

Die weitere Rezeption der Metapher ‚Stunde Null' wurde bei Richard von Weizsäcker und Edgar Morin als Aktualisierung der Schwellenmetapher sichtbar, in der die ‚Stunde Null' re-positioniert und reflektiert wurde. Richard von Weizsäckers Aktualisierungen in ‚1969' und ‚1989' tragen etwa zur Konsolidierung und Kanonisierung der Neugründungen bei und verweisen dabei auf die Mythopoesie der Regierung – und ziehen entsprechende Kritik nach sich. Edgar Morins Schwellenerzählung des ‚Jahres Null' hat sich zwischen 1948 und 1992 dahingehend verändert, dass der Mythos von einem zu überwindenden Stadium in den ‚nationalsozialistischen Mythen' (1948) später gegen eine zeitgenössische „Mythenmüdigkeit" verteidigt werden muss. Morins Mythopoetik zeichnet sich also durch eine Öffnung der staatlichen Mythenpolitik aus, die gegen die „Mythenmüdigkeit" verteidigt werden muss.

Im Folgenden werden die beobachteten Erzählungen der ‚Stunde Null' resümiert und als Ausgangslage und ‚Bühne' für unterschiedliche temporale Positionierungen verwendet, um darauf aufbauend zum einen eine theoretische Bestimmung der in der Analyse sichtbar gewordenen Unterscheidungen im Religionsdiskurs vorzunehmen – ein Rückblick auf die Arbeit an der Religion am Beispiel des Neugründungsmythos der ‚Stunde Null'. Zum anderen wird nachfolgend auch die Frage nach der ‚Modernität' dieser Arbeit an der Religion aufgenommen.

5.4. Nullstunden: Positionierungen der Religion in der Moderne

Die unterschiedlichen Schwellenerzählungen der ‚Stunde Null' haben vielfältige, teilweise gegensätzliche Geschichtskonstruktionen begründet. Die Lektüre der Schwellenerzählungen bei Morin und Rossellini wies die ‚Stunde Null' als

---

880 Morin, Drei Schicksalsereignisse, S. 28 f.

881 Vgl. zum Begriff der Zivilreligion u.a.: David Atwood: „Die Theatralität der Religion. Religionspolitische Symboldebatten als zivilreligiöse Schauspiele", in: Anne Kühler, Mirjam Olah (Hrsg.): *Quae Caesaris Caesari, quae Dei Deo? Bezüge von Recht und Religion im Wandel, Symposium anlässlich des 60. Geburtstags von Felix Hafner*, St. Gallen/Zürich: Dike 2018, S. 107-140.

ambivalent aus, wobei die Neugründungsmetapher hier aus Frankreich und Italien beobachtet wurde. Erst die Prägung der Metapher als deutscher Neugründungsmythos durch Adenauer machte aus der ambivalenten eine eindeutige Schwelle – analog zu Goethes „Stirb und werde" – und damit wiederum zum Anlass ereignisskeptischer Kritik. In einer ‚großen' oder ‚absoluten' Metapher können demnach ereignismystische und -skeptische Deutungen sichtbar gemacht werden.

Die Deutungen der ‚Stunde Null' oszillierten in den Beispielen zwischen der Angst über einen Rückfall in die politischen Mythen des Nationalsozialismus (etwa bei Morin oder Rossellini), der Neugründungsrhetorik einer überdeutlichen Zäsur der deutschen Geschichte (bei Weizsäcker) sowie einer expliziten „Heiligung" des Grundgesetzes (Adenauer) und der literarischen (Religions-)Kritik an ebendiesem Neugründungsmythos (bei Borchert, Müller u.a.). Dabei wurde sichtbar, wie diese verschiedenen Deutungen sich an zentraler Stelle einer Unterscheidung bedienten, die mit dem Religions- und/oder dem Mythosbegriff operiert: Die Metapher der ‚Stunde Null' und die in erster Linie mit ihr verbundene Zeitenwende ‚1945' wird nicht nur affirmiert, evaluiert oder bestritten (wobei ‚1945' weniger Widerspruch als ‚1989' erweckte), sondern in der Nachkriegszeit auch als politisch notwendiger Mythos reflektiert und theoretisiert, der etwa in der Argumentation von Leggewie und Arendt dazu dient, einer gewalttätigen Neugründung vorzubeugen. Diese mythopoetische Schwellenerzählung sei nicht nur aus historiographischen, sondern viel mehr aus politischen Gründen legitim, wobei die Mythopoesie des Rechtsstaates gegen die gewalttätige Neugründung gesetzt wird.[882]

Bei allen bisher verwendeten Beispielen konnten temporale Parallelisierungen beobachtet werden, die nicht nur auf das „In-Beziehung-Setzen" der die vorliegende Arbeit grundierenden Zeittheorie hinweisen, sondern damit zwei Ereignisse vergleichbar machen. Diese Vergleichbarkeit richtet sich dabei zum einen auf zwei oder mehr historische Ereignisse, wie an Morins „Rechtfertigung" von ‚1789' und ‚1989' illustriert wurde. Zum anderen konzentriert sich die Parallele im Sinne der autobiographischen Komponente, auf die Eric Weil hingewiesen hat (vgl. 4.2.), auf die Vergleichbarkeit zwischen einem historischen Ereignis und der Gegenwart, was in diesem Kapitel an den Therapievorschlägen für die Gegenwart aus der Diagnose einer ‚Stunde Null' sichtbar gemacht wurde.

882 Daran ändert auch die Kritik der Linken am Topos der ‚Stunde Null' wenig, da diese ja gerade die Unerreichbarkeit der Schwelle kritisieren. Sie stärken also in ihrer Kritik an der Erzählung der ‚Stunde Null' denselben Anspruch, nämlich den Bruch mit der faschistischen Vergangenheit ‚wirklich' zu vollziehen.

Der Fokus auf die formalen Strukturen der Schwellenerzählungen[883] erlaubt es aber auch, Unterschiede in der Handhabung der jeweiligen Erzählungen zu benennen. Die Positionierungstechnologien suggerieren dennoch keine Fiktion einer einheitlichen Metasprache, sondern ermöglichen es, narrative Strukturen in ihrer heterogenen Kombination herauszustellen. Aus diesem Grund war auch nicht zu erwarten, dass jede Schwellenerzählung sämtliche temporale Positionierungstechnologien verwendet. Statt einer Wurzelstruktur, die sämtliche Ebenen zwingend berührt, stellt das Instrument der temporalen Positionierungstechnologien eine am Rhizom orientierte Perspektive dar, wie in der Analyse der Achse hervorgehoben wurde (vgl. 4.6.). Mit der Fokussierung auf die temporalen Positionierungstechnologien wurde aber auch herausgestellt, dass sich zeitdiagnostische Schwellennarrative an zentraler Stelle der Dichotomie von Religion und (säkularer) Politik bedienen – was die ‚säkulare' Arbeit an der Religion bezeichnet. Diese ist durch ein Oszillieren zwischen Separierung und Amalgamierung als dem zentralen Thema des modernen Religionsdiskurses charakterisiert.

Eine zentrale These der vorliegenden Arbeit lautet also: Die mythopoetische Arbeit an der Religion, die nicht nur in der ‚Stunde Null', sondern in allen drei die Arbeit leitenden Metaphern sichtbar wurde, weist die Produktion dieser Dichotomien als Ausschluss von Religion oder Mythos aus dem Juridisch-Politischen wie aus dem Reflexiv-Logisch-Wissbaren als Spezifikum der Moderne aus. Erst diese Separierung ermöglicht weitere religionsdiskursive Praktiken wie etwa Religionskritik (die Kritik ‚falscher' „Mythen" oder „Legenden" bei Morin 1948) oder das Einholen oder Amalgamieren bestimmter, ‚richtiger' oder ‚vernünftiger' Religionsformen im Juridisch-Politischen (bestimmte politische Mythen wie *liberté-égalité-fraternité* bei Morin 1989 oder qua ‚Übersetzung' in den säkularen Diskurs bei Habermas). Anders gesagt: Mit der Beobachtung von Separierungen und Amalgamierungen kann, wie zu Beginn dieses Analysekapitels hervorgehoben wurde, eine Analyse der Gouvernementalität der Religion eröffnet werden (vgl. 5.1.).

Unter welchen Prämissen wird diese Thematik aber unter ‚Metaphern der Religion in der Moderne' beschrieben? Was ist daran modern? Bruno Latour antwortet auf die Frage, was es heißt, modern zu sein: „Die Moderne kommt in so vielen Bedeutungen daher, wie es Denker oder Journalisten gibt."[884] Er weist aber auch auf den Aspekt der Selbstthematisierung hin, der im Kontrast zum Adjektiv ‚modern' „eine archaische und stabile Vergangenheit" bestimmt.[885] Anstatt es aber dabei bewenden zu lassen, beschreibt Latour in der weiteren

883 Vgl. Reiner Keller: *Wissenssoziologische Diskursanalyse. Grundlegung eines Forschungsprogramms*, Wiesbaden: VS Verlag 2011, S. 100.

884 Bruno Latour: *Wir sind nie modern gewesen. Versuch einer symmetrischen Anthropologie*, Frankfurt a.M.: Suhrkamp 2008, S. 18.

885 Ebd., S. 18.

Entwicklung seiner Hypothese, der zufolge „wir nie modern gewesen sind“, „das Wort ‚modern‘ [als] zwei vollkommen verschiedene Ensembles von Praktiken“.[886] Illustriert wird das erste Ensemble schon zu Beginn von Latours Essay, indem er die Lektüre seiner Tageszeitung kommentiert und feststellt: „[...] es häufen sich die Hybridartikel, die eine Kreuzung sind aus Wissenschaft, Politik Ökonomie, Recht, Religion, Technik und Fiktion.“[887] Das erste Ensemble schafft also durch

> „‚Übersetzungen' vollkommen neue Mischungen zwischen zwei Wesen: Hybriden, Mischwesen zwischen Natur und Kultur. Das zweite Ensemble schafft, durch ‚Reinigung', zwei vollkommen getrennte ontologische Zonen, die der Menschen einerseits, die der nicht-menschlichen Wesen andererseits“[888].

Was Latour auf die Trennung von ‚Natur' und ‚Kultur' bezieht, findet in dieser Arbeit ein Äquivalent in Separierung und Amalgamierung von ‚Religion' von oder mit ihrem je konstitutiven Außen (etwa der ‚säkularen' Ordnung). Auch sie sind Praktiken in der Arbeit an der Religion, mit denen durch Separierung (‚Reinigung') unterschiedliche epistemische Zonen konstituiert werden, welche in der Amalgamierung ‚hybridisiert' werden können. Latour präzisiert, dass die beiden Ensembles der Trennung und Übersetzung sich gegenseitig konstituieren. Auch dies lässt sich übertragen: Die Arbeit an der Religion stellt die gegenstrebigen Ensembles von Separierung und Amalgamierung als Praktiken dar, die konstitutiv sind für das Selbstverständnis einer Moderne, insofern sie Unterscheidungen in Bezug zur Grunddifferenz von ‚archaisch-alt-vormodern‘ auf der einen und ‚zeitgenössisch-modern‘ auf der anderen Seite setzen. Gegenstrebig sind die beiden Ensembles insofern, als sie nur in gegenseitiger Ergänzung zur Signatur der Moderne werden. Erst die vorausgesetzte Trennung gibt Anlass zur Kritik an einer ‚problematischen‘ Amalgamierung oder Vermischung.

Auf die Säkularisierungsthese bezogen heißt dies, dass das Zusammenspiel von Separierung und Amalgamierung ein spezifisch modernes Unterscheidungsschema abbildet und formalisiert. Wie der Blick auf Giorgio Agambens Religionstheorie gezeigt hat (vgl. 5.2.3.), stellt die Dichotomie von ‚säkularer Politik' und ‚Religion' gerade die religionsproduktive Dimension des Religionsdiskurses dar. Religionsproduktiv ist diese Unterscheidung dann, wenn man mit Agamben ‚Religion' als das (eingeschlossene) Ausgeschlossene der ‚nicht-religiösen' Regierung bestimmt. Damit ist Religion nicht auf eine inhaltliche Essenz oder Funktion bezogen, sondern wird als spezifische Positionierungspraxis bestimmt, die zum einen die Bestimmung des Ausgeschlossenen (der Religion) sowie zum anderen die Herstellung von Souveränität bezeichnet – beides Eigenschaften, welche mit Agamben als Theoretisierung von Religion beschreib-

[886] Ebd., S. 19.
[887] Ebd., S. 8.
[888] Ebd., S. 19.

bar sind. Während der Säkularisierungsdiskurs die Separierung und damit den Ausschluss von ‚Religion' aus dem Bereich der Politik und des Rechts festlegt, schließt er ‚Religion' gleichzeitig über die ‚religiösen Bürger' wieder ein, garantiert deren Religionsfreiheit oder zieht aus ihnen gerade eine zusätzliche, externe Legitimationsquelle, wie es bei Böckenförde (3.2.2.) oder Habermas (3.3.2.) sichtbar wurde. Auf all diese Weisen stellt der säkulare Staat Souveränität über die Ordnung der (ausgeschlossenen) Religion her. Eine ähnliche Bestimmung wurde schon mit Roberto Esposito eingeführt, der solche Praktiken des Ausscheidens und gleichzeitigen Einschließens als Teil der Maschine der politischen Theologie beschrieb (3.2.2.2.).[889]

Wieso jedoch soll die Praxis des einschließenden Ausschlusses als religionsproduktive und damit religiöse Positionierung von Religion in der Moderne beschrieben werden und nicht etwa als religionspolitisch, was sie offensichtlich auch ist? Ein Grund liegt darin, dass die Beschreibung dieser Praxis als ‚religionspolitisch' die Separierung von ‚Religion' und Politik nach wie vor verschleiernd weiterführt: ‚Religions-Politik' bedeutet die Politik der Religion, also etwa verfassungsrechtliche und religionsadministrative Bestimmungen und Ordnungen, mit denen Religion nicht nur regiert wird, sondern zuallererst bestimmt und damit regierbar gemacht. Eine solche Lesart von Religion nimmt zwei Ebenen des Umgangs mit dem Religionsbegriff an: einerseits erklärende, analytische oder normative Verwendungen, wie sie im Religionsdiskurs zu analysieren sind. Andererseits wird dies durch eine heuristisch-theoretische Analyse und Beobachtung dieses Religionsdiskurses ergänzt, welche die der Kategorisierung inhärente Ordnungspolitik aufzeigt. Damit wird deutlich, wo die Trennungsarbeit auf der Metaebene verläuft: sie realisiert die konstitutive Trennung zwischen Religions*diskurs* und Religions*theorie* als religions-wissenschaftliche Arbeit an der Religion. Wie an anderer Stelle ausgeführt, wird damit der eine Teil der Doppelcodierung der Religion (vgl. 3.4.3.) weitergeführt, der die Beobachtung aus einer religionswissenschaftlichen Perspektive begründet: der Separierung von ‚Religion' und ‚Wissenschaft'. Sie verschiebt damit die Position von Separierung und Amalgamierung, ohne sie aufzulösen, im Wissen um ihren Anteil an der Arbeit an der Religion. Während der Religionsdiskurs, wie an den Beispielen der ‚Stunde Null' gezeigt wurde, nicht zuletzt durch das Trennungsnarrativ geprägt ist, welches die Ordnung der Gesellschaft durch die Separierung von Religion und dem (säkularen) Juridisch-Politischen gewährleistet sieht, verlegt die ‚religionswissenschaftliche' Arbeit diese Trennung zwischen die analyse- und die objektsprachliche Ebene. Die Sprache der vorliegenden Arbeit unterscheidet sich also insofern nicht von der Sprache der beobachteten Autor*innen, als beiden die Praxis der Separierung als Grundlage jeglicher Aussagemöglichkeit über Religion dient: der Ausschluss von ‚Religion'.

---

889 Esposito, *Zwei*, S. 9 und S. 15.

Das Sprechen über Religion ist ein Sprechen über seinen Ausschluss, wie die Arbeit religionstheoretisch im Anschluss an Luhmann und Agamben ausführte.

In den Schwellenerzählungen der ‚Stunde Null' wurde die gegenseitige Bedingung von Separierung und Amalgamierung in der Verhältnisbestimmung von Religion und Politik zuerst dadurch illustriert, dass die Kritik am Faschismus (Weizsäcker, Morin) oder auch am Kapitalismus (Morin, 1948) im Modus der Religionskritik ausgeübt wurde. Etwas wird dabei entweder als ‚falsche' Religion beschrieben (vgl. etwa die Kritik am abergläubischen Nazismus bei Morin, 1948), oder aber die Tatsache, dass etwas als Religion beschrieben wird (wie die „Religion der Moderne" bei Morin, 1992), expliziert die Ambivalenz des modernen Religionsdiskurses. Die ‚als Religion'-Diskurse verweisen wiederum auf das Säkularisierungsthema, das die Separierung von Politik und Religion erhalten möchte.[890] Als zweiter Schritt wird die (erst durch die Separierung ermöglichte) Amalgamierung entweder kritisiert und zeitdiagnostisch zum Problem erklärt oder aber in Einzelfällen begrüßt (wie es die ‚Heiligung' des Grundgesetzes bei Adenauer zeigt).

Im Zusammenführen der beiden Ebenen, der formalen Fokussierung auf Schwellenerzählungen und der inhaltlichen Fokussierung auf die darin je vorgenommene Arbeit an der Religion, werden beide Hauptstränge der Arbeit verknüpft. Der Gewinn einer solchen Herangehensweise liegt erstens darin, dass der ‚moderne' Religionsdiskurs im Spiegel einer bestimmten Äußerungsmodalität – der Schwellenerzählung – betrachtet werden kann. Dies erlaubt es, konstitutive Momente zu beobachten, insofern Schwellenerzählungen Ereignisse gerade als ‚konstitutiv' beschreiben. Ob als Krise, als Nullstunde oder als Wendezeit bezeichnet – Schwellenerzählungen schildern die Konstitution der Welt in einem temporalen Ausnahmezustand. Dieser Aspekt des methodischen Designs lässt sich auch auf andere Schwellendiskurse übertragen.

Mit diesen Ausführungen wird die Analyse der religionsbezogenen Schwellenerzählungen abgeschlossen. Auch im letzten Analysekapitel wurde sichtbar, wie temporale Ausnahmezustände in der Zeitgeschichte mythopoetisch auf einen Ursprung zentriert werden, von dem aus die Zukunft zu planen ist. Dabei zeigt sich die in diesem Moment der Ausnahme vorgenommene Positionierung von Religion. Diese kann sich sowohl in der diskursiven Separierung von Religion und Politik über die Religionskritik falscher Mythen und Gerüchte äußern als auch sich als erwünschte Amalgamierung der beiden Sphären Religion und Politik etwa in der Sakralisierung von Verfassung und Grundrechten zeigen. Auch an der dritten Schwellen-Metapher der ‚Stunde' oder des ‚Jahres Null' konnte anhand politischer Neugründungsmythen gezeigt werden, dass die Auseinandersetzung um den Ort der Religion auch in der politischen Zeit-

[890] Vgl. Anja Kirsch: *Weltanschauung als Erzählkultur. Zur Konstruktion von Religion und Sozialismus in Staatskundeschulbüchern der DDR*, Göttingen: V&R (CSSR) 2016.

geschichte einen besonderen Ordnungsbezug darstellt, an dem sich mindestens zwei Kollektive konstituieren können. Dies wurde mit der Doppelcodierung als Unterscheidung von Religion und dem Juridisch-Politischen wie auch der Rationalität gezeigt.

6. Schluss: Schwellenproduktion und -beobachtung

Die Analyse von religionsbezogenen Schwellenerzählungen hat den Blick auf die Arbeit an der Religion zum Zeitpunkt einer behaupteten Schwelle – eines temporalen Ausnahmezustands – gerichtet und das Zusammenspiel von Separierungen und Amalgamierungen als Spezifikum der Religion in der Moderne dargestellt.

Die Analyse religionsbezogener Schwellenerzählungen im modernen Religionsdiskurs verband dabei zwei theoretische Perspektiven oder zwei Beobachtungsebenen: Die eine analysiert die Positionierungen in der historischen Zeit, während die andere die Positionierungen, Abgrenzungen und Amalgamierungen von ‚Religion' in der Ordnung der Gesellschaft beschreibt. Das Thema der Schwellenerzählungen im modernen Religionsdiskurs hat sich so als doppelte Ordnungsanalyse erwiesen, in der die Ordnung der Geschichte und die Ordnung der Religion miteinander verknüpft werden. Der Grund für diese Verbindung liegt darin, dass Schwellenerzählungen eine diachrone Ordnung herstellen, womit der Religionsdiskurs durch die Brille der Schwellenerzählungen betrachtet zur geordneten, periodisierten ‚Religionsgeschichte' wird. Die Analyse konzentrierte sich deshalb auf die Religionsgeschichtsschreibung, insofern darunter nicht nur die Geschichte der (je schon identifizierten) Religion(en) gefasst wird, sondern auch die Geschichte der diskursiven Grenzen von ‚Religion' und ihres konstitutiven Außen. Hier schließt die Analyse an eine wissenschaftsgeschichtlich informierte Perspektive an, die *boundary objects* zum bevorzugten Gegenstand macht, wie sie etwa Star und Griesemer, aber auch Griery und Latour deutlich gemacht haben.

‚Religionsgeschichte' als diachrone Erweiterung des Religionsdiskurses zu betrachten, illustriert also den theoretischen Ort, von dem aus die Analyse unternommen wurde. Der Religionsdiskurs wurde von seinen Rändern her analysiert und die von unterschiedlichen Diskursteilnehmer*innen vollzogene Inklusion oder Exklusion in den Bereich des ‚Religiösen' als die besagte Arbeit an der Religion untersucht. Zur Diskussion steht also gerade die Zuordnung zur oder die Abgrenzung von der Religionsgeschichte. Diese Perspektive stellt sich wie eingangs erwähnt in ein diskursgeschichtlich informiertes Disziplinenverständnis, welches die diskursive Konstruktion von Etwas als Religion oder Nicht-Religion in den Blick zu bringen trachtet.[891]

Abgegrenzt, separiert oder ausgeschlossen werden in der Arbeit an der Religion insbesondere zwei Sphären – darauf wurde mit der ‚Doppelcodierung' hingewiesen. Sowohl der Bereich des Juridisch-Politischen als auch der Bereich des Beobachtbaren und Wissbaren (der Bereich des ‚Logos', der Vernunft und

---

[891] Vgl. dazu etwa Führding, *Jenseits von Religion*.

der Wissenschaft) werden von Religion separiert gehalten. Die in der vorliegenden Arbeit zum Tragen kommende ‚religionswissenschaftliche' Position führt somit zumindest diese Separierung weiter.

Dies zeigt sich daran, dass Schwellen*beobachtungen* von der Schwellen*produktion* oder *-erzählung* darin unterschieden werden können, dass letztere in ihrer ereignismystischen Stilisierung ein Ereignis als ‚Ausnahme'[892] produzieren und damit geschichts- und in bestimmter Form auch mythenproduktiv sind. Die ‚Bestimmtheit' dieser Form zielt auf die Frage nach der Mythosdefinition, die darin nicht nur die „Arbeit am Mythos“ weiterführt, sondern diese auch transformiert (Blumenberg, vgl. u.a. in 1.3). Mythosdefinitionen haben sich in der Analyse – in steter Auseinandersetzung mit den Materialien, welche diese Definitionsarbeit zuweilen explizit mythostheoretisch mitführten – fortlaufend geschärft (vgl. 2.4., 3.4.). Schließlich wurde sie unter dem Aspekt der Naturalisierung (u.a. Barthes) und der Konstituierung eines Kollektivs durch die mit der Schwellenerzählung begründete Politik des Ursprungs resümiert (vgl. 4.2.).

Die kultur- oder religionswissenschaftliche Schwellen*beobachtung* demgegenüber analysiert genau diese Narrative und Strategien der Ereignisproduktion. Letzteres fand seinen Ausdruck in der Analyse der temporalen Positionierungstechnologien der Zentrierung, der Parallelisierung und der Dynamisierungen. Ereignisproduktive Narrative wurden in der Analyse als Politik des Ursprungs sichtbar, welche ein diachrones Außen – die Schwelle als Unterbrechung des ‚normalen Laufs' der Geschichte – als neuen Ursprung des damit konstituierten Kollektivs einsetzt. Mit der *ereignismystischen* Dringlichkeit etwa einer ‚Krise' oder ‚Nullstunde' wird im Fall einer zeitgenössischen Schwellenerzählung eine Gegenwartsdiagnose plausibel gemacht. Vor diesem Hintergrund wurden Schwellenerzählungen als Erzählungen eines ‚temporalen Ausnahmezustands' bestimmt (vgl. 2.5.), welche mit dem Schwellenereignis eine neue Epoche beginnen lassen und mit der jeweiligen Diagnose auch je entsprechende Handlungsanleitungen plausibilisieren.

Im Folgenden wird zuerst die methodologische Frage nach den Metaphern und ihrer diskursgeschichtlichen Einbettung in die Arbeit an der Religion in der Moderne aufgenommen (6.1.), um in einem zweiten Schritt die Analysekapitel (*Enden, Achsen, Nullstunden*) zu resümieren (6.2.). In einem dritten Schritt werden die Beiträge zur religionswissenschaftlichen Theoriedebatte kondensiert und die Verdoppelung von Religions- und Mythosbegriff begründet (6.3.). Zum Ende wird die Unterscheidung von Schwellen*erzählung* und Schwellen*beobachtung* resümiert sowie Motivik und Programmatik der Arbeit herausgestellt. Schließlich soll die theoretische Perspektive in die wissensgeschichtlich

[892] Hinsichtlich der Figur des temporalen Ausnahmezustands wurde im Anschluss an Carl Schmitt und in der Auseinandersetzung mit Hans Blumenberg ein Vergleich zwischen dem juridisch-politischen (souveränitätstheoretischen) und dem hier als *temporal* beschriebenen Ausnahmezustand unternommen (vgl. 2.2.2.3.).

fokussierte Religionswissenschaft eingeordnet und als Religionswissensgeschichte identifiziert werden, deren Fokus auf der Analyse der diskursiven Positionierungen von Religion liegt.

6.1. Metaphern der Religion in der Moderne

Die Analysekapitel wiesen anhand dreier Metaphern unterschiedliche Diskurse als Teil der modernen Religionsgeschichte aus, die sich nicht zuletzt dadurch definieren, dass sie nicht oder nur unter bestimmten Vorzeichen zur Religionsgeschichte gezählt werden. So wird etwa die Metapher der ‚Stunde Null' nicht zum Kanon ‚religionshistorischer' Begriffe der Moderne gezählt, obwohl die dort besprochenen Debatten gerade die diskursiven Grenzen der ‚Religion' ausloten. Die Analyse zielte nicht zuletzt darauf, diese diskursiven Grenzen selbst als kontingente, ausgelotete und je neu gezogene Grenzen zu beschreiben, mit denen Religionspolitik betrieben wird.

An den thematisierten Schwellenerzählungen kann also die Arbeit an der Religion in der Moderne gerade deshalb deutlich gemacht werden, weil ihre Einordnung in die Religionsgeschichte das Skandalon der Studie darstellt. Säkularisierungsreden gehören dabei genauso wie Diagnosen der postsäkularen Gesellschaft in den Bereich der modernen Religionsgeschichte, insofern diese die Identifikation ‚religiöser' Kommunikationen und Handlungen zur Sprache bringen, und sei es aus der Perspektive eines selbstbestimmt konstitutiven Außen wie etwa der Sozialwissenschaft. Die Arbeit fokussierte hier auf Intellektuelle und Autor*innen, welche durch die jeweils vorgenommene Identifikation von ‚Religion' immer auch die eigene Beobachter*innenperspektive bestimmten, sei diese nun philosophisch, politisch, künstlerisch, historisch oder soziologisch diszipliniert.

Während eine Bestimmung der eigenen Beobachterperspektive eine wissenschaftliche Selbstverständlichkeit darstellt, wird im Abstecken des ‚Religiösen', wie es in den hier versammelten Schwellenerzählungen unternommen wurde, diese Disziplinierung als *Praxis der Theorie* gezeigt: An den Rändern des Religionsdiskurses werden epistemische und soziale Kollektive – Disziplinen, Denkstile, Dispositive oder Nationen – begründet, Gegenwartsdiagnosen ausformuliert und gegebenenfalls Therapievorschläge mit der jeweiligen Politik des Ursprungs legitimiert. Die Arbeit wies dabei insofern eine infrareflexive Vorgehensweise auf, als sie die wechselseitig aufeinander Bezug nehmenden, gegenseitig referentiellen Beziehungen, die sich innerhalb und zwischen Texten enthalten und vervielfältigen, untersuchte.[893]

Die *Arbeit an der Religion* bezeichnet also den Vorgang der Bestimmung und Positionierung von ‚Religion' in der Ordnung der Gesellschaft. Der moderne

---

[893] Latour, *Science in Action*.

Religionsdiskurs wurde dabei als Ordnungsdiskurs sichtbar gemacht, in dem ‚Religion' nicht zuletzt als konstitutives Außen der jeweiligen Sprecher*innenposition auftritt. Dies wurde beispielsweise an den Separierungsgeschichten sichtbar, so in einigen Säkularisierungstheorien oder ihren rechts- und staatsphilosophischen Rezeptionen (vgl. 2.2.2.), in denen ‚Religion' als der ‚säkularen' Sphäre gegenüberstehend positioniert wird. Aber auch mit Amalgamierungen infolge der Krise der Säkularisierungsdiagnosen, in der ‚Religion' als „knappe Ressource Sinn" (Habermas) nutzbar gemacht werden soll, wird ‚Religion' zum regierungstechnisch nutzbaren Außen (vgl. 2.3.).

Der moderne Religionsdiskurs kann wissenschaftlich, politisch, geschichtsphilosophisch oder religiös codiert sein – je nachdem, wie die jeweilige Selbstpositionierung im Diskurs vorgenommen wird. Gerade diese epistemische Fixierung aber, die Selbstthematisierung als ‚wissenschaftlich', ‚politisch', ‚philosophisch' oder ‚religiös', ist selbst auch Resultat der Auseinandersetzung mit dem Religionsdiskurs und seinen Grenzen – und also Arbeit an der Religion. Selbstverständlich wird diese auch mit der vorliegenden Analyse fortgeführt. Dabei ist – mit dem Hinweis auf eine *Religionswissensgeschichte* – offensichtlich, dass die *Arbeit an der Religion* im Modus der Wissensgeschichte nicht nur möglich ist, sondern eine zentrale Selbstthematisierung beinhaltet: ‚Religion' als historische Ordnungskategorie der Moderne. Die Verstrickung der drei Substantive ist also Programm: ‚Religion' kann ‚wissenschaftlich' bestimmt werden (auch wenn, wie gezeigt wurde, dies eine Selbstthematisierung beinhaltet), genauso wie diese ‚wissenschaftliche' Bestimmung wiederum historisiert werden kann.

Mit dieser Verbindung werden verschiedene epistemische Kollektive in der Arbeit an der Religion differenziert, geordnet und historisiert. Diese epistemische Differenzierung wurde an drei verschiedenen Schwellen-Metaphern und ihren Verbindungen zum Religionsdiskurs illustriert und analysiert. Hierin liegt die ‚religionsdiskursive' Leistung dieser Arbeit. Der methodische Fokus auf Metaphern des ‚Endes', der ‚Achsenzeit' und der ‚Stunde Null' liegt darin begründet, dass damit Phänomene beobachtet werden, die „für etwas einstehen" und als ‚absolute' Metapher gleichwohl über die Logizität hinausgehen (vgl. 1.1.).[894] Diese Verbindung von diskurs- und metaphernanalytischen Perspektivierungen gab der Arbeit ihre spezifische Methodologie. Die Auswahl der ‚Quellen' wurde dabei dadurch gesucht und begründet, dass sie sich sowohl in religionstheoretischer mit dem Ort der Religion beschäftigten als auch in geschichtsproduktiver Hinsicht die Frage nach der Schwelle mitführten. Anders gesagt kamen solche Autor*innen zur Sprache, die sich mit dem Ort der Religion in der Ordnung der Gesellschaft im Hinblick auf eine (mystisch oder skeptisch beurteilte) historische Schwelle auseinandersetzten.

[894] Haverkamp, *Metaphorologie*, S. 201.

Die diskursgeschichtliche Perspektive ermöglicht eine diachrone Analyse dieser Metaphern, wobei die ,Doppelcodierung der Religion' mit insbesondere zwei theoretischen Explikationen geschärft wurde: die Arbeit an der Religion in der Moderne als zweifache Abgrenzung von ,Religion' aus dem Bereich des Wiss- oder Beobachtbaren einerseits, sowie dem Bereich des Politisch-Juridischen andererseits. Hierin liegt die religionstheoretische Perspektive der Arbeit: Als (eingeschlossenes) Ausgeschlossenes tritt Religion zweifach als konstitutives Außen in der ,modernen' Ordnung der Gesellschaft auf: als konstitutives Außen des Politisch-Juridischen wie auch des Wiss- und Beobachtbaren. Der Fokus auf Schwellen-Metaphern im modernen Religionsdiskurs führt so zu einer Analyse der metaphorischen Kristallisationspunkte im Wissen über ,Religion' in der Moderne.

6.2. Durchgang: Enden, Achsen, Nullstunden

Die Analyse von Schwellenerzählungen in der Religionsgeschichte wurde, nach der Darlegung dieser Perspektive im ersten Kapitel (Schwellenbeobachtungen), in drei Studien entwickelt, die nachfolgend zusammengefasst werden. Jede Untersuchung orientierte sich dabei an einer ,absoluten Metapher' im modernen Religionsdiskurs und zeichnete deren Transformationen und Umformungen im Hinblick auf die Arbeit an der Religion nach.

Entwickelt wurden diese diskursgeschichtlichen Metaphernanalysen an ausgewählten Beispielen aus der Geschichtsphilosophie, der Rechtsphilosophie, der Geschichtstheorie und -philosophie, der Religionswissenschaft, der Soziologie, der Religions-, Kultur- und Sozialgeschichte und der journalistischen, politischen und selten auch künstlerischen Zeitdiagnostik. Es handelt sich also um die Analyse der Arbeit der Intellektuellen an der Religion in der Moderne. Begründet wurde die Auswahl durch ihre schwellenproduktive Arbeit am Abgrenzungsobjekt ,Religion' (vgl. 1.1.).

Die disziplinäre Ausrichtung der Diskursteilnehmer*innen war jedoch kein Auswahlkriterium. Stattdessen gründete die Auswahl der Materialien und ,Schwellenerzähler*innen' auf der leitenden Frage nach den Schwellen in der zeitgenössischen Religionsgeschichte und ihrer jeweiligen Macharten und Konstruktionsweisen.

In der Analyse der unterschiedlichen religionsbezogenen Schwellenerzählungen werden zwei unterschiedliche Ordnungsverfahren verknüpft, welche auf dieselbe Frage abzielen: Wie wird ,Religion' in der Geschichte erzählt, theoretisiert und geordnet?

Die beiden Ordnungsverfahren beziehen sich zum einen auf die Praxis, ,Religion' zu bestimmen und ihre Abgesondertheit von anderen Bereichen zu beobachten (die Separierungen), und zum anderen darauf zu untersuchen, wie ,Religion' mit diesen anderen Bereichen in Zusammenhänge gebracht, wie sie amalgamiert wird. Dadurch wird die Kategorie ‚Religion‘ in der Ordnung der Gesellschaft bestimmt und diese Bestimmung als Begrenzung, Positionierung und Relationierung zum Gegenstand der Analyse gemacht.

Dabei konnte diese Bedeutungskonstruktion etwa an den Zentren der jeweiligen Geschichtsdeutungen abgelesen werden: Ob etwa die Achsenzeit als Innovationsschritt der ‚Reflexivität' gedeutet (Jaspers) oder die ‚Stunde Null' als Ausgang aus dem katastrophalen Zusammenfall von Religion und Politik im Nazismus (Morin) verstanden wird – stets oszilliert die Analyse zwischen der Arbeit an der Religion und der jeweils vollzogenen temporalen Positionierung.

6.2.1. Enden

Die Analyse der Metapher vom ‚Ende' in der Religionsgeschichte fokussierte auf säkulare, wissenschaftliche oder philosophische Selbstthematisierungen, die zum einen ein Ende der Religion in der Säkularisierung, zum anderen ein Ende der Säkularisierung in der ‚Rückkehr' und ‚Wiederkehr' der Religion oder in der ‚postsäkularen Gesellschaft' behaupten oder diskutieren. Dabei wurde der (De-)Säkularisierungsdiskurs als Selbstthematisierung der säkular-liberalen Gesellschaft sichtbar gemacht, der ‚Religion' als konstitutives Außen der ‚säkularen' Gesellschaftsordnung beobachtet (vgl. 2.2.1.). Die Religionswissenschaft und benachbarte Disziplinen nehmen darin eine Doppelrolle als Beobachterinnen und Co-Produzentinnen des Wissens über Religion ein.

Anstatt aber den Religionsbegriff ausschließlich als (etwa hegemoniale und eurozentrische) Ordnungskategorie zu begreifen, deswegen auf sein Verschwinden hin zu arbeiten und auf seine theoretische Nutzbarmachung und seine weitere analytische und diskursive Verwendung zu verzichten, schlägt die Arbeit in einem ersten religionstheoretischen Schritt vor, ‚religiöse Kommunikation' im Anschluss an Niklas Luhmann als ‚Beobachtung des Unbeobachtbaren' zu verstehen (vgl. 2.2.1.), somit als Paradoxieverwaltungsstelle, an der epistemologische (und damit regierbare) Grenzen etabliert werden. Damit wird die Kategorie der Religion in der (selbstbezeichnet) ‚säkularen' Gesellschaft zum konstitutiven Außen – zur (paradoxalen) Bezeichnung des Unbeobachtbaren – und übernimmt damit eine wirkmächtige und stabilisierende Position in der Gouvernementalität der ‚säkularen' Gesellschaft sowie in der Konstruktion einer ‚nicht-religiösen‘ Episteme.

Die Analyse des ‚Endes' in der Religionsgeschichte handelt also von der Herstellung von epistemischen Kollektiven, etwa der ‚säkularen' Gesellschaft und ihrer ideellen Teilhaber*innen, der ‚liberalen', ‚modernen' oder ‚aufklärerischen' Gesellschaft. ‚Epistemisch' sind diese Kollektive insofern, als sie die Differenzierung von „Denkkollektiven“, um einen Begriff von Ludwik Fleck zu verwenden[895], organisieren und festlegen, welches Wissen in welcher Perspektive erfassbar ist und wie die Moderation zwischen den unterschiedlichen Wissenskollektiven möglich sein soll. Letzteres wurde etwa in Habermas Übersetzungsbegriff in der Diagnose der postsäkularen Gesellschaft sichtbar, insofern gemäß Habermas zwischen der ,religiösen' und der ,säkularen' Sprache übersetzt werden kann und muss. Damit geht es also nicht nur darum zu zeigen, dass verschiedene epistemische Kollektive den Religionsdiskurs organisieren, sondern dass sie dabei mit unterschiedlichen Interessen ‚Religion' für die Regierungsmaschine handhabbar machen und diese Handhabbarmachung zugleich verdecken.

Mit dem Hinweis auf die Säkularisierung als Selbstthematisierungsdiskurs konnte die Arbeit an der Religion als Klassifikations- und Ordnungstätigkeit deutlich gemacht werden, mit der die Diskursgeschichte der Metapher vom ‚Ende' im modernen Religionsdiskurs in dieser Untersuchung beschrieben wurde.

In einem nächsten Schritt wurde diese Selbstthematisierung der Säkularisierungsreden in der Debatte zwischen Carl Schmitt, Hans Blumenberg und Karl Löwith nachgezeichnet. Dabei ergänzen sich die Analyse der temporalen Positionierungstechnologien sowie die der Arbeit an der Religion und stellen gemeinsam ein Analyseinstrument zur Verfügung, welches geeignet ist, Schwellenerzählungen im modernen Religionsdiskurs zu beschreiben.

Zwischen Blumenberg einerseits, Löwith und Schmitt andererseits wurde eine Debatte sichtbar, die den Streit um Kontinuität oder Bruch in der Konzeption der modernen Idee der Zeitwende mit weiteren zentralen Themen verknüpft: mit dem Streit um die Epistemologie der Geschichtsschreibung genauso wie mit der Frage nach der Souveränität des liberalen Rechtsstaates oder seiner ‚politischen Theologie' (Schmitt).

Ohne den Streit zwischen unterschiedlichen Ereignismystiker*innen und -skeptiker*innen zu entscheiden, wurde das schmittsche Theorem des Ausnahmezustands aufgenommenen. Dieser wurde dabei als Suspension und Aussetzen des historischen ,Normalzustands' beschrieben, durch die dem Schwellenereignis eine besondere Orientierungsleistung zukommt. Dies gilt auch für die Diagnosen der „postsäkularen Gesellschaft" oder der „Rückkehr der Religion", die von verschiedenen Autor*innen nicht zuletzt im Nachgang der islamischen Revolution im Iran 1979 oder aber nach ,9/11' vorgebracht wurden.

In der Mythopoetik der Schwelle (vgl. 2.4.) wurde an den Beispielen vom ,Ende' der Religion in der Säkularisierung und dem ,Ende' der Säkularisierung in der ,Rückkehr' und ,Wiederkehr' der Religion beziehungsweise der Postsäkularität eine aktualisierte Diagnose der ,wiedergekehrten' Religion aufgezeigt. Dabei wurde die Frage nach der diskursiven Grenze der Religionsgeschichte

[895] Vgl. Fleck, *Entstehung und Entwicklung einer wissenschaftlichen Tatsache*, S. 109–164.

aufgeworfen und diskutiert, inwiefern in der ‚Religionsgeschichte' eine große Erzählung der ‚säkularen' Gesellschaft sichtbar wird, deren geschichtsbildkonstitutive oder – in den Worten Legendres – „dogmatische"[896] Rolle häufig übersehen wird.

Schließlich wurde unter 3.4.2. nach dem apokalyptischen Ton im modernen Religionsdiskurs und im Rückgriff auf Derrida und Blumenberg nach dem (Ende vom) Ende der ‚Religion' gefragt, nach dem Ende des ‚Mythos'.

6.2.2. *Achsen*

Während das erste Analysekapitel auf den Säkularisierungsdiskurs als *theoretische* Arbeit an der Religion fokussierte, wie er in Religionswissenschaft, Religionssoziologie sowie in philosophischen Arbeiten anhand der Metapher vom ‚Ende' in der Religionsgeschichte diskutiert wird, konzentrierte sich das zweite Kapitel auf die *historiographische* und *historiosophische* Arbeit an der Religion: Die geschichtsphilosophische These der Achsenzeit verbindet wiederum die Arbeit an der Religion in der Ordnung der Gesellschaft mit der Ordnung der Zeit über eine in diesem Falle größere Zäsur der Menschheitsgeschichte.

Die Achsenzeit umfasst je nach Komposition zwischen fünf und mehr Jahrhunderte und wurde etwa von Jaspers zwischen 800 und 200 v.u.Z. angesiedelt (vgl. 3.2. sowie 3.3.1.). Mit ihr geht die Analyse den Schritt von einem einzelnen Schwellenereignis zur Schwellenepoche, in der – so Jaspers – „sich Außerordentliches zusammen[drängt]"[897].

Die historiographische und geschichtsphilosophische Arbeit an der Religion als Arbeit am ‚Kanon' der Religion(en) der Achsenzeit oder den ‚großen Religionen und Philosophien der Menschheit' formuliert unterschiedliche Zentralperspektiven (A. Assmann) und begründet damit unterschiedliche ‚Errungenschaften' wie Reflexivität, Kritik oder die Trennung von religiöser und politischer Sphäre als das ‚Wesen' der Epoche der Achsenzeit. Dabei kann die „Glaubensthese" (Jaspers) der Achsenzeit auch als Kanonisierungsgeschichte und Aushandlungsprozess beschrieben werden, indem bestimmt wird, welche *ipso facto* ‚bestätigten' Religionen und Philosophien zu den Zentren dieser Achsenzeit gehören sollen (vgl. 3.3.4.). Gerade aufgrund von Jaspers Ziel, eine universell akzeptable Geschichtsphilosophie vorzulegen, zeigt sich diese auch wieder als autobiographische Setzung (Weil) – der Philosoph Jaspers stellt (u.a.) die ‚Reflexivität' ins Zentrum seiner „Glaubensthese".

---

[896] Vgl. Legendre, *Über die Gesellschaft als Text*; ders.: *Das politische Begehren Gottes*, bes. S. 37–53. Vgl. auch 3.2.1. Dort wird näher auf Pierre Legendres Analyse der dogmatischen Ordnung eingegangen.

[897] Jaspers, *Vom Ursprung und Ziel*, S. 20.

Die weitere Analyse dieser „Mythen der Kritik“ (Mohn) identifizierte das Zusammenspiel dieser Zentren als Verschränkungen von Unterscheidungen und Codierungen: Während in der Analyse vom ‚Ende' die Separierungen und Amalgamierungen als zentrale Praktiken im modernen Religionsdiskurs hervorgehoben wurden, stellte das Kapitel zur Achsenzeit die Unterscheidungen als Doppelcodierungen von ‚Religion', ‚Wissen' und ‚Regierung' heraus. Gemeint ist damit, dass sich zwischen den drei Begriffsfeldern der Religion (darin etwa Mythos), der Reflexivität (u.a. Vernunft, Logos oder Kritik) und der Regierung (Politik, Recht, Verwaltung) eine an Religion doppelt gespiegelte Unterscheidung abzeichnet. Religion tritt als konstitutives Außen sowohl der (säkularen) Regierungsmaschine als auch der Reflexivität auf, jedoch immer nur soweit, dass Störungen der Ordnung mit der Störung der genannten Unterscheidung einhergehen. Der moderne Religionsdiskurs wird so als „stetige Auseinandersetzung um die Unterscheidung der Religion“[898] beschrieben, in dem nicht zuletzt *qua* Religions-Unterscheidung „Denkkollektive“ konstituiert werden.

Der Verdacht einer doppelten Verschränktheit von ‚Religion' mit ‚Wissen' und ‚Regierung' musste hier noch als Hypothese stehen bleiben. Die Charakteristik des Materials – der Primärliteratur der achsenzeitlichen Deutungen[899] – ließ, so ist zu vermuten, diese Doppelcodierung gerade entstehen, da sie in der Auseinandersetzung von Geschichtsphilosophie, Religions- und Mythosgeschichte auf der einen und der Geschichte der politischen Kulturen auf der anderen Seite eine epistemische Konstellation schafft, die beide Wissensregime zwingend umfasst: Die Wissensregime der ‚Religion' und des ‚Mythos' ‚entstehen' in der Achsenzeit, genauso wie das der ‚Reflexivität' im Hinblick auf die Verfassung der Staaten. Mit der Doppelcodierung ist also die zweifache Abgrenzung von ‚Religion' bezeichnet, die (im säkularen Modus) sowohl gegenüber der Regierung als auch gegenüber dem ‚wissenschaftlich' Wissbaren abzugrenzen ist.

Die Metapher der ‚Achse' brachte in diesem Spiel unterschiedliche Separierungen und Amalgamierungen in der Religionsgeschichte des 20. Jahrhunderts zum Vorschein und zeigte auf, wie in der Konstruktion einer religionsgeschichtlichen Schwellenerzählung eine Politik des Ursprungs als Therapie der Moderne auftrat. In ihrer weiteren Empirisierung in der kulturwissenschaftlichen und historischen Sozialforschung zeigt die Rezeptionsgeschichte der Achsenzeit eine Abschwächung dieser ‚Zentralperspektive', wenngleich die Parallelisierung als Motiv der Forschung bestehen bleibt.

---

898 Vgl. Hermann, *Unterscheidungen*, S. 441.

899 Im Fall der Achsenzeitanalyse ist die Unterscheidung von Primär- und Sekundärliteratur einfach, da die Objektsprache achsenzeitliche Historiographie oder -sophie betreibt, während die Sekundärliteratur und die darauf aufbauende Analyse die damit produzierte Epoche beobachtet und als gegenwärtige Auseinandersetzung ausweist.

6.2.3. *Nullstunden*

Die Metapher der ‚Stunde Null', aufgekommen in der politischen Rede nach dem Ende des Zweiten Weltkriegs, bleibt zeitlich zuerst nahe bei Karl Jaspers und der Metapher der Achsenzeit. Der an dieser Metapher konzentrierte Diskurs nimmt jedoch anders als der vorausgehende religionshistoriographische Zugang einen verstärkt gegenwartsdiagnostischen und religionspolitischen Ton auf, indem erneut Separierungen und Amalgamierungen zwischen Religion und Mythos auf der einen und Politik und Recht auf der anderen Seite ausgehandelt werden. Nach dem ersten Aspekt der Schwelle im ‚Ende' und ihrer Verbreiterung in der ‚Achse' weist die ‚Stunde Null' auf einen (je nachdem unsicheren) Neu-Anfang hin und bringt somit die drei Phasen einer Schwellentheorie an ihr Ende.

Dabei wird nur scheinbar vom Religionsdiskurs abgewichen – schnell wird deutlich, dass auch hier die ‚Stunde Null' als religionsbezogene Auseinandersetzung thematisiert wird, wenn etwa Edgar Morin die Metapher der ‚Stunde Null' mit einer Mythen- und Religionskritik des Nazismus verbindet (vgl. 5.2.1. und 5.2.2.). Diese religionsdiskursive Thematisierung nationalsozialistischer „Totems und Tabus" (vgl. 5.2.3.) verdeutlicht, dass auch im dritten Analysekapitel die Arbeit an der Religion beobachtet wird, insofern sie über Separierungen und Amalgamierungen eine Ein-Ordnung von ‚Religion' in die Geschichte herstellt und für die ‚Regierungsmaschine' handhabbar macht. Die Arbeit an der Religion wird an dieser Stelle mit souveränitätstheoretischen Ergänzungen von Giorgio Agamben erweitert, welche die (Un-)Unterscheidbarkeit von Religion und dem Juridisch-Politischen expliziert (vgl. 5.2.3.), was die zweite religionstheoretische Verortung der Analyse darstellt.

Mit Bezug auf Separierungen und Amalgamierungen wird eine philosophische Debatte zwischen Ernst Cassirer, Eric Voegelin und anderen Zeitgenossen um die Frage nach dem ‚Mythos' im Staat angeschlossen, die sich zwar nicht auf die Metapher der ‚Stunde Null' bezieht, jedoch dieselbe ‚Zeitenwende' feststellt sowie zeitgleich religionspolitische Unterscheidungen diskutiert und als Separierungsrhetoriken ausweist. Im Nachgang des Faschismus sind jedoch nicht nur Separierungsrhetoriken zu beobachten. An Konrad Adenauers ‚erwünschten Amalgamierungen' werden Religionisierungen der Verfassung sichtbar, die eine positive Verbindung von Recht und Religion illustrieren (vgl. 5.3.1). Filmische und literarische Kritiken an dieser Neugründungsrhetorik der ‚Stunde Null' wurden daraufhin als Kontinuierungen und Pluralisierungen untersucht und etwa in Rossellinis *Germania anno zero* oder anderen literarischen Illustrationen als Anzeichen einer kritischen Pluralisierung der ‚Nullstunde' beobachtet (5.4.3.).

Die Ein-Ordnung von Religion in der Ordnung der Gesellschaft ist die Grundlage jeder Gouvernementalität der Religion (5.1.). Um Religion regierbar zu machen, muss zuerst geklärt sein, wo diese – legitimerweise oder problematischerweise – beginnt und wo sie endet.[900] Wie Willke zeigt, ist Religion eben kein geschlossenes autonomes Funktionssystem, sondern ein prekärer Bereich gesellschaftlicher Kommunikation.[901] Man sollte ergänzen, dass für diesen prekären Bereich besondere Handlungsanleitungen eingefordert werden, womit die spezifische Gouvernementalität der Religion eingeführt ist, die nicht nur die Seite des konstitutiven Außen zu definieren und zu begrenzen hat, sondern gleichfalls die in diesem Zug mitkonstruierte, regulative Idee des ‚säkularen' Staates beschwört.[902]

Die Arbeit an der Religion ist vor diesem Hintergrund sichtbar geworden als mehrfache, mindestens doppelte Auseinandersetzung mit dem ‚konstitutiven Außen' der Religion von sowohl Recht und Politik als auch von Wissenschaft. Damit trägt diese Arbeit zu einer wissenssoziologisch informierten Religionstheorie bei, insofern die Religionsdefinition selbst zur – mannigfaltig religiösen wie auch nicht-religiösen – Arbeit an der Religion als damit spezifisch regierbaren Bereich der Gesellschaft beiträgt. Wie verschiedentlich gezeigt wurde, schließt sich an diese ‚dogmatische' Arbeit (Legendre) die Möglichkeit einer Gouvernementalität der Religion an. Diese umfasst etwa auch die Herstellung von Souveränität über die Religions-Unterscheidung (vgl. 5.4.).

6.3. Religionstheorie und Religionswissensgeschichte

Die hier gewählte Perspektive auf den Religionsdiskurs der Moderne macht die getroffene Unterscheidung und gleichzeitige, teils partielle Ununterscheidbarkeit von Religion und ihrem jeweiligen ‚konstitutiven Außen' deutlich.

Die so in den Blick gebrachte Religions-Positionierung stellt keinen ‚neuen' Gegenstand in der Religionswissenschaft dar.[903] Derartige Programmatiken werden in der Religionswissenschaft seit der kulturwissenschaftlichen Wende immer wieder gefordert und angewendet.[904] Die Arbeit behauptet also nicht, mit den hier nuancierten Unterscheidungen eine methodologische Schwelle zu

900 Vgl. etwa Webb Keane: „What is Religious Freedom Supposed to Free?", in: Winnifred F. Sullivan, Elizabeth Shakman Hurd, Saba Mahmood, Peter G. Danchin (Hrsg.): *Politics of Religious Freedom*, Chicago: UPC 2015, S. 57–66.

901 Vgl. 4.4.3. sowie Willke, *Ironie des Staates*, S. 25.

902 An diese Stelle schließt die Analyse auch an Forschungen an, die sich mit der Verbindung von Religionspolitik und Sicherheitspolitik beschäftigen. Vgl. u.a. Schirin Amir-Moazami, Schirin: *Der inspizierte Muslim. Zur Politisierung der Islamforschung in Europa*, Bielefeld: transript 2018.

903 Die Religionswissenschaft unter dem kulturwissenschaftlichen Eindruck hat nicht zuletzt auch die Konstruktion der Gegenstände zu einem zentralen Thema gemacht. Vgl. Gladigow: „Religionsgeschichte des Gegenstandes".

904 Wenn es so etwas wie ein Schwellenereignis der kulturwissenschaftlichen Religionswissenschaft geben soll, dann könnte dafür in ereignismystischer Manier das Marburg Statement von 1960 angeführt werden, worin im Beisein einiger Religionsphänomeno-

überschreiten (auch wenn diese selbstthematisierende Ereignisskepsis ebenso offenkundig auch eine chronopolitische Strategie ist). Jedoch wurden die Materialien und Theoretisierungen, die hier als religionsgeschichtlich und -diagnostisch ausgewiesen werden, bislang selten in diesem Kontext behandelt (vgl. 1.4.). Eine konstruktivistisch organisierte sowie diskursanalytisch und metapherngeschichtlich durchgeführte Analyse der ‚Religionsgeschichtsschreibung' als Untersuchung des historischen Wissens im wissenschaftlichen, politischen und intellektuellen Diskurs über ‚Religion' in der Moderne scheint bisher noch auszustehen, insbesondere mit einem Fokus auf ‚Schwellen der Religionsgeschichte'.

Die in der vorliegenden Arbeit vorgeschlagene Systematik zielt auf die Modalitäten der Religions-Positionierung, womit die spezifische Verwendungsweise religionsbezogener Semantik gemeint ist. Konkret zielt dies etwa auf die Beschreibung der ‚Religionskritik' verschiedener zuvor religionisierter oder amalgamierter ‚Phänomene' (etwa Morins Kritik der ‚Nazimythen' und des nämlichen ‚Aberglaubens') oder auch auf die erwünschte Amalgamierung (vgl. etwa Jaspers „Glaubensthese" oder Adenauers ‚Verfassungsheiligung') von ‚Religion' und/oder Mythos mit ihrem/seinem Außen, sei dieses Außen nun Politik, Vernunft oder Recht.

Während die Säkularisierungstheorien im ersten Analysekapitel vom ‚Ende' der Religion in der Säkularisierung und deren Ende in der ‚Desäkularisierung' oder ‚postsäkularen' Gesellschaft Gegenstände sind, die in Religionswissenschaft und -soziologie in den Kanon der Theoriegeschichte gehören, bringt schon der Fokus auf die Religionsgeschichtsschreibung der ‚Achse' eine Diskussion in den Blick, welche in der Religionswissenschaft bislang eher gescheut wurde. Dies mag nicht zuletzt daran liegen, dass die historiographische und historiosophische Auseinandersetzung mit der Epoche der Achsenzeit nicht zuletzt auch eine gegenwärtige Auseinandersetzung um die dabei konstituierten epistemischen Kollektive und ihrer Stabilisierung ist. Somit wird die offenkundigste oder ‚erste' Parallelisierung jeder Schwellenerzählung illustriert: Die Vergleichbarkeit der ‚erzählten' Schwelle mit der Erzähl-‚Schwelle', um an Genettes Unterscheidung anzuknüpfen.[905] Die Wahl einer bestimmten Schwelle, eines bestimmten Ereignisses, impliziert immer auch eine spezifische Zeitdiagnose, häufig verbunden mit ersten Therapievorschlägen.

log*innen ein wissenschaftspolitisches Programm vorgeschlagen wurde, welches die Religionsphänomenologie beendete und stattdessen eine kulturwissenschaftliche Religionsforschung vorschlug. Vgl. Annemarie Schimmel: „Summary of the Discussion", *Numen*, 7, 1960, S. 235–239.

905 Vgl. auch die von Paul Ricoeur im Anschluss an Günther Müller und Gérard Genette formulierte Unterscheidung von Erzählzeit und erzählter Zeit in Paul Ricoeur: *Zeit und Erzählung. Band II: Zeit und literarische Erzählung*, München: Wilhelm Fink 2007, S. 129–136.

Auch das letzte Kapitel der ‚Nullstunden' bringt Themen und Metaphorisierungen im Religionsdiskurs zur Sprache, welche bisher in der Religionsforschung eher am Rande situiert wurden, nämlich staatliche Neugründungs-Rhetoriken. Die dabei an gewissen Stellen der Theorieanlage notwendige Verdoppelung des Religions- und des Mythosbegriffs ist einerseits dann gerechtfertigt, wenn diese Religions-Positionierungen eine spezifische Un-Unterscheidbarkeit ihrer Codierung behaupten. Diese ist, wie mit dem Begriff der ‚Doppelcodierung' angezeigt wurde, in den verwendeten Materialien in zwei Variationen zu sehen: Zum einen dann, wenn die Religions-Positionierung mit der Unterscheidung der Beobachtung des Unbeobachtbaren (im Anschluss an Luhmanns Religionsdefinition, vgl. 3.3.) operiert und dabei eine zentral auf Religion ausgerichtete epistemische Differenzierung im Bereich des Kommunizier- und Beobachtbaren anzeigt. Zum anderen wird eine Un-Unterscheidbarkeit thematisiert, wenn die Religions-Positionierung zwischen Religion und dem Juridisch-Politischen vorgenommen wird (wie es im Anschluss an Agamben oder Esposito ausgeführt wurde, vgl. 5.2.3.). Beide Un-Unterscheidbarkeiten müssen gleichwohl unterschieden werden, was zu einer der wirkmächtigsten Paradoxieentfaltungen der Moderne geführt hat. Die These der ‚Doppelcodierung' in der Arbeit an der Religion spezifiziert also die anfängliche Hypothese vom Religionsdiskurs als Ordnungsdiskurs der Moderne. Sie spezifiziert zudem auch, wie die Strategien des *boundary work* konkret aussehen und im Religionsdiskurs zumindest zwei Grundlagen (zwei Codierungen) der zeitgenössischen Gesellschaftsordnung fundieren.

Die theoretisierte Religion, die ich hier vorschlage, zeigt also die Ununterscheidbarkeit zwischen dem ‚Religiösen' auf der einen und dem ‚Juridisch-Politisch-Wissenschaftlichen' auf der anderen Seite an, wobei letzteres die Bereiche der ‚säkularen Moderne' bezeichnet, wie diese im untersuchten Diskurs konstituiert werden. Dies wurde als Doppelcodierung des Religionsdiskurses ausgewiesen.

Auch wenn hinsichtlich der Kategorienarbeit, die im Religionsdiskurs verwendet wird, eine gewisse Übereinstimmung mit der ‚kritischen Religionswissenschaft' besteht, wie sie etwa Russell McCutcheon stark macht, so weiche ich bezüglich der Möglichkeit einer theoretischen Weiterführung des Religionsbegriffs doch von dieser ab (vgl. 3.2.1.). Übereinstimmung besteht zwar darin, wie die „kritische Religionswissenschaft" für die Religionswissenschaft als ‚Kritikerin' im Religionsdiskurs eintritt und dabei die Kategorie der ‚Religion' als ‚gewöhnliche' (*ordinary*[906]) ausweist und in einer „Ökonomie der Signifikanten"[907] beschreibt. Jedoch ergänzt der hier vorgestellte Ansatz einer *Religionswissensge-*

906 Vgl. etwa: Russell McCutcheon: „Part 1. Redescribing Religion as Something Ordinary", in ders.: *Critics not Caretakers. Redescribing the Public Study of Religion*, New York: State University, S. 3–41.

907 Ebd., S. 15.

schichte diese Perspektive, indem er eine wissenshistorische mit einer diskurstheoretischen und metaphorologischen Perspektive zusammenbringt und anschließend auf die konkrete religionshistoriographische Arbeit an der Religion anwendet.

Die dabei besprochenen Religionsdiagnosen wurden immer hinsichtlich des *tertiums* der religionsbezogenen Schwellenerzählungen verglichen.[908] Die Konstruktion dieses Gegenstands führt über die Arbeit an der Religion, worin die ‚Religionsbezogenheit' etabliert wird, sowie über die Ordnung der Zeit qua temporaler Positionierungstechnologien. Dabei wurde gezeigt, wie Schwellenerzählungen *en détail* konstruiert sind, wie die Erfahrung des Ereignisses erzählt und dabei eine Ordnung in die Zeit gelegt wird, deren chronopolitische Nutzbarmachung dadurch erst möglich wird.

Zentral ist in dieser Perspektive eine letzte Un-Unterscheidbarkeit: nämlich diejenige, zwischen den Forschungsgegenständen und dem sekundären Forschungsstand. Die allerwenigsten Autorinnen und Autoren, die in der Analyse zur Sprache gebracht wurden, konnten ausschließlich auf der ‚Quellen-' oder Gegenstandsseite besprochen werden. Die überwiegende Mehrheit der Autoren hat jedoch, wie etwa auch Foucault zu Beginn des Kaleidoskops, einen doppelten Anteil an dieser Arbeit: sie sind beides: Forschungsstand und Gegenstand. Dies galt etwa für Ernst Cassirer, Michel Foucault, Karl Jaspers, Ernst Löwith, Shmuel N. Eisenstadt, Robert N. Bellah, Marcel Gauchet oder Karen Armstrong.

Offensichtlich kommt die Arbeit an Schwellenerzählungen selbst aber auch nicht ohne Schwellenhaftigkeit aus, wie Nassehi im Sinne der Zirkelhaftigkeit von Zeittheorien bemerkt hat. Das Ausgangsparadox bestand darin, dass man Zeit nicht unabhängig von der Zeit selbst untersuchen kann und führte letztlich zur Frage nach der in dieser Arbeit selbst angelegten Politik des Ursprungs – dies wird die letzte zu klärende Frage sein. Zuvor spezifiziere ich jedoch noch einmal abschließend die Thesen, die aus der vorliegenden Analyse der Religions-Positionierungen erfolgen.

Die hier vertretenen Thesen behaupten erstens eine Politik des Ursprungs, welche durch die Schwelle – den neu eingesetzten Ursprung – legitimierend auf Handlungsanleitungen wirkt. Die *Ursprünge* in der Zeitgeschichte weisen darauf hin, dass Schwellenerzählungen im Sinne geschichtskonstitutiver My-

908 Hinsichtlich der Diskussion des *tertium comparationis* als methodischem Ankerpunkt des religions- und kulturwissenschaftlichen Vergleichs siehe auch: Oliver Freiberger: „Der Vergleich als Methode und konstitutiver Ansatz in der Religionswissenschaft", in: Stefan Kurth, Karsten Lehmann (Hrsg.): *Religionen erforschen. Kulturwissenschaftliche Methoden in der Religionswissenschaft*, Wiesbaden: VS 20011, S. 199–218; Jürgen Mohn: „Komparatistik als Position und Gegenstand der Religionswissenschaft", in: Reinhold Bernhardt, Klaus von Stoch (Hrsg.): *Komparative Theologie. Interreligiöse Vergleiche als Weg der Religionstheologie*, Zürich: TVZ 2009, S. 225–276. Vgl. auch Jean-François Bayart: „Comparing from below – comparer par le bas", *Société politique comparées*, 1, 2008, S. 1–25.

then die Zeit der Gesellschaft bestimmen. Der analytische Blick auf die Schwelle legt diese Beziehung dar und beschreibt die damit verbundenen Gouvernementalitäten der Religion, indem er die hinter den Regierungstechniken steckenden Rationalitäten in den Vordergrund stellt, die sich als *Politiken des Ursprungs* äußern.

Zweitens behaupte ich eine über verschiedene Funktionssysteme hinausgreifende Praxis der Schwellenerzählungen als Mythopoesie, welche sich über die spezifischen temporalen Positionierungstechnologien analysieren lässt. Dabei stehen wie erwähnt nicht die Inhalte im Zentrum der Aufmerksamkeit, sondern die Art und Weise, wie Gegenwart, Vergangenheit und Zukunft verknüpft werden und wie sich der/die Zeitgenoss*in darin ‚positioniert'.

Drittens wird gezeigt, wie Schwellenerzählungen zwischen den beiden Polen Ereignismystik und Ereignisskepsis oszillieren, wobei bei vielen Autor*innen beide Tendenzen vorhanden sind (exemplarisch etwa bei Foucault, vgl. 1.3.2.2.).

Viertens lässt sich neben den beiden (vereinfachten) Gegenpolen der Ereignismystik und der Ereignisskepsis eine dritte Position aus- und für die Arbeit fruchtbar machen. Wie aber sähe denn diese Position aus, die sich irgendwo zwischen der Ereignismystik und der Ereignisskepsis positioniert, und worauf zielte sie? Während der Beweis für die hier gegebene Antwort nur am Material ersichtlich werden kann, schicke ich hier eine Perspektive nach, die sich an Giorgio Agambens „Lob der Profanierung" orientiert.[909] Agamben unterscheidet zwischen der Sakralisierung, der Säkularisierung und der Profanierung:

> „Die Säkularisierung ist eine Form von Verdrängung, welche die Kräfte weiterwirken lässt und sich auf deren Verschiebung von einem Ort zum anderen beschränkt. So macht die politische Säkularisierung theologischer Begriffe (die Transzendenz Gottes als souveräne Macht) nichts anderes, als die himmlische Monarchie auf die Erde zu versetzen, lässt deren Macht aber unangetastet."[910]

Die Profanierung stellt demgegenüber eine Transformation dar, welche ein nach Agamben „heiliges" oder „religiöses" Ding „dem freien Gebrauch der Menschen zurück[gibt]".[911] Agamben arbeitet also nicht mit einer Naturalisierung von Dingen als ‚religiös' oder ‚profan', sondern definiert genau diese Unterscheidung, die er als Absonderung charakterisiert, als Charakteristikum der Religion: „Nicht nur gibt es keine Religion ohne Absonderung, sondern jede Absonderung enthält oder bewahrt in sich einen genuin religiösen Kern."[912] Hieraus ergeben sich verschiedene Konsequenzen für das hier vorliegende Programm auf beiden Seiten der Analyse: der Zeitanalyse sowie der Religions-Posi-

---

909 Giorgio Agamben: „Lob der Profanierung", in ders.: *Profanierung*, Frankfurt a.M.: Suhrkamp 2005, S. 70–91.

910 Ebd., S. 74.

911 Ebd., S. 70.

912 Ebd., S. 71.

tionierungsanalyse. Wenn ‚Religion' als Technik der Absonderung (als ‚boundary work', wie eingangs eingeführt wurde) bestimmt wird, werden Schwellenerzählungen quer durch alle Funktionsbereiche der Gesellschaft als religiöse Erzählungen bestimmt, indem sie temporale Absonderungen und damit qualitative Unterscheidungen zwischen dem treffen, „was den Göttern gehört" und was eine Gewissenhaftigkeit in der Pflichtausübung nach sich zieht einerseits, und dem, was dem Menschen gehört und was eine gewisse Nachlässigkeit erlaubt andererseits.[913] Ob diese Unterscheidung mitgetragen wird oder nicht, muss hier (noch) nicht entschieden werden. Aufschlussreich ist jedoch die Weigerung, diese Unterscheidung zu übernehmen, insofern als damit die Absonderung der ‚Religion' von ‚Nicht-Religion' zum apriorischen Fundament wird, deren Vollzug auf die damit propagierte Qualifizierung von ‚richtiger' Religion verweist.

Auf der ersten Ebene der Religionsanalyse wird die Unterscheidung von Religion so auch zu einer religiösen Unterscheidung und verweist damit auf die zirkuläre Dimension von Religionstheorie und Diskurstheorie.[914] Die Verhandlung dessen, was Religion ist, kann unter bestimmten Vorzeichen eine religiöse Kommunikation darstellen. Oder in anderen Worten: ‚Religion' wird die Absonderung des Nichtkontrollierbaren aus der Ordnung der Gesellschaft genannt. Gleichwohl ist damit nicht jede Kommunikation über Religion zugleich auch ‚religiöse' Kommunikation, sondern dies entscheidet sich aufgrund ihrer Sprecher*innenposition im Hinblick auf das jeweils verwendete Wahrheitsregime.[915]

Profanierung bezieht sich jedoch auch auf die Figur der Schwellenerzählung selbst: Indem nicht auf die Korrektheit der behaupteten Schwelle geschaut, sondern auf die Art und Weise, wie Schwellen über temporale Positionierungstechnologien erzählt werden, sollen Schwellenereignisse dem „Gebrauch der Menschen" zurückgegeben werden. Es interessiert also die Machart des Ereignisses und nicht seine behauptete Besonderheit.

Zweitens wird damit auch gezeigt, dass die Absonderung als aktive Handlung eine Strategie und nicht etwa ein Übernehmen einer irgendwie als ‚natürlich' erachteten Absonderung ist. Religion als Absonderung ist eine Technologie der Positionierung, die sich sowohl zeitlich als auch räumlich ausweisen kann.

Drittens müssen wir uns fragen, in welchem Verhältnis Profanierung und Religionswissenschaft auf der einen, Profanierung und Ereignismystik bzw. -kritik auf der anderen Seite stehen. Insofern als die Evaluation einer Schwellen-

---

913 Vgl. ebd., S. 71 f.

914 Vgl. Adrian Hermann: *Unterscheidungen der Religion. Analysen zum globalen Religionsdiskurs und dem Problem der Differenzierung von ‚Religion' in buddhistischen Kontexten des 19. und frühen 20. Jahrhunderts*. Göttingen: VR 2015, hier insbesondere S. 69–76.

915 Vgl. Atwood, „The Discourse on Primal Religion".

behauptung nicht zum Ziel der Arbeit gehört, kann die Ereignisskepsis nicht das Ziel der Analyse sein. Es ging ja gerade nicht darum, historiographisch nachzuweisen, ob und wieso ein Ereignis eine epochale oder eben keine solche Schwelle ist. Indem aber nach den narrativen Strategien einer Schwellenerzählung gefragt wird, steckt im hier propagierten Zugang dennoch eine ereignisskeptische Schattierung. Diese liegt darin, dass die Produktion der Schwellenerzählung in der Ereignismystik verschleiert wird – ‚9/11' *hat* alles verändert. Das Faktum, also gerade die mythische Seite der Schwellenerzählung, wird in der Ereignismystik naturalisiert – und mit Agamben gesprochen – abgesondert und sakralisiert. Die Auseinandersetzung mit dem historischen Material hat darauf detaillierte und spezifische Antworten gegeben.

Die hier verwendete Religionstheorie hat folglich eine wissenssoziologische Schlagseite, der zufolge religiöse Kommunikation darin besteht, dass sie ‚Religion' als konstitutives Außen bestimmt und damit epistemische Dispositive festlegt und mitkonstruiert. An ‚Religion' formieren sich unterschiedlichste Interessen, die je eigene Übersetzungsleistungen vornehmen und Religion vis-à-vis den unterschiedlichen konstitutiven Außen positionieren.

Die Bestimmung von religiöser Kommunikation ist vor diesem Hintergrund die Kommunikation von Etwas als Religion.[916] Diese Bestimmung wird aus der Kombination zweier theoretischer Religionsbestimmungen vermittelt, mit unterschiedlichen wissenssoziologischen Prämissen: Aus Luhmanns systemtheoretischen Religionsbestimmungen ist die Paradoxie entnommen, dass Religion die Beobachtung des Unbeobachtbaren unter der Codierung Immanenz-Transzendenz gewährleistet. Von Agamben ist die Beobachtung entnommen, dass die Unterscheidung von Religion, insbesondere bezogen auf den politisch-juridischen Bereich der Gesellschaft, nicht vorgenommen werden kann und gleichwohl vorgenommen werden muss und dass gerade in dieser Unterscheidung eine religiöse im Sinne einer sakralisierenden Praxis besteht. Beide religionstheoretischen Perspektiven stellen die Unterscheidungspraxis von Religion und ihrem jeweiligen ‚konstitutiven Außen' in den Vordergrund. In ähnlicher Weise haben kürzlich Monica Miller und Christopher Driscoll hinsichtlich der Methodenfrage darauf hingewiesen, dass Religion „die Rangfolge eines Ortes gegenüber einem anderen, die Verwendung verschiedener Klassifizierungstechniken [darstellt], um einen willkürlichen, weltlichen Ort als einzigartig zu markieren"[917]. Auch in dieser Perspektive ist eine wissenssoziologische Wendung impliziert, die die Rolle von Religion als eine der besonderen Positionierungen innerhalb der Gesellschaft beschreibt. Somit stellt sich die Frage nach der Religion ausschließlich außerhalb der Religion (vgl. 3.3.2.).

---

[916] Vgl. dazu Anja Kirsch, *Weltanschauung als Erzählkultur*.
[917] Miller, Driscoll, *Method as Identity*, S. 1. Übers. von DA.

6.4. Epilog: Religionspositionierungen

Die Art und Weise, wie Schwellenerzählungen rhetorisch dargestellt, erzählt und stilisiert werden, wird in der Arbeit mit der Unterscheidung von Ereignismystik und Ereignisskepsis differenziert. Dabei schließen sich diese gegensätzlichen Idealtypen nicht *per se* aus, sondern treten auch gemeinsam auf.

Wieso wurden nun auf der analytischen Ebene solche religiös konnotierten Begriffe wie „Mystik" und „Skepsis" verwendet, um Schwellenstilisierungen zu beschreiben? Um damit kenntlich zu machen, dass religionsbezogene Schwellenerzählungen zwischen verschiedenen Wissensregimen changieren und dieses Changieren in vielen der hier beschriebenen Diskurse selbst zum Thema gemacht wird. Diese ‚großen Erzählungen' oszillieren diskursiv gerade zwischen Mythos und Geschichte bzw. Historiographie oder zwischen Religion und Rationalität. Dabei wird dieses Oszillieren häufig selbst mitthematisiert und die entsprechenden epistemischen Kollektive damit konstituiert. Dies wurde etwa bei Karl Jaspers sichtbar, aber auch bei Habermas, Blanchot, de Certeau oder Derrida, die ihre Schwellen- oder Ereignistheoretisierung in konstitutiver Abgrenzung und/oder als inhärenten Zusammenhang, in jedem Fall in Auseinandersetzung mit Religion beschrieben haben. Noch deutlicher wurde dies im politischen Diskurs bei journalistischen, politischen oder allgemeinen Zeitdiagnosen wie etwa derjenigen von Edgar Morin (vgl. 4.2.) oder Richard von Weizsäcker (vgl. 4.3.3.).

Die metasprachliche Verwendung religiös konnotierter Begriffe nimmt diese enge Verzahnung auf und verdeutlicht damit eine gleichzeitig praktizierte (und regierte) wie auch theoretisierte Amalgamierung von religiöser mit nicht-religiöser Sprache bei gleichzeitiger Konstitution derselben). Dies ist bei vielen der untersuchten Diskursteilnehmer*innen angelegt und expliziert auf verschiedene Weise, was in der vorliegenden Analyse mit der *Arbeit an der Religion* gemeint ist und anhand der religionsbezogenen Schwellenerzählungen deutlich gemacht wurde.

Schwellenerzählungen sind also keineswegs *per se* religiös, auch wenn die Theoretisierung der Schwelle häufig zwischen ‚Religion', ‚Geschichte' und ‚Rationalität' changiert. Trotzdem werden Schwellenerzählungen nicht generell ‚als' religiöse Erzählungen beschrieben, sondern als mythopoetische, d.h. geschichtskonstitutive, gemeinschaftsbildende und handlungsanleitende Erzählungen, in denen die Arbeit an der Religion die politische Aushandlung dessen mit sich führt, was daran ‚religiös' sei. Damit ist abschließend auch eine heuristische Differenzierung zwischen dem Religions- und dem Mythosbegriff eingeführt, die auf beiden Seiten eine Konstruiertheit berücksichtigt und einbezieht, aber gleichwohl eine Unterscheidung ermöglicht.

Die Begrenzung auf ‚religionsbezogene' Schwellenerzählungen bringt die Arbeit an der Religion also insofern ins Spiel, als in diesen Schwellenerzählungen

‚Religion' bestimmt und ihr Ort in der Ordnung der Gesellschaft definiert und begrenzt wird. Dies meint der Untertitel der Analyse, wenn er auf mythopoetische Ursprünge von Religion in der Zeitgeschichte hinweist.

Der Fokus auf die Positionierungen sowohl in der Zeit als auch im Feld der Religion ermöglicht die Unterscheidung von Schwellenbeobachtung und Schwellenproduktion. Diese schwellen*beobachtende* Analyse konzentriert sich auf die Konstruktion und Begrenzung des Religionsdiskurses und situiert die Arbeit an der Religion zwischen den beiden Ensembles der Separierung und der Amalgamierung. Gleichwohl kann die hier vorgeschlagene Analyse von Schwellenerzählungen auch auf andere Diskurse als den Religionsdiskurs übertragen werden. Schwellenerzählungen sind, so eine weitere These der Arbeit, auch abseits des Religionsdiskurses mit der hier verwendeten Analytik der temporalen Positionierungstechnologien zu beschreiben, was auf die Anschlussfähigkeit dieses Analyseinstrumentariums hinweist. Das zu Beginn eingeführte Kaleidoskop hat deshalb nicht nur den Rang eines illustrierenden Einstiegs, sondern deutet die programmatische Anschlussfähigkeit der Schwellenbeobachtung an.

In der gesamten Analyse der Arbeit an der Religion wurden verschiedene Komplexitäten beobachtet, welche in einer zweifachen Abgrenzung gipfeln: ‚Religion in der Moderne' wurde als Paradoxieentwicklung einer doppelten Ununterscheidbarkeit sichtbar, die gleichwohl zwingend unterschieden werden muss. Die Beobachtung von religionsbezogenen Schwellenerzählungen hat gezeigt, dass sowohl zwischen ‚Religion' und der ‚säkularen' Regierungsmaschine als auch zwischen der (damit konstruierten) ‚religiösen' Episteme und der ‚wissenschaftlichen' oder ‚philosophisch-reflexiven' Episteme keine scharfe Unterscheidung getroffen werden kann und gleichwohl getroffen werden muss. Die Arbeit an der Religion in der Moderne oszilliert aus diesem Grunde zwischen der Separierung und Amalgamierung der betroffenen Episteme und zeigt gerade in dieser Oszillation eine zentrale Signatur der Moderne an.

Die Religionswissensgeschichte versucht also zu zeigen, wie sich die moderne Geschichte an der Religionsgeschichte selbst abarbeitet und, indem sie die Grenzen der Religionsgeschichte als einer ‚religiösen' Geschichte fortschreibt, die Arbeit an der Religion weiterführt.

Bibliographie

Afar, Janet; Kevin B. Anderson: *Foucault and the Iranian Revolution. Gender and the Seductions of Islamism*, University of Chicago Press 2010.

Agamben, Giorgio: *Das Sakrament der Sprache. Eine Archäologie des Eides, Homo sacer II.3.*, Berlin: Suhrkamp 2010.

Agamben, Giorgio: *Herrschaft und Herrlichkeit. Zur theologischen Genealogie von Ökonomie und Regierung, Homo Sacer II.2.*, Berlin: Suhrkamp 2010.

Agamben, Giorgio: *Homo sacer. Die Souveränität und das nackte Leben*, Frankfurt a.M.: Suhrkamp 2002.

Agamben, Giorgio: *Profanierungen*, Frankfurt a.M.: Suhrkamp 2005.

Agamben, Giorgio: *Signatura rerum. Zur Methode*, Frankfurt a.M.: Suhrkamp 2009.

Akrich, Madeleine; Michel Callon, Bruno Latour: „The Key to Success in innovation Part I: the Art of Interessement", *International Journal of Innovation Management*, Vol. 6, No.2, June 2002, S. 187–206.

Alexander, Jeffrey: „The Promise and Contradictions of Axiality", *Sociologica* 1, 2013, S. 1–6.

Alexander, Jeffrey: *Fin de Siècle Social Theory. Relativism, Reduction and the Problem of Reason*, London/New York: Verso 1995.

Alexander, Jeffrey: *The Dark Side of Modernity*, Cambridge: polity 2013.

Amir-Moazami, Schirin: „Die ‚muslimische Frage' in Europa. Politische Aporien der Anerkennung unter liberal-säkularen Bedingungen", in: Philipp Hubmann, Martin Gronau, Marie-Luisa Frick: *Politische Aporien. Akteure und Praktiken des Dilemmas*, Wien: Turia & Kant 2016, S. 111–133.

Amir-Moazami, Schirin: *Der inspizierte Muslim. Zur Politisierung der Islamforschung in Europa*, Bielefeld: transript 2018.

Anders, Günther: *Off limits für das Gewissen. Der Briefwechsel zwischen dem Hiroshima-Piloten Claude Eatherly und Günther Anders*, Hrsg. von Robert Jungk, Hamburg: Rowohlt 1961.

Anderson, Perry: *Zum Ende der Geschichte*, Berlin: Rotbuch 1993.

Arendt, Hannah: *Macht und Gewalt*, München: Piper 1998.

Arendt, Hannah: *Über die Revolution*, München: Piper 1986.

Arendt, Hannah: *Vita activa oder vom tätigen Leben*, München: Piper 1992.

Armstrong, Karen: *The Great Transformation. The Beginning of Our Religious Traditions*, New York: Knopf 2006.

Asad, Talal: *Formations of the Secular. Christianity, Islam, Modernity*, Stanford: SUP 2003.

Assmann, Aleida; Jan Assmann (Hrsg.): *Kanon und Zensur. Beiträge zur Archäologie der literarischen Kommunikation II*, München 1987.

Assmann, Aleida; Jan Assmann: „Kultur und Konflikt. Aspekt einer Theorie des unkommunikativen Handelns", in Jan Assmann, Dietrich Harth (Hrsg.): *Kultur und Konflikt*, Frankfurt a.M.: Suhrkamp 1990, S. 11–48.

Assmann, Aleida; Jan Assmann: Art. „Mythos", in: *Handbuch religionswissenschaftlicher Grundbegriffe*, Band IV, Stuttgart: W. Kohlhammer 1998, S. 179–200.

Assmann, Aleida: „Einheit und Vielfalt in der Geschichte: Jaspers' Begriff der Achsenzeit neu betrachtet", in: Shmuel N. Eisenstadt (Hrsg.): *Kulturen der Achsenzeit II. Ihre institutionelle und kulturelle Dynamik. Teil 3: Buddhismus, Islam, Altägypten, westliche Kultur*, Frankfurt am Main: Suhrkamp 1992, S. 330–340.

Assmann, Aleida: „Jaspers' Achsenzeit, oder Schwierigkeiten mit der Zentralperspektive in der Geschichte", in: Dietrich Harth (Hrsg.): *Karl Jaspers. Denker zwischen Wissenschaft, Politik und Philosophie*, Stuttgart: Metzler 1989.

Assmann, Aleida: *Arbeit am nationalen Gedächtnis. Eine kurze Geschichte der deutschen Bildungsidee*, Frankfurt a.M.: Campus 1993.

Assmann, Aleida: *Ist die Zeit aus den Fugen? Aufstieg und Fall des Zeitregimes der Moderne*, München: Hanser 2013.

Assmann, Jan: „Große Texte ohne eine Große Tradition: Ägypten als eine vorachsenzeitliche Kultur", in Shmuel N. Eisenstadt (Hrsg.): *Kulturen der Achsenzeit II. Ihre institutionelle und kulturelle Dynamik, Teil 3, Buddhismus, Islam, Altägypten, westliche Kultur*, Frankfurt a.M.: Suhrkamp 1992, S. 245–280.

Assmann, Jan: *Achsenzeit. Eine Archäologie der Moderne*, München: C.H. Beck 2018.

Assmann, Jan: *Das kulturelle Gedächtnis. Schrift, Erinnerung und politische Identität in frühen Hochkulturen*, München: C.H. Beck 2007.

Atwood, David: „Die Theatralität der Religion. Religionspolitische Symboldebatten als zivilreligiöse Schauspiele", in: Anne Kühler, Mirjam Olah (Hrsg.): *Quae Caesaris Caesari, quae Dei Deo? Bezüge von Recht und Religion im Wandel. Symposium anlässlich des 60. Geburtstags von Felix Hafner*, St. Gallen/Zürich: Dike 2018, S. 107-140.

Atwood, David: „The Discourse on Primal Religion. Disentangling Regimes of Truth", *Method and Theory in the Study of Religion*, 28/4–5, 2016, S. 445–464.

Atwood, David: „Primitive Religion. ‚Africa' as a Marker for Transformations in European History of Religion", *Ghana Bulletin of Theology* 2016, S. 5–19.

Atwood, David: „contact zones. Eine Annäherung aus religionswissenschaftlicher Perspektive", *prospektiv. Theologisches und Religionswissenschaftliches aus Basel. Magazinbeilage zur Reformierten Presse*, 8 / 2015, S. 5-6.

Atwood, David; Anne Kühler: „Ambivalenzen im Verhältnis von Recht und Religion in Folge der Verrechtlichung des Religiösen – Anmerkungen zu einer interdisziplinären Diskussion" in: Anne Kühler et al. (Hrsg.): *Interdependenzen von Recht und Religion*. Würzburg: Ergon 2014, S. 73–92.

Atwood, David: „Die Religion der Anderen. Zur Diskursgeschichte der frühen Religionsforschung“, in: Andreas Heuser, Claudia Hoffmann, Tabitha Walther (Hrsg.): *Erfassen – Deuten – Urteilen: Empirische Zugänge zur Religionsforschung*, Zürich: TVZ 2014, S. 367–382.

Baatz, Ursula: „Zeit im Buddhismus“, in: Erhard Chvojka; Andreas Schwarcz, Klaus Thien (Hrsg.): *Zeit und Geschichte: Kulturgeschichtliche Perspektiven*, (Veröffentlichungen des Instituts für Österreichische Geschichtsforschung 36), Wien/München: Oldenbourg 2002, S. 154–161.

Badiou, Alain: *Das Sein und das Ereignis*, Zürich/Berlin: diaphanes 2016.

Barash, Jeffrey Andrew: „Myth in History, Philosophy of History as Myth: on the ambivalence of Hans Blumenberg's interpretation of Ernst Cassirer's Theory of Myth“, *History and Theory*, 50, 2011, S. 328–340.

Barthes, Roland: *Mythen des Alltags*, Frankfurt a.M.: Suhrkamp 1964.

Baudrillard, Jean: *La guerre du Golfe n'a pas eu lieu*, Paris: Galilée 1991.

Bauer, Matthias; Maren Jäger (Hrsg.): *Mythopoetik in Film und Literatur*, München: edition text & kritik 2011.

Bayart, Jean-François: *L'illusion identitaire*, Paris: Fayard 1996.

Bayart, Jean-François: *Les études postcoloniales. Un carnaval académique*, Paris: Karthala 2010.

Beck, Ulrich: *Der eigene Gott. Von der Friedensfähigkeit und dem Gewaltpotenzial der Religionen*, Frankfurt a.M./Leipzig: Verlag der Weltreligionen 2008.

Bell, Catherine: „Paradigms behind (and before) the modern concept of religion“, *History and Theory*, 45, 2006, S. 27–46.

Bellah, Robert N.: „What is Axial about the Axial Age?, *European Journal of Sociology*, Vol. 46/1, April 2005, S. 69–89.

Bellah, Robert N.: *Religion in Human Evolution. From the Paleolithic to the Axial Age*, Cambridge/London: Harvard University Press 2011.

Berger, Peter L.; *The Desecularization of the World. Resurgent Religion and World Politics*, Washington D.C.: Ethics and Public Policy Center 1999.

Berger, Peter L.; Thomas Luckmann: *Die gesellschaftliche Konstruktion der Wirklichkeit. Eine Theorie der Wissenssoziologie*, Frankfurt a.M. 1994.

Bergunder, Michael: „Was ist Religion? Kulturwissenschaftliche Überlegungen zum Gegenstand der Religionswissenschaft“ in: *Zeitschrift für Religionswissenschaft*, 2001, Bd. 19, Heft 1, S. 3–55.

Bergunder, Michael: „Was ist Religion? Kulturwissenschaftliche Überlegungen zum Gegenstand der Religionswissenschaft“, *Zeitschrift für Religionswissenschaft* 19/1, 2011, S. 1–55.

Bhabha, Homi: „Foreward“, in: Frantz Fanon: *The Wretched of the World*, New York: Grove Press 2004, S. xii–xliii.

Birkhan, Barbara: *Foucaults ethnologischer Blick. Kulturwissenschaft als Kritik der Moderne*, Bielefeld: transcript 2012.

Blanchot, Maurice: *Das Unzerstörbare. Ein unendliches Gespräch über Sprache, Literatur und Existenz*, München: Hanser 1991.

Blumenberg, Hans; Carl Schmitt: *Briefwechsel 1971–1978 und andere Materialien*, Frankfurt a.M.: Suhrkamp 2007.

Blumenberg, Hans: *Arbeit am Mythos*, Frankfurt a.M.: Suhrkamp 2006.

Blumenberg, Hans: *Die Legitimität der Neuzeit*, Frankfurt a.M.: Suhrkamp 1996.

Blumenberg, Hans: *Die Lesbarkeit der Welt*, Frankfurt a.M.: Suhrkamp 2014.

Blumenberg, Hans: *Präfiguration. Arbeit am politischen Mythos*, Berlin: Suhrkamp 2014.

Blumenberg, Hans: *Quellen, Ströme, Eisberge. Beobachtungen an Metaphern*, Berlin: Suhrkamp 2012.

Blumenberg, Hans: *Wirklichkeiten, in denen wir leben: Aufsätze und eine Rede*, Stuttgart: Reclam 1981.

Bochinger, Christoph: „Religionen, Staat und Gesellschaft. Weiterführende Überlegungen“ in ders. (Hrsg.): *Religionen, Staat und Gesellschaft. Die Schweiz zwischen Säkularisierung und religiöser Vielfalt*, Zürich: Verlag NZZ 2013, S. 209–242.

Böckenförde, Ernst-Wolfgang: *Recht, Staat, Freiheit. Studien zur Rechtsphilosophie, Staatstheorie und Verfassungsgeschichte*, Frankfurt a.M.: Suhrkamp 2006.

Borutta, Manuel: „Genealogie der Säkularisierungstheorie. Zur Historisierung einer großen Erzählung der Moderne“, *Geschichte und Gesellschaft*, 36, 2010, S. 347–376.

Bösch, Frank: *Zeitenwende 1979. Als die Welt von heute begann*, München: C.H. Beck 2019.

Bourdieu, Pierre: „Das Paradox des Soziologen“, in ders.: *Soziologische Fragen*, Frankfurt a.M.: Suhrkamp 1993, S. 83–90.

Bourdieu, Pierre: *Religion. Schriften zur Kultursoziologie 5*, Konstanz: UVK 2009.

Bourdieu, Pierre: *Was heißt sprechen? Die Ökonomie des sprachlichen Tausches*, Wien: nap 1990.

Boy, John D.; John Torpey: „Inventing the axial age: the origins and uses of a historical concept“, *Theory and Society*, 42/3, 2013, S. 241–259.

Brandon, S. G. F.: *Time, History and Deity*, New York: Barnes & Noble 1965.

Braun, Willi; Russell T. McCutcheon: *Reading J. Z. Smith. Interview and Essay*, New York: OUP 2018.

Braunstein, Jean-François: *L'histoire des Sciences. Méthodes, styles et controverses*, Paris: J. Vrin: 2008.

Breuer, Stefan: „Kulturen der Achsenzeit. Leistung und Grenzen eines geschichtsphilosophischen Konzepts“, *Saeculum* 45, 1994, S. 1–33.

Brück, Michael von; Gordon, R.L.; Herrmann, K.; Dan, J. et al.: „Mystik“, in: Religion in Geschichte und Gegenwart. Online: http://dx.doi.org/10.1163/2405-8262_rgg4_COM_14664 (zuletzt abgerufen am 16.07.2019).

Brunotte, Ulrike: „The Myth-Ritual Debate“, in: Richard King (Hrsg.): *Religion, theory, critique. Classic and Contemporary Approaches and Methodologies*, New York: Columbia University Press, S. 351–375.

Brunotte, Ulrike: *Helden des Todes. Studien zur Religion, Ästhetik und Politik moderner Männlichkeit*, Würzburg: Ergon 2015.

Buden, Boris: *Zone des Übergangs. Vom Ende des Postkommunismus*, Frankfurt a.M.: Suhrkamp 2009.

Butler, Judith: „Was ist Kritik? Ein Essay über Foucaults Tugend“, in: Rahel Jäggi und Tilo Wesche (Hrsg.): *Was ist Kritik?*, Frankfurt a.M.: Suhrkamp 2009, S. 221–246.

Butter, Michael; Birte Christ, Patrick Keller (Hrsg.): *9/11. Kein Tag der die Welt veränderte*, Paderborn: Schöningh 2011.

Callon, Michel; Bruno Latour: „Unscrewing the big Leviathan: how actors macro-structure reality and how sociologists help them to do so“, in Karin Knorr-Cetina, Aaron Cicourel (Hrsg.): *Advances in Social Theory and Methodology*, London: Routledge/Kegan Paul 1981, S. 277–303;

Callon, Michel; John Law: „On Interests and their Transformation: Enrolment and Counter-Enrolment“, *Social Studies of Science*, 12, 1982, S. 615–625.

Callon, Michel: „Some elements of a sociology of translation: domestication of the scallops and the fishermen of St. Brieuc Bay“, in: John Law (Hrsg.): Power, action and belief: a new sociology of knowledge? London, Routledge 1986, S. 196–223.

Cancik, Hubert: „Die Rechtfertigung Gottes durch den ‚Fortschritt der Zeiten‘: Zur Differenz jüdisch-christlicher und hellenisch-römischer Zeit- und Geschichtsvorstellungen“, in: Anton Peisl, Armin Mohler (Hrsg.), *Die Zeit* (Schriften der Carl Friedrich von Siemens Stiftung 6), München, Wien/ Oldenbourg 1983, S. 257–288.

Carl, Gesine: *Übertritte von Juden zum Christentum im Spiegel von Konversionserzählungen des 17. und 18. Jahrhunderts*, Hannover: Wehrhahn 2007.

Cassirer, Ernst: *Philosophie der symbolischen Formen, Zweiter Teil: Das mythische Denken*, Hamburg: Felix Meiner 2012.

Cassirer, Ernst: *The Myth of the State*, New Haven: Yale University Press 1946.

Castoriadis, Cornelius: *Gesellschaft als imaginäre Institution. Entwurf einer politischen Philosophie*, Frankfurt a.M.: Suhrkamp 1990.

Chakrabarty, Dipesh: *Provincializing Europe. Postcolonial Thought and Historical Difference*, Princeton: PUP 2008.

Chidester, David: *Savage Systems. Colonialism and Comparative Religion in Southern Africa*, Charlottesville/London: University Press of Virginia 1996.

Chrétien, Jean-Pierre (Hrsg.): *L'Afrique de Sarkozy. Un déni d'histoire*, Paris: Karthala 2008.

Christian Heidrich: „Die Augustinische Bekehrung“, in ders.: *Die Konvertiten. Über religiöse und politische Bekehrung*. München/Wien: Hanser 2002, S. 100–141.

Cohen, Bernard: *Revolution in Science*, Harvard University Press 1987.

Colpe, Carsten: „Die Zeit in drei asiatischen Hochkulturen (Babylon - Iran - Indien)“, in: Anton Peisl, Armin Mohler (Hrsg.): *Die Zeit* (Schriften der Carl Friedrich von Siemens Stiftung 6), München/Wien: Oldenbourg1983, S. 225–256.

Conrad, Christoph; Martina Kessel (Hrsg.): *Geschichte schreiben in der Postmoderne. Beiträge zur aktuellen Diskussion*, Stuttgart: Reclam 1994.

Daniel, Anna: *Die Grenzen des Religionsbegriffs. Eine postkoloniale Konfrontation des religionssoziologischen Diskurses*, Bielefeld: transcript 2016.

Daston, Lorraine; Peter Galison: *Objektivität*, Frankfurt a.M.: Suhrkamp 2007.

Davis, Kathleen: *Periodization and Sovereignty. How Ideas of Feudalism and Secularization Govern the Politics of Time*, Philadelphia: University of Pennsylvania Press 2008.

de Certeau, Michel: *Das Schreiben der Geschichte*, Frankfurt/New York: Campus, 1991.

de Certeau, Michel: *GlaubensSchwachheit*, Stuttgart: Kohlhammer 2009.

de Man, Paul: *Allegorien des Lesens*, Frankfurt a.M.: Suhrkamp 1988.

Deleuze, Gilles; Félix Guattari: *Rhizom*, Berlin: Merve 1977.

Derrida, Jacques: „Glaube und Wissen. Die beiden Quellen der ‚Religion‘ an den Grenzen der bloßen Vernunft“, in: Gianni Vattimo, Jacques Derrida (Hrsg.): *Die Religion*, Frankfurt a.M.: Suhrkamp 2001.

Derrida, Jacques: *Apokalypse*, Wien: Passagen 2012.

Derrida, Jacques: *Eine gewisse unmögliche Möglichkeit, vom Ereignis zu sprechen*, Berlin: Merve 2003.

Derrida, Jacques: *Schurken*, Frankfurt a.M.: Suhrkamp 2005.

Dietzsch, Steffen; Carlos Marroquin: „Der Mythos als Institution und Erkenntnisproblem“, *Zeitschrift für Religionswissenschaft*, 7, 1999, S. 25–34.

Diner, Dan: *Zeitenschwellen. Gegenwartsfragen an die Geschichte*, München: Pantheon 2010.

Douglas, Mary: *Wie Institutionen denken*, Frankfurt a.M.: Suhrkamp 1991.

Droysen, Johann Gustav: *Historik*, Stuttgart: Frommann-Holzboog 1997.

Du Bois, William Edward Burghardt: *The World and Africa. An inquiry into the part which Africa has played in world history*, New York: International Publishers 1947.

Dubuisson, Daniel: *L'Occident et la religion*, Bruxelles: éditions complexes 1998.

Einstein, Albert; Leopold Infeld: *Die Evolution der Physik*, Hamburg: Rowohlt 1995.

Eisenstadt, Shmuel N. (Hrsg.): *Kulturen der Achsenzeit,* Frankfurt a.M.: Suhrkamp 1987–1992.: Teil I (1987): *Ihre Ursprünge und ihre Vielfalt* (1: Griechenland, Israel, Mesopotamien; 2.: Spätantike, Indien, China, Islam); Teil II (1992): *Ihre institutionelle und kulturelle Dynamik* (Tlb. 1.: China, Japan; Tlb. 2.: Indien; Tlb. 3.: Buddhismus, Islam, Altägypten, westliche Kultur).

Eisenstadt, Shmuel N.: „Allgemeine Einleitung: Die Bedingungen für die Entstehung und Institutionalisierung der Kulturen der Achsenzeit", in ders. (Hrsg.): *Kulturen der Achsenzeit. Ihre Ursprünge und ihre Vielfalt, Teil 1, Griechenland, Israel, Mesopotamien*, Frankfurt a.M.: Suhrkamp 1987, S. 10–40.

Eisenstadt, Shmuel N.: „Axial Civilizations and the Axial Age Reconsidered", in: Johann P. Arnason, Shmuel N. Eisenstadt, Björn Wittrock (Hrsg.): *Axial Civilizations and World History*, Leiden: Brill 2005.

Eisenstadt, Shmuel N.: „Vorwort", in ders.: *Kulturen der Achsenzeit. Ihre Ursprünge und ihre Vielfalt. Teil 1*, Frankfurt a.M.: Suhrkamp 1987, S. 7-10.

Elias, Norbert: *Über die Zeit*, Frankfurt a.M.: Suhrkamp 1988.

Elkana, Yehuda: „Die Entstehung des Denkens zweiter Ordnung im antiken Griechenland", in: Shmuel N. Eisenstadt (Hrsg.): *Kulturen der Achsenzeit. Ihre Ursprünge und ihre Vielfalt, Teil 1*, Frankfurt a. M.: Suhrkamp 1987, S. 51–88.

Elliott, George P.: „The Eatherly Case", *Commentary*, August 1968, 46/2, S. 75–78.

Erdheim, Mario: „Einleitung. Zur Lektüre von Freuds *Totem und Tabu*", in: Sigmund Freud: *Totem und Tabu. Einige Übereinstimmungen im Seelenleben der Wilden und der Neurotiker*, Frankfurt a.M.: Fischer 1998, S. 7–45.

Esposito, Roberto: *Zwei. Die Maschine der politischen Theologie und der Ort des Denkens*, Zürich: diaphanes 2018.

Eßbach, Wolfgang: „Europas Religionen, das Erbe der Religionskritik und die kulturelle Globalisierung" in: Boike Rehbein und Klaus-W. West (Hrsg.): *Globale Rekonfigurationen von Arbeit und Kommunikation. Festschrift zum 60. Geburtstag von Hermann Schwengel*, Konstanz: UVK 2009, S. 163–176.

Eßbach, Wolfgang: *Religionssoziologie 1. Glaubenskrieg und Revolution als Wiege neuer Religionen*, Paderborn: Wilhelm Fink 2014.

Eßbach, Wolfgang: *Religionssoziologie 2. Entfesselter Markt und Artifizielle Lebenswelt als Wiege neuer Religionen*, München: Wilhelm Fink 2019.

Faber, Richard; Eveline Goodman-Thau, Thomas Macho (Hrsg.): *Abendländische Eschatologie – Ad Jacob Taubes*, Würzburg: Könighausen & Neumann 2001.

Fanon, Frantz: *Die Verdammten dieser Erde*, Frankfurt a.M.: Suhrkamp 1981.

Fechner, Max (Hrsg.): *Joseph Goebbels: Wie konnte es geschehen? Auszüge aus den Tagebüchern und Bekenntnissen eines Kriegsverbrechers*, Berlin: Das Volk, 1945.

Feldkamp, Michael F.: *Die Entstehung des Grundgesetzes für die Bundesrepublik Deutschland 1949. Eine Dokumentation*, Stuttgart: Reclam 1999.

Ferrari, Jean; Cristovao S. Marineiro: „Über die bürgerliche Religion im politischen Denken Jean-Jacques Rousseaus“, *Aufklärung*, 21 (Religion), 2009, S. 161–181.

Fitzgerald, Timothy: *The Ideology of Religious Studies*, New York: OPF 2000.

Flasch, Kurt: *Augustinus. Einführung in sein Denken*, Stuttgart: Reclam, 1980.

Fleck, Ludwik: *Entstehung und Entwicklung einer wissenschaftlichen Tatsache. Einführung in die Lehre vom Denkstil und Denkkollektiv*, Frankfurt a.M.: Suhrkamp 1980.

Foucault, Michel: „Das mythische Oberhaupt der Revolte im Iran“ (253), *Schriften 3*, Frankfurt a.M.: Suhrkamp 2003, S. 894–897.

Foucault, Michel: „Die ‚Ideenreportagen‘“ (250), *Schriften 3*, Frankfurt a.M.: Suhrkamp 2003, S. 885–886.

Foucault, Michel: „Michel Foucault und der Iran“ (262), *Schriften* 3, Frankfurt a.M.: Suhrkamp 2003, S. 952–953.

Foucault, Michel: „Nietzsche, die Genealogie und die Historie“ (84), *Schriften 2*, Frankfurt a.M.: Suhrkamp 2014, S. 174 178.

Foucault, Michel: „Pulverfass Islam“ (261), in: *Schriften 3*, Frankfurt a.M.: Suhrkamp 2003, S. 949–952.

Foucault, Michel: „Was ist Aufklärung?“ in: Eva Erdmann, Rainer Forst und Axel Honneth (Hrsg.): *Ethos der Moderne. Foucaults Kritik der Aufklärung*, Campus: Frankfurt/New York 1990, S. 34–54.

Foucault, Michel: „Wovon träumen die Iraner?“ (245), *Schriften 3*, Frankfurt a.M.: Suhrkamp 2003, S. 862–870.

Foucault, Michel: *Analytik der Macht*, Frankfurt a.M.: Suhrkamp 2013.

Foucault, Michel: *Archäologie des Wissens*, Frankfurt a.M.: Suhrkamp 2013.

Foucault, Michel: *Der Mensch ist ein Erfahrungstier. Gespräch mit Ducio Trombadori*, Frankfurt a.M.: Suhrkamp 1996.

Foucault, Michel: *Die Ordnung der Dinge. Eine Archäologie der Humanwissenschaften*, Frankfurt a.M.: Suhrkamp 1974.

Foucault, Michel: *Die Ordnung des Diskurses*, München: Carl Hanser 1991.

Foucault, Michel: *Die Regierung des Selbst und der anderen. Vorlesungen am Collège de France 1982/83*, Frankfurt a.M.: Suhrkamp 2012.

Foucault, Michel: *Sicherheit, Territorium, Bevölkerung. Geschichte der Gouvernementalität I*, Frankfurt a.M.: Suhrkamp 2014.

Frazer, Elisabeth; Kimberley Hutchings: „On Politics and Violence: Arendt versus Fanon“, *Contemporary Political Theory*, 7, 2008, S. 90–108.

Frei, Norbert (Hrsg.): *Was heißt und zu welchem Ende studiert man Geschichte des 20. Jahrhunderts?*, Göttingen: Wallstein 2006.

Freiberger, Oliver: „Der Vergleich als Methode und konstitutiver Ansatz in der Religionswissenschaft", in: Stefan Kurth, Karsten Lehmann (Hrsg.): *Religionen erforschen. Kulturwissenschaftliche Methoden in der Religionswissenschaft*, Wiesbaden: VS Verlag: 2011.

Freud, Sigmund: *Totem und Tabu. Einige Übereinstimmungen im Seelenleben der Wilden und der Neurotiker*, Frankfurt a.M.: Suhrkamp 1998.

Fuchs, Peter: *Beobachtungen des Unbeobachtbaren. Konzepte radikaler Theoriebildung in den Geisteswissenschaften*, Weilerswist: Velbrück 2000.

Führding, Steffen; Peter Antes (Hrsg.): *Säkularität in religionswissenschaftlicher Perspektive*, Göttingen: V&R unipress 2013, S. 71–86.

Führding, Steffen: *Jenseits von Religion. Zur sozio-rhetorischen „Wende" in der Religionswissenschaft*, Bielefeld: transcript 2015.

Fukuyama, Francis: *The End of History and the Last Man*, New York: The Free Press 1992.

Gauchet, Marcel: *Le désenchantement du monde. Une histoire politique de la religion*, Paris: Gallimard 1985.

Gieryn, Thomas F.: „Boundary-Work and the Demarcation of Science from Non-Science: Strains and Interests in Professional Ideologies of Scientists", *American Sociological Review*, 46/6, Dez. 1983, S. 781–795.

Gieryn, Thomas F.: „Boundaries of Science" in A. I. Tauber (Hrsg.): *Science and the Quest for Reality. Main Trends of the Modern World*, London: Palgrave & Macmillan.

Ghamari-Tabrizi, Behrooz: *Foucault in Iran. Islamic Revolution after the Enlightenment*, Minneapolis: University of Minnesota Press 2016.

Giegerich, Wolfgang: *Drachenkampf oder Initiation ins Nuklearzeitalter. Psychoanalyse der Atombombe*, Band 2, Zürich: Schweizer Spiegel-Verlag 1989.

Gladigow, Burkhard: „Religionsgeschichte des Gegenstandes – Gegenstände der Religionsgeschichte", in: Hartmut Zinser (Hrsg.): *Religionswissenschaft. Eine Einführung*, Berlin: Reimer 1988, S. 6–37.

Godin, Benoît: *The Making of Science, Technology and Innovation Policy: Conceptual Frameworks as Narratives, 1945–2005*, Montreal: Centre Urbanisation Culture Société de l'Institut national de la recherche scientifique 2009.

Gorski, Philip S.; Ates Altinordu: „After Secularization?", *Annual Review of Sociology*, 34, 2008, S. 55–85.

Graf, Friedrich Wilhelm: *Die Wiederkehr der Götter. Religion in der modernen Kultur*, München: C.H. Beck 2004.

Graml, Hermann: „Die verdrängte Auseinandersetzung mit dem Nationalsozialismus", in: Martin Broszat (Hrsg.): *Zäsuren nach 1945. Essays zur Periodisierung der deutschen Nachkriegsgeschichte*, München: R. Oldenbourg 1990, S. 169–183.

Gripentrog, Stephanie: *Anormalität und Religion. Zur Entstehung der Psychologie im Kontext der europäischen Religionsgeschichte des 19. und frühen 20. Jahrhunderts*, Würzburg: Ergon 2016.

Gross, Raphael: *Carl Schmitt und die Juden. Eine deutsche Rechtslehre*, Frankfurt a.M.: Suhrkamp 2005.

Gumbrecht, Hans Ulrich: „Posthistoire Now", in: Gumbrecht, Hans Ulrich; Link-Heer, Ursula (Hrsg.): *Epochenschwellen und Epochenstrukturen im Diskurs der Literatur- und Sprachhistorie*, Frankfurt a.M.: Suhrkamp 1985, S. 34–52.

Habermas, Jürgen: *Glauben und Wissen. Friedenspreis des Deutschen Buchhandels 2001*, Frankfurt a.M.: Suhrkamp 2001.

Habermas, Jürgen: *Nachmetaphysisches Denken*, Frankfurt a.M.: Suhrkamp 1992.

Habermas, Jürgen: *Zwischen Naturalismus und Religion*, Frankfurt a.M.: Suhrkamp 2005.

Hacke, Jens: „Im Sattel der Moderne. Eine deutsche Neuigkeit", *Merkur. Deutsche Zeitschrift für europäisches Denken*, 9/10, 62. Jahrgang, 2008, S. 911–920.

Haverkamp, Anselm; Dirk Mende (Hrsg.): *Metaphorologie. Zur Praxis von Theorie*, Frankfurt a.M.: Suhrkamp 2009.

Haverkamp, Anselm: „Kommentar", in: Hans Blumenberg: *Paradigmen zu einer Metaphorologie*, Frankfurt a.M.: Suhrkamp 2013, S. 195–468.

Heidenreich, Felix: *Mensch und Moderne bei Hans Blumenberg*, München: Fink 2005.

Heidl, Barbara; Thomas Simeon: *Die zweite Stunde Null: Berliner Tageszeitungen nach der Wende (1989–1994): Markstrukturen, Verlagsstrategien, publizistische Leistungen*, Berlin: V. Spiess 1994.

Heidrich, Christian: „Die Augustinische Bekehrung", in ders.: *Die Konvertiten. Über religiöse und politische Bekehrung*, München/Wien: Hanser 2002, S. 100–141.

Heller, Jonas: „Säkularisierung und die Souveränität der Moderne. Ein Kommentar zur Agamben-Lektüre Jürgen Mohns", in: Anne Kühler, Felix Hafner, Jürgen Mohn (Hrsg.): *Interdependenzen von Recht und Religion*, Würzburg: Ergon 2014, S. 187–196.

Heller, Jonas: *Mensch und Maßnahme. Zur Dialektik von Ausnahmezustand und Menschenrechten*, Weilerswist: Velbrück 2018.

Hermann, Adrian: *Unterscheidungen der Religion. Analysen zum globalen Religionsdiskurs und dem Problem der Differenzierung von ‚Religion' in buddhistischen Kontexten des 19. und frühen 20. Jahrhunderts*, Göttingen: VR 2015.

Hesketh, Ian: „The Story of Big History", *History of the Present*, 4/2, 2014, S. 171–202.

Hoffman, Michael; Amaney Jamal: „Religion in the Arab Spring: Between Two Competing Narratives", *The Journal of Politics*, 76/3, 2014, S. 593–606.

Hoffmann, Hilmar und Wilfried F. Schoeller: *Wendepunkt 11. September 2001. Terror, Islam und Demokratie*, Köln: Dumont 2001.

Höhn, Hans-Joachim: *Postsäkular. Gesellschaft im Umbruch – Religion im Wandel*, Paderborn: Schöningh 2007.

Hoyningen-Huene, Paul: *Reconstructing Scientific Revolutions: Thomas S. Kuhn's Philosophy of Science*, Chicago: University of Chicago Press 1993.

Huntington, Samuel P.: „The Clash of Civilizations", *Foreign Affairs*, Summer 1993, S. 22–49.

Huntington, Samuel P.: *Der Kampf der Kulturen. Die Neugestaltung der Weltpolitik im 21. Jahrhundert*, München: Goldmann 1998.

Infeld, Leopold: *Albert Einstein, his work and its influence on our world*. New York/London: Scribner 1950.

Jahn, Sarah: „Nun sag, wie hältst Du's mit der ‚Öffentlichkeit'? Überlegungen zur Positionsbestimmung von Religionswissenschaft in der Öffentlichkeit", *Zeitschrift für Religionswissenschaft* 2017, 25 (1), S. 132–158.

Jaspers, Karl: *Die Atombombe und die Zukunft des Menschen. Politisches Bewusstsein in unserer Zeit*, München: Piper 1960.

Jaspers, Karl: *Vom Ursprung und Ziel in der Geschichte*, München: Piper 1949.

Joas, Hans: *Was ist die Achsenzeit? Eine wissenschaftliche Debatte als Diskurs über Transzendenz*, Basel: Schwabe 2014.

Joas, Hans: „The Axial Age Debate as Religious Discourse", in: Robert N. Bellah, Hans Joas (Hrsg.): *The Axial Age and its Consequences*, Cambridge/London: Belknap/Harvard University Press, S. 9–29.

Johannsen, Dirk: „Erschriebene Religion. Die Vielfalt der Stimmen in den Religionserzählungen des modernen Durchbruchs" in: Afe Adogame, Magnus Echtler, Oliver Freiberger (Hrsg.): *Alternative Voices. A Plurality Approach for Religious Studies*, Göttingen: Vandenhoeck & Ruprecht 2013, S. 36–55.

Kaiser, Mario: „Chronopolitik. Prävention und Präemption", in: *Technikfolgenabschätzung*, 23/2014, H. 2, S. 48–66.

Kant, Immanuel: „Von einem neuerdings erhobenen vornehmen Ton in der Philosophie, in: *Schriften zur Metaphysik und Logik 2. Werkausgabe 2*, Wilhelm Weischedel (Hrsg.), Frankfurt a.M.: Suhrkamp 1977, S. 377–397.

Keane, Webb: „What is Religious Freedom Supposed to Free?", in: Winnifred F. Sullivan, Elizabeth Shakman Hurd, Saba Mahmood, Peter G. Danchin (Hrsg.): *Politics of Religious Freedom*, Chicago: UPC 2015, S. 57–66.

Keller, Reiner: *Diskursforschung. Eine Einführung für SozialwissenschaftlerInnen*, 4. Auflage, Wiesbaden: VS 2011.

Kepel, Gilles: *Die Rache Gottes. Radikale Moslems, Christen und Juden auf dem Vormarsch*, München: Piper 1991.

Kepel, Gilles: *Jihad. Expansion et déclin de l'islamisme*, Paris: Gallimard 2000.

Kippenberg, Hans G.; Jörg Rüpke, Kocku von Stuckrad (Hrsg.): *Europäische Religionsgeschichte. Ein mehrfacher Pluralismus*, 2 Bände. Göttingen: Vandenhoeck & Ruprecht 2009.

Kirchhoff, Susanne: „Krieg mit Metaphern: Über die symbolische Deutung der Terroranschläge im Mediendiskurs", in: Thomas Jäger (Hrsg.): *Die Welt nach 9/11. Auswirkungen des Terrorismus auf Staatenwelt und Gesellschaft. Sonderheft der Zeitschrift für Außen- und Sicherheitspolitik. 2/2011*, Heidelberg: Springer VS 2011, S. 968–988.

Kirsch, Anja: *Weltanschauung als Erzählkultur. Zur Konstruktion von Religion und Sozialismus in Staatskundeschulbüchern der DDR*, Göttingen: V&R (CSSR) 2016, 2016.

Klänge, Sebastian: *1989 und wir: Geschichtspolitik und Erinnerungspolitik nach dem Mauerfall*, Bielefeld: transcript 2015.

Knoblauch, Hubert „Soziologie der Spiritualität", in: Karl Baier (Hrsg.): *Handbuch Spiritualität. Zugänge, Traditionen, interreligiöse Prozesse*, Darmstadt: Wissenschaftliche Buchgesellschaft 2004, S. 91–111.

Knoblauch, Hubert; Volkhard Krech, Monica Wohlrab-Sahr: „Religiöse Bekehrung in soziologischer Perspektive. Themen, Schwerpunkte und Fragestellungen der gegenwärtigen religionssoziologischen Konversionsforschung", in dies. (Hrsg.): *Religiöse Konversion. Systematische und fallorientierte Studien in soziologischer Perspektive*, Konstanz: UVK 1998, S. 7–43.

Knoblauch, Hubert: „Die Soziologie der religiösen Erfahrung", in: Friedo Ricken; Gerd Haeffner (Hrsg.): *Religiöse Erfahrung. Ein interdisziplinärer Klärungsversuch*, Stuttgart: 2004, S. 69–90.

Knoblauch, Hubert: *Populäre Religion – auf dem Weg in eine spirituelle Gesellschaft*, Frankfurt a.M.: Campus 2009.

Koebner, Richard: „Die Idee der Zeitwende (1941–1943)", in ders.: *Geschichte, Geschichtsbewusstsein und Zeitwende. Vorträge und Schriften aus dem Nachlass*, Gerlingen: Bleicher 1990, S. 147–193.

Kojève, Alexandre: *Hegel. Eine Vergegenwärtigung seines Denkens. Kommentar zur Phänomenologie des Geistes*, Hrsg. von Iring Fetscher, Frankfurt a.M.: Suhrkamp 1975.

Koselleck, Reinhardt: Art. „Krise", in Otto Brunner, Werner Conze, Reinhart Koselleck (Hrsg.): *Geschichtliche Grundbegriffe. Historisches Lexikon zur politisch-sozialen Sprache in Deutschland*, Stuttgart: Klett-Cotta, 1982, Band 3, S. 617–650.

Koselleck, Reinhart: *Kritik und Krise*, Frankfurt a.M.: Suhrkamp 1997.

Koselleck, Reinhart: *Vom Sinn und Unsinn der Geschichte*, Frankfurt a.M.: 2010.

Krech, Volkhard: „Was ist religiöse Bekehrung? Ein Streifzug durch zehn Jahre soziologischer Konversionsforschung", in: *Handlung Kultur Interpretation. Bulletin für Psychologie und Nachbardisziplinen* 4 / 6, S. 131–159.

Krech, Volkhard: *Wo bleibt die Religion? Zur Ambivalenz des Religiösen in der Moderne*, Bielefeld: transcript 2011.

Kuhn, Thomas S.: *Die Struktur wissenschaftlicher Revolutionen*, Frankfurt a.M.: Suhrkamp, 1967.

Laclau, Ernesto; Chantal Mouffe: *Socialist Strategy. Towards a Radical Democratic Politics*, London: Verso 2001.

Laclau, Ernesto: *Emanzipation und Differenz*, Wien: Turia und Kant.

Latour, Bruno: „On Actor-network Theory. A few Clarifications", *Soziale Welt*, 47, 1996, 4, S. 369–382.

Latour, Bruno: *Science in Action. How to Follow Scientists and Engineers through Society*, Cambridge: Harvard University Press 1988.

Latour, Bruno: *Wir sind nie modern gewesen. Versuch einer symmetrischen Anthropologie*, Frankfurt a.M.: Suhrkamp 2008.

Lefebvre, Georges: *La Grande Peur de 1798*, Paris: Collin 1988.

Legendre, Pierre: *Das politische Begehren Gottes. Studie über die Montagen des Staates und des Rechts*, Wien: Turia & Kant 2012.

Legendre, Pierre: *Über die Gesellschaft als Text. Grundzüge einer dogmatischen Anthropologie*, Wien: Turia & Kant 2012.

Leggewie, Claus: „Der Mythos des Neuanfangs – Gründungsetappen der Bundesrepublik Deutschland: 1946 – 1986 – 1989", in: Helmut Berding (Hrsg.): *Mythos und Nation. Studien zur Entwicklung des kollektiven Bewusstseins*, Frankfurt a.M.: Suhrkamp 1996, S. 275–302.

Leigh Star, Susan; James R. Griesemer: „Institutional Ecology, ‚Translation', and Boundary Objects: Amateurs and Professionals in Berkeley's Museum of Vertebrate Zoology, 1907-39", *Social Studies of Science*, 19, 1989, S. 387–420.

Lemke, Thomas; Ulrich Bröckling, Susanne Krasmann (Hrsg.): *Gouvernementalität der Gegenwart: Studien zur Ökonomisierung des Sozialen*, Frankfurt a.M.: Suhrkamp 2000.

Lemke, Thomas: „'Die verrückteste Form der Revolte'" – Michel Foucault und die Iranische Revolution". *1999, Zeitschrift für Sozialgeschichte des 20. und 21. Jahrhunderts*, 17/2, 2002, S. 73–89.

Lévy-Strauss, Claude: *Das Wilde Denken*, Frankfurt a.M.: Suhrkamp 1968.

Lincoln, Bruce: *Theorizing Myth. Narrative, Ideology, and Scholarship*, Chicago: The University of Chicago Press 1999.

Loretan, Adrian; Quirin Weber, Alexander H. E. Morawa (Hrsg.): *Freiheit und Religion. Die Anerkennung weiterer Religionsgemeinschaften in der Schweiz*, ReligionsRecht im Dialog, 17, Wien: LIT 2014.

Löwith, Karl: *Von Hegel zu Nietzsche. Der revolutionäre Bruch im Denken des 19. Jahrhunderts*, Stuttgart: Kohlhammer 1969.

Löwith, Karl: *Weltgeschichte und Heilsgeschehen. Die theologischen Voraussetzungen der Geschichtsphilosophie*, Stuttgart: W. Kohlhammer 1947.

Luckmann, Thomas: „Grundformen der gesellschaftlichen Vermittlung des Wissens: Kommunikative Gattungen", *Kultur und Gesellschaft. Sonderheft 27 der Kölner Zeitschrift für Soziologie und Sozialpsychologie*, 1986, S. 191–211.

Luckmann, Thomas: „Kanon und Konversion“, in: Aleida Assmann, Jan Assmann (Hrsg.): *Kanon und Zensur. Beiträge zur Archäologie der literarischen Kommunikation II*, München 1987, S. 67–78.

Lüddeckens, Dorothea; Rafael Walthers (Hrsg.): *Fluide Religion – neue religiöse Bewegungen im Wandel; theoretische und empirische Systematisierungen*, Bielefeld: transcript 2010.

Luhmann, Niklas: „Dabeisein und Dagegensein. Anregungen zu einem Nachruf auf die Bundesrepublik“, in ders.: *Protest. Systemtheorie und soziale Bewegungen*, Frankfurt a. M.: Suhrkamp: 1996, S. 156–159.

Luhmann, Niklas: „Das Problem der Epochenbildung und die Evolutionstheorie“, in: Hans Gumbrecht, Ursula Link-Heer (Hrsg.): *Epochenschwellen und Epochenstrukturen im Diskurs der Literatur- und Sprachtheorie*, Frankfurt a.M.: Suhrkamp 1985, S. 11–34.

Luhmann, Niklas: *Das Recht der Gesellschaft*, Frankfurt a.M.: Suhrkamp 1993.

Luhmann, Niklas: *Die Religion der Gesellschaft*, Frankfurt a.M.: Suhrkamp 2002.

Lupnow, Dirk; Veronika Lipphardt (Hrsg.:) *Pseudowissenschaft. Konzeptionen von Nichtwissenschaftlichkeit in der Wissenschaftsgeschichte*, Frankfurt a.M.: Suhrkamp 2008.

M’bedy, Munasu Duala: *Xenologie. Die Wissenschaft vom Fremden und die Verdrängung der Humanität in der Anthropologie*, München: Albert Faber 1977.

Maasen, Sabine: „Metaphor or More? Die Technologien des Regierens in den Governementality Studies“, unpublizierter Vortrag, gehalten in Hamburg am 3. Juni 2007.

Maffesoli, Michel: *Le temps des tribus. Le déclin de l’individualisme dans les sociétés de masses*, Paris: Méridiens 1988.

Maier, Hans: *Die Lehre Carl Schmitts. Vier Kapitel zur Unterscheidung Politischer Theologie und Politischer Philosophie*, Stuttgart: Metzler 2009.

Man, Paul de: *Allegorien des Lesens*, Frankfurt a.M.: Suhrkamp 1988.

Marchall, Guy P.: „Mythos im 20. Jahrhundert. Der Wille zum Mythos oder die Versuchung des ‚neuen Mythos‘ in einer säkularisierten Welt“, in: Fritz Graf (Hrsg.): *Mythos in Mythenloser Gesellschaft: Das Paradigma Roms*, Stuttgart: Teubner 1993, S. 204–328.

Marquard, Odo: *Schwierigkeiten mit der Geschichtsphilosophie. Aufsätze*, Frankfurt am Main: Suhrkamp 1982.

Marroquin, Carlos: „Bemerkungen zu einem Thema der Mythosforschung bei Georges Dumézil und Roger Caillois“, *Zeitschrift für Religionswissenschaft* 6, 1998, S. 197-206.

Maschke, Günter: „Carl Schmitt in den Händen der Nicht-Juristen. Zur neueren Literatur“, *Der Staat*, 34, 1, 1995, S. 104–129.

Masuzawa, Tomoko: *The Invention of World Religions, or How European Universalism Was Preserved in the Language of Pluralism*, Chicago: University of Chicago Press 2005.

Mayer-Tasch, Peter Cornelius: *Jean Bodin. Eine Einführung in sein Leben, sein Werk und seine Wirkung*, Stuttgart: Steiner 2011.

Mbembe, Achille: *Sortir de la grande nuit. Essai sur l'Afrique décolonisée*, Paris: La Découverte, 2010.

McCutcheon, Russell; William B. Arnal: *The Sacred is the Profane. The Political Nature of „Religion"*, Oxford/New York: Oxford University Press 2013.

McCutcheon, Russell: „The Category ‚Religion' in Recent Publications: Twenty Years Later, *Numen* 62, 2015, S. 119–141.

Mehring, Reinhard: *Carl Schmitt, Aufstieg und Fall. Eine Biographie*, München: C.H. Beck 2009.

Mende, Dirk: *Metapher – Zwischen Metaphysik und Archäologie. Schelling, Heidegger, Derrida, Blumenberg*. München: Wilhelm Fink 2003.

Menninghaus, Winfried: *Schwellenkunde. Walter Benjamins Passagen des Mythos*, Frankfurt a.M.: 1986.

Meyer, Martin: *Ende der Geschichte*, München/Wien: Hanser 1993.

Miller, Monica; Christopher Driscoll: *Method as Identity. Manufacturing Distance in the Study of Religion*, Lexington 2018.

Moebius, Stephan: *Die Zauberlehrlinge. Soziologiegeschichte des Collège de Sociologie (1937–1939)*, Konstanz: UVK 2006.

Mohn, Jürgen: „Die Religion im Diskurs und der Diskurs der Religion(en). Diskurstheorien und die religionsaisthetische Grundlegung des Diskursfeldes Religion" in: Antonius Liedhegener, Andreas Tunger-Zanetti, Stephan Wirz (Hrsg.): *Religion-Wirtschaft-Politik. Forschungszugänge zu einem aktuellen transdisziplinären Feld*. Zürich, Baden Baden: TVZ/Nomos 2011, S. 83–110.

Mohn, Jürgen: „Kosmogonien und die Kreativität der Paradoxien. Ein religionswissenschaftlicher Essay", in: Robert H. Ziegler, Johannes F.M. Schick (Hrsg.): *Die innere Logik der Kreativität*, Würzburg: Königshausen & Neumann 2013, S. 101–131.

Mohn, Jürgen: „Mythische Narration und ‚Politische Religion'", in: Gabriela Brahier, Dirk Johannsen (Hrsg.): *Konstruktionsgeschichten. Narrationsbezogene Ansätze in der Religionsforschung*, Würzburg: Ergon 2013, S. 55–81.

Mohn, Jürgen: „Zur Ambivalenz von Religion, Recht und Säkularisierung – Religionstheoretische Interpretationen nach Giorgio Agamben", in: Anne Kühler, Felix Hafner, Jürgen Mohn (Hrsg.): *Interdependenzen von Recht und Religion*, Würzburg: Ergon 2014, S. 161–186.

Mohn, Jürgen: *Mythostheorien. Eine religionswissenschaftliche Untersuchung zu Mythos und Interkulturalität*, München: Fink 1998.

Momigliano, Arnaldo: *Alien Wisdom. The Limits of Hellenization*, Cambridge: Cambridge University Press 1975.

Morin, Edgar; Tariq Ramadan: *Au péril des idées. Les grandes questions de notre temps*, Paris: Presses du Châtelet 2014.

Morin, Edgar: *Das Jahr Null. Ein Franzose sieht Deutschland*, Berlin: Verlag Volk und Welt 1948.

Morin, Edgar: *Die Methode. Die Natur der Natur*, Wien: Turia + Kant 2010.

Morin, Edgar: *Einen neuen Anfang wagen. Überlegungen für das 21. Jahrhundert*, Hamburg: Junius 1992.

Morin, Edgar: *La voie. Pour l'avenir de l'humanité*, Paris: Fayard 2011.

Müller, Heiner: „Germania Tod in Berlin", in ders.: *Die Stücke 2*, Frankfurt a.M.: Suhrkamp 2001, S. 327–377.

Nassehi, Armin: *Die Zeit der Gesellschaft. Auf dem Weg zu einer soziologischen Theorie der Zeit*, Wiesbaden: VS 2008.

Neubert, Frank: *Die diskursive Konstitution von Religion*, Wiesbaden: Springer 2016.

Nicholls, Angus; Felix Heidenreich: „Nachwort der Herausgeber", in: Hans Blumenberg: *Präfiguration. Arbeit am politischen Mythos*, Berlin: Suhrkamp 2014, S. 83–146.

Nordhausen, Frank; Thomas Schmid (Hrsg.): *Die arabische Revolution. Demokratischer Aufbruch von Tunesien bis zum Golf*, Berlin: Ch. Links 2011.

Oexle, Otto Gerhard: *Geschichtswissenschaft im Zeichen des Historismus. Studien zu Problemgeschichten der Moderne*, Göttingen: V&R 1996, S. 203.

Osrecki, Fran: *Die Diagnosegesellschaft. Zeitdiagnostik zwischen Soziologie und medialer Popularität*, Bielefeld: transcript 2001.

Otto, Bernd Christian; Susanne Rau, Jörg Rüpke (Hrsg.): *History and Religion. Narrating a Religious Past*, Berlin/Boston: De Gruyter 2015.

Paetzold, Heinz: *Ernst Cassirer. Zur Einführung*, Hamburg: Junius 2002.

Perinelli, Massimo: *Fluchtlinien des Neorealismus. Der organlose Körper der italienischen Nachkriegszeit, 1943–1949*, Bielefeld: transcript 2015.

Pickel, Gert: „Die Situation in Deutschland – Rückkehr des Religiösen oder voranschreitende Säkularisierung" in: Ines-Jacqueline Werkner, Antonio Liedhegener (Hrsg.): *Europäische Religionspolitik. Religiöse Identitätsbezüge, rechtliche Regelungen und politische Ausgestaltung*, Wiesbaden: Springer 2013, S. 53–82.

Pielmeier, Manfred: *Die Stunde Null. Eine Lüge, aufgetischt von den Killern der Demokratie*, München: Edition Radu Barbulescu 2011.

Pizer, John: „Karl Kraus' Concept of Origin", *Modern Austrian Literature*, 27/1, S. 1–21.

Pollack, Detlef: *Rückkehr des Religiösen?*, Tübingen: Mohr Siebeck 2007.

Pollack, Detlef: *Säkularisierung – ein moderner Mythos. Studien zum religiösen Wandel in Deutschland*, Tübingen: Mohr Siebeck 2012.

Poppe, Sandra; Thorsten Schüller, Sascha Seiler (Hrsg.): *9/11 als kulturelle Zäsur. Repräsentationen des 11. September 2001 in kulturellen Diskursen, Literatur und visuellen Medien*, Bielefeld 2009.

Reuter, Hermann: Die Zeit, eine religionswissenschaftliche Untersuchung, (unveröffentlichte Diss.).

Rheinberger, Hans-Jörg: *Historische Epistemologie. Zur Einführung*, Hamburg: Junius 2007.

Ricoeur, Paul: *Zeit und Erzählung. Band II: Zeit und literarische Erzählung*, München: Wilhelm Fink 2007.

Ricoeur, Paul: *Zeit und Erzählung. Bd. III: Die erzählte Zeit*, München: Wilhelm Fink 2007.

Riesebrodt, Martin: *Cultus und Heilsversprechen. Eine Theorie der Religion*, München: C.H. Beck 2007.

Riesebrodt, Martin: *Rückkehr der Religionen. Fundamentalismus und der ‚Kampf der Kulturen'*, München: C.H. Beck 2000.

Robert Buch, Daniel Weidner (Hrsg.): *Blumenberg lesen. Ein Glossar*, Berlin: Suhrkamp 2014.

Robert, Jörg: „Grenzen der Menschheit. Menschenwissen und Mythologie im Zeitalter der Aufklärung (Voltaire, Linné, Goethe)", in: Jochen Achilles, Roland Borgards, Brigitte Burrichter (Hrsg.): *Liminale Anthropologien. Zwischenzeiten, Schwellenphänomene, Zwischenräume in Literatur und Philosophie*, Würzburg: Königshausen & Neumann 2012, S. 105–130.

Rosa, Hartmut: „Kritik der Zeitverhältnisse. Beschleunigung und Entfremdung als Schlüsselbegriffe der Sozialkritik", in: Rahel Jäggi und Tilo Wesche: *Was ist Kritik?*, Frankfurt a.M.: Suhrkamp 2009, S. 23–54.

Roy, Olivier: *Les illusions du 11 septembre*, Paris: Éditions du Seuil et la République des Idées 2002.

Rüpke, Jörg: „Zeitliche Strukturen religiöser Aktivitäten: Historische und gegenwärtige Perspektiven", *Zeitschrift für Religionswissenschaft* 4, 1996, S. 3–18.

Rüpke, Jörg: *Kalender und Öffentlichkeit: Geschichte der Repräsentation und religiösen Qualifikation von Zeit in Rom* (Religionsgeschichtliche Versuche und Vorarbeiten 40), Berlin: de Gruyter 1995.

Rupnow, Dirk: *Pseudowissenschaft. Konzeptionen von Nichtwissenschaftlichkeit in der Wissenschaftsgeschichte*, Frankfurt a.M.: Suhrkamp 2008.

Rüsen, Jörn: *Historische Vernunft. Grundzüge einer Historik I: Die Grundlagen der Geschichtswissenschaft*, Göttingen: V&R 1983.

Sadjed, Ariane: „Fallstricke der Säkularisierung", *Religion und Moderne, Politik und Zeitgeschehen*, 14, 2013, S. 17–20.

Saeverin, Peter F.: *Zum Begriff der Schwelle. Philosophische Untersuchung von Übergängen*, Oldenburg: bis 2003.

Said, Edward: *Orientalism*, New York: Vintage Books 1994.

Schäfer, Heinrich Wilhelm: *Identität als Netzwerk. Habitus, Sozialstruktur und religiöse Mobilisierung*, Wiesbaden: Springer VS 2015.

Schielicke, Anna-Maria: *Rückkehr der Religion in den öffentlichen Raum? Kirche und Religion in der deutschen Tagespresse von 1993 bis 2009*, Wiesbaden: Springer 2014.

Schimmel, Annemarie: „Summary of the Discussion", *Numen* 7, 1960, S. 235–239.

Schmitt, Carl: *Die Diktatur*, Berlin: Duncker & Humblot 2015.

Schmitt, Carl: *Donoso Cortés in gesamteuropäischer Interpretation. Vier Aufsätze*, Berlin: Duncker & Hublot 2009.

Schmitt, Carl: *Politische Theologie II. Die Legende von der Erledigung jeder Politischen Theologie*, Berlin: Duncker & Humblot 2008.

Schmitt, Carl: *Politische Theologie. Vier Kapitel zur Lehre von der Souveränität*, Berlin: Duncker & Humblot 2009.

Schwartz, Benjamin: „The Age of Transcendence", *Daedalus* 102 / 2, 1975, S. 1–7.

Schweidler, Walter (Hrsg.): *Postsäkulare Gesellschaft. Perspektiven interdisziplinärer Forschung*, München: Karl Alber 2007.

Seele, Peter: *Philosophie der Epochenschwelle. Augustin zwischen Antike und Mittelalter*, Berlin/New York: Walter de Gruyter 2008.

Segl, Peter: „Zeitenwenden – Wendezeiten. Eine Einführung", in: Peter Segl (Hrsg.): *Zeitenwenden – Wendezeiten. Von der Achsenzeit bis zum Fall der Mauer*, Dettelbach: Röll 2000.

Seiwert, Hubert: „Einleitung: das Sektenproblem. Öffentliche Meinung, Wissenschaftler und der Staat" in Hubert Seiwert (Hrsg.): Massimo Introvigne: *Schluss mit den Sekten! Die Kontroverse über „Sekten" und neue religiöse Bewegung in Europa*, Marburg: diagonal 1999, S. 9–38.

Seyfert, Robert: „Die lösbaren Rätsel der Gesellschaft", in: Joachim Fischer, Stephan Moebius (Hrsg.): *Kultursoziologie im 21. Jahrhundert*, Wiesbaden: VS Springer 2014, S. 211–219.

Sloterdijk, Peter: „Neuigkeiten über den Willen zum Glauben", in: Walter Schweidler (Hrsg.): *Postsäkulare Gesellschaft. Perspektiven interdisziplinärer Forschung*, München: Karl Alber 2007, S. 76–93.

Snow, D.; R. Machalek: „The Convert as a Social Type", in: R. Collins (Hrsg.): *Sociological Theory* 1983, S. 259–289.

Snow, David; Richard Machalek: „The Sociology of Conversion", *Annual Review of Sociology*, 10, 1984, S. 167–190.

Sökefeld, Martin: *Aleviten in Deutschland. Identitätsprozesse einer Religionsgemeinschaft in der Diaspora*, Bielefeld: transcript 2008.

Spivak, Gayatri Chakravorty: „Can the Subaltern Speak?" in: Cary Nelson, Lawrence Grossberg (Hrsg.): *Marxism and the Interpretation of Culture*, Chicago: University of Illinois Press 1988, S. 66–111.

Staples, Clifford L.; Armand L. Mauss: „Conversion or Committment? A Reassessment of the Snow and Machalek Approach to the Study of Conversion“, *Journal for the Scientific Study of Religion*, 26, 1987, S. 133–147.
Stark, Rodney: „Secularization R.I.P.“, *Sociology of Religion*, Vol. 60/3, 1999, S. 249–273.
Stern, Fritz: *Kulturpessimismus als politische Gefahr: eine Analyse nationaler Ideologie in Deutschland*, Stuttgart: Klett-Cotta 2005.
Swidler, Ann: „African affirmations: The religion of modernity and the modernity of religion“, *International Sociology*, 28 (6), 2013, S. 680–696.
Swidler, Ann: „Where Do Axial Committments Reside? Problems in Thinking about the African Case“, in Robert N. Bellah, Hans Joas (Hrsg.): *The Axial Age and its Consequences*, Cambridge: Massachusetts, 2012, S. 222–247.
Taubes, Jacob: *Ad Carl Schmitt – Gegenstrebige Fügung*, Berlin: Merve 1987.
Taubes, Jacob: *Die politische Theologie des Paulus*, Aleida und Jan Assmann (Hrsg.), München: Wilhelm Fink 1993.
Tenbruck, Friedrich H.: „Die Religion im Maelstrom der Reflexion“, *Religion und Kultur. Kölner Zeitschrift für Soziologie und Sozialpsychologie*, 1993, S. 31–67.
Tenbruck, Friedrich H.: „Was war der Kulturvergleich vor dem Kulturvergleich?“, *Soziale Welt.* Zwischen den Kulturen? Die Sozialwissenschaften vor dem Problem des Kulturvergleichs, Sonderband 8, 1992, S. 13–33.
Theweleit, Klaus: *Der Knall. 11. September, das Verschwinden der Realität und ein Kriegsmodell*, Frankfurt a.M./Basel: Stroemfeld.
Thomä, Dieter; Vincent Kaufmann, Ulrich Schmid: *Der Einfall des Lebens. Theorie als geheime Autobiographie*, München: Hanser 2015.
Toynbee, Arnold J.: *A Study of History*, Band VII, London: Oxford University Press 1954.
Trein, Lorenz: „Die Zeit der Gegenwart“, *Zeitschrift für Religionswissenschaft*, 24 (1), 2016, S. 1–16.
Turner, Victor: *Das Ritual. Struktur und Anti-Struktur*, Frankfurt a.M.: Campus 2005.
Tyrell, Hartmann: „Religionssoziologie“, *Geschichte und Gesellschaft – Zeitschrift für historische Sozialwissenschaft* 22, Vandenhoeck & Ruprecht 1996, S. 428–457.
Ulmer, Bernd: „Konversionserzählungen als rekonstruktive Gattung. Erzählerische Mittel und Strategien bei der Rekonstruktion eines Bekehrungserlebnisses“, *Zeitschrift für Soziologie*, Jg. 17, Heft 1, Februar 1988.
van Fraaasen, Bastiaan C.: „Time in Physical and Narrative Structure“, in: John Bender, David W. Wellberry: *Chronotypes. The Construction of Time*, Stanford: SUP 1991, S. 19–37.
Veyne, Paul: *Glaubten die Griechen an ihre Mythen?*, Frankfurt a.M.: Suhrkamp 1987.

Vinken, Barbara: „Das Vierte Reich. Houellebecq und Europas innerer Orient", *Zeitschrift für Ideengeschichte*, X / 3, 2016, S. 53–68.

Virilio, Paul: *The Lost Dimension*, New York: Columbia University Press 1991.

Voegelin, Eric: „The Myth of the State (by Ernst Cassirer)", *The Journal of Politics*, 9/3, Aug. 1947, S. 445–447.

Voegelin, Eric: *Ordnung der Geschichte. Band 4: Die Welt der Polis. Gesellschaft, Mythos, Geschichte*, München: Wilhelm Fink 2002.

Voegelin, Eric: *Was ist Geschichte?*, Berlin: Matthes & Seitz 2015.

Wallace, Robert M.: „Secularization and Modernity: The Löwith-Blumenberg Debate", *New German Critique* 22, 1981, S. 63–79.

Weber, Alfred: *Abschied von der bisherigen Geschichte. Überwindung des Nihilismus*, Hamburg: Claassen und Gouverts 1946.

Weber, Alfred: *Kulturgeschichte als Kultursoziologie*, München: Piper 1950.

Weidner, Daniel: Art. „Säkularisierung" in: Robert Buch und Daniel Weidner (Hrsg.): *Blumenberg lesen. Ein Glossar*, Berlin: Suhrkamp 2014, S. 245–259.

Weil, Eric: „What is a Breakthrough in History?", *Daedalus* 104/5, *Wisdom, Revelation and Doubt: Perspectives on the First Millenium B.C.*, 1975, S. 21–36.

Weizsäcker, Richard von: *Drei Mal Stunde Null? 1949 - 1969 – 1989*, Berlin: Siedler 2001.

Werner, Hendrik: *Im Namen des Verrats: Heiner Müllers Gedächtnis der Texte*, Würzburg: Könighausen & Neumann 2001.

Weßler, Heinz Werner: *Zeit und Geschichte im Visnupurâna: Formen ihrer Wahrnehmung und ihrer eschatologischen Bezüge, anhand der Textgestalt dargestellt*, (Studia Religiosa Helvetica), Bern u.a.: Peter Lang 1995.

White, Hayden: *Auch Klio dichtet, oder die Fiktion des Faktischen. Studien zur Tropologie des historischen Diskurses*, Stuttgart: Klett-Cotta 1986.

White, Hayden: *The Fiction of Narrative. Essays on History, Literature, and Theory 1957–2007.*

White, Hayden: *Tropics and Discourses. Essays in Cultural Criticism*, Baltimore: John Hopkins University Press 1978.

Wittrock, Björn: „The Meaning of the Axial Age", in: Johann P. Arnason, Shmuel N. Eisenstadt, Björn Wittrock (Hrsg.): *Axial Civilizations and World History*, Leiden: Brill 2005, S. 51–85.

Zantovsky, Michel: „1989 and 2011: Compare and Contrast", *World Affairs*, Jul/August 2011, S. 13–24.

Žižek, Slavoj: „Willkommen in der Wüste des Realen" in: Hillmar Hoffmann und Wilfried F. Schoeller (Hrsg.): *Wendepunkt 11. September. Terror, Islam, Demokratie.* Köln: Dumont 2001, S. 131–139.

Žižek, Slavoj: *Willkommen in der Wüste des Realen*, Wien: Passagen 2002.

Internetquellen

Adenauer, Konrad in der 12. Sitzung des Parlamentarischen Rates am 23. Mai 1949. Diese Fassung wird zitiert nach dem Bericht des Schweizer Generalkonsuls in Bonn, S. 3. URL: https://www.bar.admin.ch/bar/de/home/service-publikationen/publikationen/geschichte-aktuell/grundgesetz-fuer-die-bundes republik-deutschland--23--mai-1949.html (zuletzt abgerufen am 16.8.2019).

Bundeszentrale für politische Bildung (bpp): Filmbericht: http://www.bpb.de/gesellschaft/kultur/filmbildung/filmkanon/43559/deutschland-im-jahre-null (zuletzt abgerufen am 16.8.2019).

Couchouron-Gurung, Céline: „Marcel Gauchet, Un monde désenchanté?“, *Archives de sciences sociales des religions,* 136, 2006, S. 253. URL: https://assr.revues.org/3947 (zuletzt abgerufen am 16.8.2019).

Cox, James L.: „Axial Age Research from the Perspectives of Indigenous Religions, (Panel-Beschreibung der XXI. IAHR-Konferenz in Erfurt), http://www.iahr2015.org/iahr/3212.html (zuletzt abgerufen am 16.8.2019).

Foucault, Michel (Interview): http://fares-sassine.blogspot.ch/2014/08/entretien-inedit-avec-michel-foucault.html (zuletzt abgerufen am 16.8.2019).

Hackenberg, Stefan: *Kanzler Konrad Adenauer. Amtsantritt in Deutschlands Stunde Null*, Köln: Navarra 2009 (*Audiodokumentation)

Honerkamp, Josef: Das Wunderjahr Albert Einsteins, digital veröffentlichter Vortrag: www.physikemeriti.uni-freiburg.de/josef-honerkamp/Alte%20Vortraege/Wunderjahr (zuletzt abgerufen am 16.8.20179).

Kraus, Karl: „Der sterbende Mensch“, Worte in Versen: http://www.textlog.de/39368.html (zuletzt abgerufen am 16.8.2019).

Lemke, Thomas: “'Die verrückteste Form der Revolte'“ – Michel Foucault und die Iranische Revolution“, *1999. Zeitschrift für Sozialgeschichte des 20. und 21. Jahrhunderts*, 17/2, 2002, S. 73–89. http://www.thomaslemkeweb.de/publikationen/Iran%20II.pdf (zuletzt abgerufen am 16.8.2019).

Houellebecq, Michel: Interview im Spiegel: *Weltmacht Religion. Wieder Glaube Politik und Gesellschaft beeinflusst.* http://www.spiegel.de/spiegel/spiegelspecial/d-49626782.html (zuletzt abgerufen am 16.8.2019).

Lemke, Thomas: „Gouvernementalität“. http://www.thomaslemkeweb.de/publikationen/Gouvernementalit%E4t%20_Kleiner-Sammelband_.pdf (zuletzt abgerufen am 16.8.2019).

Metzler, Dieter: „Achsenzeit als Ereignis und Geschichte“, *IBAES*, Das Ereignis, Geschichtsschreibung zwischen Vorfall und Befund (Internet-Beiträge zur Ägyptologie und Sudanarchäologie, HU Berlin), 10, 2009, S. 169–173, S. 173. http://www2.rz.hu-berlin.de/nilus/net-publications/ibaes10/inhalt.html (zuletzt abgerufen am 16.8.2019).

Sabrow, Martin: Zäsuren in der Zeitgeschichte, Version: 1.0, in: Docupedia-Zeitgeschichte, 3.6.2013, URL: http://docupedia.de/zg/Zaesuren (zuletzt abgerufen am 16.8.2019).

Schweizerischer Nationalfonds: „What constitutes breakthrough research for the SNF?" http://www.snf.ch/en/researchinFocus/faq/Pages/faq-funding-schemes-innovation-sinergia-what-constitutes-breakthrough-research.aspx (zuletzt abgerufen am 16.8.2019).

Wictionary: Art. „Zäsur": https://de.wiktionary.org/wiki/Z%C3%A4sur (zuletzt abgerufen am 16.8.2019).